COLEÇÃO IDiP

CONSEQUENTIAL DAMAGES

LUCROS CESSANTES, PREVISIBILIDADE E DANOS INDIRETOS

COLEÇÃO IDiP

CONSEQUENTIAL DAMAGES

LUCROS CESSANTES, PREVISIBILIDADE E DANOS INDIRETOS

Rafael Branco Xavier

IDiP Instituto de Direito Privado

ALMEDINA
BRASIL
Rio de Janeiro, 2025

Consequential Damages

ISBN: 978-85-8493-807-0

Impresso no Brasil – 1ª Edição, 2025 – Edição revisada conforme o Acordo Ortográfico da Língua Portuguesa de 2009.

Dados Internacionais de Catalogação na Publicação (CIP)
(BENITEZ Catalogação Ass. Editorial, MS, Brasil)

X3c
1.ed. Xavier, Rafael Branco
Consequential Damages : lucros cessantes, previsibilidade e danos indiretos / Rafael Branco Xavier. – 1.ed. – Rio de Janeiro : Almedina Brasil, 2025.
416 p.; 15,7 x 23 cm. – (Coleção IDiP)

Bibliografia.
ISBN 978-85-8493-807-0

1. Direito – Brasil. 2. Lucros e danos. 3. Legislação – Direito – Brasil. I. Título. II. Série.

04-2025/128 CDU 34(81)

Índice para catálogo sistemático:
1. Brasil : Lucros e danos : Direito 34(81)
Aline Graziele Benitez – Bibliotecária – CRB-1/3129

Grupo Editorial Alta Books

Produção Editorial: Grupo Editorial Alta Books
Diretor Editorial: Anderson Vieira
Editora-Chefe: Manuella Santos de Castro
Vendas Governamentais: Cristiane Mutüs
Gerência Comercial: Claudio Lima

Produtora Editorial: Andreza Moraes
Revisão: Ana Carolina Oliveira
Diagramação: Lucia Quaresma

ALTA BOOKS
GRUPO EDITORIAL

Rua Viúva Cláudio, 291 – Bairro Industrial do Jacaré
CEP: 20.970-031 – Rio de Janeiro (RJ)
Tels.: (21) 3278-8069 / 3278-8419
www.altabooks.com.br – altabooks@altabooks.com.br
Ouvidoria: ouvidoria@altabooks.com.br

Editora **afiliada à:**

Aos meus pais e aos meus avós

Rosana Pires Branco Xavier

Rogério Machado Xavier

Arlete Machado Xavier

Ademir da Rocha Xavier *(in memoriam)*

Adiles Pires Branco *(in memoriam)*

Renato Lopes Branco *(in memoriam)*

SUMÁRIO

PARTE II:

OS CONSEQUENTIAL DAMAGES À LUZ DO DIREITO BRASILEIRO

AGRADECIMENTOS

Reproduzo, com breves acréscimos, os agradecimentos feitos na Dissertação de Mestrado apresentada no dia 10 de abril de 2023 junto a Faculdade de Direito da Universidade de São Paulo.

Em uma viagem *turning point* em 2017, dividida com a minha maior referência acadêmica e profissional, a amiga e sócia Professora Judith Martins-Costa, e com o Professor Miguel Reale Jr, recebi do último o conselho "você deveria cursar pós-graduação". Sempre quis. Demorei mais do que esperava, talvez do que deveria. Mas encerrei esse passo com convicção e o coração em paz de que o mais importante foi, e é, o caminho.

A gratidão à Professora Judith, pelo exemplo, pelas lições de Direito e de vida, pelo incentivo, pelo carinho, é impossível de registrar por escrito. O agradecimento passa também por lembrar de uma outra Instituição, cuja existência e manutenção se deve à inspiradora iniciativa desses Professores: a biblioteca do Instituto de Estudos Culturalistas, o "IEC", localizada em Canela, no Rio Grande do Sul, onde muitas das linhas a seguir foram pesquisadas, pensadas, meditadas e escritas.

Agradeço ao Professor Cristiano Zanetti pela orientação segura. Tive estímulo para pensar, espaço para dialogar, e suporte desde a escolha do tema, durante todo o curso, até os momentos finais. O agradecimento se estende não só por guiar o caminho correto, nem sempre o mais fácil, mas também por ensinar a dizer *não* para o que não vale a pena.

Agradeço à Professora Mariana Pargendler pela destacada atenção e inteligência ímpar que a mim foram oferecidas. Não só pelo elogio generoso, mas, principalmente, pela crítica franca e aberta. O jogo de tênis (e não o *Moot Court*) proposto na Banca de Dissertação, seguido pela entrega de todas as suas notas, por escrito, em um arquivo de mais de dezoito páginas no dia seguinte à defesa, justifica toda a admiração que merece, por seu exemplo de seriedade e rigor acadêmicos.

Agradeço ao Professor Francisco Marino por tantas luzes a mim oportunizadas ao longo dos últimos anos: desde as duas disciplinas ministradas no PPGD, que, para a minha sorte, tiveram pertinência temática com esta pesquisa, passando pela instigante arguição na Banca de Qualificação; pela desafiadora arguição na Banca Final, e pela generosidade e incentivo para a publicação do trabalho.

Também agradeço à Professora Lílian San Martín Neira e à Professora Juliana Pela pelas contribuições, respectivamente, na Banca Final e na Banca de Qualificação. Agradeço aos Professores Rodrigo Broglia Mendes, Conrado Hübner Mendes e Carlos Alberto Carmona pelas instigantes disciplinas na etapa de obtenção de créditos no Programa de Pós-Graduação.

As idas a São Paulo foram facilitadas por um amigo, Gustavo Haical, a quem rendo um agradecimento muito destacado, abrangente da gratidão que sinto pela palavra de incentivo, pelo envio de materiais, pelo exemplo, pelas atentas leituras, por abrir a casa, o escritório e a mente, para me receber, sempre com bom humor, desde o projeto de dissertação, até a publicação do livro. Destaco também agradecimento a Pietro Webber e Fernanda Martins-Costa, amigos e sócios no escritório. Sem os seus suportes — diretos e indiretos —, compreensivos de leituras das minutas, conversas, paciência, palavras de encorajamento e disponibilidade, eu não teria conseguido finalizar nem a dissertação, nem o livro que ora segue.

Pude também desfrutar de um seleto grupo de interlocutores, leitores, revisores e colaboradores de toda ordem, que sugeriram ideias, enviaram materiais e também tornaram a (por vezes) solitária jornada um espaço de troca, ao longo desses anos, a quem rendo agradecimentos: André Luiz Pignatari, Alice Pereira, Ana Júlia Schenkel, Ana Paula Mageste, Catarina Paese, Daniel Shingai, Daniel Portugal, Fábio Martins, Fábio Snizfer, Flávia Oliveira, Fernando Morais, Professora Giovana Benetti, Giovana Etcheverry, Giacomo Grezzana, Giovana Petry, Gustavo Sanseverino, Helena Chagas, José Emilio Nunes Pinto, Júlia Beltrão Dutra de Oliveira, Professora Laura Beck-Varela, Luis Alberto Salton Peretti, Márcio Vasconcellos, Nelmar Vaccari, Pedro Deos, Professora Renata Steiner, Rodrigo Branco Xavier, Tarcísio Souza Neto, Professora Véra Fradera e Vitor Silveira Vieira.

A responsabilidade pelos equívocos é integralmente minha.

O fecho desses agradecimentos não poderia ser outro que não à minha família.

Dedico este livro aos meus avós e a meus pais, pelo amor incondicional. Especialmente por terem criado todas as condições possíveis, priorizado a minha evolução e não terem poupado nenhum esforço para a minha formação e desenvolvimento. Meu pai, Rogério Machado Xavier, me ensina, pelo exemplo, a perseverança e o desassombro. Leu com interesse e entusiasmo o trabalho, compartilhou dúvidas e fez diversos apontamentos para o aprimoramento do texto. Sempre me lembra de *olhar para frente*. Minha mãe, Rosana Pires Branco Xavier, me ensina, também pelo exemplo, a dedicação ao próximo. Ensinou-me, principalmente, a ouvir. E também a falar, o português e o inglês. E a amar as mulheres.

Por fim, agradeço à minha amada então *fidanzata ufficiale*, e agora esposa, Aline Oliveira Vaccari, que além de ter lido em primeira mão as páginas que seguem, de não me deixar esquecer que a melhor ferramenta de evolução é a conversa, e de ter cuidado da Desembargadora Isidora Goyenechea, compartilhou todos os momentos, desde o início da ideia ora concretizada, ainda mais intensamente quando passamos a compartilhar o lar dois meses antes do início do isolamento de 2020/2022. Aline infiltrou-se em um bloco de racionalidade, teve compreensão e empatia plenas, incansável paciência com as minhas ausências e solidariedade com as minhas necessidades. Dedicou-se — e dedica-se — de corpo e alma a ter planos e compartilhar, com amor, ternura e carinho, a vida conjunta. Obrigado, do fundo do coração.

APRESENTAÇÃO

Reza o ritual acadêmico acompanhar o lançamento de um "primeiro livro" pela apresentação de seu autor. Essa tradição dá-me o ensejo, muito prazeroso, de traçar, em breves linhas, o perfil de Rafael Branco Xavier, conhecido por todos como Taga (o carinhoso diminutivo de *Tagarela*). E a razão para tanto certamente reside no fato de que, desde o ano de 2010, tenho a sorte de ter como sócio e amigo integrante do círculo dos meus afetos mais profundos, o autor desse *Consequential damages: lucros cessantes, previsibilidade e danos indiretos.*

Conheci Rafael um pouco antes, no primeiro semestre de 2009, quando lecionei a disciplina de História do Direito na Universidade Federal do Rio Grande do Sul. Trata-se de uma disciplina do primeiro ano, o que me parece acertado porque a História é, no meu modo de ver, a mais perfeita porta de entrada na dimensão cultural do Direito. Foi uma curta e bela experiência, em que, afastando o currículo oficial, pude, com relativa liberdade e um certo pendor subversivo, acercar-me de uma história da mentalidade dos juristas com aqueles novatos e novatas que — espero — tenham ficado, dali para frente, bem vacinados contra o *Direito engravatado em jargões*, ou, ao menos, aprendido a dele desconfiar.

Um semestre depois, precisando contratar estagiário para o escritório, lembrei-me da prova feita por Rafael naquela disciplina de História, que me surpreendera pela fineza de seu raciocínio analítico. Uma viagem impediu que, então, ingressasse na minha equipe, mas, persistente como sou, não desisti. Pouco depois, voltei à carga, em decisão acertadíssima, confirmada, nos anos subsequentes, com a sua passagem ao estado de sócio.

Trabalhando basicamente com argumentação jurídica em artigos, pareceres e sentenças arbitrais, eu queria, mais do que um sócio burocrático, um *sparring* que batesse forte, mas com lealdade, auxiliando-me a testar a solidez dos argumentos, a higidez do raciocínio jurídico desenvolvido em face dos casos concretos. E consegui: com sagacidade, fineza analítica e dedicação invulgar ao estudo do Direito, Rafael aprendeu rapidamente a refinar seu olhar (mas não, felizmente, a endurecer os punhos!), a estabelecer as necessárias distinções e, muitas vezes, a desafiar-me com um gentil (mas duro e muito insistente) "será que?" que suscita, seguidamente, um exame sob novas perspectivas, sob novos ângulos de percepção dos problemas em exame.

A mente analítica de Rafael, a seriedade que dedica ao seu mister, a inesgotável curiosidade com as coisas do mundo, sua ética firme, resultado de uma educação embasada nos valores da honestidade, lealdade e generosidade, a alegria de viver, a excepcional simpatia que permite conquistar os mais diversos interlocutores, desenhavam, contudo, mais do que um *sparring*, um perfil vocacionado à vida acadêmica. Um conselho dado por Miguel, em 2017, foi decisivo em sua tomada de decisão para tanto. Ajuntou-se um caso em que dei parecer, tratando de um tema inédito em termos de literatura jurídica nacional — qual seja, a admissibilidade, ou não, em nosso sistema, dos *consequential damages* do direito de *common law* —, para que escolhesse o tema da dissertação, ora transformada em livro que vem a preencher lacuna em nossa doutrina.

O livro é oportuníssimo não apenas por seu inédito tema, mas, igualmente, por situar categorias da responsabilidade civil com firmeza e rigor, delas retirando as necessárias consequências teóricas e práticas. Contrasta, assim, com o *panorama cacofônico* que inunda o tema da responsabilidade civil, especialmente — embora não de modo exclusivo — aquele traçado em muitos dos livros que entre nós se publicam, destacando-se, ademais, pelo adequado método comparatista que emprega. Ao comparar os *consequential damages* do *common law* com categorias do nosso sistema, Rafael se desvia dos perigos da importação de Direito Estrangeiro (que não é Direito Comparado), auxiliando-nos a evitar as arapucas do anacronismo e do valor meramente facial das palavras que usamos em nossas construções jurídicas.

No Prefácio a essa obra, o Professor Cristiano Zanetti, orientador escolhido por Rafael (em outra demonstração de sua sagacidade, já que Zanetti é um dos civilistas dignos dessa denominação), traçou pertinentes considerações sobre o tema. Sem querer invadir seara alheia, não posso, contudo, deixar de registrar a importância do livro ora entregue à apreciação pública. Essa importância reside, no meu modo de ver, em dois fatores.

O *primeiro* deles está na circunstância de a responsabilidade civil, como instituto jurídico, estar em permanente formação. Muito embora suas raízes se finquem em épocas arcaicas, fato é que esse instituto, voltado, funcionalmente, a reparar os danos causados injustamente em outrem, tem sofrido ao longo dos últimos duzentos anos — desde a Revolução Industrial, metaforizada pela invenção dos trens como meio de transporte, até a Revolução Digital, que estamos a vivenciar — os impactos de sempre novas e crescentes *fontes de danos*, bem como das também novas e crescentes formas de *interação social* entre sujeitos de direito, o que gera novas *formas de danos*. Esses impactos levam a refletir sobre os contornos deste seu pressuposto inafastável, o dano, não para dispensá-lo, mas para melhor refinar o seu alcance, ajustando-o à realidade dos fatos sociais.

O *segundo* fator vem da comunicação entre culturas jurídicas diversas que, ao se defrontar com idênticos problemas, oferecem soluções por vezes dissimiles, gerando distintas qualificações jurídicas. Assim ocorre, notadamente, com a interação entre a nossa cultura jurídica e aquela de *common law*. Nem sempre palavras assemelhadas traduzem idênticos conceitos, sendo preciso atenção ao lema dos comparatistas Konrad Zweigert e Hein

Kötz em sua obra seminal: "Il principio metodologico basilare di tutto il diritto comparato, dal quale derivano tutti gli altri principi metodologici (...) è quello della funzionalità"[1].

Atento a essa valiosa pauta de método, Rafael Xavier não incorreu no vício de confundir a comparação jurídica com o anacrônico recorte e cole (ou a pura e simples citação) de soluções estrangeiras, mas se pôs, justamente, a comparar, *funcionalmente*, os danos assim qualificados em *common law* com categorias do Direito brasileiro. Teve presente que a expressão "*consequential damages*" é ambígua, abarcando vários focos de significações e buscou o seu refino segundo critérios reiterados pela doutrina, jurisprudência, legislação internacional e consolidações práticas posteriores ao reconhecimento do caso *Hadley v. Baxendale* — *leading case* na matéria —, para concluir: Assim se designam os danos ocasionados no âmbito de uma relação contratual que atingem interesses do credor externos àquele que tem em relação ao objeto da prestação. Considerar um dano como *consequential* envolve, como diz o autor, "critério de classificação das consequências negativas do inadimplemento que não se confunde com a sua indenizabilidade".

Após um exaustivo e muito rigoroso exame da jurisprudência na qual foi fixada a noção de *consequential damages* em seus *loci* de origem, Rafael Xavier a contrasta com a de "perdas e danos", tal como vigorante no Direito brasileiro, para saber se os *consequential damages* identificam-se com a noção de lucros cessantes ou nela podem ser plenamente subsumidos, e em que medida. Aqui está, no meu modo de ver, o ponto alto do trabalho.

1 ZWEIGERT, Konrad; KOTZ, Hein. *Introduzione al Diritto Comparato. Principi fondamentali.* Vol. I. Milano: Giuffrè, 1998, p. 37.

O autor distingue entre os elementos de qualificação das modalidades de dano que integram, conceitualmente, a categoria das perdas e danos, a qual designa, por sinédoque, aquele *composto* formado pelo dano emergente e pelo lucro cessante[2], para concluir: os lucros cessantes *não constituem prejuízos indiretos* (os quais, no ordenamento brasileiro, em regra não são danos indenizáveis); não há intercambialidade entre os lucros cessantes, no Direito brasileiro, e os *consequential damages* do Direito norte-americano. É que os primeiros deverão se apresentar sempre, sem exceções, como "prejuízos diretos", sob pena de não serem indenizáveis a teor do art. 403, *in fine*. Já no Direito norte-americano, a categoria do *loss of profits* admite danos *direct* e *indirect*. Sendo assim, a coincidência entre *loss of profits* e lucros cessantes indenizáveis não é completa. No caso concreto é que haverá de ser comprovada a existência, ou não, de superposição — parcial — de ambos os conceitos.

Já por essas brevíssimas notas podem, leitoras e leitores, perceber a singularidade deste livro, bem como a de seu autor: a sagacidade, a curiosidade, o rigor analítico e a simpatia que acima destaquei como os pilares de sua personalidade se acham presentes em cada uma das linhas que escreveu. Boa leitura!

Campo Verde, setembro de 2024

Judith Martins-Costa

2 Permito-me referir: MARTINS-COSTA, Judith. *Comentários ao novo Código Civil.* Do Inadimplemento das Obrigações. Vol. V. Tomo II. 2ª ed. Rio de Janeiro: Forense, 2009, p. 548-551.

PREFÁCIO

No curso da história, os estudos de direito dos contratos têm se dedicado a construção de categorias. A partir de um número circunscrito de tipos, posteriormente acrescido dos contratos atípicos, foi construída uma teoria geral que, de tão importante, contribuiu até mesmo para a criação da parte geral do direito privado.

Os estudos nesse sentido continuam a ser muito importantes, pois o incremento do número de tipos e da sofisticação dos contratos propõem novos desafios para que a teoria geral consiga se equilibrar entre a precisão conceitual e a aderência à realidade.

Malgrado sua relevância, tais estudos não esgotam as tarefas dos que se dedicam a esse ramo do direito. Para além da igualmente tradicional pesquisa sobre os tipos, há não muito tempo foi identificado um outro objeto de indagação. Trata-se do contrato que vem de fora, também chamado de contrato estrangeiro.

Com o incremento do fluxo de pessoas e bens havido nas últimas décadas, os contratos passaram a circular em escala global, de modo que transpor as fronteiras e as tradições em que foram gestados. Em particular, seja pela importância econômica, seja pela eficiência, seja, às vezes, por inércia, o intérprete do direito brasileiro se depara mais e mais com figuras cunhadas no *common law*.

Corresponde-lhe, então, compreender a prática e determinar sua repercussão jurídica entre nós.

Foi essa a tarefa de que se ocupou Rafael Branco Xavier na obra que agora vem ao conhecimento do público. O trabalho cuida dos chamados *consequential damages*, provenientes do direito inglês, a partir do caso *Hadley vs. Baxendale*, julgado em 1854, pela *Exchequer Court*.

Como revela a experiência, os *consequential damages* são objeto de um número sempre maior de cláusulas, normalmente celebradas para afastar seu ressarcimento. A estipulação cria embaraço ao intérprete brasileiro que não encontra apoio na tradição para precisar o sentido e os limites do que foi acordado entre as partes.

Ciente dessa dificuldade, na primeira parte do trabalho, o autor procura traçar os contornos da figura no âmbito do *common law*. Tal estudo se encontra subdividido em três capítulos, voltados, respectivamente, a diferenciar os *consequential damages* dos *loss of profits*, dos *special damages*, a partir da noção da *foreseeability*, e dos *indirect damages*, a partir da noção de *causation*.

Na segunda parte do trabalho, o autor trata da recepção dos *consequential damages* pelo direito brasileiro. Novamente, são três os capítulos dedicados ao exame da figura. No primeiro, o autor a distingue dos lucros cessantes. No segundo, aborda o critério da previsibilidade, que se encontrava expresso no Código Civil de 1916 e foi suprimido do Código Civil de 2002, sem que, todavia, tenha sido substituído. No terceiro, trata da causalidade, ocasião em que discorre sobre a nada trivial distinção entre danos diretos e indiretos.

Do cotejo entre a primeira e a segunda parte do trabalho, o autor conclui que, no direito brasileiro, os *consequential damages* devem ser entendidos como danos extrínsecos, por recaírem sobre objeto diverso do prestado.

A título ilustrativo, devem ser qualificados como extrínsecos tanto os danos causados à certa manada pela instalação equivocada do respectivo comedouro, conforme decidido pela *England and Wales Court of Appeal* em 1977, no caso *H. Parsons (Livestock) Limited v. Uttley Ingham and Company Ltd.*, como os danos decorrentes da inscrição indevida em cadastro de devedores por instituição financeira, conforme julgado pelo Superior Tribunal de Justiça em 2016, no caso que o autor denomina Sotto Mayor v. BNB.

De forma persuasiva, o autor afirma que tais danos comportam ressarcimento, desde que sejam imputáveis à parte inadimplente e estejam dentro da esfera de risco por ela assumida. Daí o interesse em excluí-los via acordo, sempre que os contratantes assim o desejarem.

O trabalho que Rafael Branco Xavier oferece à comunidade jurídica se encontra à altura dos desafios propostos pelo nosso tempo. O texto, agora aperfeiçoado, foi originalmente defendido como dissertação de mestrado, na Faculdade de Direito da Universidade de São Paulo. Composta pela Professora Lilian San Martín, da *Universidad del Desarollo*, em Santiago, no Chile, pela Professora Mariana Pargendler, da Fundação Getulio Vargas, e pelo Professor Francisco Marino, da Universidade de São Paulo a banca examinadora aprovou o trabalho com louvor e recomendou sua publicação.

Fundado em pesquisa séria e consistente, o livro põe em evidência as virtudes da comparação jurídica, cujo aproveitamento nos permite lidar com propriedade com figuras que não respeitam divisões políticas e que, com o passar do tempo, deixam de ser estrangeiras, para se tornarem também nossas.

Joanesburgo, 27 de outubro de 2024

Cristiano de Sousa Zanetti

Professor da Faculdade de Direito da USP

NOTA DO AUTOR

Este livro consiste em trabalho de comparação jurídica. Considera-se o modelo jurisprudencial dos *consequential damages* na *common law*. A partir de análise do caso seminal *Hadley v. Baxendale (Reino Unido, 1854)* e de seus desdobramentos, o estudo almeja compreender a categoria dos *consequential damages* à luz do Direito brasileiro

A investigação divide-se em duas partes, cada uma subdividida em três capítulos correspectivos.

Na primeira parte, os *consequential damages* são analisados na sua origem, a jurisprudência da *common law*. Na segunda parte, os critérios identificados na primeira são avaliados conforme o Direito brasileiro.

Os capítulos compreendem discussões centradas na responsabilidade contratual, a respeito de *lost profits*, *foreseeability* (ou *contemplation of both parties*), e *causation*, respectivamente lucros cessantes, previsibilidade e causalidade. Conclui-se que a qualificação como danos extrínsecos é a melhor opção disponível de tradução da categoria dos *consequential damages* contratuais para o léxico do Direito brasileiro.

Com base em perspectiva funcional, as tentativas de apreensão da categoria dos *consequential damages* como lucros cessantes, danos imprevisíveis, danos especiais, danos indiretos e prejuízos consequentes são rejeitadas — não sem antes ser apresentada reflexão sobre essas categorias e critérios indenizatórios conforme o Direito brasileiro.

Porto Alegre, outono de 2024

INTRODUÇÃO

Este livro tem por escopo examinar os *consequential damages* à luz do Direito brasileiro. A partir de situações nas quais esse modelo jurídico foi invocado na experiência jurídica de *common law* e das funções que desempenha na sua origem, busca-se verificar *como* pode o Direito brasileiro qualificá-lo. O objetivo principal desta investigação é identificar os significados e funções atribuídos aos *consequential damages* para perceber como a categoria e os problemas jurídicos que a ela orbitam são perspectivados pelo Direito brasileiro.

Há duas justificativas para a investigação do tema. Uma teórica e outra prática.

A justificativa teórica diz respeito à aplicação do Direito Comparado como método de compreensão e conhecimento do Direito. Visa-se a aplicar a comparação jurídica como meio de obter conhecimento: o objetivo de assim proceder é conhecer o Direito[3]. O papel da comparação jurídica tem força no sentido de instruir os aplicadores a contornar de forma útil as dificuldades na compreensão de seus interlocutores e fazer-se compreender por eles[4].

---

3 SACCO, Rodolfo. Legal Formants. *The American Journal of Comparative Law*. Vol. 39, Oxford University Press, 1991, p. 2-4; Texto semelhante em francês: SACCO, Rodolfo. *La Comparaison Juridique au Service de la Connaisance du droit*. Paris: Economica, 1991, p. 7 e em português: SACCO, Rodolfo. *Introdução ao Direito Comparado*. Traduzido por Véra Jacob de Fradera. São Paulo: Revista dos Tribunais, 2001. A ideia também está em: MARKESINIS, Sir Basil. La Politique Jurisprudentielle et la réparation du préjudice économique en Angleterre : une approche comparative. *Revue Internationale de droit comparé*, Vol. 35, n. 1, p. 31-50, 1983, p. 31; ZWEIGERT, Konrad; KÖTZ, Hein. *Introduction to Comparative Law*. Tradução de Tony Weir. Nova Iorque: Oxford, 1998, p. 15. FRADERA, Véra Maria Jacob de. *Reflexões sobre a Contribuição do Direito Comparado para a elaboração do Direito Comunitário*. Belo Horizonte: Del Rey, 2010, p. xxviii; LEME, Lino de Morais. Direito Civil Comparado. São Paulo: Revista dos Tribunais, 1962, § 14, p. 36-37.

4 DAVID, René; JAUFFRET-SPINOSI, Camille; GORÉ, Marie. *Les grands systèmes du droit contemporains*. 12ª ed. Paris: Dalloz, 2016, § 10, p. 10.

A justificativa prática ampara-se no frequente emprego do termo *consequential damages* em cláusulas de limitação ou exclusão do dever de indenizar — também ditas cláusulas de limitação da responsabilidade — em contratos regidos pelo Direito brasileiro. O emprego da expressão costuma compor uma longa lista de espécies de danos que são arrolados nessas cláusulas como não indenizáveis no caso de inadimplemento contratual, entre os quais estão os *special damages*, os *indirect damages*, e os *lost profits*[5]: essas cláusulas de limitação "afastam certos tipos de danos, ao invés de especificar algum remédio específico ou um teto indenizatório"[6]. Figurando no grupo de cláusulas "*boilerplate*", as quais "começam a sua existência com o cérebro de um advogado inteligente, mas que, com a passagem do tempo, a previsão feita sob medida se torna copiada irrefletidamente e perde a conexão com o cérebro do advogado original"[7], são uma das mais comumente usadas ao redor do mundo[8].

---

5 Como exemplos: "Except for the parties' obligations in section 17.2, and unless specifically set forth herein, in no event shall either viastar or motorola, whether as a result of breach of contract, tort (including negligence) or otherwise, have any liability to the other or to any third party for any special, indirect, incidental, consequential or punitive damages." (Estados Unidos da América. United States District Court, SD. Indiana, Indianapolis Division. *Viastar Energy, LLC v. Motorola, Inc.* Julgado em 26 de outubro de 2006); "Exclusion of Consequential Loss. In no circumstances shall either we or you be liable for indirect, consequential, reliance, or special loss or damages or for lost revenues, lost savings, lost business opportunity or lost profits of any kind". (Estados Unidos da América. United States Bankruptcy Cour, S.D. New York. *Global Crossing Telecomms., Inc. v. CCT Commc'ns, Inc.* Julgado em 22 de julho de 2011). "Neither the Project Entity nor SECWA shall be liable to the other party in contract, tort, warranty, strict liability, or any other legal theory for any indirect, consequential, incidental, punitive or exemplary damages or loss of profits" (Austrália. Supreme Court of Western Australia in Civil. *Regional Power Corporation v. Pacific Hydro Group Two Pty Ltd (No 2).* Julgado em 26 de setembro de 2013). "Limitation of Liability. Except with respect to the indemnification and confidentiality obligations contained in this Agreement or any Exhibit hereunder, without limitation to the foregoing, under no circumstances shall either party be liable to the other party for any indirect, incidental, consequential, special, punitive or exemplary damages, even if either party has been advised of the possibility of such damages, arising from this Agreement, such as, but not limited to, loss of revenue or anticipated profits or lost business". (Estados Unidos da América. Appellate Court of Illinois Second District. *Westlake Fin. Grp., Inc. v. CDH-Delnor Health Sys.* Julgado em 6 de janeiro de 2015).

6 WEST, Glenn. Lessons from a Consequential Case Concerning the Consequences of Consequential Damages Waivers. *Global Private Equity Watch.* Datado de 14 de dezembro de 2015. Disponível em: https://privateequity.weil.com/insights/lessons-from-a-consequential-case-concerning-the-consequences-of-consequential-damages-waivers/.

7 WEST, Glenn. Do You Really Know What "Consequential Damages" Means? *Global Private Equity Watch.* Datado de 18 de maio de 2020. Disponível em: https://privateequity.weil.com/features/do-you-really-know-what-consequential-damages-means/.

8 WEST, Glenn. Lessons from a Consequential Case Concerning the Consequences of Consequential Damages Waivers. *Global Private Equity Watch.* Datado de 14 de dezembro de 2015.

Vale desde logo esclarecer que esta investigação não tem por objeto tratar da validade e da eficácia das cláusulas de afastamento do dever de indenizar os *consequential damages*. Cinge-se a antecedente lógico a esta discussão, pois, para compreender a limitação (parcial ou total) do dever de indenizar, há um passo prévio: compreender o que já estaria abarcado no dever de indenizar. É dizer, a investigação do que se afasta, pela via contratual, demanda a compreensão do que estava abrangido na ideia de dano indenizável, segundo o direito aplicável à ausência de escolha das partes. Não há como se entender a abrangência da limitação sem saber o significado do que se está a afastar. Se afastados os *consequential damages*, qual é a parcela do dever de indenizar que resta afetada? Esse afastamento atinge danos emergentes e lucros cessantes? Ausente acordo, os *consequential damages* são indenizáveis, ou seja, são dotados de "indenizabilidade"[9]?

Logo, a pergunta central a ser respondida é: como o Direito brasileiro qualificaria os *consequential damages* no âmbito da responsabilidade contratual? Como decorrências da pergunta central, seria ainda possível perquirir: trata-se de categoria apreendida pelo sistema jurídico brasileiro? Se positivo, quais seriam os seus correspondentes funcionais?

Toma-se como premissa que a responsabilidade contratual na experiência da *common law* e no Brasil voltam-se, em termos gerais, a uma semelhante função precípua: reparar a parte lesada por todo o dano sofrido em virtude do inadimplemento contratual, colocando-a em uma

---

Disponível em: https://privateequity.weil.com/insights/lessons-from-a-consequential-case-concerning-the-consequences-of-consequential-damages-waivers/.

9 O termo "indenizabilidade" é ora empregado para indicar a qualidade de serem juridicamente indenizáveis os prejuízos. A palavra "indenizabilidade" não consta no Vocabulário Ortográfico da Língua Portuguesa, assim registrando a busca em https://www.academia.org.br/nossa-lingua/busca-no-vocabulario. Último acesso em 24 de janeiro de 2022. Porém, é de uso corrente nos Tribunais e pela doutrina. *E.g.*: STJ. REsp 12039/SP. Segunda Turma. Relator Min. Peçanha Martins. Julgado em 10 de junho de 1992, in verbis: "ACIDENTARIO. RECURSO ESPECIAL. AUXILIO-ACIDENTE. REDUÇÃO AUDITIVA. NEXO CAUSAL.INDENIZABILIDADE. I. INCUMBE AO JUDICIARIO DECIDIR SOBRE SE E INDENIZAVEL A LESÃO SOFRIDA PELO TRABALHADO (...)"; PONTES DE MIRANDA, Francisco Cavalcanti. *Tratado de Direito Privado*. Tomo XXII. São Paulo: Revista dos Tribunais, 2012, § 2.722, 1, p. 293, in verbis: "A indenizabilidade do dano é na medida que ele se acha em relação à causa, ou às concausas, ou à causa de aumento". (Destaquei).

situação medida por um referencial hipotético, uma situação não fosse o inadimplemento. Considera-se que o princípio da reparação integral, no Brasil, e a *full compensation* (tida como sinônimo da indenização de *compensatory damages*[10]), na experiência da *common law*, voltam-se à mesma finalidade. Diante do inadimplemento contratual, é universalmente aceita a ideia de que a parte inadimplente é responsável pelo dano. Em termos mais abstratos, crê-se na aplicação da assertiva de René David, ao comparar as famílias da *common law* e a família romano-germânica: "soluções muito próximas, inspiradas por uma mesma ideia de justiça, são muitas vezes dadas às questões de direito aqui e ali"[11].

As partes contratam tendo o cumprimento em mente: contratos são feitos para serem cumpridos. Os contraentes não cogitam, necessariamente, do inadimplemento, tampouco das consequências subsequentes ao inadimplemento[12]. Surge, assim, um segundo grupo de questões: qual dano deve ser indenizado? Onde se deve parar na sua aferição[13]? Se é indiscutível que a indenização se medirá pela extensão do dano, como medir o dano indenizável?

10 MARTINS-COSTA, Judith; PARGENDLER, Mariana. Usos e abusos da função punitiva (punitive damages e o Direito brasileiro). *Revista CEJ*, Brasília, n. 28, p. 15-32, jan./mar. 2005, p. 16 e, mais recentemente, PARGENDLER, Mariana. Os danos morais e os punitive damages no direito norte-americano: caminhos e desvios da jurisprudência brasileira. In: SILVEIRA, Renato de Mello Jorge et al (Coord.). *Livro Homenagem a Miguel Reale Júnior.* Rio de Janeiro: GZ Editora, 2014, p. 421-422 ("Os compensatory damages destinam-se a reparar o dano causado, sendo o quantum indenizatório determinado exclusivamente pela extensão do dano, à semelhança do que dispõe o art. 944, caput, do Código Civil brasileiro").

11 DAVID, René; JAUFFRET-SPINOSI, Camille; GORÉ, Marie. *Les grands systèmes du droit contemporains.* 12ª ed. Paris: Dalloz, 2016, § 19, p. 19. No mesmo sentido: GORDLEY, James. *The Philosophical Origins of Modern Contract Doctrine.* Oxford: Clarendon Press, 1991, p. 1. (assinala que tanto as experiências da common law, quanto os sistemas de civil law tem "similar estrutura doutrinária baseada em semelhantes conceitos jurídicos").

12 Estados Unidos da América. Court of Appeals of Texas, Fort Worth. *DaimlerChrysler Motors Co. v. Manuel.* Julgado em 24 de fevereiro de 2012; Reino Unido. House of Lords. *Koufos v. C. Czarnikow, Ltd. The Heron II.* Julgado em 1967, Voto de *Lord Morris of Borth-Y-Gest*; Estados Unidos da América. Circuit Court of the United States for the Western District of Texas. *Globe Refining v. Landa Cotton Oil.* Julgado em 1º de junho de 1903.

13 LOOKOFSKY, Joseph M. *Consequential Damages in Comparative Context.* From Breach of Promise to Monetary Remedy in the American, Scandinavian and International Law of Contracts and Sales. Reimpressão. Copenhagen: Jurist-og Økonomforbundets Forlag, 1996, p. 13.

A finalidade similar da responsabilidade contratual na experiência da *common law* e no Direito brasileiro não significa, todavia, identidade de regimes. Ao serem os *consequential damages* referidos em contratos regidos pelo Direito brasileiro, afloram as dificuldades salientadas pelos estudiosos da comparação jurídica: os aplicadores de lá e cá concretizam conceitos distintos; receberam formação intelectual e profissional diferentes; não raciocinam segundo os mesmos métodos e têm visão de mundo e de direito também distintas[14]. Essas dificuldades são insuperáveis[15], e a investigação ora proposta não tem a vã e ingênua pretensão de resolvê-las de modo definitivo.

O estudo é pertinente para, identificando-se os denominadores comuns, destacar os pontos de convergência ou de divergência entre as experiências jurídicas[16], assentada a ideia de comparação como "consciência da alteridade, da distância, das diferenças culturais, é dizer, das singularidades inscritas em determinadas tradições jurídicas"[17]. O método se mostra pertinente devido à expansão sem precedentes que tomam as relações contratuais no âmbito internacional, cenário já percebido por René David em meados do século passado, e que só se intensificou desde então[18]. É praticamente truísmo afirmar que os modelos jurídicos contratuais da *common law* são crescentemente transplantados daqueles ordenamentos e

---

14 DAVID, René; JAUFFRET-SPINOSI, Camille; GORÉ, Marie. *Les grands systèmes du droit contemporains*. 12ª ed. Paris: Dalloz, 2016, § 10, p. 10; SCHLESINGER, Rudolph. The Past and Future of Comparative Law. *American Journal of Compartive Law. Summer*, 1995, p. 477-481, p. 480-481.

15 LEGRAND, Pierre. *Direito comparado. Compreendendo a compreendê-lo*. São Paulo: Contracorrente, 2021, p. 34 (assinala que nem as características inerentes ao Direito — ser situado, localizado, lugarizado, tampouco, as do comparativista, quem se encontra imbuído, circunscrito, limitado antecipadamente "permitem fundamentação objetiva de um Direito específico como o Direito 'verdadeiro', o Direito correto ou o Direito melhor).

16 DAVID, René; JAUFFRET-SPINOSI, Camille; GORÉ, Marie. *Les grands systèmes du droit contemporains*. 12ª ed. Paris: Dalloz, 2016, § 8, p. 8; SACCO, Rodolfo. *La Comparaison Juridique au Service de la Connaisance du droit*. Paris: Economica, 1991, § 13, p. 32.

17 MARTINS-COSTA, Judith; PARGENDLER, Mariana. Usos e abusos da função punitiva (punitive damages e o Direito brasileiro). *Revista CEJ*, Brasília, n. 28, p. 15-32, jan./mar. 2005, p. 16.

18 DAVID, René; JAUFFRET-SPINOSI, Camille; GORÉ, Marie. *Les grands systèmes du droit contemporains*. 12ª ed. Paris: Dalloz, 2016, § 2, p. 1.

chamados a vir a operar em contratos sob a égide do Direito brasileiro[19]. Se o método é adequado *per se*, quando os *consequential damages* são referidos em contratos regidos pelo Direito brasileiro o recurso ao Direito Comparado torna-se não só recomendável, mas imprescindível.

É difícil — senão impossível — comparar o Direito de modo estático, apenas pela análise do texto de regras. Adota-se método assentado na ideia de comparação funcional. Trata-se da investigação da finalidade das soluções jurídicas dadas a determinados problemas concretos em determinados ordenamentos jurídicos[20], não estando restrito ao arrolamento abstrato de textos normativos. A partir dos significados concretos de *consequential damages* nos seus ambientes de origem, será possível avaliar, por comparação, como o Direito brasileiro sobre as perdas e danos na responsabilidade contratual acomoda a categoria. Descortinada a origem funcional do modelo, a comparação revela que as chaves para a compreensão dos *consequential damages* no Direito brasileiro não englobam uma análise dicotômica a respeito das modalidades de perdas e danos aqui reconhecidas (danos emergentes e lucros cessantes), mas suscitam o estudo a respeito da previsibilidade de circunstâncias especiais no momento da contratação, bem como do nexo de causalidade — problemas complexos que se refletem na ausência de um método unificado e normativamente orientado para a definição prática dos danos indenizáveis. Como pauta orientativa, está o texto legal vigente, em especial os artigos 402, 403 e 944 do Código Civil.

Cabe delimitar o tema em meio ao universo de questões, recortando o âmbito de análise. Não estão no centro da análise os *consequential damages*

19 FRADERA, Véra Maria Jacob de. *Reflexões sobre a Contribuição do Direito Comparado para a elaboração do Direito Comunitário*. Belo Horizonte: Del Rey, 2010, p. 95-99 (argumentando que a recepção de modelos jurídicos estrangeiros — isto é, a migração de instituições jurídicas de um sistema para outro — pode ter como fatores a economia, a política e a personalidade do legislador).

20 ZWEIGERT, Konrad; KÖTZ, Hein. *Introduction to Comparative Law*. Tradução de Tony Weir. Nova Iorque: Oxford, 1998, p. 34-36. (destacando ainda a faceta negativa do viés funcional: a erradicação das pré-concepções do próprio sistema nacional); PARGENDLER, Mariana. Os danos morais e os punitive damages no direito norte-americano: caminhos e desvios da jurisprudência brasileira. In: SILVEIRA, Renato de Mello Jorge et al (Coord.). *Livro Homenagem a Miguel Reale Júnior*. Rio de Janeiro: GZ Editora, 2014, p. 414-415.

na responsabilidade extracontratual (referida como *tort*), embora se faça recurso pontual a casos envolvendo *tort* com a finalidade de comparação. Enfoca-se a responsabilidade contratual, compreendida como ramo do Direito voltado ao estudo das consequências do inadimplemento dos deveres e obrigações a comporem o conteúdo das relações jurídicas obrigacionais irradiadas de contrato[21]. Ademais, os contratos analisados dizem respeito àqueles "subordinados às restrições clássicas"[22], expressos também na fórmula de "relações civis de direito comum e empresariais"[23], ou na fórmula "prática negocial paritária"[24]. É dizer, contratos nos quais as partes têm reforçada possibilidade de exercício da autonomia para a conformação do conteúdo contratual. Embora referências pontuais sejam feitas a casos de relações civis ou empresariais com características assimétricas — como os que compõem o "gênero" classificatório de "*terzo contratto*"[25] —, estes não estão no foco dessa investigação. Tampouco são o foco desta análise os contratos sujeitos ao regime do Código de Defesa do Consumidor.

Por fim, não se entende os *consequential damages* como uma espécie de dano que careça de reconhecimento pelo Direito brasileiro para que passe a ser admitida para além das espécies já aqui reconhecidas, como

---

21 Suposta é a noção da relação obrigacional como processo, em sentido amplo, tal qual posta por COUTO E SILVA, Clóvis. *A obrigação como processo.* Rio de Janeiro: FGV, 2006, p. 19. (*In verbis:* "*Lato sensu,* [a relação obrigacional] abrange todos os direitos, inclusive os formativos, pretensões e ações, deveres (principais e secundários, dependentes e independentes), obrigações, exceções e, ainda, posições jurídicas").

22 ZANETTI, Cristiano de Sousa. *Direito Contratual Contemporâneo.* A liberdade contratual e sua fragmentação. São Paulo: Método, 2008, p. XXIX.

23 MARTINS-COSTA, Judith. Os campos normativos da boa-fé objetiva: as três perspectivas do Direito privado brasileiro. In: JUNQUEIRA DE AZEVEDO, Antonio; TÔRRES, Heleno Taveira; CARBONE, Paolo. (Org.). *Princípios do Novo Código Civil Brasileiro e Outros Temas*: homenagem a Tullio Ascarelli. São Paulo: Quartier Latin, 2008, p. 388.

24 Enunciado 631 da VIII Jornada de Direito Civil do Conselho de Justiça Federal, realizada em Brasília em 2018.

25 PARDOLESI, Roberto. Una postilla sul Terzo Contratto, § 7. Disponível em: http://www.law-economics.net/workingpapers/L&E-LAB-FIN-07-2008.pdf, adotada também, *e.g.*, por ROPPO, Vincenzo. Ancora su contratto asimmetrico e terzo contratto. Le coordinate del dibattito, con qualche elemento di novità. In: ALPA, Guido; ROPPO, Vincenzo (Orgs.). *La vocazione civile del giurista.* 6ª ed. Roma: Laterza, 2018, p. 178-195.

a perda de uma chance[26]. O objetivo do livro é comparar a construção da noção de *consequential damages*. Em outras palavras, esse estudo não tem como propósito incluir a indenização de *consequential damages* como "novos danos", mas elucidar o significado de *consequential damages* na sua origem, sinalizando como o Direito brasileiro o acomoda, e, então, refletir sobre a avaliação do dano indenizável na responsabilidade contratual.

O aprofundamento do tema suscita uma (*i*) noção preliminar dos *consequential damages* em seu ambiente de origem, a partir de breve relato do paradigmático caso *Hadley v. Baxendale (Reino Unido, 1854)*. A seguir, uma primeira tentativa de resposta à pergunta central deste estudo merece atenção, (*ii*) descortinando a imprecisão da tradução literal de *consequential damages* para "danos consequenciais". Parece pertinente (*iii*) destacar, em linhas gerais, a noção de perdas e danos empregada no sistema brasileiro. Ainda a título introdutório, mister (*iv*) destacar as diretrizes metodológicas centrais, bem como a estrutura do livro, a partir do seu (*v*) plano de exposição.

(I). PONTO DE PARTIDA: *HADLEY V. BAXENDALE*

O significado da expressão *consequential damages* em sua origem não é simples nem unívoco. Muito embora a locução não tenha sido expressamente empregada — o que é de todo curioso[27] —, há unanimidade doutrinária e jurisprudencial a respeito do caso que foi o precursor de sua aplicação:

26 *E.g.* PETEFFI DA SILVA, Rafael. *Responsabilidade Civil pela Perda de Uma Chance*. 3ª ed. São Paulo: Atlas, 2013, p. 238-239; MARTINS-COSTA, Judith. *Comentários ao Novo Código Civil*. Do Inadimplemento das Obrigações. 2ª ed. Volume V, Tomo II. Rio de Janeiro: Forense, 2009, p. 539-546; ZANETTI, Cristiano de Sousa. A perda da chance na arbitragem: em busca do enquadramento devido. In: CARMONA, Carlos Alberto; LEMES, Selma Maria Ferreira; MARTINS, Pedro Batista (Orgs.). *20 anos da Lei de Arbitragem*: homenagem a Petrônio R. Muniz. São Paulo: Atlas, 2017, p. 721-722.

27 HERBOTS, Jacques. Why It is Ill-Advised to Translate Consequential Damage By Dommage Indirect. *European Review of Private Law*, 6, 2011, p. 942. WEST, Glenn. Do You Really Know What "Consequential Damages" Means? *Global Private Equity Watch*. Datado de 18 de maio de 2020. Disponível em: https://privateequity.weil.com/features/do-you-really-know-what-consequential-damages-means/.

Hadley v. Baxendale (Reino Unido, 1854)[28]. Há larguíssima aplicação sob essa etiqueta nos Estados Unidos[29] e em outros países cuja experiência jurídica se enquadra na família da *common law*, como a Austrália. Chega-se ao ponto de comentar que o caso representa um "símbolo transnacional" para o problema dos *consequential damages*[30], sendo o ponto de partida para a determinação da indenização contratual, mesmo passados mais de 150 anos da decisão[31]. Cabe debruçar-se desde logo sobre os fatos considerados no julgado, para deles também extrair os fundamentos a serem examinados na sequência do estudo.

Em linhas gerais, o caso trata da negativa de indenização por inadimplemento de contrato. O pedido indenizatório foi formulado pelos senhores *Hadley* e *Anor*, parceiros comerciais e operadores de um moinho de trigo, em face de *Baxendale* e outros, proprietários de uma empresa transportadora chamada *Pickford & Co.* Os autores pediram indenização pelos prejuízos decorrentes do inadimplemento de contrato de transporte

28 A totalidade da doutrina faz referência ao julgado. Apenas a título exemplificativo: WILLISTON, Samuel. *A Treatise on the Law of Contracts*. Volume V. New York: Baker, Voorhis & Co., 1937, § 1356-1357, p. 3805-3808; SEDGWICK, Theodor. *Treatise on the Measure of Damages*. Or an inquiry into the principles which govern the amount of pecuniary compensation awarded by courts and justice. Revisado por Arthur Sedgwick e Joseph Beale. Baker, Voorhis and Company, 1912. Acesso pela Plataforma HeinOnline, xii; TREITEL, Sir Guinther. *The Law of Contract*. 11th ed. London: Sweet & Maxwell, 2003, p. 964-974; FULLER, L.L; PERDUE, William R. Reliance Interest in Contract Damages: 2, *The Yale Law Journal*, Volume 46, n.3, p. 374-420, Jan., 1937, p. 375-376; HART, Herbert; HONORÉ, Tony. *Causation in the Law*. Oxford: Oxford University Press, 1959, p. 281-287; LOOKOFSKY, Joseph M. *Consequential Damages in Comparative Context*. From Breach of Promise to Monetary Remedy in the American, Scandinavian and International Law of Contracts and Sales. Reimpressão. Copenhagen: Jurist-og Økonomforbundets Forlag, 1996, p. 12; FARNSWORTH, Allan. *Contracts*. 4ª ed. New York: Aspen Publishers, 2004, p. 793; CHIRELSTEIN, Marvin. *Concepts and Case Analysis in the Law of Contracts.7a*. ed. St Paul: Foundation Press, 2013, p. 214-217; ZIMMERMANN, Reinhard. Limitation of Liability for Damages. *The Edinburgh Law Review*. 18.2., p. 193-224, 2014, p. 203 e.p. 208.

29 *E.g.*: ZYLA, Erick M. *Punitive and Consequential Damages, Including Lost Profits, in a Construction Contract Dispute*. Reimpressão. Nova Iorque: Xingya, 2006, p. 66 (refere que o caso é citado de forma geral com aprovação em "todos os 50 Estados" americanos).

30 LOOKOFSKY, Joseph M. *Consequential Damages in Comparative Context*. From Breach of Promise to Monetary Remedy in the American, Scandinavian and International Law of Contracts and Sales. Reimpressão. Copenhagen: Jurist-og Økonomforbundets Forlag, 1996, p. 12.

31 Reino Unido. United Kingdom House of Lords Decision. *Transfield Shipping Inc. v Mercator Shipping Inc.* Julgado em 9 de julho de 2008. *The Achilleas*. Voto de *Lord Rodger of Earlsferry*.

firmado entre as partes, cujo objeto seria o transporte de ida-e-volta de uma peça consistente no eixo essencial ao funcionamento do motor a vapor do moinho (o virabrequim[32]) entre Gloucester, a cidade onde se situava o moinho, e Greenwich, onde a peça serviria de modelo à fabricação de um novo eixo de movimentação. O inadimplemento contratual deu-se pelo atraso de cinco dias em trazer de volta a peça. Durante o período, o virabrequim não pôde ser substituído por nenhum outro. O funcionamento do moinho esteve paralisado, restando *Hadley* e *Anor* privados de obter lucros esperados pela ausência de produção.

A negativa da indenização do dano foi construída a partir de uma série de argumentos. Foi enfatizada a ausência de pactuação especialmente destacada entre as partes a respeito de indenização pelo atraso. Considerou-se que um transportador tem certos deveres impostos pelo direito, mas que tais deveres não podem ser ampliados de forma indefinida na ausência de um contrato especial, de fraude ou de malícia[33]. Os transportadores não poderiam ser responsabilizados pelos resultados que, no momento no qual os bens lhes haviam sido entregues para transporte, estavam "além de qualquer previsibilidade humana"[34]. Por isso, concluiu-se que somente quando a uma parte é dado o conhecimento de todas as consequências que decorreriam de seu eventual inadimplemento seria razoável considerar ter havido a assunção do risco sobre tais consequências[35]. Dito de outra forma, como aos transportadores seria impossível prever determinadas e especiais consequências de seu inadimplemento, mesmo tendo incorrido

32 Virabrequim é a tradução de crankshaft. A palavra tem origem no francês, *vilebréquin*, cujo significado é "conjunto de articulações para transformar um movimento retilíneo em rotativo", em uso desde o século XVII, do Holandês *wimmelkijn*, idem". Assim está em https://origemdapalavra.com.br/palavras/virabrequim/. Último acesso em 24 de janeiro de 2022.

33 No original: "There was no special contract between these parties. A carrier has a certain duty cast upon him by law, and that duty is not to be enlarged to an indefinite extent in the absence of a special contract, or of fraud or malice". Reino Unido. Exchequer Court. *Hadley v. Baxendale*. Julgado em 23 de fevereiro de 1854.

34 No original: "They cannot be responsible for results which, at the time the goods are delivered for carriage, are beyond all human foresight" Reino Unido. Exchequer Court. *Hadley v. Baxendale*. Julgado em 23 de fevereiro de 1854.

35 Reino Unido. Exchequer Court. *Hadley v. Baxendale*. Julgado em 23 de fevereiro de 1854.

em atraso no cumprimento de sua prestação, não poderiam ser responsabilizados pela perda de produção de *Hadley*. Os lucros cessantes pleiteados não foram indenizados.

O ponto fulcral resta ilustrado pelos trechos a seguir transcritos. Ao longo do século XX e até hoje, os trechos foram referidos ou como "o princípio de *Hadley v. Baxendale*", ou como "duas regras de *Hadley*", a indicar uma pauta de análise sobre os danos indenizáveis. O texto do julgado não faz alusão expressa a duas regras, a dois "galhos", "elementos", ou "braços", como veio a ser segmentado posteriormente. A subdivisão do texto do julgado trata-se de construção jurisprudencial e doutrinária[36]. Enquanto a primeira regra se refere aos *natural, general, normal* ou *direct damages*, a segunda seria atinente aos *consequential, special, abnormal* ou *indirect damages*[37].

Pelas tantas discussões, mister se faz a transcrição dos trechos originais, *in verbis*:

> Where two parties have made a contract, which one of them has broken, the damages which the other party ought to receive in respect of such breach of contract should be such as may fairly and reasonably be considered *either arising naturally to the usual course of things*, from such breach of contract *itself*, (...). (Destaquei).

36 *E.g.*: ZIMMERMANN, Reinhard. *Limitation of Liability for Damages*. The Edinburgh Law Review. 18.2., p. 193-224, 2014, p. 203.

37 *E.g.*: Reino Unido. Court of Appeal. King's Bench Division. *Victoria Laundry (Windsor) LD. V. Newman Industries LD.* Julgado em 12 de abril de 1949 ("The limb of this sentence prefaced by 'either' embodies the so-called 'first' rule; that prefaced by 'or' the 'second.'). No mesmo sentido Reino Unido. House of Lords. *Koufos v. C. Czarnikow, Ltd. The Heron II.* Julgado em 1967, Voto de *Lord Hodson*; EISENBERG, Melvin Aron. The Principle of Hadley v. Baxendale. California Law Review, vol. 80, p. 563-613, 1992, p. 570; LOOKOFSKY, Joseph M. *Consequential Damages in Comparative Context*. From Breach of Promise to Monetary Remedy in the American, Scandinavian and International Law of Contracts and Sales. Reimpressão. Copenhagen: Jurist-og Økonomforbundets Forlag, 1996, passim;, p. 150-151; 169-; WEST, Glenn. Consequential Damages Redux: An Updated Study of the Ubiquitous and Problematic 'Excluded Losses' Provision in Private Company Acquisition Agreements. *The Business Lawyer*, Vol. 70, Fall 2015, 971-1006, p. 981; CARVALHO, Ana Mafalda Soares de. *O Dano Consequencial*. A questão da causalidade. Faculdade de Direito da Universidade Católica Portuguesa. Escola do Porto. Dissertação de Mestrado, 2017, p. 18, 28

Uma tentativa de tradução do significado normativo do trecho levaria ao seguinte sentido: "o lesado pelo inadimplemento contratual será indenizado pelos danos derivados naturalmente do curso normal das coisas decorrente de tal inadimplemento em si". São apodadas como naturais essas perdas e danos se estiverem de acordo com o curso normal das coisas em relação ao inadimplemento contratual "em si".

Já a segunda parte — a exprimir uma segunda regra, ou ao menos uma segunda parte da regra — é construída por contraste à primeira: "(...) *or* such as may reasonably to have been in the contemplation of both parties at the time they made the contract as the probably result of the breach of it".

O enunciado compreende ideia alternativa ao "curso normal das coisas". Antecedido pela conjunção "either" transcrita no trecho anterior, principia pela conjunção "or". Os prejuízos a que se refere não se qualificam pelo descumprimento "em si", ou seja, o comando estabelece que devem também ser indenizados aqueles prejuízos que razoavelmente devem ser tidos como se estivessem na contemplação de ambas as partes, no momento da contratação, como resultado provável do descumprimento.

Ao se dissecar o trecho, é possível perceber que a ênfase na segunda parte passa a ser concreta. Na primeira parte, o inadimplemento "em si" suscitará a comparação da situação concreta com um referencial abstrato de descumprimento contratual semelhante, dado pelo curso normal das coisas. Para a segunda regra, importam as peculiaridades a qualificar concretamente as expectativas de ambas as partes ("as may reasonably to have been in the contemplation of both parties"), no momento da contratação ("at the time they made the contract"), consideradas estas como resultados prováveis do descumprimento daquele contrato ("as the probably result of the breach of it"). Não importam as consequências do descumprimento "em geral", como é decorrente da primeira regra. Importam as expectativas de ambas as partes — e não só de uma delas —, no momento da contratação — fixando-se o momento da celebração como relevante —, bem como um juízo de probabilidade, feito naquele instante, sobre as prováveis consequências do inadimplemento.

Em complemento explicativo[38], o julgado passa a destacar que, se circunstâncias especiais do caso tivessem sido informadas — e, portanto, fossem conhecidas também pelos transportadores —, os danos decorrentes do descumprimento seriam aqueles que ordinariamente decorreriam de um contrato no qual consideradas essas circunstâncias "sabidas e comunicadas", *in verbis:*

> Now, if the special circumstances under which the contract was actually made were communicated by the plaintiffs to the defendants, and thus known to both parties, the damages resulting from the breach of such a contract, which they would reasonably contemplate, would be the amount of injury which would ordinarily follow from a breach of contract under these special circumstances so known and communicated[39].

Ou seja, o exame concreto sobre as circunstâncias especiais é aprofundado. Se essas circunstâncias destoarem do que normalmente acontece, ensejarão danos indenizáveis se tiverem sido comunicadas e forem conhecidas pelos contraentes. Introduz-se requisitos aos danos ligados a circunstâncias especiais: o conhecimento e a comunicação a seu respeito. As circunstâncias especiais estarão na *contemplation of both parties* se tiverem sido comunicadas pelo lesado e se forem conhecidas pelo lesante.

A fórmula aplicada ao caso leva à conclusão de a perda de produtividade do moinho não ter sido considerada na celebração daquele contrato de transporte. Tomados os fatos concretamente ocorridos, em comparação com a grande maioria dos casos análogos de atraso no transporte de peças, não seria uma consequência "normal" a perda de produtividade do moi-

38 Também referido como "pauta ilustrativa". Reino Unido. House of Lords. *Koufos v. C. Czarnikow, Ltd. The Heron II.* Julgado em 1967. Voto de *Lord Morris Borth-Y-Gest.*

39 Reino Unido. Exchequer Court. *Hadley v. Baxendale.* Julgado em 23 de fevereiro de 1854. As regras foram fixadas em vista de ordenar uma reavaliação dos danos, remetendo-se novamente o caso para o júri, de modo que fossem avaliados à luz desses critérios.

nho[40]. Já que não informada a importância da peça para o funcionamento (circunstância especial), as consequências que derivam da falta de entrega tempestiva não podem ser atribuídas ao transportador. Sendo circunstância incomum, é correto inferir que só ensejaria dano indenizável se pudesse ter sido considerada não só pelos proprietários do moinho, mas por ambos. Se tivessem essas circunstâncias sido comunicadas — e fossem conhecidas por ambas as partes no momento da contratação —, a indenização seria composta pelo montante que ordinariamente decorreria do descumprimento de acordo com tais circunstâncias especiais conhecidas e comunicadas.

A partir desta visão geral dos fatos e fundamentos de *Hadley v. Baxendale*, pode-se apresentar uma noção preliminar de *consequential damages*, a servir como pauta à investigação subsequente.

Naquele caso, os danos discutidos eram lucros cessantes não indenizáveis. Foram danos a se configurar com base em circunstâncias especiais. Uma forma de defini-los pela negativa é a de não derivarem do "curso natural das coisas" originado pelo inadimplemento em contrato semelhante. Ou seja, estavam baseados em circunstâncias que excepcionavam o que normalmente acontece: foram danos que não teriam ocorrido segundo o curso normal dos fatos em um contrato similar que não envolvesse tais circunstâncias especiais. Poderiam ter sido danos indenizáveis, mas as circunstâncias a originar tais danos deveriam ter sido comunicadas e serem conhecidas por ambas as partes, no momento da contratação, além de delas potencialmente exsurgirem os danos no caso de eventual futuro descumprimento.

(II). "DANOS CONSEQUENCIAIS" COMO CATEGORIA?

A compreensão dos *consequential damages* não é um dado deste estudo, mas uma construção a ser formulada ao longo da investigação[41]. Da noção

40 Reino Unido. Exchequer Court. *Hadley v. Baxendale*. Julgado em 23 de fevereiro de 1854.

41 PELA, Juliana Krueger. *As Golden Shares no Direito Societário Brasileiro*. São Paulo: Quartier Latin, 2012, p. 15 (em exame comparativo das *Golden Shares*).

preliminar de *consequential damages* extraída de *Hadley v. Baxendale* não parece ser possível realizar transplante imediato, traduzindo-a para uma categoria consagrada no sistema jurídico brasileiro.

Poder-se-ia desde logo recorrer a uma simplificação literal, considerando os *consequential damages* como "danos consequenciais". Porém, a adoção apressada de um neologismo não parece ser suficiente para a acomodação da categoria tal qual empregada na experiência da *common law*, sequer explicitando com precisão os conteúdos normativos do sintagma na origem.

Tampouco há, no léxico jurídico brasileiro, a expressão "danos consequenciais". Além de inexistir como categoria, a relação entre os termos que formam o sintagma — *dano* e *consequencial* — é digna de críticas.

Todo dano é consequência. As consequências que decorrem do inadimplemento — ato ilícito relativo — determinam "o conteúdo da obrigação de ressarcir a cargo do responsável"[42]. Ou seja, na noção de dano, já se subentende a noção de consequência. Indeniza-se o dano que decorre do inadimplemento. Por sua vez, consequencial é "relativo à consequência", é "resultado, efeito"[43]. Nessa linha, dano consequencial seria o dano resultante do inadimplemento (noção de dano), resultante do inadimplemento (noção de consequencial). A relação de causa e consequência entre inadimplemento e dano[44], a princípio, leva a um pleonasmo despido de

42 MARTINS-COSTA, Judith. *Comentários ao Novo Código Civil.* Do Inadimplemento das Obrigações. 2ª ed. Volume V. Tomo II. Rio de Janeiro: Forense, 2009, p. 454 e 532.

43 FERREIRA, Aurélio Buarque de Holanda. *Novo Dicionário Aurélio da Língua Portuguesa.* 3ª ed. Curitiba: Positivo, 2004, p. 528.

44 A distinção entre "dano evento" e "dano prejuízo" está em: JUNQUEIRA DE AZEVEDO, Antonio. *Estudos e Pareceres de Direito Privado.* São Paulo: Saraiva, 2004, p. 32-36, p. 291-293, além ainda de: AZEVEDO, Antonio Junqueira de. O direito como sistema complexo e de segunda ordem; sua autonomia. Ato nulo e ato ilícito. Diferença de espírito entre responsabilidade civil e penal. Necessidade de prejuízo para haver direito de indenização na responsabilidade civil. *Civilistica.com.* Rio de Janeiro, a. 2, n. 3, jul.-set./2013 Disponível em: <https://civilistica.emnuvens.com.br/redc/article/view/109/79>. Último acesso em 7 de junho de 2020, tendo sido aprofundada em FLUMIGNAN, Silvano José Gomes. *Dano-Evento e Dano Prejuízo.* Dissertação de Mestrado. Faculdade de Direito da Universidade de São Paulo. Orientador Professor Titular Antonio Junqueira de Azevedo, 2009, *passim,* e referida por MARINO, Francisco Paulo de Crescenzo. Perdas e Danos. In: LOTUFO, Renan; NANNI, Giovanni (Orgs). *Obrigações.* São Paulo: Atlas-IDP, p. 655. Há referências tópicas

significado normativo. Portanto, a tradução literal da expressão *consequential damages* como "*danos consequenciais*" é falha[45].

Essa constatação leva a uma segunda pergunta: se dano é sempre consequência, seriam os *consequential damages* equivalentes à noção de dano, havendo no idioma inglês duas palavras para designar o mesmo sentido que se dá a apenas uma, em português?

A resposta é evidentemente negativa[46]: se houvesse essa equivalência, seria de se supor também haver equivalência entre *damages* e *consequential damages*. Como consequência do inadimplemento contratual, o dever de indenizar na responsabilidade por *breach of contract* sempre abarcaria *damages* ou *consequential damages*. Embora não haja uniformidade na aplicação dos *consequential damages*, há frequente emprego à categoria *consequential damages* como uma subespécie do gênero *damages*. Há, portanto, utilidade na adjetivação *consequential*.

Não se nega que "dano consequencial" pudesse vir a ser uma noção a expressar *consequential damages*. O que se refuta é que esta tradução fosse feita de modo irrefletido. Assim feita, a tradução consistiria um falso cognato, seria apenas uma tradução literal de linguagens diferentes, sendo ainda necessário "vertê-la em termos jurídicos nacionais"[47].

---

também em MARTINS-COSTA, Judith. *Comentários ao Novo Código Civil.* Do Inadimplemento das Obrigações. 2ª ed. Rio de Janeiro, Forense, 2009, p. 462-463. Adotou-se a distinção, sugerindo-se outra denominação (dano-causa ao invés de dano-evento), como chaves compreensivas de interpretação de apólices de seguros em: MARTINS-COSTA, Judith; XAVIER, Rafael Branco. A cláusula de *ensuing loss* nos seguros *all risks*. In: TZIRULNIK, Ernesto *et al* (Orgs). *Celebração dos 20 anos do Instituto Brasileiro de Direito dos Seguros.* São Paulo: IBDS, 2021, p. 29-33. Para os fins deste estudo, o dano evento será considerado sinônimo de ato ilícito contratual, ou seja, inadimplemento.

45 Críticas idênticas com foco na língua inglesa também estão em WEST, Glenn. Excluded provisions and the Danger of Contractually Slaying Mythical Dragons. *Global Private Equity Watch,* Datado de 13 de dezembro de 2021. Disponível em: https://privateequity.weil.com/glenn-west-musings/excluded-loss-provisions-and-the-danger-of-contractually-slaying-mythical-dragons/.

46 Austrália. Supreme Court of Western Australia in Civil. *Regional Power Corporation v. Pacific Hydro Group Two Pty Ltd (No 2).* Julgado em 26 de setembro de 2013, *in verbis:* "At its widest, the word 'consequential' might always be read as being somehow responsive to something, and thereby encapsulating almost every economic outlay, following upon a breach".

47 JUNQUEIRA DE AZEVEDO, Antonio. Parecer. Cláusula cruzada de não-indenizar (*cross-waiver of liability*), ou cláusula de não-indenizar com eficácia para ambos os contratantes. Renúncia ao Direito

Muito embora o Direito Comparado não seja redutível a questões de linguística[48], há três soluções identificadas por Rodolfo Sacco relativamente à tradução de uma expressão que não encontra equivalente funcional imediato: (*i*) ou se mantém a expressão no idioma de origem; (*ii*) ou se traduzirá — realizando-se todas as ressalvas necessárias — a expressão por aquela que tiver o significado mais próximo, em razão da similitude de sua *função*; (*iii*) ou se sugerirá — o que é tarefa da doutrina, mas competência do legislador — a adoção de um neologismo[49].

Salvo menção doutrinária que serviu como incentivo à investigação ora realizada, na qual se assinala ser a expressão *consequential damages* equívoca, por não ser equivalente a danos indiretos[50], e algumas páginas contendo uma "breve análise" do emprego do conceito em contratos de

---

de indenização. Promessa de fato de terceiro. Estipulação em favor de terceiro. In: *Estudos e Pareceres de Direito Privado*. São Paulo, Saraiva, 2004, p. 200.

48 SACCO, Rodolfo. *La Comparaison Juridique au Service de la Connaisance du droit*. Paris: Economica, 1991, p. 32; LOOKOFSKY, Joseph M. *Consequential Damages in Comparative Context*. From Breach of Promise to Monetary Remedy in the American, Scandinavian and International Law of Contracts and Sales. Reimpressão. Copenhagen: Jurist-og Økonomforbundets Forlag, 1996, p.28, nota 96.

49 SACCO, Rodolfo. *La Comparaison Juridique au Service de la Connaisance du droit*. Paris: Economica, 1991, § 13, p. 31.

50 MARTINS-COSTA, Judith. O árbitro e o cálculo do montante da indenização. In: CARMONA, Carlos Alberto; LEMES, Selma Maria Ferreira; MARTINS, Pedro Batista (Orgs.). *20 anos da Lei de Arbitragem*: homenagem a Petrônio R. Muniz. São Paulo: Atlas, 2017, p. 621, *in verbis*: "A expressão *consequential damages* não encontra tradução direta nos Direitos de tradição romano-germânica, de modo geral, e no Direito brasileiro, em particular. Mesmo no Direito contratual anglo saxônico, o sentido da expressão *'consequential damages'* é equívoco. Não dizem respeito a danos indiretos ou danos hipotéticos — que não seriam indenizáveis — antes estando referidos a danos que não são 'resultado natural' do inadimplemento, mas, ao contrário, se devem a circunstâncias especiais atinentes ao caso ou à própria parte lesada. Sendo a relação contratual regida pelo Direito brasileiro, eventual pactuação que exclua os *consequential damages* poderá ser considerada cláusula de limitação de responsabilidade, restringindo o montante indenizatório que seria devido por força da lei brasileira. Isso porque, o nosso Direito — tal como os demais sistemas de matriz romanística — não reconhece os *consequential damages* como categoria própria. Ao contrário, restringe a indenização por perdas e danos a todos os 'prejuízos efetivos e lucros cessantes' que sejam efeito 'direto e imediato' do inadimplemento (Código Civil arts. 402 e 403). Assim, tal como no Direito francês, os *consequential damages* do direito norte-americano caracterizam-se, na ausência de circunstâncias especiais, como 'danos diretos' resultantes do inadimplemento, na medida que configurados os demais pressupostos para tanto". Em contrário: SILVEIRA, Luiz Felipe. *Danos Indiretos e Culpa Grave em Contrato de Construção*. São Paulo: Almedina, 2022, p. 82 (entende que "Para fins de simplificação adotaremos *special consequential*, dentro do conceito de *indirect damages*". Mais adiante, ao enfrentar exemplos da jurisprudência de *common law*, traduz *consequential damage* como "dano consequencial", p. 86 e 119).

M&A[51], ou na Convenção Internacional de Compra e Venda de Mercadorias (CISG)[52], não se conheceu esforços teóricos destinados a explicitar a apreensão das potencialidades de acomodação dos *consequential damages* no Direito brasileiro.

Na doutrina portuguesa, a produção a respeito do assunto tem se intensificado nos últimos anos[53]. Como traço em comum aos olhos luso-

51 GORESCU, Carla Pavesi. *Delimitação da Indenização em Operações de Fusões e Aquisições no Brasil.* São Paulo: Almedina, 2020, § 2.3, p. 85-99 e 106-107.

52 Anota-se também MONTEIRO DE BARROS, Vera Cecília. *Previsibilidade do Dano Contratual no Direito do Comércio Internacional.* São Paulo: Quartier Latin, 2019 (tem como aspecto central do estudo a previsibilidade, destacando suas origens remotas [Capítulo 1], com foco especial na CISG [Capítulo 3], mencionando *Hadley v. Baxendale*, p. 111-113). É o artigo 74 da CISG, *in verbis:* "As perdas e danos decorrentes de violação do contrato por uma das partes consistirão no valor equivalente ao prejuízo sofrido, inclusive lucros cessantes, sofrido pela outra parte em consequência do descumprimento. Esta indenização não pode exceder à perda que a parte inadimplente tinha ou devesse ter previsto no momento da conclusão do contrato, levando em conta os fatos dos quais tinha ou devesse ter tido conhecimento naquele momento, como consequência possível do descumprimento do contrato".

53 CARVALHO, Ana Mafalda Soares de. *O Dano Consequencial.* A questão da causalidade. Faculdade de Direito da Universidade Católica Portuguesa. Escola do Porto. Dissertação de Mestrado, 2017; BARBOSA, Mafalda Miranda. Ainda o problema da fixação contratual dos direitos do credor: as cláusulas *sole remedy, basket amount* e *no consequential loss. Revista da Ordem dos Advogados de Portugal*, 2020, I, II, p. 119-151, p. 131-134 Disponível em: https://portal.oa.pt/media/131419/mafalda-miranda-barbosa.pdf. Último acesso em 9 de setembro de 2020; ANTUNES, Ana Filipa Morais. As Cláusulas de *No Consequential Damages* — Problema e Desafios. pdate. *Momentum.* Publicado em 17 de julho de 2017. Disponível em https://www.servulo.com/pt/investigacao-e-conhecimento/As-clausulas-de-no-consequential-damages-problema-e-desafios/5842/. Último acesso em 10 de setembro de 2020; MOTA PINTO, Paulo. *Interesse contratual negativo e interesse contratual positivo.* Coimbra: Coimbra, 2008. Este autor refere diversas vezes a expressão "dano consequencial" ou "danos consequenciais" em sua enciclopédica monografia nos seguintes trechos: Vol. I, § 3, p. 15; § 7º, p. 104; § 23, p. 533; § 24, p. 547; § 28, p. 628-629; § 30, p. 810; Vol. II, § 39º, p. 1072; § 40, p. 1118; § 43, p. 1216; § 48, p. 1474; § 48, p. 1502, § 48, pp. 1532-1533; § 48, p. 1537; § 48, p. 1542; § 48, p. 1543; § 49, p. 1655; § 49, p. 1673; § 49, p. 1693; § 50, p. 1698. Trata-se de traduções de expressões em alemão, *e.g* (*i*) o "dano consequencial no patrimônio" (*Vermögensfolgeschaden*), como categoria a ser contraposta ao "dano no objeto" (Objektschaden), referência feita no âmbito da causalidade virtual (Vol. I § 28, p. 628) ; (*ii*) "dano consequenciais" como "danos consequência do vício", em tradução literal de *Mangelschaden*, como exemplo de possível concreção do interesse na integridade, ao traçar a diferença entre este e os interesses positivo e negativo (Vol. II, § 35, 'c', p. 905-908); e ainda *Folgeschaden*, contraposto à *Versetzungsschaden*, distinção que aparentemente remete à dano-evento e dano prejuízo (Vol. I. § 23, p. 533). Não se constatou tradução do inglês ao termo *consequential damages*, embora *Hadley v. Baxendale* seja mencionado como precedente fundamental a respeito da previsibilidade no momento da contratação, assunto tido por distinto em relação ao da adequação causal (Vol. II, § 36, p. 935, caso também referido em Vol. I. § 14, p. 301), e um capítulo tenha sido dedicado ao interesse positivo e interesse negativo na *common law* americana (Vol. I, §§ 13 a 15, p. 245-351). Observa-se que por vezes o autor arrola em conjunto "danos consequenciais" ou "danos incidentais" (*e.g.* Vol. II; § 39, p. 1072 e, § 40, p. 1118; § 48, p. 1502, 1532-1533 e 1537; § 49, p. 1655, p. 1673 e 1693 e, por fim, § 50, p. 1698).

-brasileiros está a compreensão da categoria à luz da causalidade adequada — chave comparativa também considerada em outros ordenamentos[54].

Com relação aos demais termos técnicos atinentes à indenização contratual, ou foram mantidos em inglês, ou, como o texto é redigido em português, termos que tenham um correspondente funcional aproximado foram traduzidos, abstraindo-se as potenciais diferenças de concepção. Por exemplo, *damages* serão traduzidos como perdas e danos, danos ou indenização; *loss of profits* (ou *lost profits*) como lucros cessantes; *expectation interest*, como interesse positivo; *breach* como descumprimento ou inadimplemento (*lato sensu*); *performance*, como adimplemento; *termination* como *extinção*; *tort* (ou *torts*), como responsabilidade extracontratual. Cumpre também salientar que por vezes a posição processual está referida em inglês (em especial, *plaintiff* e *defendant*) e a tradução destas foi feita na maioria das vezes para o correspectivo termo atinente ao direito material. Em ações indenizatórias, o autor normalmente é a parte lesada e o réu, o lesante, referindo-se, por exemplo, parte lesada, como tradução de *plaintiff*, e parte lesante, de *defendant*, em geral.

Em síntese, a primeira opção sinalizada por Rodolfo Sacco é adotada ao longo da construção deste livro para os *consequential damages*: mantém-se a expressão no idioma de origem. Trata-se de escolha metodológica para o corpo do livro, a qual é revista nas suas Conclusões.

O Direito brasileiro não tem uma categoria consagrada como "danos consequenciais". A tradução literal leva a um pleonasmo inútil. Para analisar como se dá a acomodação dos *consequential damages* no Direito brasileiro, é imprescindível assinalar às noções de dano e de perdas e danos utilizadas no sistema brasileiro, ainda que em linhas introdutórias.

54 LOOKOFSKY, Joseph M. *Consequential Damages in Comparative Context*. From Breach of Promise to Monetary Remedy in the American, Scandinavian and International Law of Contracts and Sales. Reimpressão. Copenhagen: Jurist-og Økonomforbundets Forlag, 1996, p. 14 e § 4.4.4.3, p. 168-181.

(III). PERDAS E DANOS NO DIREITO BRASILEIRO

Dano é o efeito da lesão a interesse juridicamente protegido[55]. A extensão do dano indenizável é determinada pela compreensão da noção jurídica de interesse[56]. As normas jurídicas selecionam uma fração dos fatos sociais para lhes transformar em situações jurídicas: é nessa seleção que se reconhecem os interesses jurídicos que, se violados, ensejarão danos[57].

Por sua vez, a palavra "interesse" é marcada pela polissemia[58]. Em primeiro lugar, refere-se à "necessidade humana" e, em seguida, à sua satisfação. *Inter* + *est* é o que está no meio entre a necessidade e a sua satisfação. As necessidades materiais ou espirituais "se satisfazem por meio de bens (em sentido estrito) e pelo contato com outros seres humanos"[59]. Por isso, interesse se configura como "a relação entre o ser dotado de necessidade e o elemento capaz de satisfazê-la"[60], não se subsumindo apenas nas relações entre os sujeitos e os bens jurídicos materiais, mas ao

---

55 MARTINS-COSTA, Judith. A linguagem da responsabilidade civil. In: BIANCHI, José Flávio; PINHEIRO, Rodrigo Gomes de Mendonça; ALVIM, Teresa Arruda. (Orgs.). *Jurisdição e Direito Privado.* Estudos em homenagem aos 20 anos da Ministra Nancy Andrighi no STJ. São Paulo: Revista dos Tribunais, 2020, p. 398-399; 407; MARTINS-COSTA, Judith. *Comentários ao Novo Código Civil.* Do Inadimplemento das Obrigações. Vol. V. Tomo II. 2ª ed. Rio de Janeiro: Forense, 2009, p. 169; STEINER, Renata. *Reparação de Danos*: interesse positivo e interesse negativo. São Paulo: Quartier Latin, 2018, p. 43-46.

56 COUTO E SILVA, Clóvis do. *Principes fondamentaux de la responsabilité civile:* Cours fait dans l'Université de Paris XII. Paris: Universidade de Paris XII, 1988, p. 47-48; COUTO E SILVA, Clóvis do. O conceito de dano no direito brasileiro e comparado. In: FRADERA, Vera (Org.). *O Direito Privado brasileiro na visão de Clóvis do Couto e Silva.* Porto Alegre: Livraria do Advogado, 1997, p. 219; PONTES DE MIRANDA, Francisco Cavalcanti. *Tratado de Direito Privado.* Tomo XXII. São Paulo: Revista dos Tribunais, 2012, § 2.722, 1, p. 293.

57 COUTO E SILVA, Clóvis do. *Principes fondamentaux de la responsabilité civile:* Cours fait dans l'Université de Paris XII. Paris: Universidade de Paris XII, 1988, p. 47-48; COUTO E SILVA, Clóvis do. O conceito de dano no direito brasileiro e comparado. In: FRADERA, Vera (Org.). *O Direito Privado brasileiro na visão de Clóvis do Couto e Silva.* Porto Alegre: Livraria do Advogado, 1997, p. 219.

58 STEINER, Renata. *Reparação de Danos*: interesse positivo e interesse negativo. São Paulo: Quartier Latin, 2018, p. 28-83.

59 FERREIRA DA SILVA, Jorge Cesa. *Inadimplemento das Obrigações.* São Paulo: Revista dos Tribunais, 2006, p. 151.

60 FERREIRA DA SILVA, Jorge Cesa. *Inadimplemento das Obrigações.* São Paulo: Revista dos Tribunais, 2006, p. 151.

valor relativo que determinada coisa ou relação representa para o sujeito[61]. A capacidade que o interesse tem de satisfazer a necessidade é referida como utilidade[62]. Consequentemente, ao menos em um primeiro sentido, interesse expressa a relação entre um sujeito e esse *quid*, útil por ser capaz de satisfazer uma necessidade humana.

Sendo efeito da lesão de interesse juridicamente protegido, dano não se confunde com a noção naturalista de prejuízo, segundo a qual seria uma diminuição em qualquer bem, comumente visto como coisa corpórea; não se confunde com quaisquer situações desvantajosas no patrimônio, no corpo ou na *psique*. "[N]a vida cotidiana", diz Martins-Costa, "causam-se prejuízos a outrem (por exemplo, ao exercer um direito de preferência, impedindo um concorrente comercial de adquirir as ações de companhia que desejava; ao vencer um colega na competição por uma bolsa de estudos; ao oferecer ao vendedor do bem que se deseja adquirir valor maior que o do concorrente), sem por isso, provocar dano (no sentido jurídico) e incorrer no dever de indenizar"[63]. Dano não é qualquer prejuízo. É imprescindível considerar que a lesão a determinado bem também configura lesão a patrimônio[64], ou lesão a interesses extrapatrimoniais[65]. Assevera Sanseverino: "[o] principal divisor de águas na classificação dos danos

61 PONTES DE MIRANDA, Francisco Cavalcanti. *Tratado de Direito Privado*. Tomo LIII. Atualizado por Rui Stoco. São Paulo: Revista dos Tribunais, 2012, § 5.502, 1, p. 153; HAICAL, Gustavo. *A Autorização no Direito Privado*. São Paulo: Revista dos Tribunais, 2020, p. 82.

62 MARTINS-COSTA, Judith. *Comentários ao Novo Código Civil*. Do Inadimplemento das Obrigações. 2ª ed. Rio de Janeiro, Forense, 2009, p. 219.

63 MARTINS-COSTA, Judith. A linguagem da responsabilidade civil. In: BIANCHI, José Flávio; PINHEIRO, Rodrigo Gomes de Mendonça; ALVIM, Teresa Arruda. (Orgs.). *Jurisdição e Direito Privado*. Estudos em homenagem aos 20 anos da Ministra Nancy Andrighi no STJ. São Paulo: Revista dos Tribunais, 2020, p. 398-399.

64 COUTO E SILVA, Clóvis do. *Principes fondamentaux de la responsabilité civile:* Cours fait dans l'Université de Paris XII. Paris: Universidade de Paris XII, 1988, p. 218. AGUIAR DIAS, José de. *Da Responsabilidade Civil*. 11ª ed. Rio de Janeiro: Renovar, 2006, § 220, p. 974-975. Em sentido semelhante MARINO, Francisco Paulo De Crescenzo. Perdas e Danos. In: LOTUFO, Renan; NANNI, Giovanni Ettore (Coord.). *Obrigações*. São Paulo: Atlas, 2011, p. 655.

65 ANTUNES VARELA, João de Matos *Direito das Obrigações*. Volume 2. Rio de Janeiro: Forense, 1978, p. 128, *in verbis:* "O *dano* consiste na perda sofrida pelo credor em qualquer interesse, patrimonial ou moral, tutelado pelo Direito".

sofridos pela vítima continua sendo o seu conteúdo econômico, permitindo dividi-los em prejuízos patrimoniais e extrapatrimoniais"[66].

Esse breve arrazoado não é uma mera elucubração teórica conceitual. Está refletido no Código Civil e envolve aspectos preliminares essenciais à análise a seguir.

Há uma cláusula geral na Parte Geral do Código Civil. O art. 186 — correspondente ao art. 159 do Código Civil de 1916[67] — prevê que: "[a] quele que, por ação ou omissão voluntária, negligência ou imprudência, violar direito e causar dano a outrem, ainda que exclusivamente moral, comete ato ilícito".

Quem viola interesse juridicamente protegido, por ação contrária a direito, deve indenizar: "a violação de situações protegidas pelo ordenamento desencadeia a obrigação de indenizar"[68]. A ilicitude se configura na violação a direito alheio, o que também pode ser lido como "violação a interesse". Entre os vários meios pelos quais se protegem interesses jurídicos, "o mais importante, criado pela técnica jurídica, é o direito subjetivo"[69].

Quando a violação a direito causa dano, o Direito atribui o dever de indenizar ao lesante. É bem verdade que pode haver dano sem ato ilícito[70], e pode haver ilícito sem dano. O dever de indenizar é uma das possíveis

---

66 SANSEVERINO, Paulo de Tarso Vieira. *Princípio da reparação integral.* Indenização no Código Civil. São Paulo: Saraiva, 2010, p. 188.

67 COUTO E SILVA, Clóvis do. O conceito de dano no direito brasileiro e comparado. In: FRADERA, Vera (Org.). *O Direito Privado brasileiro na visão de Clóvis do Couto e Silva.* Porto Alegre: Livraria do Advogado, 1997, p. 220; COUTO E SILVA, Clóvis do. *Principes fondamentaux de la responsabilité civile*: Cours fait dans l'Université de Paris XII. Paris: Universidade de Paris XII, 1988, p. 49.

68 ZANETTI, Cristiano de Sousa. A perda da chance na arbitragem: em busca do enquadramento devido. In: CARMONA, Carlos Alberto; LEMES, Selma Maria Ferreira; MARTINS, Pedro Batista (Orgs.). *20 anos da Lei de Arbitragem*: homenagem a Petrônio R. Muniz. São Paulo: Atlas, 2017, p. 718.

69 PONTES DE MIRANDA, Francisco Cavalcanti. *Tratado de Direito Privado.* Tomo LIII. Atualizado por Rui Stoco. São Paulo: Revista dos Tribunais, 2012, § 5.502, 1, p. 153; HAICAL, Gustavo. *A Autorização no Direito Privado.* São Paulo: Revista dos Tribunais, 2020, p. 82.

70 Excepcionalmente, ações conforme ao Direito também geram dever de indenizar, nos termos do art. 188, 929 e 930 do Código Civil. A esse respeito, SANSEVERINO, Paulo de Tarso Vieira. *Princípio da reparação integral.* Indenização no Código Civil. São Paulo: Saraiva, 2010, p. 152.

consequências do ato ilícito — a sanção decorrente do fato jurídico ilícito não é só indenizativa, pois o ilícito, segundo sua eficácia, pode ser indenizativo, caducificante, e invalidante[71]. Mas se dano houver, como consequência do ato ilícito, o dever de indenizar também se pode dizer consequente: trata-se da consequência do dano, imposta pela ordem jurídica[72] ao responsável.

Sendo decorrência da necessidade de "repartir os riscos da vida social"[73], o dever de indenizar tem dois sentidos. O primeiro, amplo, diz respeito à obrigação imposta ao lesante de reestabelecer a situação na qual estaria o lesado caso o ilícito não fosse cometido. Indenizar, em sentido amplo, significa "o que se há de prestar para se pôr a pessoa na mesma situação patrimonial, ou, por incremento do patrimônio, no mesmo estado pessoal em que estaria se não se houvesse produzido o fato ilícito (*lato sensu*) de que irradiou o dever de indenizar"[74], é "prestar ao credor a utilidade que elle teria conseguido com a prestação na fórma especifica; é pô-lo na mesma situação em que elle se acharia se nem-um prejuizo houvesse soffrido"[75]. A obrigação de indenizar tem conotada a si a ideia de reparação: a finalidade precípua da indenização é recompor o interesse lesado[76]. Portanto,

---

71 MELLO, Marcos Bernardes de. *Teoria do Fato Jurídico.* Plano da Existência. 22ª. ed. São Paulo: Saraiva, 2019, § 64, 3, p. 320-335. HAICAL, Gustavo. *A Autorização no Direito Privado.* São Paulo: Revista dos Tribunais, 2020, p. 82 (referindo ainda o seguinte trecho, no qual constam exemplos, "a nulidade e a anulabilidade também são sanções; a ineficácia pode ser sanção, a caducidade, também" consultado em PONTES DE MIRANDA, Francisco Cavalcanti. *Tratado de Direito Privado.* Tomo LIII. São Paulo: Revista dos Tribunais, 2012, § 5.502, 3, p. 157). Do ponto de vista processual, o ilícito enseja tutelas processuais, entre as quais a inibitória e a de remoção do ilícito, como está em MARINONI, Luiz Guilherme. *Tutela Inibitória e Tutela de Remoção do Ilícito.* 7ª ed. São Paulo: Revista dos Tribunais, 2019, *passim.*

72 PONTES DE MIRANDA, Francisco Cavalcanti. *Tratado de Direito Privado.* Tomo XXII. Rio de Janeiro: Borsoi, 1958, § 2.717, 1, p. 181.

73 COUTO E SILVA, Clóvis do. Dever de indenizar. In: FRADERA, Véra. (Org.). *O Direito Privado brasileiro na visão de Clóvis do Couto e Silva.* 2ª ed. Porto Alegre: Livraria do Advogado, 2014, p. 183.

74 PONTES DE MIRANDA, Francisco Cavalcanti. *Tratado de Direito Privado.* Tomo XXII. Rio de Janeiro: Borsoi, 1958, § 2.717, 3, p. 183.

75 CARVALHO DE MENDONÇA, Manuel Ignacio. *Doutrina e Pratica das Obrigações.* 2ª ed. Rio de Janeiro: Francisco Alves, 1911, § 475, p. 59

76 COUTO E SILVA, Clóvis do. *Principes fondamentaux de la responsabilité civile:* Cours fait dans l'Université de Paris XII. Paris: Universidade de Paris XII, 1988, p. 46.

indenizar em sentido amplo é reestabelecer a situação na qual estaria a parte lesada, ausente a violação a seus interesses jurídicos.

O segundo sentido de indenizar, específico, tem caráter patrimonial, ligando-se às perdas e danos. Diz respeito a um modo pelo qual a reparação dos interesses lesados se dará: pela prestação pecuniária. Na compreensão do regime de responsabilidade é de relevo identificar "o objeto que sofreu o dano: se tinha, ou não, caráter patrimonial; se foi a destruição de um bem ou a cessação de um negócio; se foi descumprimento de uma obrigação de prestar em dinheiro ou se do ato ilícito resultou a perda de determinada quantia"[77]. Em paralelo com uma das pretensões existentes no patrimônio do lesado, indenizar significa reparar não por meio da "*espécie ajustada*", nos termos do art. 947 do Código Civil[78], mas prestar dinheiro, ou por meio da transformação da prestação devida em dinheiro (o equivalente pecuniário) com caráter substitutivo, ou por meio do pagamento das perdas e danos moratórias[79]. "A indenização é, ordinariamente, em dinheiro"[80]. Em suma, o dever de indenizar em sentido estrito é o de reparar, por meio de prestação pecuniária, as perdas e danos.

77 COUTO E SILVA, Clóvis do. Dever de indenizar. In: FRADERA, Véra. (Org.). *O Direito Privado brasileiro na visão de Clóvis do Couto e Silva.* 2ª ed. Porto Alegre: Livraria do Advogado, 2014, p. 191.

78 Assim no Direito brasileiro mesmo antes do Código de 1916, conforme assinala CARVALHO DE MENDONÇA, Manuel Ignacio. *Doutrina e Pratica das Obrigações.* 2ª ed. Rio de Janeiro: Francisco Alves, 1911, § 475, p. 59, *in verbis:* "Sempre que o devedor não puder cumprir a prestação na propria espécie ajustada, deve ella ser substituída pelo seu valor em moeda corrente do lugar da execução da obrigação".

79 FERREIRA DA SILVA, Jorge Cesa. *Inadimplemento das Obrigações.* São Paulo: Revista dos Tribunais, 2006, p. 162-163 (explica que em ambos os casos as perdas e danos são prestações pecuniárias: ora substituem, ora se agregam à prestação original). As perdas e danos substitutivas são também referidas como "indenização sub-rogatória", *e.g.* GIRÃO, Eduardo. Danos diretos e indiretos no ato ilícito. *Revista da Faculdade de Direito do Ceará*, Fortaleza, Universidade Federal do Ceará, v.2, 2ª fase, 1947, p. 21 ou "perdas e danos 'no lugar da prestação", *e.g.*, STEINER, Renata. *Reparação de Danos*: interesse positivo e interesse negativo. São Paulo: Quartier Latin, 2018, p. 208-230, havendo ainda 'perdas e danos que complementam a indenização (Idem, p. 231-234).

80 PONTES DE MIRANDA, Francisco Cavalcanti. *Tratado de Direito Privado.* Tomo XXVI. Atualizado por Ruy Rosado de Aguiar Júnior e Nelson Nery Jr. São Paulo: Revista dos Tribunais, 2012, § 3.103, 1, p. 70.

O ato ilícito que se está a tratar neste estudo é o relativo, consistente no descumprimento de deveres preexistentes a comporem o conteúdo de relação jurídica obrigacional irradiada de um contrato. A perspectiva de análise cinge-se a uma das consequências do inadimplemento: a obrigação pagar perdas e danos.

O dever de indenizar é a principal consequência do inadimplemento das obrigações[81]. O inadimplemento enseja o dever de indenizar. "Não cumprida a obrigação", é o texto do art. 389, "responde o devedor por perdas e danos, mais juros e atualização monetária segundo índices oficiais regularmente estabelecidos, e honorários de advogado". Precisamente, o "efeito geral e típico" do inadimplemento é o surgimento do dever de indenizar os prejuízos causados[82]: a responsabilização do devedor por "perdas e danos" é consequência do ato ilícito relativo originado pelo inadimplemento das obrigações.

Além de serem 70 (setenta) vezes mencionadas ao longo do Código Civil[83], as "perdas e danos" também receberam Capítulo específico na

81 MARTINS-COSTA, Judith. *Comentários ao Novo Código Civil.* Do Inadimplemento das Obrigações. 2ª ed. Volume V. Tomo II. Rio de Janeiro: Forense, 2009, p. 125-126; FERREIRA DA SILVA, Jorge Cesa. *Inadimplemento das Obrigações.* São Paulo: Revista dos Tribunais, 2006, p. 147.

82 MARTINS-COSTA, Judith. *Comentários ao Novo Código Civil.* Do Inadimplemento das Obrigações. 2ª ed. Volume V. Tomo II. Rio de Janeiro: Forense, 2009, p. 244; ZANETTI, Cristiano de Sousa. A perda da chance na arbitragem: em busca do enquadramento devido. In: CARMONA, Carlos Alberto; LEMES, Selma Maria Ferreira; MARTINS, Pedro Batista (Orgs.). *20 anos da Lei de Arbitragem*: homenagem a Petrônio R. Muniz. São Paulo: Atlas, 2017, p. 718.

83 Assim registra MARINO, Francisco Paulo De Crescenzo. Perdas e Danos. In: LOTUFO, Renan; NANNI, Giovanni Ettore (Coord.). *Obrigações.* São Paulo: Atlas, 2011, p. 654. Agostinho Alvim chega a equiparar "perdas e danos" a "dano emergente", sendo por isso preferível a referência a "danos e interesses", para englobar também os lucros cessantes. (ALVIM, Agostinho. *Da Inexecução das Obrigações e suas Conseqüências.* 5ª ed. São Paulo: Saraiva, 1980, p. 175). Lacerda de Almeida, porém, posicionara-se no sentido de que interesse "*neste assumpto é a vantagem que tem o credor com o cumprimento da obrigação, ou, em seu conceito negativo, o prejuizo resultante de não ser cumprida ou sel-o irregularmente*", advindo o prejuízo ou de diminuição do patrimônio ou de não se terem realizado os lucros que do cumprimento deveria resultar, ou seja, a locução dizendo "perdas e interesses" diz respeito tanto a dano emergente quanto lucro cessante. (LACERDA DE ALMEIDA, Francisco de Paula. *Dos Effeitos das Obrigações.* Rio de Janeiro: Livraria Freitas Bastos, 1934, p. 349). Assim também estava em autores de ontem, como no Esboço TEIXEIRA DE FREITAS, Augusto. *Esbôço.* 1860. Ministério da Justiça e Negócios Interiores, 1952, p. 333, referido também por FERREIRA DA SILVA, Jorge Cesa. *Inadimplemento das Obrigações.* São Paulo: Revista dos Tribunais, 2006, p. 163.

legislação (justamente no mesmo Título IV — Do Inadimplemento das Obrigações, do Livro I — Do Direito das Obrigações, da Parte Especial do Código, inaugurado pelo artigo 389). O Capítulo III, nomeado "Das Perdas e Danos", contém preceitos fundamentais para o estabelecimento do conteúdo e dos limites do dever de indenizar em sentido estrito. São esses dispositivos legais, com destaque aos artigos 402 e 403, ora analisados, restando de fora a atenção mais detida sobre a liquidação promovida pelas partes quando pactuam cláusula penal — nos termos dos artigos 408 e 416. Salvo exceções pontuais[84], a ênfase está no inadimplemento de obrigações de dar, fazer ou não fazer — e não no inadimplemento de obrigações de pagamento em dinheiro[85], com isso restando afastado do centro de análise o art. 404 do Código Civil.

Antes de aprofundá-los para saber como devem os *consequential damages* ser visualizados à luz do regime legal, uma última nota preliminar é de rigor. Para determinar o conteúdo das perdas e danos, "[e]m princípio, vige o axioma de que a reparação é total, pois que as perdas e danos devem, na realidade, cobrir todo o prejuízo sofrido por alguém"[86]. Ou seja, esses preceitos devem ser lidos em conjunto com o princípio central do sistema reparatório brasileiro, que figura no art. 944, *caput* do Código Civil: "a indenização mede-se pela extensão do dano". Indeniza-se o *quantum* efetivo do dano: o dever de indenizar será calculado conforme todo o dano, mas nada mais que o dano. Essas são, respectivamente, as facetas positiva e negativa do princípio da reparação integral[87]: além do

---

84 Como no caso Estados Unidos da América. Supreme Court of Arkansas (Division I). *Morrow v. First National Bank.* Julgado em 16 de maio de 1977; ou no caso STJ. REsp 846455/MS. Terceira Turma. Relator para Acórdão Min. Sidnei Beneti. Julgado em 10 de março de 2009.

85 Problema analisado em WEST, Glenn. Are Consequential Damages Recoverable for Breach of a Contractual Obligation to Pay a Sum of Money? *Global Private Equity Watch.* Datado de 24 de Janeiro de 2022. Disponível em: https://privateequity.weil.com/glenn-west-musings/are-consequential-damages-recoverable-for-breach-of-a-contractual-obligation-to-pay-a-sum-of-money/

86 COUTO E SILVA, Clóvis do. Dever de Indenizar. In: FRADERA, Véra. (Org.). *O Direito Privado brasileiro na visão de Clóvis do Couto e Silva.* Porto Alegre: Livraria do Advogado, 1997, p. 203.

87 SANSEVERINO, Paulo de Tarso Vieira. *Princípio da reparação integral.* Indenização no Código Civil. São Paulo: Saraiva, 2010, p. 58-63.

conteúdo positivo das perdas e danos, decorre também do princípio a ideia de limitação, por meio da qual se quer evitar que o dever de indenizar seja veículo a colocar o lesado em uma situação melhor em relação àquela que estaria se não fosse o ilícito. A norma visa a estabelecer uma relação de equivalência — o tanto quanto for possível — entre o dano e a indenização.

(IV). MÉTODO

A investigação está ancorada no método comparativo.

Se é verdade que a comparação objetiva o conhecimento dos modelos jurídicos, também verdade é que não se pode comparar modelos desconhecidos[88]. Por isso, como ponto prévio à comparação propriamente dita e a ancorar o método deste estudo, busca-se investigar as principais características do modelo jurídico dos *consequential damages* na sua origem, sobretudo tomando-se como enfoque a sua aplicação no âmbito da responsabilidade contratual.

A difusão de um modelo supõe certo conhecimento empírico deste por quem o vem a recepcionar ou a acomodar. Esse conhecimento, contudo, ainda não é uma comparação, muito menos uma comparação aprofundada[89]. Grosso modo, há notáveis diferenças de método, estilo, terminologia, sem sequer entrar em diferenças de mérito entre a *common law* e os ordenamentos romano-germânicos[90]. Especificamente, os diferentes Ordenamentos comportam conceitos à sombra dos quais exprimem suas regras; categorias no interior das quais os sistemas se ordenam[91], isto é, *criptotipos*, assim definidos por Rodolfo Sacco: *topos*

---

88 SACCO, Rodolfo. *La Comparaison Juridique au Service de la Connaisance du droit*. Paris: Economica, 1991, p. 9.

89 SACCO, Rodolfo. *La Comparaison Juridique au Service de la Connaisance du droit*. Paris: Economica, 1991, p. 7.

90 FARNSWORTH, Allan. A Common Lawyer's View of His Civilian Colleagues. *Lousiana Law Review*, vol. 57, n.1, p. 227-237, Fall, 1996, p. 230-234.

91 DAVID, René; JAUFFRET-SPINOSI, Camille; GORÉ, Marie. *Les grands systèmes du droit contemporains*. 12ª ed. Paris: Dalloz, 2016, § 12, p. 12.

por meio dos quais as diferentes noções (as quais podem ser explícitas em um sistema e implícitas em outro) se tornarão compreensíveis a quem compara. Os *criptotipos* expressam os elementos que concorrem para formar a mentalidade do jurista de um determinando ordenamento jurídico, ou o modo como apreende e interpreta as categorias e institutos jurídicos. São elementos (no mais das vezes não expressos ou não explicitamente expressos) gerados pelo contexto histórico e o ambiente cultural, social e econômico no qual o jurista é formado. Daí se dizer que a sujeição aos *criptotipos* constitui a mentalidade do jurista de determinada cultura[92].

Esta investigação busca aplicar o método comparativo para investigar os *criptotipos* e contrastar o exame da noção de *consequential damages* tal qual desenvolvida na *common law* ao Direito brasileiro. Trata-se de um estudo microcomparativo, conforme a terminologia consagrada por Zweigert e Kötz[93].

Entre as inúmeras experiências de *common law*, percebeu-se não haver uma rígida separação conforme o critério "país" quanto aos *consequential damages*, embora se tenha centrado inicialmente o foco em autores e casos norte-americanos — tendo sido as "peculiaridades americanas"[94] abandonadas. No exame das fontes estrangeiras, o comparatista deve tratar, sopesar e valorar as fontes conforme a avaliação feita pelo estrangeiro[95]. Se nem mesmo as fontes bibliográficas e a jurisprudência de *common law* traçam uma distinção a partir do critério da nacionalidade de maneira substancialmente clara, constatando-se inspirações mútuas entre países — considerando também Reino Unido, com destaque a Inglaterra e País

92 SACCO, Rodolfo. *La Comparaison Juridique au Service de la Connaisance du droit.* Paris: Economica, 1991, § 44, p. 106; SACCO, Rodolfo. *Introdução ao Direito Comparado.* Tradução de Véra Maria Jacob de Fradera. São Paulo: Revista dos Tribunais, 2001, p. 157-160.

93 ZWEIGERT, Konrad; KÖTZ, Hein. *Introduction to Comparative Law.* Tradução de Tony Weir. Nova Iorque: Oxford, 1998, p. 5.

94 FARNSWORTH, Allan. A Common Lawyer's View of His Civilian Colleagues. *Lousiana Law Review*, vol. 57, n.1, p. 227-237, Fall, 1996, p. 228-229.

95 ZWEIGERT, Konrad; KÖTZ, Hein. *Introduction to Comparative Law.* Tradução de Tony Weir. Nova Iorque: Oxford, 1998, p. 35-36.

de Gales, e Austrália —, não se entendeu pertinente dividir a análise a partir de critério não empregado por intérpretes abalizados, acostumados e formados com a experiência original. Entre as várias ilustrações desta ideia, na fundamentação de *Hadley v. Baxendale* um tributo às cortes norte-americanas é expresso[96], além do caso ser até hoje citado em julgados norte-americanos e australianos, embora tenha sido julgado no Reino Unido em 1854[97].

A mesma diretriz metodológica foi considerada em relação a potenciais diferenças internas, dentro dos Estados Unidos, a respeito da concepção de *consequential damages*. Tomando-se como premissa — evidentemente sujeita à crítica — que o Direito Contratual, em especial, tem pouca variação entre os estados daquela federação[98], para fins de viabilizar a comparação, foram desconsideradas potenciais divergências internas[99]. A

96 Reino Unido. *Hadley v. Baxendale.* Exchequer Court. Julgado em 23 de fevereiro de 1854, *in verbis:* "We ought to pay all due homage in this country to the decisions of the American Courts upon this important subject, to which they appear to have given much careful consideration. The damages here are too remote".

97 Vide, no mesmo sentido, as palavras de Lord Hodson em *The Heron II (*Reino Unido. House of Lords. *Koufos v. C. Czarnikow, Ltd. The Heron II.* Julgado em 1967*),* caso decidido mais de 100 anos depois*:* "It would, I think, be unfortunate if the law as to the measure of damages based on the decision in *Hadley* v. *Baxendale* in the two countries should be held to have developed on different lines, and I am glad that in my opinion it has not in truth done so"; e, naquele mesmo julgado, o voto de Lord Pearce ao sinalizar ao Corpos Juris Secundum e a jurisprudência norte-americana. Também entre citações cruzadas no Oceano Atlântico, as referências a *The Wagon Mound* no caso Estados Unidos da América. United States Court of Appeals, Second Circuit. *Petition of Kinsman Transit Company.* Julgado em 29 de outubro de 1964.

98 FARNSWORTH, Allan. *An Introduction to the Legal System of the United States.* 3ª ed. New York: Oceana Publications Inc, 1996, p. 88 (aludindo que o Restatement cobre os campos em que o *case law* é dominante e nos quais o peso dos *statutes* estaduais é mínimo). A propósito, a menção legal do U.C.C (Uniform Commercial Code), Código que regra a compra e venda de mercadorias nos Estados Unidos sobre *consequential damages* prevista no § 2-715 (2) não foi levada em consideração.

99 Não fosse seguida essa linha de raciocínio, mesmo a análise de um modelo norte-americano "puro" ou "unificado" estaria sujeita à mesma crítica. Não se ignora que a experiência jurídica norte-americana pode apresentar variantes entre os Estados da federação: os Estados Unidos são um estado federal, no qual há necessidade de conciliar interesses nacionais e particularismos dos Estados (DAVID, René; JAUFFRET-SPINOSI, Camille; GORÉ, Marie. *Les grands systèmes du droit contemporains.* 12ª ed. Paris: Dalloz, 2016, § 366, p. 330). Contudo, para casos semelhantes, "muito naturalmente", afirma René David, o aplicador norte-americano: "considera o que foi decidido nos outros Estados da União. As decisões elaboradas num outro Estado permitem-lhe encontrar mais facilmente a solução mais razoável que o litígio comporta. Permitem-lhe ver a solução que deve ser dada ao litígio, salvo circunstâncias particulares que justifiquem na espécie uma distinção" (Idem, § 381, p. 342).

rigor, supõe-se a existência de peculiaridades perceptíveis a um exame mais aprofundado: a análise destas, porém, foge ao escopo da investigação ora empreendida, pelo olhar de um observador externo. O que se buscou, portanto, foi uma "aproximação estilizada" dos *consequential damages* nos "países anglo-saxônicos", e não um "retrato preciso" da categoria prevalecente em algum país específico[100].

A referência metodológica de comparação entre os *consequential damages* na *common law* e sua acomodação ao Direito brasileiro não afastou a análise pontualíssima de ideias desenvolvidas em outros sistemas de raiz romano germânica. Afastar de plano o recurso seria negar a influência que essas fontes têm sobre o Direito brasileiro. Contudo, com a finalidade de não perder os rumos centrais da verticalização comparativa ora proposta, visou-se a realizar tal recurso do modo mais restrito possível. Ao contrário da aproximação estilizada para o que ora se refere como *common law*, o retrato sobre o Direito brasileiro buscou ser preciso.

Foi considerada a Teoria dos Modelos de Miguel Reale[101], e contrastada com a noção de *formantes*, própria do Direito Comparado. É a partir do exame dos modelos legislativos, jurisprudenciais, costumeiros e negociais que se constroem os modelos dogmáticos — chamados, por

100 Os termos entre aspas são referidos por PARGENDLER, Mariana. O direito contratual comparado em nova perspectiva: revisitando as diferenças entre os sistemas romano-germânico e de *common law*. *Revista Direito* GV, vol. 13, n. 3, p. 796-826, set-dez 2017, p. 799-800, e também a versão em inglês, mais detalhada: PARGENDLER, Mariana. The Role of the State in Contract Law. The Common--Civil Law Divide. *The Yale Journal of International Law*. Vol. 43, p. 143-189, 2018, p. 149 (referindo que o Direito contratual da Califórnia é mais próximo à tradição romano-germânica do que o direito de Nova Iorque, mas mais próximo do Direito de Nova Iorque do que qualquer jurisdição de *civil law*).

101 A palavra *modelo* indica "estrutura ou esquema que compendia sinteticamente as notas identificadoras ou distintivas de dado segmento da realidade, a fim de ter-se dele uma base segura de referência no plano científico" (REALE, Miguel. *Fontes e Modelos do Direito:* para um novo paradigma hermenêutico. São Paulo: Saraiva, 1994, p. 37). Modelos jurídicos e modelos dogmáticos são espécies de modelos do Direito. Por modelos jurídicos entende-se, nos dizeres de Reale, "estrutura normativa de atos e fatos pertinentes unitariamente a campo da experiência social, prescrevendo a atualização racional e garantida dos valores que lhes são próprios" (REALE, Miguel. *Fontes e Modelos do Direito:* para um novo paradigma hermenêutico. São Paulo: Saraiva, 1994, p. 48).

igual, de modelos "hermenêuticos", ou "doutrinários"[102]. A aproximação entre modelos jurídicos e formantes se justifica pelo fato de ambos se reportarem às fontes e comporem a parte de um todo.

Levando-se em consideração que os *consequential damages* são um modelo jurídico negocial e jurisprudencial da *common law*, cabe maior destaque à sua compreensão a partir de grande atenção à análise dos casos práticos. A função desse tipo de investigação é dúplice: revelar as situações conflituosas submetidas à apreciação do judiciário e arrolar organizadamente os fundamentos empregados para a tomada de decisão[103]. A própria tarefa comparativa demanda que, ao se medir os paralelismos entre os diversos sistemas de Direito, considerem-se não somente as leis, mas também o direito pretoriano[104]. Como se estará a tratar de contratos — que, sendo uma "instituição imaginária da sociedade"[105], é categoria abstrata (tal qual os negócios jurídicos, na qual se inserem conforme classificação dogmática), não existem, senão em concreto[106] —, a comparação restaria árida se não fosse feito recurso à jurisprudência. Esta,

102 REALE, Miguel. *Fontes e Modelos do Direito:* para um novo paradigma hermenêutico. São Paulo: Saraiva, 1994, p. 65-75. Os modelos doutrinários por sua vez, se configuram como "estruturas teoréticas referidas aos modelos jurídicos, cujo valor eles procuram captar e atualizar em sua plenitude". REALE, Miguel. Vida e morte dos modelos jurídicos. *Estudos de filosofia e ciência do direito.* São Paulo: Saraiva, 1978, p. 18. O entendimento é acompanhado também por MARTINS-COSTA, Judith. Autoridade e utilidade da doutrina: a construção dos modelos doutrinários. In: *Modelos de Direito Privado.* São Paulo: Marcial Pons, 2015, p. 10.

103 ZANETTI, Cristiano de Sousa. *Responsabilidade pela ruptura das negociações.* São Paulo: Juarez de Oliveira, 2005, p. 176. Na mesma linha, DELAMUTA, Maria Beatriz Rizzo. *Convenção de Viena e Resolução contratual.* São Paulo: Almedina/IDiP, 2022, p. 77.

104 SACCO, Rodolfo. *La Comparaison Juridique au Service de la Connaisance du droit.* Paris: Economica, 1991, § 15, p. 36.

105 MARTINS-COSTA, Judith. Contratos. Conceito e Evolução. In: LOTUFO, Renan; NANNI, Giovanni. (Coords). *Teoria Geral dos Contratos.* São Paulo: Atlas, 2011, p. 23.

106 AZEVEDO, Antonio Junqueira. *Negócio Jurídico*: Existência, Validade e Eficácia. 4ª ed. 10ª tiragem. São Paulo: Saraiva, 2014, p. 35; ZANETTI, Cristiano de Sousa. O risco contratual. In: LOPEZ, Teresa Ancona; LEMOS, Patrícia Fraga Iglecias; RODRIGUES JÚNIOR, Otavio Luiz. (Org.). *Sociedade de Risco e Direito Privado*: desafios normativos, consumeristas e ambientais. São Paulo: Atlas, 2013, p. 461.

"estritamente ligada à prática, vai enriquecer a norma de detalhes que são necessários para lhe compreendê-la"[107].

Ademais, também se tomou como premissa que os modelos jurídicos de *common law* desenvolvem-se a partir de uma casuística[108], diante da ausência de códigos como eixo do ordenamento. Para um jurista norte-americano, por exemplo, o Direito é concebido essencialmente como jurisprudencial[109]: as regras sobre responsabilidade contratual foram formuladas por cortes, não por legisladores[110].

A investigação da experiência de *common law* foi feita por meio da descrição dos desdobramentos de *Hadley v. Baxendale* na jurisprudência ao longo do século XX até os dias atuais. Em uma perspectiva comparativa, interessante leitura daquele caso poderia ter enfatizado a influência da obra de Pothier ao julgado. Em que pese esse caminho pudesse ter sido seguido, já que as razões de decidir de *Hadley v. Baxendale* foram "transplantadas", ou "emprestadas" da *civil law*[111], optou-se por olhar

---

107 SACCO, Rodolfo. *La Comparaison Juridique au Service de la Connaisance du droit*. Paris: Economica, 1991, p. 34.

108 FARNSWORTH, Allan. *An Introduction to the Legal System of the United States*. 3a ed. New York: Oceana Publications Inc, 1996, p. 47-60 e 83.

109 DAVID, René; JAUFFRET-SPINOSI, Camille; GORÉ, Marie. *Les grands systèmes du droit contemporains*. 12ª ed. Paris: Dalloz, 2016, § 367, p. 332.

110 LOOKOFSKY, Joseph M. *Consequential Damages in Comparative Context*. From Breach of Promise to Monetary Remedy in the American, Scandinavian and International Law of Contracts and Sales. Reimpressão. Copenhagen: Jurist-og Økonomforbundets Forlag, 1996, p. 27-28.

111 *E.g.*: PARGENDLER, Mariana. *Evolução do Direito Societário*. Lições do Brasil. São Paulo: Saraiva-Direito GV, 2013, p. 159, e também na 2ª ed. São Paulo: Almedina, 2021, p. 175 ("A norma de *common law* que fixa os limites para reparação de danos indiretos enunciada no clássico caso de contratos *Hadley v. Baxendale*, por exemplo, veio diretamente da obra do jurista francês Pothier"); FERRARI, Franco. Comparative Ruminations on the Foreseeability of Damages in Contract Law. *Louisiana Law Review*, v. 53, n. 4, Mar./1993, p. 1264 ("(...) the source of the *Hadley v. Baxendale* rule can be found in French law); p. 1267 ("(...) the *Hadley* rule does not constitute a judicial invention in an age of industrial invention. It constitutes rather the transplantation of a foreign rule, made necessary by the age of industrial invention"), idem, ibidem: "(...) one may say that CISG article 74 is not based on the common law rule of *Hadley v. Baxendale* because the *Hadley* rule itself is not a rule invented under common law"; BARNES, Wayne. Hadley v. Baxendale and Other Common Law Borrowings from the Civil Law. *Texas Wesleyan Law Review*. Volume 11, p. 627-648, 2005, p. 627-639 e 648.

prospectivamente àquela decisão, e não retrospectivamente[112]. Entre os milhares de casos que versaram sobre os *consequential damages*, foi necessário empregar critérios de escolha das decisões a serem analisadas e descritas. O primeiro critério diz respeito a um corte no tempo: optou-se por deixar de fora uma investigação histórica das fontes de *Hadley v. Baxendale*. Não foram considerados, portanto, julgados anteriores que lhe tenham influenciado, seja de maneira expressa — com a transcrição no próprio julgado —, seja de maneira implícita.

O critério temporal foi adotado, traçando-se o ponto inicial no início do século XX, ou seja, na década de 1900. Foram selecionadas decisões prolatadas ao longo do século XX e das duas primeiras décadas do século XXI. Como se vem de afirmar, nessa seleção não se adotou critério restrito segundo a nacionalidade dos casos: há casos ingleses, norte-americanos e australianos. Houve certa primazia inicial numérica de julgados norte-americanos, em vista do método inicialmente empregado ter centralizado o Direito daquele país como referencial de comparação, pressuposto que veio a ser contemporaneizado.

A casuística sobre contratos em geral foi considerada, sem que fosse enfocado um tipo contratual específico. Além do foco estar nas relações subordinadas às restrições clássicas, o tipo de contrato não foi tido como um critério específico de aprofundamento na escolha dos casos relatados. O foco central do livro é a responsabilidade contratual, embora alguns casos de *torts* tenham sido analisados, pois o contraste pôde colocar alguns *criptotipos* dos *consequential damages* em evidência. Foram selecionados casos mencionados majoritariamente por contribuições doutrinárias estrangeiras sobre os *consequential damages*[113]. Não se trata de estudo com qualquer pretensão estatística ou exaustiva.

---

112 Assim, remeteu-se a leitura do *Tratado das Obrigações* de *Pothier* à Segunda Parte (*Capítulo 2.2.1*).

113 Além de *Hadley v. Baxendale*, foram considerados 36 casos, citados pelas seguintes contribuições doutrinárias e pelo *Restatement (Second) of Contracts* § 347 e § 351; EISENBERG, Melvin Aron. The Principle of Hadley v. Baxendale. *California Law Review*, vol. 80, 1992, p. 563-613.; WEST, Glenn. *Consequential Damages Redux:* An Updated Study of the Ubiquitous and Problematic 'Excluded Losses'

O foco na jurisprudência visa a assinalar os sentidos possíveis e à aplicação, contextualmente orientada, dos *consequential damages*. Não se buscou desenvolver obra de doutrina de direito estrangeiro, mas descrever o cenário fático de casos envolvendo os *consequential damages*. Ainda que o termo não tenha sido empregado no texto dos julgados a seguir analisados, caso os fundamentos tenham passado por uma análise de *Hadley v. Baxendale*, de modo explícito ou a partir das ideias centrais que o caso seminal expressa, considerou-se de relevo lê-los, fichá-los e organizá-los conforme critérios, dividindo-os em grupos[114].

Da fundamentação de *Hadley v. Baxendale*, foram extraídos três grandes grupos de casos: aqueles que indicam uma comparação entre *consequential damages* e *lost profits* (*Capítulo 1.1*); os que aprofundam a análise sobre a *contemplation of both parties*, também referida como *foreseeability* (*Capítulo 1.2*); e, por fim, os que suscitam o exame sobre a *remoteness*, notadamente a relação de causalidade, juridicamente orientada, entre o inadimplemento e o dano (*Capítulo 1.3*)

Provision in Private Company Acquisition Agreements. *The Business Lawyer*, Vol. 70, Fall 2015, 971-1006; WEST, Glenn; DURAN, Sara. Reassessing the 'Consequences' of Consequential Damages Waivers in Acquisition Agreements. *The Business Lawyer*, vol. 63, 2008; LOOKOFSKY, Joseph M. *Consequential Damages in Comparative Context*. From Breach of Promise to Monetary Remedy in the American, Scandinavian and International Law of Contracts and Sales. Reimpressão. Copenhagen: Jurist-og Økonomforbundets Forlag, 1996, *passim*; FARNSWORTH, Allan. *Contracts*. 4ª ed. New York: Aspen Publishers, 2004, § 12.14; CHIRELSTEIN, Marvin. *Concepts and Case Analysis in the Law of Contracts*.7ª. ed. St Paul: Foundation Press, 2013, p. 214-220; ZIMMERMANN, Reinhard. Limitation of Liability for Damages. *The Edinburgh Law Review*. 18.2., p. 193-224, 2014, p. 207-208. GOLDBERG, Victor P. *Rethinking the Law of Contract Damages*. Cheltenham, UK/Northampton, MA, US: Edward Elgar Publishing, 2019, § 10-11, p. 171-227. À exceção dos casos a seguir (todos julgados nos Estados Unidos), todos os outros casos estão citados ao longo do livro: Supreme Judicial Court of Massachusetts, Suffolk. *Boylston Housing Corp. v. O'Toole*. Julgado em 3 de julho de 1947. United States Court of Appeals, Second Circuit. *Petition of Kinsman Transit Company*. Julgado em 29 de outubro de 1964; Court of Appeals of the State of New York. *Neri v. Retail Marine Corp*. Julgado em 1º de junho de 1972; Superior Court of New Jersey. Appellate Division. *Mitsui O.S.K. Lines v. Consolidated Rail*. Julgado em 19 de janeiro de 2000; Supreme Court of Rhode Island. *Rilley v. Stafford*. Julgado em 24 de abril de 2006.

114 Método também aplicado em DELAMUTA, Maria Beatriz Rizzo. *Convenção de Viena e Resolução contratual*. Resolução do contrato de compra e venda de mercadorias por inadimplemento: uma análise comparativa entre a Convenção de Viena e o Direito brasileiro. Dissertação. Orientador: Professor Cristiano de Sousa Zanetti. Faculdade de Direito, Universidade de São Paulo, 2017, p. 46-130 (na versão comercial, DELAMUTA, Maria Beatriz Rizzo. *Convenção de Viena e Resolução contratual*. São Paulo: Almedina/IDiP, 2022, p. 77-190).

Dentro dos grandes grupos, os casos são subdivididos em grupos específicos. Os subcapítulos reúnem os casos agrupados e referidos conforme a ideia que respectivamente os encabeçam[115]. A análise se aprofunda com o relato de cada caso, mormente a partir dos seus fatos, visando-se a uma sintética reconstrução da relação jurídica concreta, a partir do seu objeto, das partes envolvidas, do descumprimento contratual e dos pedidos indenizatórios pertinentes à discussão. Na sequência, é descrita a fundamentação empregada para conceder ou negar o pedido indenizatório. À medida que a análise avança, semelhanças e diferenças são destacadas entre os casos de cada grupo, e, ao final de cada capítulo, ou os pontos problemáticos são sintetizados, ou a sequência do raciocínio nos subcapítulos subsequentes é indicada.

A divisão dos casos em grupos tem por finalidade a organização e o aprofundamento dos critérios. Os critérios extraídos de *Hadley v. Baxendale* nem sempre estão organizados pela jurisprudência que lhe homenageia: por vezes há ênfase em um, por vezes em outra ideia, por vezes em praticamente todos os critérios ora explorados. O exemplo mais eloquente é a dificuldade em separar se a ideia de probabilidade de uma consequência ser resultado do descumprimento como matéria atinente a *foreseeability* (*Capítulo 1.2*), ou a *causation* (*Capítulo 1.3*). Por isso, a opção de análise de um caso dentro de um determinado grupo não deve ser interpretada como excludente em relação às ideias desenvolvidas em outros grupos. Há interpenetração repetidas vezes entre os arrazoados, sendo destacado o entrecruzar de critérios.

Enfatize-se: não há qualquer pretensão de exaustividade. Tampouco visa-se a realizar uma crítica quanto ao acerto dos julgados. O objetivo é muito mais modesto. Busca-se traçar uma descrição do desenvolvimento

115 Para serem melhor situados, os casos são individualmente referidos com o nome que lhes é normalmente atribuído — seja pelo nome de ambas as partes ou de uma delas, seguida do país de proveniência, bem como do ano do julgamento. Quando o mesmo caso é referido em um mesmo parágrafo, buscou-se retirar a menção ao local e ano de julgamento. Por comodidade expositiva e em virtude das inúmeras referências à *Hadley v. Baxendale*, excepcionalmente as menções a este caso por vezes fogem à regra.

da noção de *consequential damages* na *common law* a partir de como as decisões foram tomadas. A partir de tal descrição, a comparação restará viabilizada.

Com relação ao Direito brasileiro, o modelo legislativo pautou a análise dogmática[116] da responsabilidade contratual pela via indenizatória. Enfocou-se o formante legal, à luz dos modelos dogmáticos nacionais, como meios de acomodação dos *consequential damages* no Direito brasileiro. Não se nega que, por sua tradição bartolista[117], o Direito brasileiro foi (e é) fortemente influenciado pelos Direitos português, francês, italiano e alemão. Porém, priorizou-se a referência ao pensamento de autores brasileiros, com referências pontualíssimas a autores de tais países estrangeiros, apenas na medida que estes tenham expressamente influenciado os escritos dos autores brasileiros, sem que esse pressuposto tenha qualquer finalidade ufanista. Entende-se que essa seja medida de rigor não só para verticalizar a comparação, como também para tentar sistematizar as reflexões sobre o Direito nacional em âmbito no qual há pouca uniformidade.

(V). PLANO

O estudo divide-se em duas partes. Na Primeira, são investigados os *consequential damages* a partir de sua origem na *common law*, explorando-se o seu desenvolvimento de *Hadley v. Baxendale* e as suas múltiplas leituras até os dias atuais. Na Segunda, as conclusões da Parte I são consideradas na tentativa de verter os *consequential damages* a termo jurídico brasileiro.

---

116 FERREIRA DA SILVA, Jorge Cesa. *Antidiscriminação & Contrato.* A Integração entre Proteção e Autonomia. São Paulo: Revista dos Tribunais, 2020, p. 196-200 (fixando sentido específico da análise dogmática, segundo o qual essa perspectiva se contrapõe a outros dois métodos: à análise econômica do Direito e ao Direito Civil Constitucional. A dogmática em sentido estrito é método particular de abordagem jurídica e de solução de casos, segundo critérios metodológicos desenvolvidos ao longo de anos de esforços doutrinários).

117 COUTO E SILVA, Clóvis do. *Princípios Fundamentais da Responsabilidade Civil em Direito Brasileiro e Comparado.* Curso ministrado na Faculdade de Direito e Ciência Política de Saint Maur (Universidade de Paris XII, 1988). Tradutora Fernanda Escobar Bins. Porto Alegre: Sergio Antonio Fabris Editor, 2022, p. 21, nota de rodapé 4; MARTINS-COSTA, Judith. *A Boa-Fé no Direito Privado:* sistema e tópica no processo obrigacional. São Paulo: Revista dos Tribunais, 1999, p. 241-246.

PARTE I:
OS *CONSEQUENTIAL DAMAGES* NA ORIGEM

O exame inicial dos fatos e fundamentos de *Hadley v. Baxendale* permite uma aproximação preliminar à noção de *consequential damages*. Foram identificadas ideias gerais, analiticamente cindíveis, sobre o que seriam e quando poderiam ser indenizados os *consequential damages*. São elas:

(i) os *consequential damages* eram *lost profits*;

(ii) os *consequential damages* se basearam em circunstâncias especiais que excepcionam o curso natural das coisas;

(iii) para que tivessem sido considerados indenizáveis, as circunstâncias a originar tais *consequential damages* deveriam também estar na *contemplation of both parties*;

(iv) para estarem na *contemplation of both parties*, as circunstâncias especiais precisariam ter sido comunicadas e serem conhecidas por ambas as partes;

(v) o momento da contratação serviu como marco temporal para o conhecimento e comunicação das circunstâncias;

(vi) os *consequential damages* teriam que decorrer como prováveis resultados do inadimplemento contratual, considerado o contrato em concreto;

(vii) os *consequential damages* não derivaram do inadimplemento do contrato "em si".

O desenvolvimento de cada uma dessas ideias é trabalhado a partir de grupos de casos. Inicia-se pelo cotejo entre *consequential damages* e *lost profits*, sendo a ideia do item (*i*) enfrentada no Capítulo 1.1. Em segundo lugar, o requisito da *contemplation of the parties* ou *foreseeability* é analisado, restando a evolução das ideias (*ii*) a (*vi*) abordada no Capítulo 1.2. Por fim, a relação de causa e efeito entre a verificação de um prejuízo e o descumprimento contratual é esmiuçada, tratando-se o item (*vii*) no Capítulo 1.3.

CAPÍTULO 1.1
LOST PROFITS

Em *Hadley v. Baxendale*, os danos discutidos são ganhos que seriam obtidos se, não havendo o atraso, o novo virabrequim tivesse sido reincorporado ao moinho e este tivesse funcionado. Tratava-se de *lost profits*.

Com efeito, parte expressiva dos julgados que alude a *Hadley v. Baxendale* alude também a *lost profits* ou a expressões semelhantes — *lost savings*, *lost of revenues*, *loss of business opportunity*, *lost business*[1]. Coloca-se então a questão: pode-se entender como equivalentes e intercambiáveis as expressões *consequential damages* e *lost profits*? De outro modo, os *consequential damages* sempre são *lost profits*? Ou o inverso: seriam os *lost profits* sempre *consequential damages*?

1.1.1. *CONSEQUENTIAL DAMAGES* NÃO SÃO EQUIVALENTES A *LOST PROFITS*

À partida já seria passível de dúvidas o emprego de dois termos diferentes para exprimir igual significado. Como, porém, o mesmo não se pode dizer em relação à aproximação reiteradamente formulada entre *consequential damages*, *special damages* e *indirect damages*, tidos como expressões equivalentes, a aproximação entre os *consequential damages* e os *lost profits não pode ser meramente desconsiderada*.

1 *E.g.* Estados Unidos da América. United States Bankruptcy Cour, S.D. New York. *Global Crossing Telecomms., Inc. v. CCT Commc'ns, Inc.* Julgado em 22 de julho de 2011; Estados Unidos da América. Appellate Court of Illinois Second District. *Westlake Fin. Grp., Inc. v. CDH-Delnor Health Sys.* Julgado em 6 de janeiro de 2015, Reino Unido. Court of Appeal. King's Bench Division. *Victoria Laundry (Windsor) LD. V. Newman Industries LD.* Julgado em 12 de abril de 1949.

Em primeiro lugar, o termo *lost profits* por vezes é empregado sem qualquer alusão a *consequential damages*. Assim o foi no caso *Fera v. Village Plaza, Inc (EUA, 1976)*[2]. O julgado envolveu discussão a respeito de contrato de locação em *shopping center*. *Fera* seria locatária de unidade na qual desenvolveria uma loja de livros e de produtos alcóolicos. *Village Plaza* era a dona do *shopping* e locadora. O contrato obrigava *Fera* ao pagamento de US$ 1000 por mês pelo aluguel, somada a uma porcentagem sobre as futuras receitas. O *shopping* estava em construção e as instalações seriam concedidas em futuro próximo.

Ocorre que houve troca na administração do *shopping*. A nova administração acabou locando o espaço específico onde seria a loja para outros locatários. Espaços alternativos foram então oferecidos, mas negados pela locatária. Esta se insurgiu, pleiteando *anticipated lost profits* pela extinção injustificada do contrato no montante de US$ 200 mil, a sua expectativa de lucros com a exploração da loja ao longo do período contratado de dez anos.

Assim como no primeiro grau em *Hadley v. Baxendale*, a decisão foi do júri, o qual deferiu o pedido indenizatório. A Corte de Apelação de Michigan reformou a decisão, por entender que os lucros cessantes seriam especulativos. Ulteriormente, a Suprema Corte de Michigan repristinou a decisão de primeiro grau, admitindo lucros cessantes pelo descumprimento do contrato de locação. O caso suscita interessante análise, pois sequer a loja foi instalada — sendo enquadrável como *lost profits* indenizáveis em negócio novo. Ao serem os *lost profits* provados com razoável certeza, não devem ser taxados de especulativos: a adjetivação serve à suficiência da prova, não à ocorrência dos danos[3]. O que vale destacar é não haver qualquer menção no julgado a *consequential damages*, mas a *lost profits*.

---

2 Estados Unidos da América. Supreme Court of Michigan. *Fera v. Village Plaza, Inc.* Julgado em 3 de junho de 1976. Caso citado, por exemplo, em: CHIRELSTEIN, Marvin. *Concepts and Case Analysis in the Law of Contracts*. 7ª. ed. St Paul: Foundation Press, 2013, p. 218-219; EISENBERG, Melvin Aron. The Principle of Hadley v. Baxendale. *California Law Review*, vol. 80, 1992, p. 563-613, p. 612.

3 Estados Unidos da América. Supreme Court of Michigan. *Fera v. Village Plaza, Inc.* Julgado em 3 de junho de 1976.

Se nem sempre *lost profits* são *consequential damages*, ainda se poderia cogitar que *lost profits* são uma categoria mais ampla, dentro da qual estariam englobados, como espécie, os *consequential damages*. Tampouco essa classificação é precisa. Ao menos outros três casos servem de ilustração, demonstrando que nem sempre os *consequential* damages são *lost profits*.

Em *Park Avenue (EUA, 2003)*[4], a Corte de Apelação de Washington não considerou indenizáveis despesas necessárias para a reparação de defeitos em imóvel, pois foram qualificadas como *consequential damages*. A discussão envolveu contrato de construção entre vários indivíduos que compunham a associação requerente e a construtora de 38 unidades condominiais. O contrato foi inadimplido, pois vários defeitos de construção — entre os quais problemas nos telhados, infiltrações e de acabamento — foram verificados. A associação obteve indenização pela diminuição do valor das unidades condominiais, no montante de US$ 2,3 milhões, com base no *Washington Condominium Act* — Lei Estadual aplicável[5], e no *Restatement (Second) of Contracts*, § 348[6].

Já quanto ao pedido de custos de reparo, a referida Lei Estadual excluía a indenizabilidade de *consequential damages*. Diante da falta de definição legal sobre o que seriam os *consequential damages*, foi adotada a concepção do *Black's Law Dictionary* que equipara *consequential damages* a *indirect damages*[7]. Segundo argumentado, os custos de reparo derivam

4 Estados Unidos da América. The Court of Appeals of Washington. Division One. *Park Avenue Condominium Owners Ass'n v. Buchan Developments, L.L.C.* Julgado em 30 de junho de 2003. Caso citado em: *Restatement (Second) of Contracts*, § 348.

5 A respeito: "[C]onsequential, special, or punitive damages may not be awarded except as specifically provided in this chapter or by other rule of law".

6 Conforme transcrito, o trecho do *Restatement (Second) of Contracts*, § 348 (1981): "(2) If a breach [of a construction contract] results in defective or unfinished construction and the loss in value to the injured party is not proved with reasonable certainty, he may recover damages based on (a) the diminution in the market price of the property caused by the breach or (b) the reasonable cost of completing performance or of remedying the defects if that cost is not clearly disproportionate to the probable loss in value to him"

7 *In verbis:* "Losses that do not flow directly and immediately from an injurious act, the party, but that result indirectly from the act".

não do inadimplemento em si, mas da necessidade de dispêndios que é resultado do descumprimento. Por isso, tais custos foram enquadrados como *consequential damages*. Estando excluídos pela Lei, justificou-se sua negativa, inclusive com o rechaço ao pedido de produção de prova a eles relacionado[8].

Outro exemplo de contrato de construção a envolver *consequential damages* que não eram *lost profits* foi o caso *Star Polaris (Inglaterra e País de Gales, 2016)*. Analisado em pormenores no Capítulo 1.3.1.1, o caso envolveu a construção e venda de navio cargueiro. *Star Polaris* era a compradora. *HHIC-PHIL*, referida como *Yard*, era o estaleiro que construiu o navio. *Yard* deveria construir e entregar navio e garantir que estivesse livre de defeitos de construção durante os 12 primeiros meses de operação. O contrato continha uma cláusula de garantia de qualidade, permeada por limitações de responsabilidade, entre as quais estavam afastados os *consequential damages*[9].

Vieram a ser descobertos defeitos construtivos que levaram a problema no motor (pingos de soldagem na tubulação), os quais se enquadravam como defeito de qualidade do navio. A compradora deu início a ação pleiteando reembolso de despesas atinentes a reparo e substituição das peças defeituosas, bem como indenização pela diminuição do valor do navio, em função de contar com peças não originais, já substituídas e reparadas. Para o que ora concerne, o segundo pedido — a diminuição de valor — não é enquadrado como *lost profits*. Foi rejeitado, por ser classificado como *consequential damage*[10]. Por um lado, enquanto a diminuição de valor foi indenizada em *Park Avenue (EUA, 2003)*, porque

8 Estados Unidos da América. The Court of Appeals of Washington. Division One. *Park Avenue Condominium Owners Ass'n v. Buchan Developments, L.L.C.* Julgado em 30 de junho de 2003.

9 Inglaterra e País de Gales. England and Wales High Court (Commercial Court). *Star Polaris LLC v. HHIC-PHIL INC.* Julgado em 17 de novembro de 2016. Caso citado, por exemplo, em: GOLDBERG, Victor P. *Rethinking the Law of Contract Damages.* Cheltenham, UK/Northampton, MA, US: Edward Elgar Publishing, 2019, p. 200.

10 Inglaterra e País de Gales. England and Wales High Court (Commercial Court). *Star Polaris LLC v. HHIC-PHIL INC.* Julgado em 17 de novembro de 2016.

não era um *consequential damage*, em *Star Polaris*, a diminuição de valor não foi indenizada. Por outro lado, o pedido de reembolso de despesas atinentes aos reparos e substituição das peças foi deferido, pois havia expressa assunção de responsabilidade.

Também a decisão *Environmental v. Peerless (Australia, 2008)*[11] explicita que *consequential damages* excluídos por cláusula contratual não são necessariamente lucros cessantes. O caso envolveu contrato para o desenvolvimento e construção de regenerador térmico de ar, utilizado no tratamento de resíduos de produção industrial. *Peerless* era empresa de reciclagem orgânica, produção e processamento de gordura. *Environmental* era provedora de serviços de engenharia para a indústria de óleo, gás e petroquímica, especializada no fornecimento de sistemas de controle de poluição do ar.

O regenerador térmico de ar foi entregue por *Environmental*, mas o sistema não servia aos propósitos prometidos, pois não eliminava o odor da produção industrial. Entre as rubricas indenizatórias pleiteadas por *Peerless*, figuraram custos com trabalho empregado na tentativa de fazer o equipamento funcionar e custos para desmontagem e descarte do regenerador incorridos quando houve a desistência na sua operação. Destaca-se: nenhum dos pedidos diz respeito a *lost profits*. Os custos foram considerados *consequential damages*. Como havia cláusula de afastamento de *consequential damages*, a indenização foi rejeitada. Diante do caso concreto, a definição proposta aos *consequential damages* seria tudo

11 Austrália. Supreme Court of Victoria. Court of Appeal. *Environmental Systems Pty Ltd v Peerless Holdings Pty Ltd*. Julgado em 26 de fevereiro de 2008. O caso será analisado em pormenores (Capítulo 1.3.2, *infra*). Caso citado em: GOLDBERG, Victor P. *Rethinking the Law of Contract Damages*. Cheltenham, UK/Northampton, MA, US: Edward Elgar Publishing, 2019, p. 226; WEST, Glenn. Consequential Damages Redux: An Updated Study of the Ubiquitous and Problematic 'Excluded Losses' Provision in Private Company Acquisition Agreements. *The Business Lawyer*, Vol. 70, Fall 2015, 971-1006, p. 989; CARVALHO, Ana Mafalda Soares de. *O Dano Consequencial*. A questão da causalidade. Faculdade de Direito da Universidade Católica Portuguesa. Escola do Porto. Dissertação de Mestrado, 2017, p. 22-23.

aquilo além da normal medida da indenização, tais como *lost profits* ou despesas incorridas em virtude do inadimplemento[12].

Nos três exemplos sinalizados, os danos qualificados como *consequential damages* não se assemelham a *lost profits*. Envolveram despesas para restaurar um imóvel, diminuição no valor do navio cujas peças originais foram substituídas, custos voltados à tentativa de recuperar o regenerador térmico de ar e com o respectivo trabalho de desmontagem e descarte, quando este se mostrou imprestável. Os exemplos demonstram que *consequential damages* nem sempre são *lost profits*.

Se os casos revelam a incorreção de se ver como equivalentes as noções de *lost profits* e de *consequential damages*, mas frequentemente os termos são empregados em um mesmo caso, qual seria, então, a relação entre as categorias?

1.1.2. *LOST PROFITS* PODEM SER *CONSEQUENTIAL DAMAGES* OU *DIRECT DAMAGES*

A falta de equivalência não indica total afastamento. *Lost profits* podem ser *consequential damages* ou podem ser *direct damages*. Para enfrentar a questão de traçar a linha divisória que nem sempre é clara[13], há casos que sinalizam à dupla possibilidade de classificação dos *lost profits*. O critério central está em considerar uma dicotomia entre *direct damages*, de um lado, e *consequential damages*, de outro.

---

12 *In verbis:* "In my view, ordinary reasonable business persons would naturally conceive of 'consequential loss' in contract as everything beyond the normal measure of damages, such as profits lost or expenses incurred through breach" (Austrália. Supreme Court of Victoria. Court of Appeal. *Environmental Systems Pty Ltd v Peerless Holdings Pty Ltd*. Julgado em 26 de fevereiro de 2008).

13 Estados Unidos da América. Court of Appeals of Texas, Fort Worth. *DaimlerChrysler Motors Co. v. Manuel*. Julgado em 24 de fevereiro de 2012. Caso citado, por exemplo, em: GOLDBERG, Victor P. *Rethinking the Law of Contract Damages*. Cheltenham, UK/Northampton, MA, US: Edward Elgar Publishing, 2019, p. 187.

No caso *Perini Corp v. Greate Bay Hotel Casino (EUA, 1992)*, os *lost profits* foram enquadrados no âmbito da categoria dos *consequential damages*[14]. O caso compreendeu contrato de gerenciamento de construção voltado à reforma de um hotel-cassino localizado em *Atlantic City*. *Perini Corp* deveria organizar uma série de reformas para tornar o *Casino* mais atraente ao público. O total do valor das reformas seria de US$ 24 milhões. Destes, *Perini Corp* seria remunerada em US$ 600 mil — valendo destacar que *Perini Corp* não era o construtor, mas o gerenciador da obra.

Ocorre que as reformas atrasaram. Em virtude disso, uma arbitragem foi instaurada para decidir sobre *lost profits* que o *Casino* afirmava ter sofrido pelo atraso na conclusão da reforma, no montante de US$ 14 milhões. Após longo e exaustivo processo arbitral que contou com dois árbitros sem formação jurídica, o tribunal arbitral julgou procedente, por maioria, o pedido indenizatório de *Casino*, imputando ao gerenciador a indenização milionária. Irresignada, *Perini Corp* submeteu a sentença a pleito anulatório junto ao Poder Judiciário, afirmando que teria havido manifesto erro de aplicação do direito, pois não seriam cabíveis *lost profits* que não estivessem na contemplação das partes no momento da contratação. Aduziu que não teria aceitado risco tão desproporcional por uma contraprestação mínima se comparada aos prejuízos. *Perini Corp* também sinalizou que potencialmente o erro estaria justificado no fato de a maioria do tribunal arbitral não ter formação jurídica.

A Suprema Corte de Nova Jersey contundentemente rejeitou o pedido de anulação da sentença arbitral. Ao revisar extensivamente a decisão dos árbitros à luz de *Hadley v. Baxendale*, considerado um marco a partir do qual advogados e juízes passaram a refletir sobre as dificuldades de se

---

14 Estados Unidos da América. Supreme Court of New Jersey. *Perini Corp. v. Greate Bay Hotel Casino, Inc.* Julgado em 6 de agosto de 1992. Caso citado em: *Restatement (Second) of Contracts*, § 351, WEST, Glenn. Consequential Damages Redux: An Updated Study of the Ubiquitous and Problematic 'Excluded Losses' Provision in Private Company Acquisition Agreements. *The Business Lawyer*, Vol. 70, Fall 2015, 971-1006, p. 984-985.

explorar o conceito de *expectation* ou *compensatory damages*, a decisão do relator confirmou a sentença arbitral[15].

Foi assinalado que o desenvolvimento do conceito de *expectation damages* se reflete na finalidade de colocar a parte na posição em que estaria se o cumprimento tivesse sido atingido como prometido. A consideração dessa posição deve passar, nos dizeres do julgado, pelo que as partes razoavelmente previram, não sendo indenizáveis os danos que o lesante não tinha a possibilidade de prever como resultado provável do descumprimento quando o contrato foi celebrado. Nessa ampla categoria de *expectation damages* estão os *consequential damages*.

Por sua vez, os lucros cessantes foram enquadrados dentro da categoria de *consequential damages*[16]. Afirmou-se que a regra sobre *consequential damages* fora elaborada para atender às demandas de uma sociedade com mercado expansivo, cuja teorização é parte assentada do horizonte jurídico[17]. Diferentemente do transportador de *Hadley v. Baxendale*, a gerenciadora deveria conhecer os motivos da realização da reforma que ensejaram uma indenização tão alta — entre os quais estava a necessidade de uma rápida reforma sobre a fachada do hotel-cassino, que se localizava longe do calçadão, zona da maior concentração de pessoas. Como *Perini Corp* tinha experiência em outras obras no mercado de *Atlantic City* poderia ter negociado tanto uma cláusula de limitação do dever de indenizar pelo atraso, quanto uma cláusula de *liquidated damages* para circunscrever a

---

15 Houve também outros dois votos no judiciário. Um acompanhou a maioria, mas se insurgiu fortemente contra o re-exame do mérito que foi procedido pelo judiciário. O terceiro entendeu que havia um erro fundamental de direito contratual e expurgou U$ 4 milhões da condenação, pois descabem os *lucros cessantes* após o momento de *substantial completion* (conclusão substancial), atendendo, portanto, a pedido subsidiário de *Perini Corp.* Estados Unidos da América. Supreme Court of New Jersey. *Perini Corp. v. Greate Bay Hotel Casino, Inc.* Julgado em 6 de agosto de 1992.

16 Estados Unidos da América. Supreme Court of New Jersey. *Perini Corp. v. Greate Bay Hotel Casino, Inc.* Julgado em 6 de agosto de 1992. A palavra "categoria" é expressamente mencionada pelo julgado: "Lost profits fall under the category of consequential damages".

17 "Whatever the doctrine's origins, it is a settled part of our legal landscape". Estados Unidos da América. Supreme Court of New Jersey. *Perini Corp. v. Greate Bay Hotel Casino, Inc.* Julgado em 6 de agosto de 1992.

indenização cabível[18]. Por essas razões foi também rejeitado o argumento de desproporcionalidade entre os danos indenizados e o valor que *Perini Corp* recebeu para executar os serviços.

Em síntese, os *lost profits* foram considerados *consequential damages*. Tivesse havido cláusula de limitação do dever de indenizar, a gerenciadora da obra não seria obrigada a os indenizar.

Muito provavelmente em função da grande expressividade dos montantes pecuniários que envolvem a indenização de *lost profits* que se enquadrem na categoria de *consequential damages*, como ilustrado pelo caso *Perini Corp v. Greate Bay Hotel Casino*, cláusulas de limitação do dever de indenizar passaram a ser muito frequentes, em tentativa de afastar a sua indenizabilidade. Também foi frequente o emprego conjunto dos termos *consequential damages* e *lost profits*, como a compor uma longa lista de danos não indenizáveis.

O emprego do clausulado não impediu que *lost profits* continuassem a ser indenizados, embora o afastamento de *consequential damages*. Esse argumento confirma que *lost profits* podem ser *consequential damages*. Cinco casos ilustram essa ideia e abrem caminho para a identificação do conteúdo dos *consequential damages* a partir da resposta à pergunta sobre quais são *direct* e quais são *consequential damages*.

Em primeiro lugar, no caso *Viastar Energy, v. Motorola (EUA, 2006)*[19], a equiparação entre *consequential damages* e *lost profits* é expressamente rechaçada. Os *lost profits* tanto podem ser *direct* quanto *consequential damages*.

---

18 *In verbis:* "[...] Considering the nature of this project, Perini might have bargained for a 'no damages for delay' clause, see Broadway Maintenance Corp. v. Rutgers, 90 N.J. 253, 447 A.2d 906 (1982), or a liquidated damages clause in the contract. The only plausible conclusion, then, is that Perini left the resolution of a dispute over non-performance". Estados Unidos da América. Supreme Court of New Jersey. *Perini Corp. v. Greate Bay Hotel Casino, Inc.* Julgado em 6 de agosto de 1992.

19 Estados Unidos da América. United States District Court, SD. Indiana, Indianapolis Division. *Viastar Energy, LLC v. Motorola, Inc.* Julgado em 26 de outubro de 2006. Caso citado, por exemplo, em: WEST, Glenn; DURAN, Sara. Reassessing the 'Consequences' of Consequential Damages Waivers in Acquisition Agreements. *The Business Lawyer*, vol. 63, 2008, p. 792.

O contrato tinha como objeto o desenvolvimento e o fornecimento de um equipamento medidor de consumo de água ("AMR") para revenda ao mercado. *Motorola* elaboraria o design, bem como desenvolveria, produziria e venderia o produto a *ViaStar*, que faria a comercialização junto a terceiros. As partes acordaram que as projeções de vendas seriam determinadas mediante acordos subsequentes a celebrarem entre si, servindo as futuras avenças como limite dos danos a serem eventualmente indenizados no caso de inadimplemento de parte a parte[20]. Em outras palavras, havia cláusula relativa ao máximo da indenização, a qual tinha como fator do cálculo uma previsão de vendas a ser futuramente convencionada. Também constou do instrumento uma cláusula de afastamento de *consequential damages*[21].

Na execução do vínculo, múltiplos descumprimentos teriam sido cometidos por *Motorola*, entre os quais se destacou a falha no desenvolvimento de itens importantes a compor o AMR. O contrato restou inexecutado. Então, *ViaStar* pleiteou lucros cessantes com base nas vendas que deixou de realizar em função dos descumprimentos por parte de *Motorola*. Para rechaçar a ideia, *Motorola* argumentou que os *lost profits* não seriam indenizáveis pela existência da cláusula de afastamento.

20 As respectivas cláusulas, *in verbis*: "Section 3.5 provides: The parties, in good faith and in a commercially reasonable fashion, will mutually agree upon appropriate forecast procedures and sales forecasts, which shall be updated at least quarterly. All forecasts are for planning purposes only and are non-binding, except as such sales forecasts apply to Section 17"; "Section 17.4 'In no event shall a party's liability to the other exceed the value of: ViaStar's development costs plus (ii) Products purchased by ViaStar plus (iii) pending Release Orders plus (iv) the parties' most current sales forecast determined in accordance with Section 3.5'".

21 *In verbis:* "EXCEPT FOR THE PARTIES' OBLIGATIONS IN SECTION 17.2, AND UNLESS SPECIFICALLY SET FORTH HEREIN, IN NO EVENT SHALL EITHER VIASTAR OR MOTOROLA, WHETHER AS A RESULT OF BREACH OF CONTRACT, TORT (INCLUDING NEGLIGENCE) OR OTHERWISE, HAVE ANY LIABILITY TO THE OTHER OR TO ANY THIRD PARTY FOR ANY SPECIAL, INDIRECT, INCIDENTAL, CONSEQUENTIAL OR PUNITIVE DAMAGES". Estados Unidos da América. United States District Court, SD. Indiana, Indianapolis Division. *Viastar Energy, LLC v. Motorola, Inc.* Julgado em 26 de outubro de 2006. A caixa alta consta do original.

No julgamento, que tomou como pressuposto a ocorrência do inadimplemento de *Motorola*, a Corte Distrital de Indiana concluiu que o afastamento contratual de *consequential damages* não levou à negativa de indenizabilidade em relação aos *lost profits*. Na fundamentação consta que em *Hadley v. Baxendale* não foi definida uma regra geral segundo a qual *lost profits* sempre seriam *consequential damages*, mas sim que os *lost profits* não são indenizáveis quando a perda não era uma consequência previsível do inadimplemento quando da contratação. Para definir se no caso a consequência era previsível, foi fundamental, como questão de método, centrar o foco nas expressões objetivas, com destaque à letra do contrato, como significativas da intenção das partes, ao contrário de simplesmente se basear em *standards* gerais[22].

Ao proceder deste modo, verificou-se que as perdas nas vendas compunham o conteúdo do negócio. Assim se concluiu por interpretação sistemática do contrato. O fundamento da previsibilidade dos lucros cessantes residiu nas cláusulas a demandar um acordo em relação às projeções de vendas futuras. Tendo figurado na cláusula também para servir como limite indenizatório, as projeções de vendas compunham o ajuste e, consequentemente, pleitos indenizatórios as tomariam como base, embora não chegassem ao teto. Aduziu-se que o mecanismo exigente de acordo no curso da execução do contrato reduzia o risco moral de pretensões indenizatórias que se baseassem em expectativas de vendas infladas: estando as partes obrigadas a frequentemente concordar a respeito de projeções futuras, reduzia-se o risco de pedidos especulativos[23].

---

22 *In verbis:* "The question is governed not by a black-letter law standard but by the objective expressions of the parties' intentions in their contract." Estados Unidos da América. United States District Court, SD. Indiana, Indianapolis Division. *Viastar Energy, LLC v. Motorola, Inc.* Julgado em 26 de outubro de 2006.

23 Estados Unidos da América. United States District Court, SD. Indiana, Indianapolis Division. *Viastar Energy, LLC v. Motorola, Inc.* Julgado em 26 de outubro de 2006.

Entendimento muito semelhante foi expresso no caso *Penncro (EUA, 2007)*[24], embora haja diferença de redação na cláusula de afastamento. O texto da cláusula afastava não só a indenização por *consequential damages*, mas era também seguido da dicção "*including but not limited to lost profits, loss of opportunities (etc)*".

O contrato fora celebrado para que *Penncro* executasse os serviços de cobrança das contas de consumidores de telefone celular de *Sprint Spectrum*, uma empresa de telecomunicação de alcance nacional nos Estados Unidos. *Penncro* deveria disponibilizar funcionários suficientes para atender a 80 mil horas produtivas por mês, sendo remunerada à razão de 22 dólares por hora. Durante a execução, *Penncro* cumpria defeituosamente o contrato, mas não a ponto de justificar a sua extinção de acordo nos termos da cláusula resolutiva expressa. Em meio a renegociações e contratações paralelas, *Sprint* resolveu o contrato, mas não atendeu aos requisitos da cláusula extintiva. Diante da resolução injustificada, *Penncro* ajuizou ação buscando o pagamento dos *lost profits* que deixou de auferir, em montante equivalente às 80 mil horas produtivas por mês até o término do prazo contratualmente estipulado. *Sprint Spectrum* alegou que a cláusula de limitação faria com que o pleito devesse ser negado de plano.

Na interpretação do contrato, foi afirmado que os *consequential damages* estavam excluídos. Aparentemente, também os *lost profits* estavam. Porém, os *lost profits* só foram excluídos como exemplos de *consequential damages*, cabendo ainda a indenização pelos *direct lost profits.*

---

24 Estados Unidos da América. United States Court of Appeals, Tenth Circuit. *Penncro Associates, Inc. v. Sprint Spectrum L.P.* Julgado em 24 de agosto de 2007. Caso citado, por exemplo, em: GOLDBERG, Victor P. *Rethinking the Law of Contract Damages.* Cheltenham, UK/Northampton, MA, US: Edward Elgar Publishing, 2019, p. 179-180; *Restatement (Second) of Contracts*, § 347; WEST, Glenn; DURAN, Sara. Reassessing the 'Consequences' of Consequential Damages Waivers in Acquisition Agreements. *The Business Lawyer*, vol. 63, 2008, p. 792-793; CARVALHO, Ana Mafalda Soares de. *O Dano Consequencial.* A questão da causalidade. Faculdade de Direito da Universidade Católica Portuguesa. Escola do Porto. Dissertação de Mestrado, 2017, p. 20.

Dois argumentos merecem destaque: o primeiro de interpretação filológica da expressão "*including but not limited*", e o segundo atinente ao traço distintivo entre *consequential* e *direct damages*. Ambos os argumentos amparam a constatação de os *lost profits* serem componentes tanto de *direct* quanto de *consequential damages*, a depender das circunstâncias.

Em primeiro lugar, quanto à interpretação filológica, a cláusula de afastamento com a locução "*including but not limited to*" deve ser interpretada no sentido de o que sucede é um exemplo do que precede, mas o inverso não é verdadeiro. Os lucros cessantes são parte, ou componentes de um grupo mais amplo a formar os *consequential damages*, mas nem todos os *lost profits* são *consequential damages*. Um exemplo trivial diz respeito à prescrição médica: "o paciente não deve comer comidas fritas e isso inclui, mas não se limita a carnes e batatas". Os usos ordinários e a experiência comum não indicam que o paciente deve deixar de comer carne ou batatas assadas, mas evitar aqueles que sejam componentes do grupo mais amplo de comidas fritas (por exemplo, galinha frita e batatas fritas)[25].

Em segundo lugar, os *consequential damages* são todos prejuízos econômicos que se verificam além do escopo imediato do contrato[26]. Sendo os lucros cessantes atinentes justamente aos valores que seriam auferidos com o cumprimento da obrigação principal de dispor de funcionários para trabalhar as 80 mil horas mensais — a qual deveria ser contraprestada independentemente de *Sprint Spectrum* utilizar ou não a capacidade laborativa colocada à disposição —, enquadram-se dentro do escopo imediato do contrato. Configurar-se-iam *consequential damages* se dissessem respeito, por exemplo, ao fato de a empresa ter ido à bancarrota ou a ter deixado de atender a outros contratos nos quais teria lucros. Na hipótese de lucros

---

25 Estados Unidos da América. United States Court of Appeals, Tenth Circuit. *Penncro Associates, Inc. v. Sprint Spectrum L.P.* Julgado em 24 de agosto de 2007.

26 *In verbis:* "(...) consequential damages refer to economic harm beyond the immediate scope of the contract", interpretação com arrimo no *Restatament (Second) of Contracts*, § 347, definição do *Black's Law Dictionary* e no tratado de *Samuel Williston & Richard Lord*. Estados Unidos da América. United States Court of Appeals, Tenth Circuit. *Penncro Associates, Inc. v. Sprint Spectrum L.P.* Julgado em 24 de agosto de 2007.

cessantes a se formar em cadeia, haveria *lost profits* que se configurariam como *consequential damages* e, estes sim, estariam afastados pela cláusula[27].

Terceiro caso ilustrativo da distinção entre *direct* e *consequential lost profits* é *DaimlerChrysler v. Manuel (EUA, 2012)*[28]. Se por um lado havia cláusulas de afastamento de *consequential damages*, por outro, foi pactuada cláusula de que *actual damages* seriam indenizados. Nos dizeres do julgado, a categoria *actual damages* abrange não só *consequential damages*, como também *direct*[29].

A discussão se deu a respeito de contrato de concessão de veículos automotores. *DaimlerChrysler* era a fabricante de carros *Chrysler*, *Dodge*, *Dodge Truck* e *Jeep*. *Manuel* era um dos titulares de nove concessionárias de vendas de veículos, com longeva e especial atuação na região de *Dallas* e *Forth Worth*[30].

A disputa surgiu em contexto no qual *DaimlerChrysler* desenvolvia um projeto de reorganização e realocação das suas franquias para enfrentar a concorrência do mercado automotivo, chamado *Projeto 2000*. Para a implementação do *Projeto 2000*, *DaimlerChrysler* precisaria contornar a legislação protetiva aos concessionários, mediante negociações com cada um, nas quais renunciariam a direitos oriundos da concorrência entre concessionários das mesmas marcas.

DaimlerChrysler logrou êxito na renegociação junto a *Manuel*, atribuindo-lhes um valor em dinheiro e conferindo-lhes mais uma concessionária na região de *South Arlington*, distinta em relação àquelas nas quais *Manuel*

---

27 *In verbis:* "If that same breach had the knock-on effect of causing the plaintiff to close its doors, precluding it from performing other work for which it had contracted and from which it expected to make a profit, those lost profits might be recovered as "consequential" to the breach". (Estados Unidos da América. United States Court of Appeals, Tenth Circuit. *Penncro Associates, Inc. v. Sprint Spectrum L.P.* Julgado em 24 de agosto de 2007).

28 Estados Unidos da América. Court of Appeals of Texas, Fort Worth. *DaimlerChrysler Motors Co. v. Manuel.* Julgado em 24 de fevereiro de 2012.

29 Estados Unidos da América. Court of Appeals of Texas, Fort Worth. *DaimlerChrysler Motors Co. v. Manuel.* Julgado em 24 de fevereiro de 2012.

30 Daí porque a referência a *Manuel* deve ser entendida como a uma pluralidade de concessionários.

tradicionalmente desenvolviam os seus negócios. No ajuste foi estabelecido que, se algum protesto de outro concessionário surgisse, *DaimlerChrysler* deveria empregar os seus melhores esforços para litigar, ou obter um acordo, de modo que permitir a criação da nova concessionária por *Manuel*. Foi também convencionada cláusula de afastamento de indenização por *consequential damages*.

No curso da execução do ajuste, *DaimlerChrysler* levou nove meses para alcançar um acordo junto a um terceiro que protestou em relação à nova concessionária que estava sendo desenvolvida por *Manuel* em *South Arlington*, causando atraso na abertura da nova concessionária. O judiciário chegou à conclusão de que *DaimlerChrysler* inadimpliu a obrigação de melhores esforços. Em virtude do inadimplemento, *Manuel* pediu indenização atinente aos *lost profits* durante o atraso na implementação da nova concessionária em *South Arlington*, destacando que o período foi especialmente lucrativo para o mercado de carros. Tentando afastar o pedido indenizatório de lucros cessantes, *DaimlerChrysler* aludiu que os *lost profits* eram *consequential damages*, estando, portanto, excluídos contratualmente da indenização cabível.

Os danos foram indenizados, pois tais lucros cessantes não se consideraram *consequential damages*. O julgado entendeu ser incorreta a aproximação mecânica entre *consequential damages* e *lost profits*, sendo sempre imprescindível um exame das circunstâncias concretas[31]. Para serem *consequential damages*, os lucros cessantes requereriam outro fato para além da relação das partes. A base do pedido de lucros cessantes vinculada a vendas a terceiros não implicava a aproximação automática dos lucros cessantes pleiteados com a categoria de *consequential damages*[32].

---

31 *In verbis:* "Thus, depending on the unique circumstances of each case, including the specific language of the contract, lost profits may be direct or consequential damages". Estados Unidos da América. Court of Appeals of Texas, Fort Worth. *DaimlerChrysler Motors Co. v. Manuel*. Julgado em 24 de fevereiro de 2012.

32 "But as discussed above, lost profits are not per se consequential damages solely because sales to third parties are involved". Estados Unidos da América. Court of Appeals of Texas, Fort Worth. *DaimlerChrysler Motors Co. v. Manuel*. Julgado em 24 de fevereiro de 2012.

Sem exame aprofundado, o entendimento poderia parecer oposto em relação à conclusão do caso *Penncro (EUA, 2007)*, recém analisado, pois naquele caso foi registrado serem *consequential damages* aqueles danos atinentes a negócios com terceiros. Contudo, no caso *DaimlerChrysler (EUA, 2012)*, os lucros cessantes esperados por *Manuel* com a abertura da nova concessionária — a qual permitiria que realizassem vendas na região de *South Arlington*, e assim, obtivessem lucros — representavam exatamente o cerne da expectativa que *Manuel* tinham ao firmar os acordos de renegociação com a fabricante. Inclusive, talvez fossem o único tipo de danos que *Manuel* eventualmente sofreria pelo atraso decorrente de protesto de outro concessionário que não fosse superado pelos melhores esforços contratualmente devidos. Tendo esse risco sido expressamente previsto no contrato, qualificava-se como *direct lost profit* e não *consequential lost profit.*

A espancar dúvidas sobre a aparente contradição na interpretação de *Penncro (EUA, 2007)* e de *DaimlerChrysler v. Manuel (EUA, 2012)*, ao referirem que lucros cessantes envolvendo terceiros podem ser considerados *consequential* ou *direct*, o caso *Biotronik (EUA, 2014)*[33] também envolvia cláusula de afastamento de *consequential damages.* Segundo esta cláusula, *indirect*, *special*, *consequential*, *incidental* ou *punitive damages* estavam afastados.

O contrato tinha como objeto a distribuição de *stents. Biotronik* era a distribuidora em vários países, excluídos os Estados Unidos, enquanto *Conor* era a fabricante do equipamento médico. O acordo foi celebrado em 2004, com prazo até dezembro de 2007. Não se tratava de contrato de revenda pura e simples, mas uma espécie de *joint venture* — nos termos do julgado — na qual o preço pago por *Biotronik* era estabelecido conforme o modo das vendas finais a terceiros.

---

33 Estados Unidos da América. Court of Appeals of New York. *Biotronik A.G. v. Conor Medsystems Ireland, Ltd.* Julgado em 27 de março de 2014. Caso citado, por exemplo, em: GOLDBERG, Victor P. *Rethinking the Law of Contract Damages.* Cheltenham, UK/Northampton, MA, US: Edward Elgar Publishing, 2019, p. 171-172 e 217; WEST, Glenn. Consequential Damages Redux: An Updated Study of the Ubiquitous and Problematic 'Excluded Losses' Provision in Private Company Acquisition Agreements. *The Business Lawyer*, Vol. 70, Fall 2015, 971-1006, p. 991- 992; CARVALHO, Ana Mafalda Soares de. *O Dano Consequencial.* A questão da causalidade. Faculdade de Direito da Universidade Católica Portuguesa. Escola do Porto. Dissertação de Mestrado, 2017, p. 24-25.

Se as vendas fossem diretas, o preço a ser pago por *Biotronik* era de 61% do preço final; se as vendas fossem a outro subdistribuidor, o preço pago era de 75%. As partes discutiam as estimativas de vendas dos próximos 12 meses, mensalmente. O distribuidor tinha que realizar uma compra em quantidades mínimas todos os meses. Em maio de 2007, ainda faltando alguns meses para o término do prazo, *Conor* extinguiu o contrato. Ao mesmo tempo, realizou *recall* global dos *stents*, porque o produto não foi aprovado pela agência de saúde federal norte-americana. *Conor* reembolsou custos no montante de 8,3 milhões de euros a *Biotronik*, além de uma taxa de 20% para as despesas com *recall*. *Biotronik* não se viu satisfeita, e ajuizou ação também por *lost profits* relativos às revendas com os *stents* até o término do prazo. Em defesa, *Conor* brandiu a cláusula de afastamento de *consequential damages*.

Em decisão majoritária, os *lost profits* foram indenizados. A maioria entendeu que os danos deveriam ser analisados dentro do contexto específico do contrato de distribuição em pauta, com especial atenção a saber se a parte lesada negociou tais lucros e se seriam frutos diretos e imediatos do contrato. Se, por outro lado, se referem a contrato colateral, somente seriam indenizáveis quando (*i*) demonstrado, com certeza, que decorreram do inadimplemento; (*ii*) a extensão dos danos for provada com razoável certeza; e, (*iii*) restar demonstrado que os danos estavam dentro da contemplação das partes[34]. Ou seja, se houvesse prova da causalidade, da probabilidade e da previsibilidade.

34 *In verbis*: "Lost profits may be either general or consequential damages, depending on whether the non-breaching party bargained for such profits and they are 'the direct and immediate fruits of the contract' [...] Otherwise, where the damages reflect a 'loss of profits on collateral business arrangements', they are only recoverable when '(1) it is demonstrated with certainty that the damages have been caused by the breach, (2) the extent of the loss is capable of proof with reasonable certainty, and (3) it is established that the damages were fairly within the contemplation of the parties' [...]" Estados Unidos da América. Court of Appeals of New York. *Biotronik A.G. v. Conor Medsystems Ireland, Ltd.* Julgado em 27 de março de 2014. Nos trechos entre colchetes seguem citações a outros casos cuja menção foi suprimida.

Ao interpretar o contrato à luz destes princípios, a revenda foi compreendida como da essência do vínculo. Como o preço de revenda a terceiros era utilizado como referencial para o preço a ser pago na relação de distribuição, claramente o envolvimento de negócios com terceiros estaria dentro do escopo do contrato[35]. Concretamente, as partes haviam negociado uma fórmula do preço e um volume de metas baseado na revenda: esse acordo é significativamente diferente de situações nas quais o distribuidor compra para revender a terceiros independentemente do acordo anterior. A abrangência do contrato a estabelecer, ou não, o envolvimento dos negócios junto a terceiros como parte de seu conteúdo deve ser avaliada à luz de cada circunstância concreta[36]. Em síntese, quando o dano envolve terceiro não há automática classificação como *consequential damage*, pois o envolvimento com terceiros pode, também, compor o conteúdo da relação.

Encerrando este grupo, no caso *Westlake (EUA, 2015)*[37], a redação da cláusula de limitação era ainda mais abrangente em relação a todos os exemplos anteriores. Nos seus dizeres estava afastada a "*laundry list*" de danos excluídos (*consequential, special, indirect*), suscitando-se ainda que tais danos não seriam indenizáveis mesmo que ambas as partes tivessem

---

35 *In verbis*: "Here, the agreement used plaintiff's resale price as a benchmark for the transfer price. The contract clearly contemplated that plaintiff would resell defendant's stents. That was the very essence of the contract. Any lost profits resulting from a breach would be the "natural and probable consequence" of that breach". Estados Unidos da América. Court of Appeals of New York. *Biotronik A.G. v. Conor Medsystems Ireland, Ltd.* Julgado em 27 de março de 2014.

36 Merece ressalva o entendimento minoritário, que entendeu pela aplicação do U.C.C americano, segundo o qual as revendas se enquadram no conceito de *consequential damages*. Como nessa situação estariam excluídos pelo diploma legal, não caberia a sua indenização. No voto minoritário, há forte crítica ao entendimento majoritário que teria sido excessivamente inovador em um contexto comercial. Estados Unidos da América. Court of Appeals of New York. *Biotronik A.G. v. Conor Medsystems Ireland, Ltd.* Julgado em 27 de março de 2014.

37 Estados Unidos da América. Appellate Court of Illinois Second District. *Westlake Fin. Grp., Inc. v. CDH-Delnor Health Sys.* Julgado em 6 de janeiro de 2015. Caso citado, por exemplo, em: WEST, Glenn. Consequential Damages Redux: An Updated Study of the Ubiquitous and Problematic 'Excluded Losses' Provision in Private Company Acquisition Agreements. *The Business Lawyer*, Vol. 70, Fall 2015, 971-1006, p. 974; WEST, Glenn. Do You Really Know What "Consequential Damages" Means? *Global Private Equity Watch*. Datado de 18 de maio de 2020. Disponível em: https://privateequity.weil.com/features/do-you-really-know-what-consequential-damages-means/.

sido comunicadas sobre a sua possibilidade e exemplificando-se, sem limitar, *loss of revenue or anticipated profits or lost business*[38].

O caso envolveu contrato de corretagem, firmado em janeiro de 2008, com prazo de cinco anos. *Westlake* era corretor de seguros e de planos previdenciários. *Delnor* era a contratante. Foram firmados dois instrumentos contratuais distintos: além de (*i*) mediar a contratação de seguros para os empregados de *Delnor*, *Westlake* deveria (*ii*) criar site e programas para o gerenciamento dos planos de saúde e benefícios dos empregados de *Delnor*. Em 2011, faltando aproximadamente dois anos para o término da relação jurídica como um todo, *Delnor* resolveu o contrato injustificadamente antes do termo. Buscou amparar a resolução em previsão constante do instrumento atinente ao desenvolvimento do site, cuja cláusula de extinção não exigia o inadimplemento. Contudo, no contrato de corretagem, a cláusula exigia o descumprimento. A resolução de toda a relação foi considerada ilícita. Diante disso, *Westlake* pleiteou lucros cessantes por ao menos 24 meses de comissões e benefícios, aproximadamente o tempo restante do contrato.

Seguindo a linha de todos os demais casos referidos, o julgado considerou que nem sempre os *lost profits* são *consequential damages*, podendo ser *direct damages*. Ao interpretar especificamente o significado de "*such as, but not limited to*", a Corte de apelação do segundo distrito de Illinois concluiu que os termos que precedem são tidos como menos abrangentes do que os que sucedem. Rigorosamente no mesmo caminho traçado pelo caso *Penncro (EUA, 2007)* — ao qual o julgado faz alusão expressa —, acrescentou-se que o tipo de construção frasal é equivalente a "por exemplo". Ao afastar o argumento processual de que o caso deveria ser

38 Na íntegra, *in verbis*: "*Limitation of Liability*. Except with respect to the indemnification and confidentiality obligations contained in this Agreement or any Exhibit hereunder, without limitation to the foregoing, under no circumstances shall either party be liable to the other party for any indirect, incidental, consequential, special, punitive or exemplary damages, even if either party has been advised of the possibility of such damages, arising from this Agreement, such as, but not limited to, loss of revenue or anticipated profits or lost business". Estados Unidos da América. Appellate Court of Illinois Second District. *Westlake Fin. Grp., Inc. v. CDH-Delnor Health Sys.* Julgado em 6 de janeiro de 2015.

julgado improcedente de modo sumário em virtude da cláusula de limitação, a decisão não chegou a afirmar concretamente a indenizabilidade dos danos, mas determinou que deveriam ser apurados na sequência do processo à luz da distinção entre *direct lost profits* e *consequential lost profits*.

Em *síntese*, o grupo analisado permite concluir que os *lost profits* podem ser tanto *direct* quanto *consequential damages*. Tanto cada contrato, considerado a partir de suas especificidades, quanto uma interpretação alinhada ao sentido ordinário de *consequential damages* amparam a conclusão de que *lost profits* podem ser indenizados, malgrado o afastamento de *consequential damages*. Assim o é, mesmo que, pela redação contratual, os *lost profits* sejam exemplificados como espécies de *consequential damages*.

Embora os *lost profits* tenham sido negados em *Hadley v. Baxendale*, não significa que quando há afastamento de *consequential damages* há automaticamente afastamento de *lost profits*. Será preciso traçar a linha entre os *direct* e os *consequential damages* com base na compreensão do conteúdo de cada contrato concreto. Trata-se de tarefa que cumpre à hermenêutica contratual. Ao desincumbi-la, o intérprete deve considerar que o envolvimento de terceiros é um indício de que os danos poderão ser *consequential*, como no caso *Penncro (EUA, 2007)*, cabendo analisar se o envolvimento do terceiro compõe o conteúdo da relação jurídica, como nos casos *Daimler Chrysler (EUA, 2012)* e *Biotronik (EUA, 2014)*.

A partir da compreensão de os *lost profits* estarem inseridos numa dicotomia entre *direct damages* de um lado, e *consequential damages*, de outro, já é possível identificar pistas importantes para a elucidação do significado de *consequential damages*. Embora algumas pistas já tenham sido expressas nas respostas dadas aos casos narrados até então, a sinonímia por vezes empregada em alusão aos *consequential damages* como *special* ou *indirect damages* demanda exame mais aprofundado. Logicamente, o exame não se pauta apenas a aspectos linguísticos, cabendo aprofundar: o que distingue os *consequential damages* dos *direct damages*?

CAPÍTULO 1.2
FORESEEABILITY: *SPECIAL DAMAGES*

Hadley v. Baxendale indica que os danos devem ser indenizados quando derivarem do curso natural, normal, ordinário das coisas subsequente ao inadimplemento. Este é o conteúdo da comumente referida primeira regra: os danos são indenizáveis à medida que "derivam naturalmente do curso normal das coisas de tal descumprimento do contrato em si"[1].

Há também uma segunda possibilidade de os danos serem indenizáveis. Conquanto não decorram do curso normal das coisas, também serão indenizáveis se estiverem na *contemplation of both parties*, a qual deve ser aferida no momento da contratação. O parâmetro de análise de tal *contemplation* será o resultado provável do descumprimento do contrato. Esta é a "segunda regra" de *Hadley*[2].

Vale lembrar que, para além do trecho que refere as duas regras, segue um complemento explicativo naquele julgado[3], o qual destaca o significado de *contemplation of both parties* no momento da contratação. O complemento explicativo exige a necessidade de exame aprofundado, *in concreto*, sobre as

1 Pela importância cumpre também aqui destacar: "Where two parties have made a contract, which one of them has broken, the damages which the other party ought to receive in respect of such breach of contract should be such as may fairly and reasonably be considered either arising naturally to the usual course of things, from such breach of contract itself (...)". Reino Unido. Exchequer Court. *Hadley v. Baxendale*. Julgado em 23 de fevereiro de 1854.

2 "[...] *or* such as may reasonably to have been in the contemplation of both parties at the time they made the contract as the probable result of the breach of it". Reino Unido. Exchequer Court. *Hadley v. Baxendale*. Julgado em 23 de fevereiro de 1854.

3 "Now, if the special circumstances under which the contract was actually made were communicated by the plaintiffs to the defendants, and thus known to both parties, the damages resulting from the breach of such a contract, which they would reasonably contemplate, would be the amount of injury which would ordinarily follow from a breach of contract under these special circumstances so known and communicated". Reino Unido. Exchequer Court. *Hadley v. Baxendale*. Julgado em 23 de fevereiro de 1854.

circunstâncias a excepcionar o curso normal das coisas: ao destoarem do que normalmente acontece, ensejarão danos indenizáveis no caso de violação contratual, apenas se tiverem sido comunicadas e forem conhecidas. Dito de outra forma, o conhecimento e a comunicação a respeito das circunstâncias especiais são pautas para a aferição sobre o que estava no raio de contemplação das partes. Se as circunstâncias especiais forem informadas e, portanto, forem conhecidas pela parte inadimplente, os danos decorrentes do descumprimento do contrato em concreto serão indenizáveis.

Em uma palavra, a ideia de *contemplation* está imiscuída à de *foreseeability*. Para serem indenizáveis, os danos devem estar na *contemplation of both parties*, ou seja, deve haver *foreseeability*. Nesse particular, aliás, é curioso que o termo *foreseeability*, a consagrar *Hadley v. Baxendale*, somente é referido no célebre caso fora dos mais festejados trechos pelos quais o aresto é comumente citado: não está nem nas "duas regras", nem no complemento explicativo. O termo foi empregado apenas como reforço argumentativo, no sentido de os transportadores não poderem ser responsabilizados por resultados que, no momento da entrega dos bens para transporte, estavam para além de "qualquer previsibilidade humana"[4].

Ou seja, pela negativa, os *consequential damages* são aqueles danos que não derivam do "curso natural das coisas", e, portanto, não teriam ocorrido segundo o curso normal dos acontecimentos em um contrato similar que não envolvesse tais circunstâncias especiais. Essa é uma segunda acepção: *consequential damages* são *special damages*. Separando a sua definição do critério a definir a sua indenizabilidade, estes *special damages* serão indenizáveis quando "forem comunicados como prováveis de decorrer do inadimplemento no momento da contratação", segundo a correta explicação histórica[5].

---

4 Reino Unido. Exchequer Court. *Hadley v. Baxendale*. Julgado em 23 de fevereiro de 1854, *in verbis:* "They cannot be responsible for results which, at the time the goods are delivered for carriage, are beyond all human foresight".

5 WEST, Glenn. "Excluded Losses" Provisions and the "Butterfly Effect" — the Continued Failure

O que seriam, então, as circunstâncias especiais? Qual a ligação entre a ideia de previsibilidade e os *consequential damages*? Pode-se dizer que os *consequential damages* são danos imprevisíveis?

Já se tendo fixado que *consequential damages* não são, necessariamente, *lost profits*, o próximo passo será identificar o que configura a noção de *curso normal*, *natural*, *ordinário* das coisas. Diante de um dano concretamente alegado, o primeiro passo é desvendar o sentido de *curso normal das coisas*, para assinalar o que é um *general*, *direct ou normal damage* (*Capítulo 1.2.1*). Traçadas as linhas — com a precisão possível — sobre o que se enquadra como *general*, se poderá, por afastamento, verificar o que são os *special damages* (*Capítulo 1.2.2*). A probabilidade de o dano derivar das circunstâncias especiais, matéria que se entrecruza a previsibilidade e a causalidade, é analisada a seguir (*Capítulo 1.2.3*). Sendo o exame da probabilidade situado no tempo, já que o conhecimento sobre as circunstâncias especiais deve ser aferido, de regra, no momento da formação do contrato, enfoca-se também a dimensão temporal (*Capítulo 1.2.4*).

1.2.1. O CURSO ORDINÁRIO, NORMAL, GERAL DAS COISAS

Hadley v. Baxendale indica o conteúdo de "especial" a partir de um exame alternativo em relação ao que seria geral. Para tratar do que é especial parece ser necessário indicar o que é geral. Se fosse possível traçar com precisão matemática a linha entre o que é normal e extraordinário, este estudo terminaria ao final deste capítulo. A missão é impossível, como foi aludido pela decisão de *Kerr Steamship Co v. Radio Corp (EUA, 1927)*: "na complexidade da vida moderna, não se sabe onde o ordinário termina e onde o extraordinário começa"[6]. Se a vida já era complexa em 1927, o que se dirá quase 100 anos depois.

---

of Predictability Regarding Consequential Damages Waivers in M&A Agreements. Datado de 7 de novembro de 2016. *Global Private Equity Watch*. Disponível em: https://privateequity.weil.com/features/excluded-losses-provisions-and-the-butterfly-effect/.

6 Estados Unidos da América. Court of Appeals of the State of New York. *Kerr Steamship Co. v. Radio Corporation*. Julgado em 31 de maio de 1927. Caso citado, por exemplo, em: FARNSWORTH, Allan.

Aquele caso envolvia contrato de transmissão de mensagem via telegrama. *Kerr Steamship* era uma companhia de transporte marítimo intercontinental e *Radio Corporation*, uma empresa de comunicação. *Radio Corp* obrigou-se a transferir a mensagem via telegrama de Nova York para Manilla, nas Filipinas. O conteúdo da mensagem fornecia orientações para o carregamento do navio *The Blossom* que estava em Manilla e viria a Nova York carregado. O texto estava criptografado, redigido em *Código Scott* e, mesmo que traduzido ao inglês, permaneceria obscuro por envolver jargão do setor.

Ocorre que a mensagem foi extraviada e acabou não sendo transmitida. Consequentemente, o carregamento não foi realizado. *Kerr Steamship* deixou de auferir mais de US$ 6 mil, atinente ao montante que teria sido obtido com o frete do navio caso a mensagem tivesse sido remetida. Então, *Kerr Steamship* ajuizou ação indenizatória buscando o ressarcimento dos US$ 6 mil em face da empresa de comunicação. Obteve êxito em primeiro grau. A Corte de Apelação do Estado de Nova York, porém, reverteu o julgamento.

O montante indenizatório foi limitado ao custo da mensagem extraviada de US$ 22 dólares. Como fundamento, a Corte analisou o caso à luz de *Hadley v. Baxendale*. Ponderou que, de um lado, se os termos do telegrama revelassem ao menos uma ideia geral do negócio a que a mensagem se referia, a transmissora seria responsável pelas consequências naturais da sua negligência em relação àquilo que era conhecido ou previsto. De outro lado, como os termos da mensagem não deixavam sequer dicas a respeito da natureza do negócio a que se referiam, a responsabilidade da transmissora era restrita ao custo da transmissão da mensagem. Ao receber um longo telegrama criptografado, *Radio Corp* naturalmente

---

Contracts. 4ª ed. New York: Aspen Publishers, 2004, § 12, 17, p. 808, LOOKOFSKY, Joseph M. *Consequential Damages in Comparative Context*. From Breach of Promise to Monetary Remedy in the American, Scandinavian and International Law of Contracts and Sales. Reimpressão. Copenhagen: Jurist-og Økonomforbundets Forlag, 1996, passim, p. 171-172, 179 e 189; EISENBERG, Melvin Aron. The Principle of Hadley v. Baxendale. *California Law Review*, vol. 80, 1992, p. 563-613, p. 593-594; *Restatement (Second) of Contracts*, § 351.

inferiria que a mensagem teria relação com algum tipo de negócio. Mas, para além disso, nada poderia inferir[7].

Na raiz do problema figurou a distinção entre *general damages* e *special damages*, sendo necessário ter em mente que a distinção é relativa, e não absoluta. Dito de outra forma, um dano que é *general* em relação a um contrato de um tipo pode ser *special* em relação a outro. Em contrato de compra e venda, os *general damages* são a diferença entre o valor de mercado do bem e o preço pago[8]. Mas em contrato de transmissão por telegrama de informação atinente à mesma venda — que esteja criptografado ou dentro de uma carta em um envelope selado —, os *general damages* são expressados pelo custo da transmissão da mensagem, e nada mais: a diferença do preço e do valor de mercado devendo ser considerada *special* e, portanto, não indenizável, a menos que a mensagem seja revelada. Por isso há uma *contradictio in adjecto* quando se fala em *general damages* para um negócio indeterminado[9].

Os montantes que teriam sido auferidos se o navio *The Blossom* tivesse feito a viagem com o carregamento foram considerados *special damages*. Não ocorrem em contratos análogos nos quais uma companhia de

7 Estados Unidos da América. Court of Appeals of the State of New York. *Kerr Steamship Co. v. Radio Corporation*. Julgado em 31 de maio de 1927.

8 Estados Unidos da América. Court of Appeals of the State of New York. *Czarnikow-Rionda Co. v. Federal S.R. Co.* Julgado em 18 de novembro de 1930 (aludindo à regra geral de que o comprador que comprou para revenda deve ser indenizado apenas pelos *general damages*, já que ao recorrer ao *general market*, poderia ter substituído os bens não entregues e portanto satisfeito o seu respectivo comprador); Reino Unido. House of Lords. *Koufos v. C. Czarnikow, Ltd. The Heron II*. Julgado em 1967, (considerando que se o caso fosse de compra e venda de mercadorias, seria incontestável que há responsabilidade pela perda de mercado, *cf.* voto *Lord Pearce* e, no mesmo sentido, voto de *Lord Morris Borth-Y-Gest*).

9 *In verbis:* "At the root of the problem is the distinction between general and special damage as it has been developed in our law. There is need to keep in mind that the distinction is not absolute, but relative. To put it in other words, damage which is general in relation to a contract of one kind may be classified as special in relation to another. If A and B contract for the sale of staple goods, the general damage upon a breach is the difference between the market value and the price. But if A delivers to X a telegram to B in cipher with reference to the same sale, or a letter in a sealed envelope, the general damage upon the default of X is the cost of carriage and no more. As to him the difference between price and value is damage to be ranked as special, and, therefore, not recoverable unless the message is disclosed (...) There is a *contradictio in adjecto* when we speak of the general damages appropriate to an indeterminate transaction". Estados Unidos da América. Court of Appeals of the State of New York. *Kerr Steamship Co. v. Radio Corporation*. Julgado em 31 de maio de 1927.

transporte marítimo manda mensagem de telegrama. Ao envolverem circunstâncias peculiares a *Kerr Steamship*, cumpre assinalar não serem estas cognoscíveis à transmissora da mensagem, que não podia, portanto, assumir a responsabilidade por indenizá-los. Seria imprescindível que a mensagem tivesse sido comunicada à transmissora para que houvesse a possibilidade de ser responsabilizada, se concluiu.

Em síntese, o caso joga luzes à relatividade da noção de *general damages*. E destaca: o conteúdo de *general damages* em abstrato encerra uma contradição.

A contradição não significa afirmar a total ausência de certas linhas auxiliares à sua identificação. O tipo contratual é um índice[10]. Para além daquele fornecido pelo caso recém tratado, outro exemplo de um tipo contratual a sujeitar a parte lesada ao pagamento de *general damages* é o mútuo feneratício. Em obrigações pecuniárias relacionadas a empréstimos, normalmente o inadimplemento impõe a responsabilidade por *nominal damages*, isto é, pelo valor que deixou de ser transferido monetariamente. Essa foi a lógica de *McMillain Lumber v. First National Bank (EUA, 1926)*[11].

Naquele caso, *McMillain* era sociedade voltada ao negócio de serraria. *First National Bank* se comprometeu a realizar empréstimo de US$ 15 mil, mas acabou entregando apenas US$ 8 mil. Diante da falta da disponibilidade do dinheiro, *McMillain* argumentou que a fábrica foi fechada e acabou encerrando as suas atividades. *McMillain* não conseguiu, assim, restituir o montante emprestado e argumentou, tentando justificar

---

10 WEST, Glenn. "Excluded Losses" Provisions and the "Butterfly Effect" — the Continued Failure of Predictability Regarding Consequential Damages Waivers in M&A Agreements. Datado de 7 de novembro de 2016. *Global Private Equity Watch*. Disponível em: https://privateequity.weil.com/features/excluded-losses-provisions-and-the-butterfly-effect/. (destacando a diferença no emprego de cláusulas de afastamento em contratos de fornecimento e construção em relação a contratos de M&A). Ressalve-se as diferenças em relação à tipicização (legal) dos contratos na *common law*. Assim descreve PARGENDLER, Mariana. Desenho contratual em perspectiva comparada: reflexões sobre a relação entre tipificação legal e inovação contratual. *Revista da Faculdade de Direito — UFPR*, Curitiba, vol. 61, n. 1, p. 219-245, jan./abr., 2016, p. 227-230.

11 Estados Unidos da América. Supreme Court of Alabama. *Mc. Millain Lumber Co v. First National Bank*. Julgado em 6 de Janeiro de 1926.

a retenção, que teria sofrido lucros cessantes em função do encerramento de seus negócios. Buscou compensar a indenização com o montante não restituído. Ao não aceitar, o *First National Bank* ajuizou ação visando a recuperar os US$ 8 mil.

A Suprema Corte do Alabama concluiu que não foi apresentada prova de que o dinheiro seria utilizado no negócio de serraria. Tampouco havia prova de que no momento da contratação o *Bank* tivesse sido informado — e, consequentemente, estaria sob a contemplação de ambas as partes — de que *McMillain* não conseguiria tomar o dinheiro emprestado em outro lugar, caso o *Bank* viesse a inadimplir. Subjacente à ideia está a de evitabilidade do dano pela parte que deixa de ter os valores à sua disposição, pois *Mc Millain* poderia ter evitado a ocorrência do dano tomando os montantes de empréstimo de outrem. Além disso, o fornecimento da informação atinente à incapacidade de *McMillain* tomar o dinheiro emprestado junto a outro mutuante foi tido como uma circunstância especial. A circunstância deveria ter sido informada para que se pudesse ao menos cogitar que os lucros cessantes decorreriam do descumprimento: como não o foi, a retenção foi tida por indevida, vencendo o *Bank*[12].

Os casos revelam que a espécie contratual é um índice para se averiguar o que significa o curso normal das coisas. Porém, o curso normal das coisas não esgota a noção de *contemplation of both parties*. O que está no curso normal das coisas em cada contrato certamente está na *contemplation*. Os *consequential damages* se caracterizam por não estarem no curso normal das coisas, mas por guardarem relação com circunstâncias especiais. Logo, não se pode confundir a alternativa em relação ao curso normal das coisas, a ensejar as circunstâncias especiais, com a negativa de figurarem na *contemplation of both parties*: a circunstância especial pode estar na *contemplation of both parties*, mas fugir do curso normal.

---

12 Estados Unidos da América. Supreme Court of Alabama. *Mc. Millain Lumber Co v. First National Bank*. Julgado em 6 de janeiro de 1926. A ideia de evitabilidade é analisada no Capítulo 1.3.2.

1.2.2. CIRCUNSTÂNCIAS ESPECIAIS A PARTIR DAS QUAIS O CONTRATO FOI EFETIVAMENTE CELEBRADO: *SPECIAL DAMAGES*

As circunstâncias especiais a partir das quais o contrato foi celebrado caracterizam os *special damages*. Estes são tidos muitas vezes como sinônimos de *consequential damages*. Analisada isoladamente, porém, a existência de circunstâncias especiais diz pouco a respeito da indenizabilidade de danos. Todos os negócios jurídicos têm circunstâncias especiais fáticas que lhe caracterizam: os contratos não existem senão em concreto. Definidos os *consequential damages* como aqueles que se ligam a essas circunstâncias especiais, a excepcionar o curso normal das coisas em contratos análogos, a pergunta passa a ser: em quais situações as circunstâncias especiais ensejam danos indenizáveis?

No complemento explicativo de *Hadley v. Baxendale*, em duas vezes há a menção ao verbo "comunicar" em relação às circunstâncias especiais. Das múltiplas leituras possíveis do trecho, poder-se-ia compreender que se as circunstâncias especiais forem *comunicadas*, passam a ensejar danos indenizáveis. À partida, bastaria comunicar, sem que houvesse necessidade de aceitação da contraparte. Com o conhecimento obtido a partir da comunicação, pelo lesado, da circunstância especial, o inadimplente tornar-se-ia responsável. Por exemplo, no caso *Kerr Steamship Co. v. Radio Corp (EUA, 1927)*, recém analisado, a falha de comunicação sobre as circunstâncias especiais foi crucial para a negativa do pedido indenizatório: a mensagem com as orientações para o carregamento do navio não foi enviada e, diante de seu conteúdo de difícil compreensão, a parte inadimplente, não comunicada, não poderia conhecê-la[13].

A ausência da comunicação também importou em negativa de indenização dos *consequential damages* no caso *Czarnikow-Rionda Co. v.*

13 Estados Unidos da América. Court of Appeals of the State of New York. *Kerr Steamship Co. v. Radio Corporation*. Julgado em 31 de maio de 1927

Federal S.R.Co. (EUA, 1930)[14]. O caso envolveu contrato de compra e venda de açúcar. *Czarnikow* era compradora, comercializadora de açúcar; *Federal*, produtora. Pactuou-se a transmissão de 1.670.000 sacas de açúcar refinado. Subsequentemente, as sacas foram revendidas por *Czarnikow* junto a clientes.

Ocorre que *Federal* inadimpliu ao entregar açúcar fora das qualidades prometidas. Do total de sacas, 29.961 foram entregues sem o refinamento; com açúcar descolorido. Em virtude do inadimplemento, *Czarnikow* foi obrigada a pagar indenização junto a clientes que a processaram, bem como dispender custos para a defesa nos respectivos processos. Diante disso, *Czarnikow* pleiteou o reembolso de US$ 310 mil relativo à indenização paga junto a clientes, bem como US$ 30 mil atinentes a custos de defesa nas ações judiciais[15].

Os pedidos foram recusados pelo judiciário norte-americano. Houve menção a *Hadley v. Baxendale* no sentido de que o resultado daquele caso incrementara a responsabilidade sobre *consequential damages*: o lesante não só seria responsável por consequências naturais e imediatas do inadimplemento, como também seria responsável por danos derivados de circunstâncias especiais, se a informação sobre tais circunstâncias tivesse sido transmitida, com isso tornando prováveis danos derivados daquelas circunstâncias, a despeito de não serem usuais[16].

---

14 Estados Unidos da América. Court of Appeals of the State of New York. *Czarnikow-Rionda Co. v. Federal S.R. Co.* Julgado em 18 de novembro de 1930. LOOKOFSKY, Joseph M. *Consequential Damages in Comparative Context.* From Breach of Promise to Monetary Remedy in the American, Scandinavian and International Law of Contracts and Sales. Reimpressão. Copenhagen: Jurist-og Økonomforbundets Forlag, 1996, p. 254, 271, 273; EISENBERG, Melvin Aron. The Principle of Hadley v. Baxendale. *California Law Review*, vol. 80, 1992, p. 563-613, p. 572

15 Estados Unidos da América. Court of Appeals of the State of New York. *Czarnikow-Rionda Co. v. Federal S.R. Co.* Julgado em 18 de novembro de 1930.

16 *In verbis*: "The result of the rule in *Hadley* v. *Baxendale* is to increase the possibility of consequential damages since not only is the defendant liable for natural and proximate consequences of the breach, but also, if notice is given of special circumstances, for damages which those circumstances make probable, though apart from such circumstances they would be unusual. (3 Williston on Contracts, § 1356.)". Estados Unidos da América. Court of Appeals of the State of New York. *Czarnikow-Rionda Co. v. Federal S.R. Co.* Julgado em 18 de novembro de 1930.

Para o caso, porém, a indenização deveria ser negada. Tivesse havido prova da ciência do vendedor a respeito da infungibilidade do açúcar no momento da contratação, teria havido responsabilidade do vendedor sobre os *special damages*, argumentou-se. Como as qualidades do açúcar nos subcontratos eram específicas e o vendedor não sabia, os *consequential damages* não deveriam ser indenizados. Caberia à compradora ter realizado compras substitutivas às sacas de açúcar que foram entregues sem a qualidade prometida para entregar a seus clientes. Mesmo que o açúcar refinado fosse infungível, sendo as compras, a rigor, impossíveis, como não havia ciência específica do produtor sobre tal impossibilidade — ou seja, não havia ciência, pelo vendedor sobre a infungibilidade no momento da contratação —, ao vendedor não poderia ser imputada a responsabilidade.

Seja em *Hadley v. Baxendale (Reino Unido, 1854)*, seja em *Kerr Steamship Co. v. Radio Corp (EUA, 1927)*, seja, ainda, em *C. Czarnikow v. Rionda (EUA, 1930)*, o pedido indenizatório foi negado. Paradoxalmente, a solução deste último, porém, indicou que a regra de *Hadley v. Baxendale* incrementou a responsabilidade sobre *consequential damages*, à medida que se as circunstâncias especiais tivessem sido comunicadas, os *consequential damages* seriam indenizáveis. Esse raciocínio conclusivo deixa em aberto uma questão: a qualificação dos danos como *consequential* não leva à negativa da sua indenizabilidade. Bastaria, então, que as circunstâncias especiais a lhe deflagrarem fossem comunicadas para que um dano que as envolva se torne indenizável?

Ao menos duas respostas foram formuladas pela jurisprudência à questão. A ideia que bastaria comunicar a circunstância especial para que houvesse atribuição de responsabilidade foi rechaçada. As duas respostas levam a uma limitação da responsabilidade do inadimplente. O contraste entre ambas fornece o instrumental de análise sobre situações nas quais os *consequential damages* devem ser indenizados. Inicia-se por analisar o teste do acordo tácito, em cotejo com o teste da previsibilidade razoável (*Capítulo 1.2.2.1*). Em seguida, os critérios do conhecimento efetivo e do conhecimento imputado das circunstâncias especiais levam a um aprofundamento do teste da previsibilidade razoável (*Capítulo 1.2.2.2*).

1.2.2.1. Teste do acordo tácito e teste da previsibilidade razoável

O teste do acordo tácito é uma antítese contundente à possível interpretação de que basta a comunicação das circunstâncias para que o inadimplente se torne responsável por *consequential damages.*

No caso *Landa Cotton (EUA, 1903)*[17], a controvérsia se deu com base em contrato de compra e venda de petróleo bruto. *Globe Refining* era a compradora, *Landa Cotton*, a vendedora. *Globe Refining* contratou transporte ferroviário junto a terceiro para recolher o petróleo na sede da vendedora. A vendedora desistiu do contrato, mas levou 12 dias para notificar a compradora. Nesse ínterim, o transporte contratado chegou à sede da vendedora, e a matéria-prima acabou não sendo entregue. A compradora alegou que se soubesse do cancelamento do contrato, teria comprado o petróleo que precisava por outros meios, tendo sido o transporte inutilizado em virtude do aviso tardio. Para além da diferença do preço pago e do valor de mercado — já deferidos pelo juízo em primeiro grau —, a compradora também formulou pedido indenizatório de *special damages*, baseados em montantes pecuniários pelos valores gastos junto à transportadora; pela perda do uso dos vagões em outro negócio por trinta dias; por valores dispendidos em compras substitutivas; pela perda de clientes, crédito e reputação; bem como por frete adicional.

Nenhuma das pretensões especiais foi considerada indenizável pelo órgão julgador. A análise procedida, centrada sobretudo nos dois primeiros danos (valores gastos junto à transportadora e perda do uso dos vagões

17 Estados Unidos. Circuit Court of the United States for the Western District of Texas. *Globe Refining v. Landa Cotton Oil.* Julgado em 1º de junho de 1903. Caso citado, *e.g.*, em: FARNSWORTH, Allan. *Contracts.* 4ª ed. New York: Aspen Publishers, 2004, § 12. 8, p. 760; EISENBERG, Melvin Aron. The Principle of Hadley v. Baxendale. *California Law Review*, vol. 80, 1992, p. 563-613, p. 570; *Restatement (Second) of Contracts*, § 351; WEST, Glenn. Consequential Damages Redux: An Updated Study of the Ubiquitous and Problematic 'Excluded Losses' Provision in Private Company Acquisition Agreements. *The Business Lawyer*, Vol. 70, Fall 2015, 971-1006, p. 976-977

em outros negócios), iniciou pela constatação de nenhuma das pretensões indenizatórias pleiteadas estar referida expressamente no instrumento contratual. Foi assinalado que a medida dos danos geralmente é a mesma, independentemente da causa do descumprimento. Como, ao contratar, as pessoas consideram o cumprimento e não o descumprimento, comumente pouco ou nada tratam a respeito da ocorrência do último. Ademais, as regras comuns foram desenvolvidas pelo senso comum, a determinar a análise do que as partes provavelmente teriam dito se tivessem discutido sobre a matéria.

A Corte do Texas assinalou que diante da falta de certeza sobre o cumprimento de contrato, considerando que em muitos casos há a assunção dos riscos sobre eventos que são muito ou totalmente fora do controle do obrigado, a extensão da responsabilidade provavelmente está na medida da sua contemplação e, mesmo que não esteja, de fato, deve ser construída a partir de presunções com as quais o obrigado teria assentido se ele as tivesse presente em sua mente quando da contratação. Consequentemente, a responsabilidade depende do que o lesante assumiu conscientemente ou levou a parte lesada a crer que assumiu quando o contrato foi celebrado[18].

O fulcro está em referência expressa a *Hadley v. Baxendale*. Segundo a leitura do célebre caso, alguém só pode ser considerado responsável por consequências tais que possam ser razoavelmente supostas a estar na contemplação das partes no momento da contratação. Caso se puder imaginar que a parte inadimplente rejeitaria o contrato, tivesse considerado a circunstância especial como a compor a base da contratação, o dano não

18 "It is true that as people when contracting contemplate performance, not breach, they commonly say little or nothing as to what shall happen in the latter event, and the common rules have been worked out by common sense, which has established what the parties probably would have said if they had spoken about the matter. But a man never can be absolutely certain of performing any contract when the time of performance arrives, and in many cases he obviously is taking the risk of an event which is wholly or to an appreciable extent beyond his control. The extent of liability in such cases is likely to be within his contemplation, and whether it is or not, should be worked out on terms which it fairly may be presumed he would have assented to if they had been presented to his mind". Estados Unidos. Circuit Court of the United States for the Western District of Texas. *Globe Refining v. Landa Cotton Oil.* Julgado em 1º de junho de 1903.

há de ser considerado indenizável. Consequentemente, a mera transmissão de informação pelo comprador ao vendedor a respeito de algum interesse ou ação provável não é suficiente, como matéria de direito, para imputar ao vendedor os *special damages*. É dizer, a mera ciência de um fato especial não pode agravar a responsabilidade, sendo necessário demonstrar que a parte contratante acredita que aceitou o contrato considerando a condição especial[19].

No caso concreto, o comprador poderia ter dispendido qualquer montante com o transporte: poderia tanto ter realizado o transporte que estava distante, como de fato o fez, ou com carros que estavam próximos. Nada tendo sido descrito no contrato de compra e venda a respeito da contratação do transporte, não se poderia dizer que o vendedor teria assumido ampla responsabilidade por elementos incertos. Igual lógica foi aplicada para negar a outra rubrica, atinente a inutilização dos vagões contratados no período durante o qual restaram indisponíveis para outros negócios. Os demais danos — gastos em compras substitutivas, perda de clientes, crédito e reputação, bem como custos com frete adicional — são considerados despesas que o comprador teria com o cumprimento, cuja indenizabilidade foi negada para afastar *bis in idem*. Se o comprador lesado recebesse a diferença entre o preço do contrato e o valor de mercado — como já havia sido decidido em primeiro grau —, deferir a indenização por esses outros danos faria com que o vendedor pagasse duas vezes pela mesma coisa[20].

19 "It may be said with safety that mere notice to a seller of some interest or probable action of the buyer is not enough necessarily and as a matter of law to charge the seller with special damage on that account if he fails to deliver the goods". E também: "To my mind, that leads to the inevitable conclusion that the mere fact of knowledge cannot increase the liability. The knowledge must be brought home to the party sought to be charged, under such circumstances that he must know that the person he contracts with reasonably believes that he accepts the contract with the special condition to it". Estados Unidos. Circuit Court of the United States for the Western District of Texas. *Globe Refining v. Landa Cotton Oil*. Julgado em 1º de junho de 1903.

20 Estados Unidos. Circuit Court of the United States for the Western District of Texas. *Globe Refining v. Landa Cotton Oil*. Julgado em 1º de junho de 1903.

A mera ciência não é apta a deslanchar a responsabilidade. O caso consagrou o que ficou conhecido como *teste do acordo tácito*: para que o dano atinente a circunstâncias especiais seja indenizável, a parte inadimplente deve não só conhecer a circunstância especial, mas ter, no momento da contratação, assumido a responsabilidade sobre a potencialidade de se tornar um dano[21].

Construído com base na lógica desenvolvida em *Landa Cotton (EUA, 1903)*, o caso *Morrow v. First National Bank (EUA, 1977)* ilustra outra aplicação do teste do acordo tácito. O caso envolveu contrato bancário de depósito de coleção de moedas. *Morrow* era colecionador de moedas e *First National Bank* as guardaria em cofres. No contexto de mudança de sede física do *Banco*, este fez propaganda de cofres para depósitos, os quais ainda não estavam prontos. *Morrow* acedeu à propaganda, e contratou, em 25 de junho de 1971, três grandes cofres na nova sede, pagando US$ 25 por cada. *Morrow* pediu que, tão logo os cofres estivessem disponíveis para novos depósitos, fosse avisado, pois levaria a coleção de moedas. *Morrow* alertou ao *Banco* que particularmente precisaria guardar as moedas antes de 1º de setembro, pois seu filho estaria de mudança da cidade e temia que sua casa ficasse mais suscetível a ladrões. Diante do alerta, dois funcionários do *Banco* prometeram informar a disponibilidade dos cofres tão logo fosse possível. Havia expectativa de que os cofres estivessem disponíveis entre 30 e 60 dias (até aproximadamente 25 de agosto, portanto).

Ocorre que, no dia 30 de agosto de 1971, os cofres já estavam disponíveis na nova sede, mas, diferentemente do prometido, *Morrow* não foi informado. Na noite de quatro de setembro, um ladrão furtou parte

---

21 Críticas doutrinárias recaem sobre o considerar, pois o *standard* de previsibilidade aplicável a respeito dos *consequntial* damages contratuais estaria longe de ser a norma de *Hadley v. Baxendale*, embora ainda no século XXI algumas cortes norte-americanas ainda o aplicassem. GARVIN, Larry. T. Gloval Refining Co. V. Landa Cotton Oil Co. and the Dark Side of Reputation. *Nevada Law Journal*, vol. 12, n. 3, 2012, p. 659-690; STEMPEL, Jeffrey W. The Worst Supreme Court Case Ever? Identifying, Assessing, and Exploring Low Moments of the Higher Court. *Nevada Law Journal*, vol. 12, n.3, p. 516-524, 2012, p.523.

da coleção de moedas da casa de *Morrow*. Ao descobrir que o *Banco* já poderia ter fornecido a guarda da coleção, *Morrow* ajuizou ação indenizatória, buscando o valor de US$ 32 mil, correspondente à parte da coleção roubada[22].

A Suprema Corte de Arkansas rejeitou a responsabilidade da instituição bancária. Argumentou que a mera transmissão da informação sobre as circunstâncias especiais as quais motivaram a contratação por uma das partes não implica a assunção de responsabilidade da contraparte a respeito. A parte lesada deve provar que o lesante assumira tacitamente a responsabilidade. Se as circunstâncias são informadas ao lesante e é razoável entender que este assumiu uma obrigação em contrapartida às circunstâncias especiais, então os danos devem ser indenizados. Do contrário, apenas os danos ordinários são indenizáveis. No caso, não se verificou um acordo tácito de seguro com a promessa do banco em informar, assim que possível, a disponibilidade dos cofres.

Ademais, a imputação de tal responsabilidade seria desproporcional, argumentou-se. Quando circunstâncias especiais são tão gravosas que tornam desproporcional a reciprocidade das prestações no contrato, dúvidas são levantadas sobre se a parte inadimplente teria assumido a responsabilidade caso a ela a circunstância fosse enfatizada no momento da contratação. Não obstante o banco tenha assumido a promessa de notificar sobre a disponibilidade dos cofres, esta promessa não teria correspectivo, restou argumentado[23].

O teste do acordo tácito veio, porém, a ser superado. A própria Suprema Corte do Arkansas inclusive sinalizou ter decidido o caso *Morrow* ciente de tratar-se de um entendimento minoritário. Dois casos ilustram a superação do teste com menções expressas.

---

22 Estados Unidos da América. Supreme Court of Arkansas (Division I). *Morrow v. First National Bank.* Julgado em 16 de maio de 1977.

23 Estados Unidos da América. Supreme Court of Arkansas (Division I). *Morrow v. First National Bank.* Julgado em 16 de maio de 1977.

Hector Martinez Co v. Southern Pacific Transport (EUA, 1979)[24] envolveu contrato de transporte marítimo de escavadeira entre os Estados de *Ohio* e *Texas*. *Hector Martinez* era proprietário de escavadeira e remetente do bem. *Southern Pacific Transport* era a transportadora encarregada de transportá-lo. A escavadeira foi desmontada, seccionada e remetida em cinco partes. O transporte contratado deveria durar aproximadamente 20 dias — ou seja, a escavadeira deveria atingir o seu destino até o dia 1º de março.

Ocorre que a quinta (e última) parte da escavadeira chegou ao *Texas* somente no dia 2 de abril, um mês depois do avençado. A máquina ainda chegou danificada, o que levou à necessidade de reparos até o dia 20 de junho. *Hector Martinez* ajuizou ação pleiteando indenização por uma série de danos. Sobre algumas, a transportadora concordou em pagar indenização, remanescendo sob discussão as pretensões de lucros cessantes (1) pelo período de atraso da entrega escavadeira completa — isto é, entre 1º de março e 2 de abril; e (2) pelo período em que a escavadeira restou para conserto, entre 2 de abril e 20 de junho.

A Corte de Apelação concluiu que os lucros cessantes atinentes ao período de atraso na entrega da escavadeira seriam indenizáveis. Para o que ora concerne, registrou a existência de dois testes na determinação de *special damages*.

O primeiro, mais restrito, requer a prova tanto da comunicação da informação sobre as circunstâncias especiais quanto da assunção implícita ou expressa do lesante a suportar o risco de tais danos — ou seja, o *teste do acordo tácito*. Contudo, o segundo teste, mais comum, rejeita a necessidade de um acordo tácito sobre os danos especiais. Nesse sentido, a regra básica da *common law* enunciada em *Hadley v. Baxendale* foi a da previsibilidade dos danos. É desnecessário que o lesante tenha assumido

---

24 Estados Unidos da América. United States Court of Appeals. Fifth Circuit. *Hector Martinez Co. v. Southern Pacific Transport.* Julgado em 20 de dezembro de 1979. Caso citado, por exemplo, em: FARNSWORTH, Allan. *Contracts.* 4ª ed. New York: Aspen Publishers, 2004, § 12. 14, p. 799; EISENBERG, Melvin Aron. The Principle of Hadley v. Baxendale. *California Law Review*, vol. 80, 1992, p. 563-613, p. 610.

expressa ou implicitamente o risco, mas cabe considerar se os danos eram ou não previsíveis àquele contratante em concreto[25].

O caso foi resolvido a partir de comparação direta com *Hadley v. Baxendale*. Se não era óbvio que o virabrequim seria indispensável ao funcionamento do moinho como um todo, no caso então analisado era óbvio que a escavadeira era uma máquina que, por si só, tem valor. O teste do acordo tácito foi rejeitado, pois a transportadora deveria saber que a escavadeira seria utilizada para fins comerciais, sendo desnecessário contrato especial para tanto. Sugere-se que se o pedido de *Hadley* tivesse sido específico pela perda do uso do virabrequim — e não de todo o moinho — provavelmente o resultado teria sido distinto. Ou seja, os danos indenizáveis abrangem a perda de uso da máquina entre 1º de março e 2 de abril, o período de atraso na entrega[26].

Outra rejeição ainda mais contundente ao teste de acordo tácito está na fundamentação do caso *Rexnord Corp v. DBA (EUA, 2002)*[27]. O caso versou sobre contrato de prestação de serviços voltados à melhoria da produtividade de *Rexnord Corp*, uma fabricante de correntes. A prestadora de serviços *Dewolff Boberg Assoc. Inc.* ("*DBA*") era consultora de gestão e se comprometera a prestar múltiplos serviços. Fora acordado que *DBA* desenvolveria sistemas, treinaria supervisores e gerentes *in loco*, conduziria uma série de reuniões, desenvolveria processos de avaliação, entre outras obrigações relacionadas à melhoria da produtividade. A expectativa era de redução de custos anuais em US$ 4 milhões e ainda haveria outros bene-

25 Estados Unidos da América. United States Court of Appeals. Fifth Circuit. *Hector Martinez Co. v. Southern Pacific Transport*. Julgado em 20 de dezembro de 1979.

26 Cabe ressaltar que os valores envolvidos em atividades de mineração nas quais a máquina deveria estar envolvida, ligados ao período em que a escavadeira restou para conserto (entre 2 de abril e 20 de junho), não foram indenizados.

27 Estados Unidos da América. United States Court of Appeal. Seventh Circuit. *Rexnord Corp. v. Dewolff Boberg Assoc. Inc.* Julgado em 16 de abril de 2002. Caso citado, por exemplo, em: GOLDBERG, Victor P. *Rethinking the Law of Contract Damages*. Cheltenham, UK/Northampton, MA, US: Edward Elgar Publishing, 2019, p. 172; WEST, Glenn. Consequential Damages Redux: An Updated Study of the Ubiquitous and Problematic 'Excluded Losses' Provision in Private Company Acquisition Agreements. *The Business Lawyer*, Vol. 70, Fall 2015, 971-1006, p. 987-988.

fícios colaterais. *Rexnord* pagou US$ 1,3 milhões pelos serviços variados. Havia cláusula de restituição parcial da remuneração pelos serviços caso os resultados não fossem atingidos[28].

Ocorre que as várias soluções apresentadas por *DBA* não se mostraram proveitosas, pois não se atingiu a poupança de custos anuais de US$ 4 milhões e os funcionários passaram a estar insatisfeitos com a interferência no trabalho. *DBA* recusou-se a devolver a remuneração que havia recebido, alegando que os resultados não advieram por condutas atribuíveis a *Rexnord*. Submetido o caso ao judiciário, o júri concluiu que *DBA* inadimpliu as obrigações que lhe incumbiam e chegou à conclusão que os danos a serem indenizados somavam a US$ 1,6 milhões[29].

A decisão de segundo grau confirmou a do júri. Duas comparações com *Hadley v. Baxendale* colocaram em destaque diferenças entre as realidades julgadas. Primeiramente, o resultado em *Hadley v. Baxendale* dependeu de uma conduta atribuível ao lesado: a falta de uma peça sobressalente durante o período em que o virabrequim servia de modelo para a fabricação de um novo, concluiu-se. Já a imputação a *Rexnord* foi rechaçada diante da prova apresentada: não era possível atribuir a falha nos resultados a condutas da *Rexnord*, que seguira rigorosamente as orientações de *DBA*[30].

Em segundo lugar, ao contrário dos transportadores no caso clássico, *DBA* tinha uma série de informações a respeito do negócio da parte lesada. Seguindo idêntico arrolamento de métodos possíveis traçado no caso recém analisado *Hector Martinez Co. v. Southern Pacific Transport (EUA, 1979)*, a Corte de Apelação do Sétimo Circuito assinalou a dois métodos de aferição de *consequential damages* quando não há cláusula especial: o primeiro, aquele segundo o qual os *consequential damages* somente podem

28 Estados Unidos da América. United States Court of Appeal. Seventh Circuit. *Rexnord Corp. v. Dewolff Boberg Assoc. Inc.* Julgado em 16 de abril de 2002.

29 Estados Unidos da América. United States Court of Appeal. Seventh Circuit. *Rexnord Corp. v. Dewolff Boberg Assoc. Inc.* Julgado em 16 de abril de 2002.

30 Estados Unidos da América. United States Court of Appeal. Seventh Circuit. *Rexnord Corp. v. Dewolff Boberg Assoc. Inc.* Julgado em 16 de abril de 2002.

ser indenizados se o promitente assumiu explicitamente o risco da consequência em questão (ou referido teste do acordo tácito). O segundo, o de considerar se os *consequential damages* são previsíveis. Este foi aplicado ao caso concreto. Contudo, mesmo se tivesse sido aplicado o teste do acordo tácito, com a promessa explícita de *DBA* em obter US$ 4 milhões em poupança, a indenizabilidade restaria igualmente confirmada[31].

O teste do acordo tácito parece ter sido um remédio muito pesado para uma leitura amplíssima de *Hadley v. Baxendale* no sentido de que a mera comunicação da informação sobre as circunstâncias especiais já tornaria o dano indenizável. Embora o rechaço à ideia de que a mera comunicação não inaugura *per se* a responsabilidade, os casos a citar o teste de modo explícito, para superá-lo, indicam que o caminho correto não é o de considerar a hipotética manifestação de vontade do lesante para avaliar se houve anuência tácita em relação a um contrato especial para, só então, atribuir responsabilidade. Há outro elemento: as circunstâncias especiais ensejarão danos indenizáveis se passarem no crivo da previsibilidade sobre dela exsurgirem danos, o que implica enfocar se seria razoável que a circunstância estivesse em consideração pelo inadimplente no momento da contratação.

Se é a previsibilidade sobre a ocorrência dos danos que fornece critério mais adequado do que a assunção de responsabilidade do lesante em relação a um contrato especial, caberá questionar: de qual previsibilidade se está a tratar? Será necessário conhecimento efetivo e detalhado sobre as circunstâncias, ou o conhecimento pode ser imputado?

1.2.2.2. Conhecimento, efetivo ou imputado, das circunstâncias especiais

Em relação ao teste do acordo tácito, o teste da previsibilidade razoável é um remédio mais sutil também para combater a assertiva segundo a qual basta a mera comunicação das circunstâncias especiais para de-

31 Estados Unidos da América. United States Court of Appeal. Seventh Circuit. *Rexnord Corp. v. Dewolff Boberg Assoc. Inc.* Julgado em 16 de abril de 2002

sencadear a responsabilidade do inadimplente. A previsibilidade não se reduz ao que efetivamente foi previsto e sobre o que houve assunção de responsabilidade (expressa ou implícita), mas às circunstâncias concretas peculiares que, fugindo ao curso normal das coisas, podem ser imputadas como conhecidas pelo lesante, no momento da contratação.

Somado aos já aludidos *Hector Martinez Co. v. Southern Pacific Transport (EUA, 1979)* e *Rexnord Corp v. DBA (EUA, 2002)* que rejeitaram explicitamente o teste do acordo tácito, o caso *Victoria Laundry (Reino Unido, 1949)*[32] é paradigmático à aplicação do teste da previsibilidade sobre as circunstâncias especiais. Em todos estes casos, porque os danos atinentes a circunstâncias especiais eram previsíveis, foram considerados indenizáveis. Não se trata de considerar em minúcias todo o detalhamento de circunstâncias especiais que foram, de fato, previstas pela parte inadimplente e se, sobre estas, houve assunção de responsabilidade, de modo que se falar em um contrato especial sobre tais aspectos, havendo específica contraprestação a respeito. Trata-se de considerar se os danos eram razoavelmente previsíveis no momento da contratação.

O caso envolveu a compra e venda de um aquecedor de água. A compradora, que dá nome ao caso, era empresa de lavanderia e tinturaria. A vendedora, *Newman Industries*, era fabricante elétrica de aquecedores. O inadimplemento foi o seguinte: quatro dias antes da transferência do bem, um terceiro que fora subcontratado pela fabricante para montá-lo deixou caí-lo, danificando-o. Mesmo assim, a fabricante tentou entrega-lo. A compradora recusou a entrega e o aquecedor foi enviado para conserto. Houve atraso de aproximadamente cinco meses na entrega do aquecedor. Diante do descumprimento, *Victoria Laundry* pleiteou lucros cessantes

32 Reino Unido. Court of Appeal. King's Bench Division. *Victoria Laundry (Windsor) LD. V. Newman Industries LD.* Julgado em 12 de abril de 1949. Caso citado, por exemplo, em: WEST, Glenn; DURAN, Sara. Reassessing the 'Consequences' of Consequential Damages Waivers in Acquisition Agreements. *The Business Lawyer*, vol. 63, 2008, p. 783; FARNSWORTH, Allan. *Contracts*. 4ª ed. New York: Aspen Publishers, 2004, p. 793-794; *Restatement (Second) of Contracts*, § 351, WEST, Glenn; DURAN, Sara. Reassessing the 'Consequences' of Consequential Damages Waivers in Acquisition Agreements. *The Business Lawyer*, vol. 63, 2008, p. 783, 792, 798.

calculados conforme o que auferiria junto a seus clientes contados entre a entrega inicialmente aprazada e a data em que o aquecedor foi finalmente entregue.

No primeiro grau, a indenização foi negada. O juiz se baseou em dois fundamentos. Primeiro, os lucros cessantes diziam respeito a circunstâncias especiais, só podendo ser indenizáveis de acordo com a segunda regra de *Hadley v. Baxendale*, mas, no caso, afastados, porque as circunstâncias especiais não foram comunicadas no momento da contratação a *Newman Industry*. Segundo, o aquecedor não era uma máquina geradora de lucros em si, não era uma fábrica inteira autossuficiente na geração de lucros[33].

Contudo, a Corte de Apelação da Divisão de *King's Bench* reformulou a decisão de primeiro grau, acolhendo o pleito indenizatório. A análise também foi pautada por *Hadley v. Baxendale*, no qual *Newman Industries* se baseou para negar a indenização de lucros cessantes. A Corte afastou a alegação de *Newman Industries*, afirmando não ser verdadeiro dizer que no caso julgado 100 anos antes o funcionário da transportadora *Pickford* (= *Baxendale*) havia sido informado sobre a necessidade de cumprimento imediato, sob pena de o moinho restar paralisado. Tivessem os julgadores daquele caso assentado que a informação fora de fato transmitida, teriam decidido que os danos seriam indenizáveis de acordo com a segunda regra[34].

---

33 Reino Unido. Court of Appeal. King's Bench Division. *Victoria Laundry (Windsor) LD. V. Newman Industries LD.* Julgado em 12 de abril de 1949.

34 *In verbis:* "The head-note is definitely misleading in so far as it says that the defendant's clerk, who attended at the office, was told that the mill was stopped and that the shaft must be delivered immediately. The same allegation figures in the statement of facts which are said on page 344 to have 'appeared' at the trial before Crompton J. If the Court of Exchequer had accepted these facts as established, the court must, one would suppose, have decided the case the other way round; must, that is, have held the damage claimed was recoverable under the second rule. But it is reasonably plain from Alderson B's judgment that the court rejected this evidence, for on page 355 he says: 'We find that the only circumstances here communicated by the plaintiffs to the defendants at the time when the contract was made were that the article to be carried was the broken shaft of a mill and that the plaintiffs were the millers of that mill', and it is on this basis of fact that he proceeds to ask, 'How do these circumstances show reasonably that the profits of the mill [538] must be stopped by an unreasonable delay in the delivery of the broken shaft by the carrier to the third person?'". Reino Unido. Court of Appeal. King's Bench Division. *Victoria Laundry (Windsor) LD. V. Newman Industries LD.* Julgado em 12 de abril de 1949.

A segunda regra de *Hadley v. Baxendale* deveria servir de fundamento do dever de indenizar. A seguir, a Corte descreveu 6 proposições para explicar os limites da indenização, ora traduzidas:

> (1) A finalidade geral da indenização é colocar a parte cujos direitos foram violados na exata posição — até onde o dinheiro pode fazê-lo — na qual estaria se os seus direitos tivessem sido observados. Se essa finalidade for, porém, seguida de maneira implacável, dar-se-ia à parte lesada toda a indenização *de facto* produzida, o que é uma regra muito severa. Portanto,
>
> (2) Em casos de inadimplemento contratual, a parte lesada apenas tem o direito de recuperar a parte das perdas efetivamente ocorridas que, no momento da contratação, eram razoavelmente previsíveis como suscetíveis de resultar do descumprimento.
>
> (3) O que é razoavelmente previsível no momento da contratação depende do 'conhecimento possuído' pelas partes, ou, em todo caso, do conhecimento possuído pela parte que vem a cometer o inadimplemento.
>
> (4) Para tal propósito, o conhecimento é 'possuído' de duas formas: uma imputada, outra efetiva. Como pessoas razoáveis, todos devem ser tidos como sabedores do 'curso ordinário das coisas' e, consequentemente, sabedores sobre quais perdas são suscetíveis a resultar de um descumprimento contratual naquele curso ordinário. Essa é a matéria subjacente à primeira regra de *Hadley v. Baxendale*. Mas a esse conhecimento — que um inadimplente tem de maneira pressuposta (embora efetivamente o tenha ou não) — pode, em um caso particular, ter que se somar o conhecimento que o inadimplente efetivamente tem sobre circunstâncias especiais externas ao "curso normal das coisas", de tal forma que o inadimplemento em tais circunstâncias será suscetível de causar mais danos. Tais casos atraem a operabilidade da 'segunda regra', tornando os danos adicionais também indenizáveis.
>
> (5) Para que o inadimplente seja responsabilizado de acordo com quaisquer das regras, não é necessário que tenha efetivamente perguntado para si mesmo qual é a perda que seria suscetível de resultar do descumprimento. Como é frequentemente aludido, as partes não contemplam o inadimplemento contratual no momento da contratação, mas o seu adimplemento. É suficiente, portanto, que se o inadimplente tivesse considerado a questão, ele teria, como uma pessoa razoável, concluído que a perda em questão era suscetível de ocorrer.
>
> (6) Finalmente, para tornar uma perda particular indenizável, tampouco é necessário ser provado que mediante um estado de conhecimento o lesante pode, como uma pessoa razoável, prever que o descumprimento necessariamente resultará em tal dano. É suficiente que ele possa prever que era provável de

> assim resultar. É, a rigor, suficiente, que a perda (ou algum fator sem o qual a perda não teria ocorrido) seja uma "possibilidade séria" ou um "perigo real". Na síntese, o termo suscetível de resultar ("liable to result") foi empregado. O coloquialismo "on the cards" [isto é, estar nas cartas do ponto de vista literal, e funcionalmente a conotar muito provável] indica uma sombra de significado com alguma proximidade à precisão[35].

A Corte concluiu que um vendedor de aquecedores na posição dos requeridos deveria pressupor que o aquecedor seria colocado em operação para gerar lucros, pois o uso óbvio do aquecedor adquirido por uma lavanderia era amparado em razões comerciais. Outra pessoa na posição dos vendedores deveria inferir ser provável que os danos ocorreriam caso houvesse atraso na entrega, sendo inadmissível considerar que o aquecedor novo era necessário apenas como uma "carta na manga" para ser usado em um futuro distante. Ainda que *Newman Industries* não soubesse detalhes específicos sobre quanto *Victoria Laundry* poderia auferir com o aquecedor, *Victoria Laundry* não está impedida de recuperar "uma soma genérica (e talvez conjectural) pela perda de negócios"[36].

Por fim, quanto ao argumento de que o aquecedor era apenas uma parcela de um todo (o negócio de lavanderia e tinturaria), não sendo capaz de gerar os lucros *per se*, não haveria 'magia intrínseca' no raciocínio a ser feito: o fato de que apenas uma parte dos negócios estava envolvida só é significativo na medida que impacta a capacidade de previsão sobre as consequências da falta de entrega. Se é claro a partir da natureza da parcela (ou se o fornecedor está informado) que a falta de entrega da parcela do negócio gerará semelhantes efeitos à falta de entrega do todo,

35 Tradução literal, suprimindo citações a outras fontes, como a outros julgados, por clareza expositiva. Reino Unido. Court of Appeal. King's Bench Division. *Victoria Laundry (Windsor) LD. V. Newman Industries LD.* Julgado em 12 de abril de 1949.

36 "We also agree that they did not in fact know these things. It does not, however, follow that the plaintiffs are precluded from recovering some general (and perhaps conjectural) sum for loss of business in respect of dyeing contracts to be reasonably expected, any more than in respect of laundering contracts to be reasonably expected". Reino Unido. Court of Appeal. King's Bench Division. *Victoria Laundry (Windsor) LD. V. Newman Industries LD.* Julgado em 12 de abril de 1949. Trecho também transcrito em Reino Unido. House of Lords. *Koufos v. C. Czarnikow, Ltd. The Heron II.* Julgado em 1967. Voto *Lord Reid.*

a responsabilidade é idêntica. Nos casos anteriores a envolver uma parcela de um todo nos quais a indenização foi negada, como também ocorrera em *Hadley v. Baxendale*, o lesante não foi responsabilizado, porque nada lhes havia sido transmitido sobre o enfraquecimento como um todo do negócio da parte lesada[37].

Consequentemente, a Corte entendeu a *loss of bussiness* como um dano indenizável. O valor não foi determinado, mas restou indicado que uma liquidação subsequente deveria ser feita considerando os critérios sinalizados na decisão.

Em síntese, em *Victoria Laundry (Reino Unido, 1949)* se fixou uma leitura positiva da segunda regra de *Hadley v. Baxendale*. Ao contrário do teste do acordo tácito, que exige a assunção expressa ou tácita do risco atinente à circunstância especial, as proposições jogam luzes sobre outros critérios a serem considerados na apuração do dano indenizável, em especial à avaliação a respeito do conhecimento das circunstâncias especiais pautada pela razoabilidade. Não é apenas o curso normal das coisas que deve pautar a quantificação da indenização, mas uma análise acurada e aprofundada a respeito das circunstâncias concretas do caso a indicar se a parte inadimplente conhecia ou deveria conhecer, quando contratou, os riscos do seu inadimplemento à esfera jurídica do parceiro contratual. O conhecimento efetivo sobre as circunstâncias especiais em um alto grau de detalhamento é despiciendo: basta que, numa comparação pautada pela razoabilidade, seja possível chegar à conclusão de que o inadimplente deveria conhecer aqueles riscos derivados de circunstâncias especiais.

A possibilidade de imputação de conhecimento segundo o teste da previsibilidade razoável não resolve, sozinha, a imputação de responsabilidade. Não basta que o inadimplente pudesse conhecer os danos — mas o dano que lhe vem a ser imputado está sujeito também a um exame probabilístico. Deve o dano ter sido um risco provável, avaliação a ser feita

---

37 Reino Unido. Court of Appeal. King's Bench Division. *Victoria Laundry (Windsor) LD. V. Newman Industries LD.* Julgado em 12 de abril de 1949.

no momento da contratação, para que seja indenizável. Esses critérios, presentes em *Victoria Laundry (Reino Unido, 1949)*, foram enfatizados na jurisprudência a seguir.

1.2.3. PROVÁVEL RESULTADO DO INADIMPLEMENTO: RISCOS PROVÁVEIS

Em termos textuais, a expressão "*as the probable result of the breach of it*" ao final da segunda regra de *Hadley v. Baxendale* ensejou o aprofundamento sobre o tema da probabilidade. Em especial, a ênfase se dá sobre a probabilidade de decorrerem prejuízos que se liguem às circunstâncias especiais do caso. No caso do descumprimento de um dever contratualmente assumido, o grau de probabilidade de a consequência vir a ocorrer é elemento-chave para elucidar a relação de causalidade sob uma perspectiva jurídica. À medida que evolui a noção de previsibilidade no momento da contratação, a discussão começa a se aproximar da imediatidade dos danos (*remoteness*), com o que o assunto entra na seara da causalidade.

Três casos compõem o grupo ora analisado. O caso *The Heron II (Reino Unido, 1967)* é paradigmático a respeito da probabilidade como critério de identificação da relação causal entre os prejuízos e o inadimplemento contratual. Soma-se a este *H. Parsons v. Uttley (Inglaterra e País de Gales, 1977)* e *The Wagon Mound I (Reino Unido, 1961)*, este último caso de responsabilidade extracontratual que precedeu e influenciou os dois primeiros.

Inicie-se por *The Heron II (Reino Unido, 1967)*. Remetendo a descrição fática detalhada ao Capítulo 1.2.4.3, *infra*. Por ora, apenas se destaca que se tratou de caso envolvendo o contrato de transporte de três mil toneladas de açúcar a um porto comercial. O transporte atrasou e quando a mercadoria chegou finalmente ao porto, o valor de mercado do açúcar teve queda em relação àquele momento em que deveria ter chegado. O contratante do transporte, comerciante de açúcar, pleiteou indenização por essa diferença. Na Suprema Corte inglesa, teve o pleito atendido.

Antes de chegar à Suprema Corte inglesa, a decisão de segundo grau sinalizara que *Victoria Laundry (Reino Unido, 1949)* alterara *Hadley v. Baxendale*, pois teria alargado a responsabilidade da parte inadimplente. Porém, os *Lords* suscitaram que o caso apenas representara a visão aproximada de muitos juízes ao apreciar casos ordinários de inadimplemento contratual[38], elogiando o caso *Victoria Laundry* como a mais valiosa análise de *Hadley v. Baxendale* até então[39]. A crítica foi, assim, canalizada unicamente aos adjetivos ligados à probabilidade empregados no julgado anterior. A dificuldade na uniformização da linguagem ilustra a dificuldade da fixação de critério jurídico a respeito da indenizabilidade dos danos contratuais.

O conteúdo das proposições de *Victoria Laundry* foi revisado com destaque aos itens 2, 5 e, em especial, a segunda parte do item 6[40]. O que em *Victoria Laundry* se alude como dano suscetível de ocorrer ("*liable to result*"), seguido também de adjetivações alternativas como perigo real ("*real danger*"), possibilidade séria ("*real possibility*"), e com o coloquialismo "*on the cards*", vem a ser questionado com profundidade. Os qualificativos atinentes à probabilidade de as circunstâncias especiais conhecidas pelo inadimplente ensejarem danos, em especial o termo coloquial "*on the cards*" empregado naquele julgado, vieram a ser superados. Ao menos até 2008, *The Heron II (Reino Unido, 1967)* foi a decisão mais aprofundada analisando

38 "That sere was well performed by the judgment of the Court of Appeal in the case of *Victoria Laundry (Windsor), Ltd.* v. *Newman Industries, Ltd.* I do not think that there was anything startling or novel about it. In my opinion it represented (in felicitous language) the approximate view of *Hadley* v. *Baxendale* taken by many judges in trying ordinary cases of breach of contract". Reino Unido. House of Lords. *Koufos v. C. Czarnikow, Ltd.* Julgado em 1967. *The Heron II.* Voto de *Lord Pearce.* Todos os demais votos trataram expressamente do aspecto, e levam a conclusão semelhante. Caso citado, por exemplo, em: FARNSWORTH, Allan. *Contracts.* 4ª ed. New York: Aspen Publishers, 2004, § 12. 14, p. 796.

39 Reino Unido. House of Lords. *Koufos v. C. Czarnikow, Ltd.* Julgado em 1967. *The Heron II. Lord Morris of Borth-Y-Gest* ("I regard the illuminating judgment of the Court of Appeal in *Victoria Laundry (Windsor), Ltd.* v. *Newman Industries, Ltd* as a most valuable analysis of the rule").

40 Reino Unido. Court of Appeal. King's Bench Division. *Victoria Laundry (Windsor) LD. V. Newman Industries LD.* Julgado em 12 de abril de 1949. O trecho corresponde à tradução analisada *supra,* no Capítulo 1.2.2.2.

Hadley v. Baxendale na *House of Lords* inglesa[41]. Unânime com relação ao resultado, o julgado contou com cinco alentados votos dos *Lords*. Cabe aprofundar especificamente a argumentação atinente à probabilidade.

Lord Reid considerou que não houve distinção entre resultados previsíveis ou imprevisíveis em *Hadley v. Baxendale*, mas entre resultados prováveis e resultados improváveis: prováveis, porque ocorrem na maioria das vezes; improváveis, porque ocorrem na minoria dos casos. Por isso, o célebre julgado do século XIX indicou que um resultado a advir numa grande maioria dos casos deve ser considerado como se estivesse na contemplação das partes. Porém, um resultado que — embora previsível como possibilidade substancial — ocorreria apenas na minoria das vezes não deve ser suposto como na contemplação das partes. Dito de outra forma, não se pode pressupor estar na contemplação das partes qualquer tipo de dano que, embora conhecido ao lesante, ocorreria apenas na minoria dos casos.

A resposta crucial para tornar apropriada a conclusão de que o dano decorreu naturalmente do inadimplemento — ou que o dano daquele tipo deveria ter figurado na contemplação do inadimplente — seria se ao considerar (*i*) a informação disponível ao inadimplente quando o contrato foi celebrado, aferir (*ii*) se o inadimplente, ou uma pessoa razoável em sua posição, deveria ter percebido que o dano era suficientemente provável de resultar do descumprimento[42].

41 Conforme aludido no caso *The Achilleas:* Reino Unido. United Kingdom House of Lords Decision. *Transfield Shipping Inc. v Mercator Shipping Inc.* Julgado em 9 de julho de 2008. Voto de *Lord Walker of Gestinthorpe*.

42 Reino Unido. House of Lords. *Koufos v. C. Czarnikow, Ltd.* Julgado em 1967. *The Heron II.* Voto de *Lord Reid. In verbis:* "The crucial question is whether, on the (i) information available to the defendant when the contract was made, (ii) he should, or the reasonable man in his position would, have realised that such loss was sufficiently likely to result from the, breach of contract to make it proper to hold that the loss flowed naturally from the breach or that loss of that kind should have been within his contemplation".

A ênfase se deslocou do nível e da quantidade de informações cujo conhecimento seria necessário no momento da contratação pelo inadimplente e passou a estar na probabilidade. *Lord Reid* chegou a criticar a fórmula da previsibilidade razoável: adotá-la seria confundir danos contratuais com danos extracontratuais[43]. Está na raiz da crítica que muitos resultados extremamente improváveis podem ser razoavelmente previsíveis no momento da contratação.

Nesse sentido, as expressões "suscetível de ocorrer", "perigo real", "possibilidade séria" e "*on the cards*" empregadas em *Victoria Laundry* não devem ser tidas como um novo método de abordagem. *Lord Reid* criticou "suscetível de ocorrer" pela vagueza[44]. Deu o seguinte exemplo, a respeito das chances envolvidas na escolha aleatória de uma carta em um deque de cartas embaralhado e virado do avesso: a chance da escolha recair no naipe de ouros é de um para três, sendo qualificada como bastante provável (ou não improvável). Já a chance de ser o nove de ouros é um para 51. Entretanto, muitas pessoas diriam existir um "perigo real" ou uma "possibilidade séria" de que a carta fosse o nove de ouros, pois está entre as cartas ("*on the cards*"). É de se admitir — aludiu — que ambas são possibilidades previsíveis e suscetíveis de ocorrer. Embora seja muito difícil e sequer possível considerar as probabilidades com acurácia matemática ao se avaliar a matéria, as expressões empregadas em *Victoria Laundry* não devem ser interpretadas no sentido de que alteraram a fórmula de *Hadley v. Baxendale* a respeito. Do contrário, caso *Hadley v. Baxendale* fosse decidido 100 anos depois, os danos atinentes ao moinho teriam que ser considerados indenizáveis[45].

---

43 Como se aprofundará a seguir, *infra,* Capítulo 1.2.4.2.

44 "Liable is a very vague word, but I think that one would usually say that when a person foresees a very improbable result he foresees that it is liable to happen" Reino Unido. House of Lords. *Koufos v. C. Czarnikow, Ltd.* Julgado em 1967. *The Heron II.* Voto de *Lord Reid.* Em contrário, o voto de *Lord Hodson,* alude que embora a falta de cor da expressão, não sente ser possível melhorá-la.

45 Reino Unido. House of Lords. *Koufos v. C. Czarnikow, Ltd.* Julgado em 1967. *The Heron II.* Voto de *Lord Reid.* Neste argumento específico há divergência entre os votos, pois *Lord Up John,* entende que se mesmo aplicados os adjetivos em *Victoria Laundry* em *Hadley v. Baxendale,* dificilmente se chegaria a conclusão de que os requeridos considerariam como "perigo real" ou "possibilidade séria"

Acompanhando essa primeira abordagem e jogando luzes sobre o grau de probabilidade necessário para imputar a responsabilidade, *Lord Hodson* referiu que a palavra "provável" cobre ambas as partes da regra de *Hadley v. Baxendale*. O uso mais comum da palavra é indicar que algo é mais provável que aconteça do que não. Entretanto, o sentido comum não deve emprestar conotação tão restrita em termos jurídicos. Cabe inclusive admitir que de uma chance menor do que 50% possam também exsurgir danos indenizáveis[46].

No mesmo sentido, *Lord Pearce* concordou com argumento, pois *Baron Alderson* — o relator da opinião da Corte em *Hadley v. Baxendale* — não intencionou sinalizar que algo a resultar do curso natural das coisas era uma consequência com mais chances do que não. Algo pode ser resultado natural (ou até mesmo óbvio), conquanto as probabilidades lhes sejam contrárias. Exemplificou com caso hipotético de construtor que executara mal o serviço de reparos do teto de um tribunal e, como consequência, o teto colapsou e caiu, durante um julgamento, na cabeça dos julgadores. Nesse caso, qualquer tribunal concluiria que o dano decorreu naturalmente, isto é, de acordo com o curso normal das coisas, embora se pudesse assinalar que, consideradas as noites, os finais de semana e as férias, as chances de o teto cair na cabeça de alguém eram aproximadamente um para dez. Por isso, esse aspecto não fora considerado de maneira exaustiva, mas *Baron Alderson* estava pensando em causalidade e em tipo de consequência, mais do que em chances[47].

Já *Lord Morris of Borth-Y-Gest* foi enfático ao indicar que *Hadley v. Baxendale* continua a iluminar a aplicação do direito. Afirmou que "[...] a linguagem é a vestimenta do pensamento, então seria o pensamento

---

que a fábrica restasse paralisada enquanto o eixo não era transportado de volta. E alude, nesse sentido, não haver problemas em tratar de "perigo sério" ou "possibilidade real", pois a medida da indenização não é uma ciência exata.

46 Reino Unido. House of Lords. *Koufos v. C. Czarnikow, Ltd.* Julgado em 1967. *The Heron II*. Voto de *Lord Hodson*. O entendimento também é expressado por *Lord Reid*.

47 Reino Unido. House of Lords. *Koufos v. C. Czarnikow, Ltd.* Julgado em 1967. *The Heron II*. Voto de *Lord Pearce*.

daquele caso que deveria ser compreendido"[48], não se devendo fixar em demasia em críticas terminológicas. Embora tenha aderido à crítica sobre a carência de sentido claro sobre a expressão "*on the cards*"[49], acrescentou que o resultado de cada caso particular não depende da escolha terminológica entre "suscetível de resultar", "provável de resultar", "não improvável de resultar", pois cada uma destas expressões pode ajudar, mas muitas outras também[50]. Aduziu ser certo que uma pessoa da prática não teria parado para refletir sobre as possíveis nuances de significado de cada uma das frases, tampouco teria recorrido a um dicionário para saber se seria responsabilizado com base em cada uma daquelas expressões[51]. Por isso, a pergunta a ser concretamente respondida era se a diferença do valor de mercado na data de estimativa de entrega e a data da entrega efetiva pode ser considerada naturalmente derivada do descumprimento do transporte em atraso.

Ao centrar o foco no inadimplente — destacando a sua qualidade de comerciante —, sinalizou que, pelo mínimo, o transportador poderia e teria que considerar que caso atrasasse o cumprimento de suas obrigações alguma perda financeira resultaria a *C. Czarnikow*. O conhecimento imputado seria suficiente. Não havia a necessidade de que circunstâncias especiais sequer fossem informadas. Consequentemente, mesmo sem a transmissão da informação sobre as circunstâncias especiais, pode haver situações nas quais resta claro haver uma contemplação comum[52].

48 Reino Unido. House of Lords. *Koufos v. C. Czarnikow, Ltd.* Julgado em 1967. *The Heron II.* Voto de *Lord Morris of Borth-Y-Gest.* Acompanhou também o entendimento *Lord Up John.*

49 O ponto parece ser consensual entre os *Lords. Lord Pearce* a qualifica como coloquialismo que não serve aos fins de uma definição.

50 "The result in any particular case need not depend on giving pride of place to anyone of such phrases as 'liable to result' or 'likely to result' or 'not unlikely to result'. Each one of these phrases may be of help, but so may many others". Reino Unido. House of Lords. *Koufos v. C. Czarnikow, Ltd.* Julgado em 1967. *The Heron II.* Voto de *Lord Morris of Borth-Y-Gest.*

51 Reino Unido. House of Lords. *Koufos v. C. Czarnikow, Ltd.* Julgado em 1967. *The Heron II.* Voto de *Lord Morris of Borth-Y-Gest.*

52 *In verbis*: "Even without notice of special circumstances or special considerations there may be situations where it is plain that there was a common contemplation". Reino Unido. House of Lords. *Koufos v. C. Czarnikow, Ltd.* Julgado em 1967. *The Heron II.* Voto de *Lord Morris Borth-Y-Gest.*

Ao justificar a escolha pelo emprego da expressão "pelo mínimo", *Lord Morris of Borth-Y-Gest* considerou desnecessário que a parte contratante considere a perda como certa: o problema real se situa sobre a medida da previsão que a ele deve ser imputada, não cabendo exonerar o inadimplente apenas pela ausência de cálculo preciso sobre as consequências financeiras que o seu descumprimento pode ensejar[53]. Como a variação do valor das mercadorias é uma circunstância inerente ao contrato, o inadimplente, que era pessoa da prática, deveria, pelo mínimo, ter considerado que poderia haver variações entre a data aprazada e a data efetiva. A diferença de valor no mercado é, portanto, dano *prima facie* sofrido, devendo ser indenizado[54].

Em síntese, o resultado do caso foi o de condenar o transportador que atrasou a entrega do açúcar por nove dias a indenizar a diferença a menor no valor de mercado da mercadoria que chegou em atraso. Entendeu-se que não haveria duas regras em *Hadley v. Baxendale*, mas uma única, divisível em duas partes. De acordo com a regra, os danos indenizáveis seriam aqueles cuja ocorrência fosse suficientemente provável no momento da contratação. Ou seja, deve haver um considerável grau de probabilidade de o dano decorrer de eventual descumprimento, quando se contrata, considerando-se com rigor quem eram as partes contratantes. Esse elevado grau de probabilidade se verifica quando a consequência é ordinária, pois normalmente ocorre — primeira parte da regra —, ou porque a consequência é extraordinária, mas sua ocorrência seria provável ao se considerar as circunstâncias concretas. Nem todo caso de transporte marítimo envolve danos pela oscilação do mercado, mas, no caso, a qualidade de comerciante do transportador em atraso, a quantidade e o destino

53 "I do not consider, however, that where in breach of contract there is delay in delivery, damages will only be recoverable if there can be a calculation in advance of the precise financial consequences that delay will cause. If there can be such a calculation, then the carrier would know at the time of his contract of carriage exactly what the effect would be if by delaying delivery he broke his contract". Reino Unido. House of Lords. *Koufos v. C. Czarnikow, Ltd.* Julgado em 1967. *The Heron II.* Voto de *Lord Morris Borth-Y-Gest.*

54 Reino Unido. House of Lords. *Koufos v. C. Czarnikow, Ltd.* Julgado em 1967. *The Heron II.* Voto de *Lord Morris Borth-Y-Gest.*

do açúcar (um porto comercial) eram circunstâncias que o deveriam fazer supor que o atraso teria probabilidade suficiente de ensejar perdas pela variação do valor da mercadoria.

O segundo caso a respeito da probabilidade de as circunstâncias decorrerem do descumprimento ora analisado é *H. Parsons v. Uttley (Inglaterra e País de Gales, 1977)*. A fundamentação aludiu a *Hadley v. Baxendale (Reino Unido, 1854)*, a *Victoria Laundry (Reino Unido, 1949)* e a *The Heron II (Reino Unido, 1967)* como a "trilogia sobre a imediatidade dos danos contratuais"[55].

O caso versou sobre contrato de compra e venda e de instalação de um comedouro de metal para alimentação de porcos. De um lado, *H. Parsons* era o comprador, dono de uma distinta fazenda voltada à criação de porcos. De outro, *Uttley Ingham* era o fabricante e vendedor do comedouro de metal. Anos depois de ter sido adquirido um primeiro comedouro, um segundo, com idênticas características, foi adquirido por *H. Parsons*, mediante o pagamento de 275 libras esterlinas. Coube ao fabricante também a instalação.

O comedouro em forma de funil tinha um ventilador na parte de cima. Quando da entrega da encomenda, o instalador de *Uttley Ingham* não ajustou o ventilador da maneira apropriada. Essa falha na instalação levou à criação de mofo na ração especial dos porcos. Embora o mofo não fosse, em geral, um problema para a alimentação dos porcos, alguns começaram a passar mal e parte da manada veio a perecer. Após profunda investigação, identificou-se que a causa dos problemas estava na alimentação dos suínos: já que o comedouro não tinha ventilação, no mofo

55 Reino Unido. England and Wales Court of Appeal (Civil Division). *H. Parsons (Livestock) Limited. v. Uttley Ingham and Company LTD.* Julgado em 18 de maio de 1977. Caso citado, por exemplo, em: EISENBERG, Melvin Aron. The Principle of Hadley v. Baxendale. *California Law Review*, vol. 80, 1992, p. 563-613, p. 580, 589-591, 598-599; LOOKOFSKY, Joseph M. *Consequential Damages in Comparative Context.* From Breach of Promise to Monetary Remedy in the American, Scandinavian and International Law of Contracts and Sales. Reimpressão. Copenhagen: Jurist-og Økonomforbundets Forlag, 1996, passim, 177-178; CARVALHO, Ana Mafalda Soares de. *O Dano Consequencial.* A questão da causalidade. Faculdade de Direito da Universidade Católica Portuguesa. Escola do Porto. Dissertação de Mestrado, 2017, p. 18-19.

também se desenvolveu uma bactéria que lhes levou a óbito. Praticamente um terço dos porcos morreu em razão do problema. Diante do quadro, os fazendeiros pleitearam indenização pecuniária, sob duas pretensões: (1) valor de 254 porcos que morreram em função de terem se alimentado no comedouro impróprio, totalizando 10.000 libras; (2) perdas nas vendas (lucros cessantes), totalizando 20.000 libras.

A decisão concedeu a indenização a *H. Parsons* de maneira parcial. O valor dos porcos foi considerado indenizável, mas os lucros cessantes, não. O caso é marcante pela indenização do valor equivalente à manada.

Em primeiro grau, o julgador entendera que embora a distinção entre *contracts* e *torts* empregada em *The Heron II (Reino Unido, 1967)* — segundo a qual enquanto, nos contratos, a imediatidade do dano depende do que partes razoavelmente contemplavam no momento da contratação, em *torts*, o momento para que a razoabilidade previsível fosse aferida era o do descumprimento, sendo maior a abrangência neste último —, aquele caso, *Victoria Laundry* e *Hadley v. Baxendale* se aplicam a lucros cessantes negociais. Porém, os casos de "danos físicos" (*phyiscal damages*) deveriam ser tratados independentemente da seara. Nos casos de danos físicos, o teste aplicável seria o de *The Wagon Mound* — caso envolvendo *torts* — ou seja, atado ao momento do descumprimento, bastando a possibilidade, ainda que "leve", e não a possibilidade séria no momento da contratação.

Os julgadores de segundo grau da Corte de Apelação de Inglaterra e País de Gales chegaram à conclusão de maneira unânime, repetindo o resultado da primeira instância e convergindo no sentido de que os danos em *torts* e em descumprimentos contratuais devem levar, se considerado o mesmo caso, ao mesmo resultado, mas justificaram a responsabilidade de duas maneiras distintas. No entendimento minoritário, aprofundou-se a proposta de distinção entre danos físicos ("*physical damages*") e danos econômicos ("*economic loss*")[56]. Já no entendimento majoritário, destacou-se

56 No primeiro voto, minoritário, foi destacada a dificuldade em "nadar em exercícios semânticos oceânicos": sem falar nos diferentes graus de probabilidade, o que alguém contempla ou o que alguém

que o teste para apreciar a indenização cabível seria unificado com o da previsibilidade razoável, independentemente do tipo de dano verificado — se físico ou econômico.

Ou seja, o entendimento majoritário rejeita a relevância da distinção entre danos econômicos e danos físicos. Seria absurdo exigir uma visão profética em relação à exata natureza da lesão que vem a ocorrer. É suficiente que a lesão física tenha sido considerada como uma possibilidade séria. Por isso, mesmo que a matéria fática em casos de perda de mercado ou lucros cessantes seja distinta em relação às lesões físicas, as mesmas normas jurídicas devem ser aplicadas[57].

Quando a perda é natural, sequer seria necessário fazer recurso à regra da razoável contemplação das partes. Esta solução seria uma aplicação da "primeira regra" de *Hadley v. Baxendale*, cristalizada também no art. 53 (2) do *Sales of Goods Act* inglês[58]. Embora o tipo de consequência seja uma matéria de fato na aferição de todas as circunstâncias, cabe analisar o que razoavelmente seria suposto que as partes tivessem em sua contemplação

prevê não parece ter diferença. Em vista de se "manter flutuando", *Lord Denning* propôs o aprofundamento de uma cisão entre danos físicos e danos econômicos, segundo a terminologia adotada, na análise do inadimplemento contratual. Com base em distinção doutrinária, os danos físicos são aquelas lesões efetivas às pessoas ou à propriedade — incluindo os animais — ou por despesas subsequentes (*damnum emergens*), enquanto a perda econômica não tem relação com a pessoa ou à propriedade — como os lucros cessantes ou a perda de oportunidade de ganho em transação futura. Quanto aos danos econômicos, a contemplação é avaliada conforme o momento da contratação, e a possibilidade da ocorrência dos prejuízos deve ser séria, cabendo se perguntar: teria o inadimplente contemplado que havia uma possibilidade séria de que tal descumprimento geraria tais lucros cessantes ao lesado? A trilogia da imediatidade — *Hadley v. Baxendale, Victoria Laundry (Reino Unido, 1949) e The Heron II (Reino Unido, 1967)* — estaria neste grupo de casos. Já quanto aos danos físicos ("*physical damages*"), o teste é distinto: serão indenizáveis segundo um teste de previsibilidade no momento do descumprimento, devendo haver uma possibilidade de sua ocorrência, ainda que seja uma possibilidade leve. A pergunta devida é: "deveria ter razoavelmente previsto, no momento do descumprimento, que algo desse gênero poderia acontecer como consequência do descumprimento? *Lord Denning* argumentou que este é o teste aplicável em *torts*, tendo sido aplicado em *The Wagon Mound I e II*, havendo também casos envolvendo contratos nos quais o teste foi aplicado. Reino Unido. England and Wales Court of Appeal (Civil Division). *H. Parsons (Livestock) Limited. v. Uttley Ingham and Company LTD.* Julgado em 18 de maio de 1977. Voto *The Master of the Rolls* (*Lord Denning*).

57 Reino Unido. England and Wales Court of Appeal (Civil Division). *H. Parsons (Livestock) Limited. v. Uttley Ingham and Company LTD.* Julgado em 18 de maio de 1977. Voto *Lord Justice Orr.*

58 *In verbis:* "(2) The measure of damages for breach of warranty is the estimated loss directly and naturally resulting, in the ordinary course of events, from the breach of warranty".

no momento da contratação. A pergunta a ser feita seria: a perda é razoável de ser suposta como estivesse na contemplação das partes como uma possibilidade séria, caso tivessem, na sua mente no momento da contratação, o inadimplemento? Se se responder positivamente, a consequência gerará um dano indenizável; se negativamente, não.

Concretamente, dever-se-ia assumir que a comida afetada por mau armazenamento pode muito bem causar a doença nos porcos que dela se alimentam. Isto é, a doença dos porcos não é improvável, é uma possibilidade séria. Havendo a possibilidade séria de lesões físicas aos porcos, já que o comedouro não era adequado aos fins aos quais se destinava, o dano deve ser indenizado[59].

Em ambos os casos de responsabilidade contratual referidos nessa seção, alude-se a *Wagon Mound I (Reino Unido, 1961)*. Essas citações expressas justificam a sua menção como caso ilustrativo do entendimento sobre as regras atinentes à indenizabilidade dos danos em hipóteses de responsabilidade extracontratual.

Entre as partes envolvidas estava *Morts Dock*, proprietária de uma doca de madeira no Porto de Sydney, que se voltava à atividade de construção, reparos de navios e engenharia em geral, chamada *Sheerlegs Wharf*. Havia um navio atracado na doca no final de outubro de 1951, chamado *The Corrimal*, no qual os trabalhadores de *Morts Dock* estavam desenvolvendo reparos, utilizando eletricidade e soldagem de óxido-acetileno[60]. No mesmo momento, outro navio, que dá nome ao caso, de propriedade de *Overseas Tankship*, estava atracado em outra doca, a uma distância de aproximadamente 200 metros. *The Wagon Mound* era um navio de queima de petróleo e estava descarregando gasolina no porto e embarcando óleo.

---

59 Reino Unido. England and Wales Court of Appeal (Civil Division). *H. Parsons (Livestock) Limited. v. Uttley Ingham and Company LTD.* Julgado em 18 de maio de 1977. Voto *Lord Justice Orr.*

60 Reino Unido. Privy Council. *Overseas Tankship (U.K.) Limited. V. Morts Dock & Engineering Company Limited.* Julgado em 18 de janeiro de 1961. "*The Wagon Mound I*". Caso citado, por exemplo, em: EISENBERG, Melvin Aron. The Principle of Hadley v. Baxendale. *California Law Review*, vol. 80, 1992, p. 563-613, p. 577- 578.

A cadeia fática central foi a seguinte: na manhã do dia 30 de outubro de 1951, houve um vazamento de grande quantidade de óleo do navio *The Wagon Mound* na baía. O óleo restou flutuando e concentrado ao longo da costa e, em especial, próximo a *Sheerlegs Wharf*. Nada foi feito para dispersá-lo, e, em seguida ao derramamento, *The Wagon Mound* desatracou. Inicialmente, ao perceber o derramamento, o gerente de *Morts Dock* suspendeu atividades de soldagem e queima. Porém, após falar com o funcionário da doca vizinha, retomou as atividades no *The Corrimal*, pedindo que todos os cuidados fossem tomados para impedir que material inflamável caísse no óleo que estava flutuando no mar, próximo à doca.

Contudo, no início da tarde do dia seguinte, 1º de novembro de 1951, foi exatamente o que ocorreu. Um destroço, ainda em estado de calor latente, que havia sido fundido em *Sheerlegs Wharf*, caiu na água; a latência se transformou em chamas; as chamas chegaram ao óleo que flutuava na baía; as chamas se acenderam rapidamente sobre o óleo e se alastraram, incendiando o navio *The Corrimal*, a doca e os equipamentos. Em síntese, um incêndio destruiu a doca, bem como o navio *The Corrimal* e equipamentos de *Morts Dock*. Diante disso, *Morts Dock* ajuizou a ação em face de *Overseas Tankship* para se ver indenizada no valor correspondente ao patrimônio que restou destroçado pelo incêndio.

Em primeiro grau, o juiz concluiu que embora a razão de ser do óleo combustível seja queimar, *Overseas Tankship* não sabia e não seria razoável supor que soubesse que poderia causar um incêndio quando deixou o óleo cair na água antes de desatracar. No segundo grau, a decisão foi revertida pelo órgão completo da Suprema Corte de Nova Gales do Sul. Na fundamentação, o órgão judicial australiano avaliou que o incêndio havia sido uma consequência direta do derramamento do óleo. Por isso, mesmo se a atenção fosse direcionada para a ocorrência individual de fatos na cadeia de eventos que levou ao incêndio e que cada ocorrência fosse tida como improvável — havendo, assim, um amontoado de improbabilidades —, caso uma pessoa comum, na rua, fosse questionada a respeito da causa do incêndio, sem uma análise detalhada das circunstâncias, assinalaria, sem hesitação, que a causa foi o derramamento de óleo de *The Wagon Mound*. Portanto não se poderia escapar à conclusão de que os danos foram diretamente causados pelo derramamento de óleo[61].

Entretanto, em ulterior decisão, o Comitê Jurídico do Conselho Privado Britânico — última instância australiana até 1975, vinculado à Coroa Britânica[62] — finalmente decidiu o caso, repristinando a decisão de primeiro grau no sentido de que os danos não eram razoavelmente previsíveis. Embora a pessoa comum, na rua, se perguntada a respeito da causa, respondesse que a causa havia sido o derramamento de óleo, também acresceria: "eu nunca pensaria que teria sido possível". Depois do evento, até um tolo é inteligente, argumentou-se. No entanto, não se tratava de aplicar a retrospectiva de um tolo, mas a previsibilidade de uma pessoa razoável que, por si só, pode determinar a responsabilidade. Ao se avaliar a responsabilidade por negligência, seria de relevo considerar o que o lesante deveria ter contemplado como uma pessoa razoável[63].

Careceria de sentido jurídico afirmar que o lesante é responsável por todas as consequências, mesmo que imprevisíveis e independentemente de sua gravidade, apenas porque podem ser qualificadas como 'diretas'. Essa não é — afirmou o Conselho Privado — uma abordagem melhor do que as perguntas sobre quais eram as consequências naturais, prováveis e necessárias do descumprimento do dever, simplesmente se desconsiderando a previsibilidade. A omissão no dever de cuidado não se trata de questão apenas atinente à culpabilidade, mas também diz respeito à medida da

61 Reino Unido. Privy Council. *Overseas Tankship (U.K.) Limited. V. Morts Dock & Engineering Company Limited.* Julgado em 18 de janeiro de 1961. "*The Wagon Mound*".

62 Assim está explicitado em: http://www.cefa.org.au/ccf/what-was-role-privy-council. Último acesso em 22 de setembro de 2021.

63 Reino Unido. Privy Council. *Overseas Tankship (U.K.) Limited. V. Morts Dock & Engineering Company Limited.* Julgado em 18 de janeiro de 1961. "*The Wagon Mound I*".

indenização[64]. Nesse sentido, afirmou-se que as teorias doutrinárias sobre o que configura um *direct damage* não se apresentam de modo coerente, além de ostentarem um jargão pouco inteligível[65].

Como princípio de responsabilidade civil, uma pessoa deve ser responsável pelas prováveis consequências de seus atos: mais do que isso seria muito rígido, menos do que isso seria ignorar que a ordem civilizada requer a observância de um mínimo padrão comportamental nas interações sociais[66]. Se a pergunta se dirige a por qual razão alguém deve ser responsabilizado pelas consequências naturais — ou necessárias, ou prováveis, ou qualquer outra descrição similar — dos seus atos, a resposta não se dá porque as consequências são naturais, necessárias ou prováveis, mas porque, como essas consequências têm essas qualidades, pelo *standard* da pessoa razoável se entende que o lesante deveria tê-las previsto[67]. Previsibilidade e probabilidade são tratadas como idênticas — e normalmente o são —, mas há situações nas quais não são.

---

64 As conclusões são embasadas a partir da revisão de um caso anterior, *Polemis (Polemis & Funess Withy & Compay Ltda [1921] 3. K.B 560)*, que envolvia responsabilidade contratual ou alternativamente por negligência. Por um *dictum* desse caso, teria havido "a perpetuação de um erro a introduzir muita confusão no Direito". Reino Unido. Privy Council. *Overseas Tankship (U.K.) Limited. V. Morts Dock & Engineering Company Limited.* Julgado em 18 de janeiro de 1961. "*The Wagon Mound*". O fato de *Hadley v. Baxendale* não ter sido citado em *Polemis* significou, no entendimento dos *Lords*, o quão a decisão de *Polemis* estava afastada do pensamento contemporâneo no momento em que foi prolatada. Há uma certa hesitação sobre a afirmação de caráter categórico em relação à identidade de medida de indenização no descumprimento de contratos e em casos de responsabilidade extracontratual ao assinalar a este argumento.

65 Como se verá no Capítulo 2.3, *infra*, a mesma crítica é feita em relação às dificuldades de operabilidade do artigo 403 do Código Civil brasileiro.

66 *In verbis*: "It is a principle of civil liability, subject only to qualifications which have no present relevance, that a man must be considered to be responsible for the probable consequences of his act. To demand more of him is too harsh a rule, to demand less is to ignore that civilized order requires the observance of a minimum standard of behaviour". Reino Unido. Privy Council. *Overseas Tankship (U.K.) Limited. V. Morts Dock & Engineering Company Limited.* Julgado em 18 de janeiro de 1961.

67 *In verbis:* "For, it is asked why a man should be responsible for the natural or necessary or probable consequences of his act (or any other similar description of them) the answer is that it is not because they are natural or necessary or probable, but because, since they have this quality, it is judged by the standard of the reasonable ma that he ought to have foreseen them" Reino Unido. Privy Council. *Overseas Tankship (U.K.) Limited. V. Morts Dock & Engineering Company Limited.* Julgado em 18 de janeiro de 1961.

Consequentemente, se alguma limitação deve ser imposta sobre as consequências pelas quais o agente deve ser responsabilizado — e há consenso de que alguma limitação é cabível —, não haveria razões pelas quais o teste da previsibilidade razoável deveria ser rejeitado, já que se este considera o que uma pessoa razoável teria previsto, corresponde à consciência comum da humanidade. Já o teste da consequência direta como um substituto não leva a lugar algum senão ao insolúvel e interminável problema da causalidade. O advogado — ou o jurista — não deve se aventurar com filósofos nas controvérsias lógicas e metafísicas que circundam a ideia de causa, argumentou-se[68].

A ninguém pode ser imputado o conhecimento de todos os processos da natureza. Se é errado que alguém deva ser responsabilizado por danos imprevisíveis, porque foram diretos ou naturais, também é errado que alguém deixe de ser responsabilizado. Malgrado indireto o dano, se tivesse sido previsto ou pudessem ter sido previstos os eventos intervenientes que levaram ao resultado, deve ser indenizado. Logo, o *Privy Council* concluiu que o teste cabível era o da previsibilidade para as situações de negligência. Concretamente, *Overseas* não poderia razoavelmente prever que o derramamento de óleo causaria um incêndio depois do vazamento. Ainda que faticamente o vazamento tenha gerado o incêndio (ou seja, foi a causa 'direta'), não respeita o teste da razoabilidade exigir de *Overseas* que soubesse ou que tivesse previsto que o vazamento de óleo poderia ter gerado o incêndio que ocorreu no caso.

O esforço de síntese e o cotejo entre os três casos revelam aproximações interessantes a merecer destaque.

Parece assentado que não basta afirmar que o dano é direto, no sentido de ter sucedido espacial e temporalmente ao descumprimento do dever. A causalidade não é conceito apenas fático, mas normativo.

---

68 "'The lawyer' said Frederick Pollock 'cannot afford to adventure himself with philosophers in the logical and metaphysical controversies that beset the idea of cause'". Reino Unido. Privy Council. *Overseas Tankship (U.K.) Limited. V. Morts Dock & Engineering Company Limited.* Julgado em 18 de janeiro de 1961.

A rejeição veemente em *The Heron II (Reino Unido, 1967)* a *Victoria Laundry (Reino Unido, 1949)* diz muito mais respeito a uma crítica terminológica sobre o emprego de termos rígidos ou coloquiais para descrever os graus de probabilidade, do que a uma rejeição ao teste do razoavelmente previsível. As ideias de probabilidade, razoabilidade e previsibilidade são conceitos que andam em conjunto, sendo analiticamente cindíveis. A circunstância especial a ensejar a consequência danosa pode ter sido prevista, ou ser previsível, no momento da contratação. Como tudo o que de fato vem a ocorrer poderia, em alguma medida, ter sido previsto — não se devendo recair em viés retrospectivo —, a ideia de previsibilidade é parcialmente objetivada, pautada pela razoabilidade e pela probabilidade. O dano será razoavelmente previsível, se a consequência decorreria, com considerável grau de probabilidade — que não pode ser reduzido a um grau matemático —, do descumprimento, prospectado no momento da contratação. A rigor, previsibilidade e probabilidade são ideias auxiliares à compreensão da causalidade.

É curioso que em nenhum dos casos a expressão *consequential damages* é empregada. A rigor, se considerados também *Hadley v. Baxendale* e *Victoria Laundry*, a expressão não foi utilizada. Um possível argumento para o não uso da terminologia está na evolução da compreensão de *Hadley v. Baxendale* a partir de uma única norma, e não de duas regras em alternativa. Essa leitura de duas regras alternativas tem como base a clivagem entre *general* e *consequential damages*: como se o curso normal das coisas caracterizasse os *normal* ou *general damages*, de um lado, e os *consequential damages* ou *special*, como opostos àquilo que normalmente acontece, de outro.

A compreensão de que existe apenas uma única regra, com duas partes, tira a relevância dessa comparação entre o que é ordinário e extraordinário, jogando luzes sobre um critério unificado: o grau de probabilidade de a consequência advir com base nas circunstâncias concretas. Esse grau pode ser praticamente certo: havendo atraso na entrega do açúcar, a mercadoria estará sujeita à variação no valor de mercado. Pode ser provável: a falta de instalação correta do ventilador no comedouro poderá levar a óbito os animais, não servindo o bem adquirido aos seus propósitos. E pode, ainda, ser muito improvável, como o vazamento de óleo e os subsequentes eventos improváveis. Sendo muito improvável, não deve haver responsabilização.

A ênfase na probabilidade e em seus graus aproxima a discussão à noção de risco para se explicar as consequências do inadimplemento. Importa considerar como previsível a consequência que com razoável grau de probabilidade sucederia do descumprimento, vista concreta e objetivamente. Em *The Heron II (Reino Unido, 1967)*, a variação do valor de mercado do açúcar era certa, fosse analisada no momento da contratação ou no momento da inexecução, não sendo certo que oscilaria para menos, mas o risco é do transportador inadimplente[69]. Em *H. Parsons v. Uttley (Inglaterra e País de Gales, 1977)*, o perecimento da manada de porcos era provável pela instalação incorreta — fosse o risco analisado no momento da contratação ou no momento do inadimplemento —, sendo, então, atribuível ao instalador[70]. E, em *The Wagon Mound I (Reino Unido, 1961)*, caso de *tort*, o incêndio do navio era altamente improvável quando do derramamento do óleo — não sendo o risco atribuível àquele que o deixou derramar[71].

Nos dois primeiros casos, os danos foram indenizados, no último, não. A julgar por coerência das decisões, o ponto central passa por indagar a respeito da probabilidade da consequência ter decorrido da inexecução. É fundamental que o exame seja feito a partir de cada pretensão indenizatória, individualmente considerada, e de cada relação jurídica, em concreto.

69 Reino Unido. House of Lords. *Koufos v. C. Czarnikow, Ltd.* Julgado em 1967. *The Heron II.*

70 Reino Unido. England and Wales Court of Appeal (Civil Division). *H. Parsons (Livestock) Limited. v. Uttley Ingham and Company LTD.* Julgado em 18 de maio de 1977.

71 Reino Unido. Privy Council. *Overseas Tankship (U.K.) Limited. V. Morts Dock & Engineering Company Limited.* Julgado em 18 de janeiro de 1961. "*The Wagon Mound I*".

Por exemplo, se em *H. Parsons v. Uttley (Inglaterra e País de Gales, 1977)*[72], em cujo substrato estava a compra e venda de um comedouro utilizado para alimentação de porcos, os lucros cessantes foram rechaçados, o dano emergente correspondente ao valor da manada de porcos foi integralmente considerado como decorrência do descumprimento. Naquele caso, o dano indenizável — o valor equivalente à manada de porcos — superou em muito o valor do contrato — atinente ao comedouro. Entra em cena, na análise de cada uma das pretensões indenizatórias, uma análise probabilística, a objetivar o exame da previsibilidade sobre a rubrica específica. Importará a suficiência da probabilidade de determinado dano ocorrer. Naquele caso, a assunção de responsabilidade sobre a manada se deu pelo risco da perda dos porcos se configurar como possibilidade séria, caso tivessem as partes considerado o mau funcionamento no comedouro. Diferentemente se deu em relação aos lucros cessantes com a futura venda dos porcos. Entendeu-se que aqueles riscos seriam muito remotos. À previsibilidade se liga a probabilidade: sendo razoavelmente previsível, porque suficientemente provável, objetiva e concretamente, o dano é imputável ao inadimplente.

O critério que informa a relação de causalidade, em descumprimentos contratuais, é composto tanto pela previsibilidade no momento da contratação, quanto pela probabilidade. Há causalidade, normativamente orientada, quando a circunstância especial da qual exsurgiu o prejuízo foi ou deveria ter sido prevista e dela decorreria, com probabilidade razoável, de eventual descumprimento.

A análise vincula-se a momento específico: ao da contratação. Como a previsibilidade dos prejuízos é sempre situada no tempo, a dimensão temporal também merece aprofundamento, em apartado.

72 Reino Unido. England and Wales Court of Appeal (Civil Division). *H. Parsons (Livestock) Limited. v. Uttley Ingham and Company LTD.* Julgado em 18 de maio de 1977.

1.2.4. O MOMENTO DA CELEBRAÇÃO DO CONTRATO

Em *Hadley v. Baxendale*, a perquirição sobre a ciência do lesante a respeito da potencial falta de funcionamento do moinho em virtude de a peça estar em transporte se voltou ao momento da contratação. A conclusão do julgado é a de que os transportadores não foram, quando acederam realizar o transporte, comunicados a respeito da circunstância peculiar de que o moinho de *Hadley* estaria paralisado enquanto o virabrequim estivesse em transporte. Portanto, os *consequential damages* não foram indenizados, porque o inadimplente não sabia, no momento em que contratou, que o descumprimento levaria àquele resultado.

Como se viu, um modo de definir os *consequential damages* é tratá-los como danos ligados às circunstâncias especiais. Podem ser indenizáveis se, até o momento da contratação, as circunstâncias forem conhecidas ou forem cognoscíveis pelo lesante. A regra é, portanto, que o lesante será responsabilizado se for razoável que as tivesse conhecido quando contratou (*Capítulo 1.2.4.1*). *Hadley v. Baxendale* tem tamanha difusão que serviu de referência também à argumentação de vários casos envolvendo *torts*, nos quais não há um momento prévio de formação do vínculo obrigacional anterior ao descumprimento do dever. O contraste entre os regimes da responsabilidade contratual e dos *torts* revela a importância da dimensão temporal, pois há um regime de responsabilidade mais intenso em *torts* e, consequentemente, menos abrangente no inadimplemento contratual (*Capítulo 1.2.4.2*).

1.2.4.1. A regra é considerar o momento da contratação

Para a avaliação sobre o dano indenizável na responsabilidade contratual, tradicionalmente há uma vinculação ao momento da celebração do contrato como aquele no qual o intérprete deve analisar (*i*) as circunstâncias, para aferir o curso normal das coisas; (*ii*) as circunstâncias especiais, cognoscíveis pelo contratante que veio a se tornar inadimplente; e (*iii*) a probabilidade de a consequência decorrer do descumprimento. A regra geral é a de que o momento da formação do contrato será o de relevo na determinação da responsabilidade pelo seu descumprimento.

Em praticamente todos os casos de responsabilidade contratual até então analisados[73], o momento da contratação serviu como referência. Para simplesmente evitar de repetir as análises até então procedidas por este viés, cabe analisar uma exceção que confirma a regra.

No caso *Turner Farms v. Maine Cent. R. Co. (EUA, 1980)*, a disputa surgiu pelo inadimplemento de contrato de transporte ferroviário[74]. *Turner Farms* era uma fazenda criadora de galinhas poedeiras (isto é, que põe muitos ovos) e contratou o transporte ferroviário de ração especial para alimentação das galinhas junto a *Maine Central Railroad Company*, a operadora da ferrovia. O transporte deveria ser realizado por meio de um desvio ferroviário, separado apenas por algumas horas de distância da estação ferroviária mais próxima. O vínculo foi celebrado em 17 de dezembro, com prazo entre cinco e 15 dias para a realização de todo o transporte. *Turner Farms* precisava da ração antes do Natal, pois, do contrário, teria que adotar medidas alternativas, senão a produção de ovos da fazenda restaria afetada[75].

Embora a informação sobre a urgência não tenha sido transmitida no momento da contratação, o chefe de estação ferroviária foi avisado duas vezes sobre a necessidade de receber a ração antes do Natal — uma no dia 23 e outra no dia 24 de dezembro. No dia 24, data na qual o carregamento de ração chegou à estação ferroviária mais próxima, faltando apenas poucas horas para que atingisse o seu destino, o gerente de *Turner Farms* entregou os documentos necessários para que a produção fosse entregue ainda naquele dia, e assim prometeu o funcionário de *Maine Railroad*.

73 À exceção do entendimento minoritário em Reino Unido. England and Wales Court of Appeal (Civil Division). *H. Parsons (Livestock) Limited. v. Uttley Ingham and Company LTD.* Julgado em 18 de maio de 1977.

74 Estados Unidos da América. United States District Court, D. Maine. *Tuner's Farms, Inc. v. Maine Cent. R. Co.* Julgado em 14 de março de 1980.

75 Estados Unidos da América. United States District Court, D. Maine. *Tuner's Farms, Inc. v. Maine Cent. R. Co.* Julgado em 14 de março de 1980.

Ocorre que a ração só chegou três dias depois, pois houve ruído na comunicação dos funcionários de *Maine Railroad*. *Turner Farms* exigiu que *Maine Railroad* a indenizasse pelos lucros cessantes relacionados à perda da produção de ovos: como as galinhas não foram alimentadas, não colocaram ovos, que não puderam ser vendidos[76]. O pedido indenizatório baseou-se na perda na produção de ovos. *Maine Railroad* contestou o pedido, pois os danos somente seriam indenizáveis se fosse possível concluir que estavam na contemplação das partes no momento da contratação.

É indiscutida a ausência dos *special damages* da contemplação das partes no momento de embarque das mercadorias[77]. A utilidade que *Turner Farms* retiraria do transporte lhe era peculiar — a ração transportada seria utilizada na alimentação de galinhas, que, por sua vez, colocariam os ovos, os quais, finalmente, seriam vendidos, gerando lucros à fazenda. Essa utilidade não era conhecida pela operadora ferroviária no momento da contratação. Trata-se de circunstância especial e sobre a qual, no momento da contratação, não houve contrato específico. Registre-se, ainda, que a duração estimada do transporte na data da contratação era de cinco a 15 dias. Diante desse quadro, careceria de fundamento o pleito indenizatório pelo atraso, já que a ração foi entregue dentro do prazo inicialmente estimado.

Contudo, o pedido de indenização pelos lucros cessantes foi formulado como *exceção* à regra de *Hadley v. Baxendale*. Trata-se de exceção à regra para o transporte interestadual, por aplicação do *Carmack Amendment to the Interstate Commerce Act* — art. 49 § 20 (11) e de grupo de julgados a lhe fornecer interpretação. A regra sinaliza que *special damages* devem ser indenizados em contratos de transporte quando a mercadoria transportada tiver chegado ao local de destino e nada dever ser feito pelo transportador senão realizar a entrega. O transportador torna-se responsável por

---

76 Estados Unidos da América. United States District Court, D. Maine. *Tuner's Farms, Inc. v. Maine Cent. R. Co.* Julgado em 14 de março de 1980.

77 Estados Unidos da América. United States District Court, D. Maine. *Tuner's Farms, Inc. v. Maine Cent. R. Co.* Julgado em 14 de março de 1980.

danos especiais se agir com negligência caso tenha a informação, naquele momento, de que tais danos provavelmente aconteceriam[78]. Quando a informação de circunstâncias especiais é dada no momento posterior à contratação, mas já com a mercadoria na cidade de destino, os riscos do transporte interestadual já foram eliminados e o transportador é capaz de tomar as precauções necessárias para evitar um atraso negligente na entrega.

Fato é que a necessidade imediata do transporte foi dita e repetida aos funcionários de *Maine Central* à época do Natal e tudo estava pronto para que o transporte ocorresse pelo desvio ferroviário em apenas algumas horas, mas a ração acabou sendo transportada apenas três dias depois. A interpretação do julgado sobre a regra de *Hadley v. Baxendale* é que as informações sobre as quais se baseiam o pedido indenizatório devem ter sido dispostas pelas partes no momento da contratação para que os danos fossem indenizáveis. A despeito de não terem sido transmitidas no momento da contratação, o foram posteriormente, quando o inadimplente ainda poderia agir e se antecipar à ocorrência dos danos. *Maine Railroad* poderia ter realizado o transporte ainda naquele dia, evitando que os danos atinentes à perda de produção tivessem sido produzidos. Foi, portanto, condenada a indenizar. Trata-se de exceção legalmente prevista à necessidade de transmissão da informação no momento da contratação. Como exceção, confirma a regra.

A fixação do momento da contratação como de relevo coloca em destaque uma tensão sobre o regime de responsabilidade em casos envolvendo *torts* e envolvendo contratos. Essa tensão é expressamente enfrentada em uma série de julgados, como se passa a analisar.

78 "Plaintiff acknowledges that the general rule would preclude recovery in this case, but urges the applicability to this case of an exception to the general rule that '[w]here the breach consists in the failure to make delivery after the shipment reaches its destination, and when nothing remains to be done by the carrier except to make delivery, the carrier is responsible for such special damages as it was then informed would likely result from its negligence in that regard'. *Miller Engineering Co. v. Louisiana Railway Navigation Co.*, 145 La. 460, 464, 82 So. 413, 414 (Sup.Ct. 1919). Plaintiff correctly notes that this special rule is a well-established common law exception to the rule of *Hadley v. Baxendale, supra*". Estados Unidos da América. United States District Court, D. Maine. *Tuner's Farms, Inc. v. Maine Cent. R. Co.* Julgado em 14 de março de 1980.

1.2.4.2. Menor abrangência de responsabilidade em contratos do que em *torts*

O contraste entre a responsabilidade contratual e a extracontratual coloca em evidência a análise da previsibilidade no momento da contratação como critério limitativo da indenização. Em casos de *torts*, não há um momento anterior, de formação do vínculo, cujo descumprimento enseja o dano, no qual a previsibilidade possa ser averiguada. Na responsabilidade contratual, o momento da contratação precedeu à infração contratual da qual emergem os prejuízos. Se, mesmo assim, a previsibilidade é um critério a ser levado em consideração em *torts*, a sua averiguação estará temporalmente situada no momento do descumprimento do dever. Ou seja, se em casos de responsabilidade contratual os *consequential damages* só são indenizáveis se forem previsíveis na data da contratação, essa limitação está temporalmente deslocada em casos de *torts*. Argumentos voltados à distinção ou à aproximação entre os regimes de responsabilidade são explicitados tanto em casos envolvendo contratos quanto em casos nos quais ausente relação contratual[79].

O caso *The Heron II (Reino Unido, 1967)* sugeriu que a responsabilidade em *torts* tem uma maior abrangência do que a responsabilidade contratual. O caso já foi referido no Capítulo 1.3, cabendo ainda aprofundar o exame sobre a sua parte fática, em síntese, com destaque sobre o momento de aferição da previsibilidade[80].

79 *E.g.* Reino Unido. England and Wales Court of Appeal (Civil Division). *H. Parsons (Livestock) Limited. v. Uttley Ingham and Company LTD.* Julgado em 18 de maio de 1977; Reino Unido. Privy Council. *Overseas Tankship (U.K.) Limited. V. Morts Dock & Engineering Company Limited.* Julgado em 18 de janeiro de 1961; Estados Unidos da América. United States Court of Appeals, Second Circuit. *Petition of Kinsman Transit Company.* Julgado em 29 de outubro de 1964. "*The Wagon Mound*"; Reino Unido. Privy Council. *Overseas Tankship (U.K.) Limited. V. The Miller Steamship Co. Pty Limited and another.* Julgado em 25 de maio de 1966. "*The Wagon Mound II*"; Estados Unidos da América. United States Court of Appeals, Seventh Circuit. *Evra Corp. v. Swiss Bank Corp.* Julgado em 19 de março de 1982.

80 Reino Unido. House of Lords. *Koufos v. C. Czarnikow, Ltd.* Julgado em 1967. *The Heron II.*

A discussão se deu sobre o atraso de navio fretado, chamado *The Heron*, por *C. Czarnikow Ltd.* junto a *Nicolas Koufos*, o dono de *The Heron.* Este era obrigado a realizar o transporte marítimo de 3000 toneladas de açúcar. Diante do atraso na entrega da mercadoria no Porto de Baçorá, no Iraque, e tendo havido substancial queda no valor do açúcar naquela praça entre a data da entrega estimada e a data da entrega efetiva, *C. Czarnikow* cobrou de *Koufos* a diferença no valor que seria obtido com a venda de açúcar caso tivesse chegado a Baçorá no prazo inicialmente acordado, quando a cotação da mercadoria era mais alta. *C. Czarnikow* teve o pleito deferido nas instâncias inferiores.

Koufos veio então a interpor recurso junto a *House of Lords*, buscando limitar a indenização aos juros incidentes sobre o preço durante o período de mora. *Koufos* admitiu o inadimplemento, mas alegou que as flutuações do mercado se deram em função de causas imprevistas e imprevisíveis, não se relacionando com o curso normal das coisas. Embora *Hadley v. Baxendale* fosse de aplicação incontroversa, a segunda regra daquele caso incidiria e afastaria a diferença de valor de mercado como dano a ser indenizado. Não tendo recebido nenhuma informação sobre a destinação das três mil toneladas de açúcar quando chegassem a Baçorá, não seria cabível a indenização tal qual pleiteada. A falta da transmissão da informação antes da contratação sobre o destino do açúcar se somaria à imprevisibilidade das oscilações do mercado para limitar a indenização cabível aos juros, não se estendendo à diferença de mercado, inclusive desconhecida e sequer cognoscível quando se contratou[81].

A conclusão da *House of Lords* foi a de que a diferença a menor no valor de mercado do açúcar entre a data da entrega efetiva e a data aprazada deveria ser indenizada, rejeitando o recurso e mantendo a conclusão das instâncias inferiores. Fundamentalmente, o transportador de açúcar, como comerciante, deveria saber, quando contratou, que o açúcar seria revendido pela fretadora tão logo chegasse a seu destino, um porto comercial.

81 Reino Unido. House of Lords. *Koufos v. C. Czarnikow, Ltd.* Julgado em 1967. *The Heron II.*

O dano ocorreria na grande maioria dos casos de descumprimento de contratos análogos, não se podendo descartar a sua probabilidade, aos olhos do transportador, no momento da contratação. Uma aproximação entre os danos em *contracts* e em *torts* foi tentada por *Koufos*, mas o argumento foi afastado pela maioria dos julgadores. Os *Lords* destacaram que a indenização em contratos deve ser aferida de maneira distinta do método empregado em *torts*[82].

Lord Up John destacou que a regra antiga seria de que apenas os danos imediatos são indenizáveis. Porém, com as complicações da vida e o surgimento de atividades industriais, essa regra simples falha em fornecer uma pauta suficiente aos julgadores para a avaliação dos danos em casos de responsabilidade contratual mais complexos. Verificando-se o descumprimento de dever imputável ao lesante em casos de responsabilidade extracontratual, os atos e omissões da parte inocente são irrelevantes até que se possa considerar uma situação de culpa concorrente (*contributory negligence*). O lesante é um estranho completo — apenas passageiramente vizinho para os propósitos do Direito ao lesado, vinculado a respeitar os direitos do lesado. Se falha em deixar de interferir na esfera jurídica alheia, o Direito lhe aplica um teste rigoroso para a avaliação dos danos[83]. Entretanto, nos contratos, as partes devem considerar apenas as consequências do descumprimento relativas a uma pessoa específica: a contraparte. Por isso, é justo que a avaliação sobre os danos dependa daquilo que era conhecido e estava na contemplação comum, e não em consequências que, embora previsíveis, fossem na maioria das vezes improváveis. Como nos contratos as partes têm a possibilidade de concordar em afastar a responsabilidade, limitá-la ou acordar numa soma já liquidada, ou, ainda, uma parte pode informar à outra circunstâncias especiais que tornarão o descumprimento especialmente sério para si, há razões suficientes para se considerar distintas as avaliações sobre o dano indenizável em casos de

82 Reino Unido. House of Lords. *Koufos v. C. Czarnikow, Ltd.* Julgado em 1967. *The Heron II.*

83 Reino Unido. House of Lords. *Koufos v. C. Czarnikow, Ltd.* Julgado em 1967. *The Heron II.* Voto de *Lord Up John.*

torts e em casos de inadimplemento contratual. Aí estariam esmiuçadas as razões pelas quais se faz mister diferenciar o emprego de *foreseeability* para *torts* e de *contemplation of the parties* para os contratos. O segundo conceito é mais restrito do que o primeiro, segundo *Lord Up John*[84].

Lord Reid acompanhou esse entendimento. Sinalizou ser insuficiente argumentar que o dano foi diretamente causado pelo descumprimento do contrato em *Hadley v. Baxendale* ou no caso que tinha diante de si: em ambos os casos o dano discutido foi classificado como direto, de maneira clara. Buscou, porém, rechaçar a suficiência do teste da previsibilidade razoável para os contratos, pois muitos eventos extremamente improváveis são razoavelmente previsíveis. Por isso, adotar nua e cruamente a fórmula da previsibilidade razoável seria confundir danos contratuais com danos extracontratuais, havendo a necessidade de avaliar se a suficiência da probabilidade de a perda vir a ocorrer no momento da contratação, para os contratos, enquanto a regra moderna na responsabilidade extracontratual é muito mais ampla. De um lado, nos *torts*, o lesante será responsabilizado por qualquer tipo de dano que seja razoavelmente previsível como suscetível de acontecer, até em casos não usuais, a menos que o risco seja tão pequeno que uma pessoa razoável poderia, consideradas todas as circunstâncias, negligenciá-lo. De outro, nos contratos, devem ser consideradas as informações que o lesante tinha disponíveis no momento da contratação e sopesar se o dano seria suficientemente provável de decorrer do descumprimento[85].

---

84 Reino Unido. House of Lords. *Koufos v. C. Czarnikow, Ltd.* Julgado em 1967. *The Heron II.* Voto de *Lord Up John.*

85 Reino Unido. House of Lords. *Koufos v. C. Czarnikow, Ltd.* Julgado em 1967. *The Heron II.* Voto de *Lord Up John.* O entendimento foi expressamente reproduzido em *The Achilleas,* Voto de *Lord Hope of Craighead,* analisado também *infra,* Capítulo 1.3.1.1, bem como nos casos Reino Unido. Royal Courts of Justice. Court of Appeal (Civil Division). *Supershield Limited* v. *Siemens Building Technologies Fe. Limited.* Julgado em 20 de janeiro de 2010 e Austrália. Supreme Court of Western Australia in Civil. *Regional Power Corporation v. Pacific Hydro Group Two Pty Ltd (No 2).* Julgado em 26 de setembro de 2013, Capítulo 1.3.1.2.

A razão da distinção está na possibilidade de uma parte que queira se proteger contrariamente a um risco — que à outra parte possa parecer não usual — direcionar a atenção da contraparte antes do contrato ser celebrado. Em casos de *torts*, contudo, não há essa oportunidade de proteção à parte lesada. Logo, o lesante não pode razoavelmente se insurgir que deva pagar por danos extraordinários, mas previsíveis, que resultem do seu ato ilícito. *Lord Reid* concluiu que não teria dúvidas que um lesante teria sido responsabilizado pelo tipo de dano que foi afastado em *Hadley v. Baxendale* se o caso fosse de responsabilidade extracontratual: a qualquer um, com o conhecimento do transportador, o dano era improvável, mas a chance de que poderia ocorrer era longe de ser negligenciável. A conclusão não significava a superação do entendimento jurídico sobre o célebre caso, mas a diferença de regime entre o inadimplemento contratual e o de *torts*[86].

Lord Hodson também anuiu à diferença metodológica entre *torts* e *contracts*. Destacou a utilidade de tomar como pauta a expressão "na grande multidão dos casos", que está referida mais de uma vez em *Hadley v. Baxendale*. A expressão indica que os danos indenizáveis no inadimplemento contratual são aqueles que fluem naturalmente na maioria dos casos de descumprimento, sob circunstâncias ordinárias, ou sob circunstâncias especiais que sejam possuídas pelo lesante ou que lhe tenham sido comunicadas. Por isso, a expressão joga luzes em todo o campo da indenização no inadimplemento contratual, pondo em pauta métodos distintos em relação a casos de *torts*. Assinalou que se os fatos forem iguais, os danos serão iguais independentemente de a pretensão ser exercida com base no contrato ou no regime extracontratual. Porém, o método aplicável em *torts* normalmente será diferente, porque a relação entre as partes é diferente. Ao depender da *contemplation* das partes, questões atinentes à

86 Reino Unido. House of Lords. *Koufos v. C. Czarnikow, Ltd.* Julgado em 1967. *The Heron II.* Voto de *Lord Reid.*

imediatidade do dano não emergem: consequentemente, concorda que a responsabilidade extracontratual frequentemente é mais ampla[87].

No mesmo sentido, *Lord Pearce* rejeitou a inspiração mútua entre *contracts* e *torts*. Destacou que em *Hadley v. Baxendale* se buscou esclarecer e definir as fronteiras da indenização em contratos. Em *The Wagon Mound I (Reino Unido, 1961)*, a tentativa foi similar em relação a danos na responsabilidade extracontratual. A aproximação não lhe parece útil, pois em contratos normalmente as partes, com algum conhecimento recíproco, deliberam a se comprometer com deveres mútuos. Nos contratos, as partes têm a oportunidade de definir claramente a respeito do que serão e a respeito do que não serão responsabilizadas. Caberá ao Direito tratar das fronteiras da responsabilidade se não estiver expressa, definindo-as a partir do expresso e do implícito.

Por outro lado, na responsabilidade extracontratual, pessoas desconhecidas entendem que atos e declarações de uma colidiram com os direitos da outra, e o julgador deve definir qual é a responsabilidade pelo dano resultante, se deve ser compartilhada e em que medida se estende. Por isso, havendo a tentativa de fixar um conceito de danos que se acomode aos diferentes problemas, há o perigo de que as regras sejam distorcidas para acomodar um e outro, produzindo-se uma regra que seja insatisfatória em ambos. O ponto em comum diz respeito ao emprego de palavras com diferentes sombras de significado, que tornam difícil a distinção com exatidão sobre onde estão as fronteiras[88].

---

87 Reino Unido. House of Lords. *Koufos v. C. Czarnikow, Ltd.* Julgado em 1967. *The Heron II.* Voto de *Lord Hodson. In verbis:* "The claim against the tortfeasor who has inflicted tortious damage is not the same as the claim against an opposite party for breach of contract, for the latter claim depends on the contemplation of the parties to the contract and questions of remoteness as such do not arise. Consequently liability in tort may often be of a wider kind".

88 Reino Unido. House of Lords. *Koufos v. C. Czarnikow, Ltd.* Julgado em 1967. *The Heron II.* Voto de Lord Pearce. Os casos *The Wagon Mound I e II* são analisados, respectivamente, *supra*, Capítulos 1.2.3 e *infra* Capítulo 1.3.2.

Portanto, enquanto nos contratos há, ao menos do ponto de vista analítico, uma sucessão entre o momento de celebração e o do inadimplemento, pois logicamente só se pode inadimplir uma obrigação contratual se houver escolha das partes de se vincular contratualmente, na responsabilidade extracontratual isso não ocorre. As partes envolvidas em um caso de responsabilidade extracontratual são tidas pelo Direito como "estranhas" entre si. Por isso, ao menos de regra, nos *torts* há uma unidade entre o momento em que surge o vínculo jurídico e a responsabilidade, enquanto nos contratos potencialmente há um momento antecedente àquele do descumprimento para a análise a respeito do curso normal das coisas, das circunstâncias especiais, do conhecimento do lesante e da probabilidade de as consequências virem a decorrer do ato ilícito. A previsibilidade e a probabilidade nos *torts* são concomitantes, enquanto nos contratos há um descolamento entre o momento de aferição da *contemplation of the parties* e o momento em que o dever de indenizar passa a existir.

No caso, o valor de mercado inferior em relação ao momento do inadimplemento sequer seria uma circunstância com grau de detalhamento cognoscível por qualquer das partes: *Koufos*, porém, deveria supor que as oscilações poderiam ocorrer no período de atraso. Independentemente da ausência de dados específicos sobre a cotação do açúcar em Baçorá e da insciência, no momento da contratação, a respeito da flutuação do valor do açúcar no mercado local — a qual poderia ser positiva ou negativa —, *Koufos* sabia da existência do mercado de açúcar no Iraque, para onde se dirigia com a mercadoria. Não era, portanto, improvável que o açúcar transportado seria vendido logo ao chegar ao seu destino. É imputado ao comerciante a realizar o transporte a um porto comercial o conhecimento a respeito da suficiente probabilidade de os danos ocorrerem pelo atraso.

Em casos de *torts*, o teste sobre a previsibilidade razoável no momento da contratação é impossível. Por isso, deveria haver uma clara cisão entre os regimes: a ausência da possibilidade do inadimplente conhecer as circunstâncias especiais e do risco a elas vinculadas não serve como limite à indenização em *torts*. Os *consequential damages* são diferentes se decorrem do descumprimento de contratos ou se decorrem da aplicação das regras de *torts*. Sendo a responsabilidade agravada em *torts*, de um lado, e menos abrangente em *contracts*, de outro, os *consequential damages* podem ser indenizáveis à luz do regime extracontratual, mas não indenizáveis segundo o regime contratual.

Em síntese, na acepção de *special damages*, os *consequential damages* são aqueles que se caracterizam a partir de circunstâncias especiais da parte lesada. Não são necessariamente imprevisíveis[89]. Tais danos são indenizáveis somente quando as circunstâncias especiais são conhecidas ou cognoscíveis no momento da contratação pela parte que vem a se tornar inadimplente. O conhecimento efetivo ou imputado — segundo o grau de probabilidade de vir a ocorrer conforme consequência do descumprimento — expressa a previsibilidade razoável. O *consequential damage* que seria imprevisível, ordinariamente, pode ser concretamente previsível, devendo ser indenizado.

89 Assim também: WEST, Glenn. Excluded provisions and the Danger of Contractually Slaying Mythical Dragons. *Global Private Equity Watch*, Datado de 13 de dezembro de 2021. Disponível em: https://privateequity.weil.com/glenn-west-musings/excluded-loss-provisions-and-the-danger-of--contractually-slaying-mythical-dragons/. *In verbis:* "But, make no mistake, consequential or special damages are real, actual and foreseeable damages, not some attempt to manufacture imaginary, speculative or remote losses".

CAPÍTULO 1.3

CAUSATION: INDIRECT DAMAGES

Já se repetiu que a transportadora inadimpliu o contrato em *Hadley v. Baxendale* ao atrasar o retorno do virabrequim em cinco dias. Ninguém nega que os lucros cessantes sucederam temporalmente a falta de entrega devida, quando devida. Os danos, porém, não foram indenizados.

A falta de peça gerou, faticamente, a ausência de atividades do moinho. Até o momento, neste estudo entendeu-se que a necessidade da peça para a operação do moinho era uma circunstância especial, desconhecida do transportador. Uma maneira de ler o resultado do julgado é a de que os lucros cessantes não foram indenizados porque não decorreram do atraso. Nessa linha, o dano não decorreu do atraso do transporte, mas de circunstâncias especiais. Já que os lucros cessantes não decorreram do inadimplemento do contrato "em si", mas de circunstâncias especiais, não foram indenizados.

Abstraindo do caso, quando os danos não decorrerem do contrato, mas de circunstâncias outras, supostamente estranhas à relação contratual, não são danos diretamente decorrentes do descumprimento, mas danos indiretamente decorrentes do inadimplemento do contrato. Do ponto de vista analítico, apõe-se entre o inadimplemento, causa, e o dano, consequência, uma circunstância especial. A circunstância especial torna o dano indireto: os *consequential damages* só exsurgem em virtude de a circunstância especial mediar o inadimplemento e o dano.

As expressões "*arising*"; "*resulting from*"; "*result*" e "*follow from*" empregadas naquele julgado indicam uma relação de causa e efeito como critério a ser considerado para o exame da indenização contratual cabível. Para que os danos sejam indenizáveis devem se originar, resultar, decorrer do inadimplemento. Devem ser consequência do descumprimento do contrato.

Conquanto por vezes o problema da causalidade se coloque como desafiador do ponto de vista da investigação factual, como em contratos de construção, e contratos de compra e venda de participações societárias[1], a maior dificuldade estará em traçar quando um prejuízo decorre do inadimplemento do contrato a partir de um critério jurídico. A chave de *Hadley v. Baxendale* é perdida se desconsiderada a relatividade da causalidade como um conceito jurídico, como se anotou em *Czarnikow v. Rionda (EUA, 1930)*[2].

Considerada a acepção de *consequential damages* vista até aqui, uma alternativa se põe: ou os danos decorrem naturalmente do curso normal das coisas, ou correspondem à medida da lesão que decorre de circunstâncias especiais comunicadas, previsíveis ao inadimplente no momento da contratação. Assim está na primeira parte da regra (ou primeira regra)[3] de *Hadley v. Baxendale* e no complemento explicativo[4], respectivamente.

A ênfase até então teve como centro de análise as circunstâncias especiais. Essas circunstâncias são apodadas de especiais, pois excepcionam o curso normal das coisas. São especiais por serem excepcionais àquilo que normalmente acontece. Senão a respeito da possibilidade de os lucros cessantes serem *direct* ou *consequential damages* (*Capítulo 1.2*), não se aprofundou a interposição das circunstâncias especiais na relação de causa e consequência entre o inadimplemento e o dano.

---

1 *E.g.* Estados Unidos da América. United States District Court, S.D. New York. *Gusmao v. GMT Group*. Julgado em 1º de agosto de 2008.

2 Estados Unidos da América. Court of Appeals of the State of New York. *Kerr Steamship Co. v. Radio Corporation*. Julgado em 31 de maio de 1927, *in verbis:* "The key to *Hadley* v. *Baxendale* is lost if we fail to keep in mind the relativity of causation as a concept of the law".

3 Já transcrito na Introdução, por comodidade também ora transcrito: "Where two parties have made a contract, which one of them has broken, the damages which the other party ought to receive in respect of such breach of contract should be such as may fairly and reasonably be considered *either arising naturally to the usual course of things*, from such breach of contract *itself*". *Hadley v. Baxendale (Reino Unido, 1854)*. Grifei.

4 "Now, if the special circumstances under which the contract was actually made were communicated by the plaintiffs to the defendants, and thus known to both parties, *the damages resulting from the breach of such a contract*, which they would reasonably contemplate, would be the amount of injury *which would ordinarily follow from* a breach of contract under these special circumstances so known and communicated." *Hadley v. Baxendale (Reino Unido, 1854)*. Grifei.

Pode-se dizer que os *consequential damages* são equiparáveis a *indirect damages*, no sentido de que não se originam do contrato, mas da circunstância especial que se interpôs entre o resultado e a falta de conduta devida? Essa circunstância especial envolve o patrimônio do lesado? Nesse caso, é preciso falar em danos atinentes ao contrato e danos externos ao contrato?

À luz dos desdobramentos de *Hadley v. Baxendale*, o objetivo deste capítulo é investigar a relação de causa e consequência entre o prejuízo alegado e o inadimplemento do contrato, a partir de viés normativo. Três grupos de casos demonstram tentativas de respostas mais elaboradas a respeito da tormentosa questão. Em busca de um critério comum, é formulado um cotejo de casos nos quais os danos não foram tidos como decorrentes do contrato em si, e por isso foram danos "externos" ao contrato (*Capítulo 1.3.1.1*), com casos nos quais os danos foram abrangidos pelo escopo contratual, considerados indenizáveis (*Capítulo 1.3.1.2*). Nesta comparação, o exame da causalidade se entrecruza com o da previsibilidade. Finaliza-se com exame de situações nas quais o dano deixou de ser indenizado por ser evitável pela parte que o sofreu (*Capítulo 1.3.2*).

1.3.1. DECORRÊNCIA DO INADIMPLEMENTO DO CONTRATO "EM SI"

Pelo cotejo do que seria o contrato "em si" e do que seria o contrato consideradas as circunstâncias especiais, é possível perceber uma alternatividade entre partes da regra, no singular, de *Hadley v. Baxendale*. Quando o descumprimento de uma obrigação tem relação com as circunstâncias especiais, erige a discussão a respeito dos limites do conteúdo do contrato: a vinculação se dá apenas conforme o que normalmente acontece, ou, diante das circunstâncias concretas, os riscos a serem imputados a cada um justificam excepcionar o curso normal das coisas e estender a responsabilidade também sobre consequências a se originar de circunstâncias especiais? O conteúdo da responsabilidade diz respeito apenas ao que normalmente é contratado em condições análogas, ou abrange também outros riscos que estariam fora do conteúdo contratual, mas, diante das peculiaridades, devem ser compreendidos como inseridos na relação contratual?

A questão foi suscitada na distinção entre *lost profits* e *consequential damages*: os *lost profits* podem ser *direct* ou *consequential* (*Capítulo 1.1.2*). A resposta demanda traçar a linha entre os *direct* e os *consequential damages* com base na compreensão do conteúdo de cada contrato concreto. Nessa tarefa, o envolvimento de terceiros é um indício de que os danos poderão ser *consequential*, cabendo, porém, analisar se o envolvimento do terceiro compõe o conteúdo da relação jurídica e a respectiva zona cujos riscos podem ser imputados a uma parte ou a outra.

Veja-se um derradeiro conjunto de seis casos recentes — julgados entre 2008 e 2016 — que servem de auxílio a uma compreensão de *consequential damages* como *indirect damages*. Nos três primeiros, o pedido indenizatório foi negado; nos três últimos, deferido.

1.3.1.1. Danos externos ao contrato

O primeiro dos casos — *The Achilleas (Reino Unido, 2008)* — configurou a revisão mais aprofundada do histórico jurisprudencial acerca dos limites da indenização contratual pela *House of Lords* desde *The Heron II (Reino Unido, 1967)*[5]. O caso envolveu contrato de locação de navio comercial. *Mercator* era a proprietária do navio *The Achilleas*, enquanto *Transfield Shipping* era a fretadora/locatária. Restou ajustado o pagamento da locação por taxa diária de US$ 19 mil, estando aprazada a restituição do navio até data certa. *Mercator* já havia celebrado novo contrato de locação com

5 Reino Unido. United Kingdom House of Lords Decision. *Transfield Shipping Inc. v Mercator Shipping Inc.* Julgado em 9 de julho de 2008. *The Achilleas.* Caso citado em: WEST, Glenn; DURAN, Sara. Reassessing the 'Consequences' of Consequential Damages Waivers in Acquisition Agreements. *The Business Lawyer*, vol. 63, 2008, p. 793, EISENBERG, Melvin Aron. The Principle of Hadley v. Baxendale. *California Law Review*, vol. 80, 1992, p. 563-613, p. 207-208; WEST, Glenn. Consequential Damages Redux: An Updated Study of the Ubiquitous and Problematic 'Excluded Losses' Provision in Private Company Acquisition Agreements. *The Business Lawyer*, Vol. 70, Fall 2015, 971-1006, p. 981-982.

outra locatária para início imediatamente posterior à restituição da locação junto a *Transfield Shipping*, com taxa diária de US$ 39.5 mil. Caso, no novo contrato, houvesse atraso na transmissão da posse do navio, caberia à nova fretadora o direito de resilir.

Foi justamente o que aconteceu. *Transfield Shipping* atrasou a devolução de *The Achilleas* em nove dias, o que levou a atraso no início do contrato de locação para o período subsequente. Naquele contexto, também houve queda no valor de mercado da locação de navios para US$ 31.5 mil por dia. Para que a nova locatária aceitasse o atraso e não extinguisse o contrato subsequente, a proprietária se viu compelida a conceder desconto no valor que havia cobrado pela locação. O montante diário do desconto na nova locação foi de US$ 8 mil dólares. Logo, *Mercator* deixou de auferir US$ 1,3 milhões se considerados dois anos, isto é, todo o período da nova locação de *The Achilleas*. Entendendo que o montante deveria ser indenizado por decorrer do atraso de *Transfield Shipping*, *Mercator* iniciou processo arbitral. Em resposta, *Transfield Shipping* alegou que a indenização estaria limitada à diferença entre o valor de mercado do frete durante os nove dias de atraso, no montante de US$ 152 mil. Admitiu, portanto, o dever de indenizar, divergindo no *quantum*.

A arbitragem foi decidida em favor de *Mercator*, por maioria, aplicando-se a primeira regra de *Hadley v. Baxendale*. A conclusão foi ter a diferença na contratação subsequente como naturalmente decorrente, ou seja, de acordo com o curso normal das coisas do inadimplemento em si. Era um tipo de dano que o *Transfield Shipping* deveria ter considerado, quando celebrou o contrato, como não improvável de decorrer, em função da necessidade de devolução atempada do navio. O árbitro dissidente assinalou que, conquanto o locador soubesse a respeito da alta probabilidade de os donos do navio celebrarem um novo negócio no período subsequente, uma pessoa razoável na posição destes não teria entendido que estava assumindo responsabilidade por este tipo de dano. Sendo o entendimento geral no mercado de transporte de navios a restrição do cálculo da indenização conforme a diferença, contabilizada apenas durante o atraso, do valor de mercado em relação àquele efetivamente contratado, votou vencido[6].

A decisão arbitral foi questionada junto ao judiciário inglês por *Transfield Shipping*. O entendimento da maioria arbitral foi mantido pelos juízes de primeiro e segundo grau. Porém, veio a ser revisado no mérito por decisão da *House of Lords*. Os *Lords* expenderam longos votos a respeito, nos quais concluíram que o entendimento correto seria o do voto dissidente do processo arbitral: os danos indenizáveis compreenderiam apenas o período de atraso, com o que foram afastados os efeitos da decisão arbitral.

Embora unânime, é possível dividir a fundamentação em dois grupos: no primeiro, uma visão de escopo do dever assumido, com ênfase nos usos e no tipo de contrato, conforme os votos de *Lord Hoffmann*, *Lord Hope of Craighead* e *Lord Walker of Gestinthorpe*. No segundo grupo, fundamentos restritos, voltados à perquirição da previsibilidade concreta, conforme os votos de *Lord Rodger of Earlsferry* e *Baroness Hale of Richmond*. Repita-se: um e outro grupo de fundamentos levaram ao mesmo resultado. Veja-se cada um dos votos.

Lord Hoffmann entendeu que a maioria arbitral teria reconhecido ser contrária ao que seria a expectativa das partes no caso concreto, mas se basearia em *The Heron II (Reino Unido, 1967)* e *Hadley v. Baxendale*. Contudo, as regras de *Hadley*, interpretadas em *The Heron II*, não devem ser inflexivelmente compreendidas: o julgador deve levar a efeito as intenções presumidas das partes, e não as contraditar. Para afastar a argumentação dos donos do navio, segundo a qual as partes tinham integral liberdade para ter afastado por termos expressos a indenização por *consequential damages* se quisessem, *Lord Hoffmann* assinalou que a extensão da responsabilidade contratual deve ser aferida de acordo com a interpretação do contrato em particular. A interpretação cabível deveria ser feita não apenas de acordo

6 Reino Unido. United Kingdom House of Lords Decision. *Transfield Shipping Inc. v Mercator Shipping Inc.* Julgado em 9 de julho de 2008. Relato constante do voto de *Lord Hoffmann*. *The Achilleas*.

com a redação, mas — como nos casos de termos implícitos — de acordo com a interpretação complessiva do contrato, estabelecida de acordo com o seu pano de fundo comercial. A intenção das partes deve ser aferida objetivamente, pois toda responsabilidade contratual é voluntariamente criada. Logo, a princípio, seria incorreto atribuir responsabilidade por riscos que alguém em um mercado específico não teria razoavelmente considerado como riscos tomados[7].

Nesse sentido, argumentou, a distinção sobre o tipo de dano indenizável não é metafísica, mas deve ser estabelecida de acordo com algum princípio de direito contratual. *Lord Hoffmann* acrescentou que a única base racional para distinção é aquela que reflete o que seria razoável ter sido considerado pela parte contratante como importante para os propósitos do risco que estava tomando. Assim, a mesma técnica interpretativa deve se aplicar tanto para inferir que um termo estava implícito no contrato a partir da sua interpretação complessiva à luz do seu contexto comercial, quanto para inferir os limites da responsabilidade por danos. Como nos usos de mercado da locação de navios a indenização deve ser medida segundo a diferença do preço pago e o valor de mercado durante o período de atraso, os lucros cessantes específicos em negócios subsequentes não devem ser indenizados[8]. Dito de outra maneira, o teste da previsibilidade razoável, enfatizado o tipo contratual, afasta que as perdas em negócios subsequentes sejam a medida da indenização no comum dos casos.

Lord Hope of Craighead acompanhou esses argumentos. A assunção de responsabilidade forma a base da imediatidade dos danos nos contratos, sendo este critério mais rigoroso em relação a considerar apenas o que era razoavelmente previsível no momento da contratação. Neste aspecto acompanhando a decisão majoritária do tribunal arbitral, aduziu que o fato de a perda ser previsível — por representar o tipo de resultado que

---

7 Reino Unido. United Kingdom House of Lords Decision. *Transfield Shipping Inc. v Mercator Shipping Inc.* Julgado em 9 de julho de 2008. *The Achilleas.* Voto de *Lord Hoffmann.*

8 Reino Unido. United Kingdom House of Lords Decision. *Transfield Shipping Inc. v Mercator Shipping Inc.* Julgado em 9 de julho de 2008. *The Achilleas.* Voto de *Lord Hoffmann.*

as partes teriam em mente — seria insuficiente, sendo necessária maior precisão: a questão é se os danos eram do tipo de perdas que a parte poderia razoavelmente ter assumido. Embora o caso se inserisse em área altamente especializada do direito, deve ser resolvido segundo o direito dos contratos em geral. Não se pode esperar que uma parte assuma a responsabilidade pelo que não pode controlar e, porque nada sabe a respeito, não pode quantificar. É insuficiente que uma parte saiba em termos gerais e abertos que haja a possibilidade de um evento subsequente no futuro: este foi o erro de valoração da maioria na decisão arbitral. O que uma parte precisa é a informação que permita a avaliação sobre a extensão da responsabilidade. A finalidade da lei é dar efeito à intenção presumida das partes. Essa ideia explica por que danos pelo inadimplemento contratual estão limitados àquilo que ocorre em circunstâncias ordinárias — na grande maioria dos casos — como foi colocado por *Baron Alderson* em *Hadley v. Baxendale.* Nestas situações, a assunção de responsabilidade pode ser presumida, admitindo-se também a prova de que os danos derivam de circunstâncias especiais sabidas ou comunicadas à parte inadimplente quando celebrou o contrato. A presunção não pode, portanto, ser resultado de contratos específicos entre os proprietários e os novos locatários, que não podem ser previstos, mas deve estar em acordo com contratos celebrados no mercado, pois estes podem[9].

No mesmo sentido, *Lord Walker of Gestinthorpe* destacou que a melhor interpretação de *Hadley v. Baxendale* segundo as análises e desdobramentos no século XX é a de que consiste em um princípio, segundo o qual a indenização depende do grau de conhecimento relevante tido pelo inadimplente quando o contrato é celebrado. O método está de acordo com a prática: as cortes não estão prontas para classificar casos de acordo com uma ou outra das chamadas regras de *Hadley v. Baxendale*, mas sim para decidir cada caso segundo o conhecimento específico da parte lesante. A inquirição sobre o grau de conhecimento presumido de acordo com a primeira parte

9 Reino Unido. United Kingdom House of Lords Decision. *Transfield Shipping Inc. v Mercator Shipping Inc.* Julgado em 9 de julho de 2008. *The Achilleas.* Voto de *Lord Hope of Craighead.*

da regra depende da natureza da relação jurídica comercial celebrada entre as partes contratantes. Os resultados diferentes de *Hadley v. Baxendale* e de *Victoria Laundry (Reino Unido, 1949)* residem na constatação de que o lesante, no último caso, era uma empresa de engenharia fornecendo um aquecedor especializado e não um mero transportador de mercadorias que não tinha nenhuma familiaridade particular com o virabrequim. Embora *Hadley v. Baxendale* forneça uma regra aplicável a todos os contratos, tipos particulares de contratos em diferentes áreas do comércio, indústria e da vida financeira — como contratos de afretamento, contratos de construção e compra e venda de participações societárias — inevitavelmente se tornaram assuntos especializados. São matérias sobre as quais se debruçam advogados especialistas em nome de negociantes bem-informados. Por isso, apenas entender que os danos seriam previsíveis seria um teste muito cru, sendo um erro de direito adotá-lo. O que de fato importa é se a comum intenção de partes razoáveis em afretamentos do tipo indicaria como suficientemente prováveis danos extraordinários, medidos de acordo com toda a duração de um novo contrato, como resultantes de um período de atraso relativamente curto na restituição de *The Achilleas*[10].

Um pouco diferente foi a perspectiva apresentada pelo segundo grupo de fundamentos, constantes dos votos de *Lord Rodger of Earlsferry* e de *Baroness Hale of Richmond.* O primeiro retomou *Hadley v. Baxendale*, destacando a expressão "no grande universo dos casos". Enfatizou que embora alguma indenização pudesse ser cabível a *Mercator* — aludindo a *Victoria Laundry* —, não significa que os lucros cessantes da renegociação de outro contrato serão a medida da indenização, pois assim concluir enfraqueceria o primeiro elemento de *Hadley v. Baxendale.* Pode ser que a determinação da indenização seja peculiar, como nos casos em que, no momento da contratação, os proprietários chamaram a atenção a respeito da existência de uma nova locação de muitos meses de duração a justificar que o navio tivesse que ser restituído numa data específica. Nessa

10 Reino Unido. United Kingdom House of Lords Decision. *Transfield Shipping Inc. v Mercator Shipping Inc.* Julgado em 9 de julho de 2008. *The Achilleas.* Voto de *Lord Walker of Gestinthorpe.*

hipótese, os locatários saberiam que o descumprimento na restituição resultaria em responsabilidade de tal tipo. Então a segunda parte de *Hadley v. Baxendale* seria invocável. No caso concreto, porém, quando as partes firmaram o contrato, nenhuma poderia razoavelmente prever que o atraso de nove dias teria, no curso ordinário das coisas, causado aos proprietários o tipo de dano que pleitearam: essa perda em virtude da renegociação de um contrato (dois anos de diferença no valor diário da locação em contrato subsequente) não era uma consequência ordinária de tal tipo de descumprimento. Portanto, careceria de bom sentido comercial entender que um fretador seria responsável por tão extensiva perda que nenhuma das partes poderia quantificar no momento da contratação[11].

Por fim, *Baroness Hale of Richmond* acompanhou essa análise. Entendeu que o fato de nunca alguém, antes, ter deduzido o pedido tal qual formulado por *Mercator* não significa que devesse ser rejeitado: a novidade dos casos concretos não fornece uma resposta conclusiva. Argumentou ser o objetivo da indenização por inadimplemento contratual colocar o lesado na posição na qual estaria se o contrato tivesse sido corretamente cumprido. No caso, se o contrato não tivesse sido inadimplido do modo como foi, *Mercator* teria tido o benefício do negócio subsequente segundo o preço original. Logo colocá-la na posição na qual estaria caso o contrato tivesse sido cumprido de acordo com os seus termos envolveria o pagamento da diferença, considerado todo o negócio subsequente. Mais do que tudo, se as partes quiserem excluir a responsabilidade por *consequential loss* deste tipo, então será muito simples inserir uma cláusula em contratos futuros. Seria muito mais complicado negociar, antes da contratação, a imposição de responsabilidade deste tipo de perda. Por isso, desconsiderar toda uma classe de danos simplesmente porque as partes não pensaram a respeito acrescenta tanta incerteza e injustiça quanto considerá-la como indenizável. O argumento é uma faca de dois gumes, pois é uma resposta por via de princípios gerais a limitar a responsabilidade do inadimplente quando o contrato, em si, não o faz.

---

11 Reino Unido. United Kingdom House of Lords Decision. *Transfield Shipping Inc. v Mercator Shipping Inc.* Julgado em 9 de julho de 2008. *The Achilleas.* Voto de *Lord Rodger of Earlsferry.*

O inadimplente não é inevitavelmente responsável por todos os danos que o seu descumprimento causou. A perda do tipo em questão deve estar "dentro da contemplação" das partes no momento em que o contrato foi celebrado, não sendo suficiente sustentar que a perda é previsível se for altamente improvável, pois não resultaria no curso normal das coisas, como foi decidido em *The Heron II (Reino Unido, 1967)*. No caso concreto, as partes não tinham esse tipo particular de dano dentro da sua contemplação: esperariam que o proprietário do navio continuasse a utilizá-lo, mesmo que se restituído em atraso. Foi apenas em virtude de não usual volatilidade do mercado naquele momento específico que a perda particular foi sofrida[12].

Por isso, *Baroness Hale of Richmond* concluiu que o entendimento expresso nos demais votos não foi o de apenas analisar se *o tipo de dano* estava dentro da contemplação das partes quando o contrato foi celebrado, mas também o de considerar se a *responsabilidade* sobre o tipo de dano estaria nas raias da sua contemplação[13]. Em outras palavras, deve-se pressupor que o locatário atrasado assumira responsabilidade por este tipo de perda? O que se deve concluir daquilo que não foi dito no contrato? Se essa for a questão, então passa a ser necessário considerar o que era a expectativa normal das partes em tais contratos no mercado em particular. Essa fora a abordagem do árbitro minoritário, o qual restou vencido[14].

Se assim o for, *Baroness Hale of Richmond* entendeu que se acrescentaria uma interessante — mas nova — dimensão a respeito da imediatidade dos danos, dimensão esta que não claramente emerge das autoridades clássicas. Pelo máximo, há uma pista em *The Heron II (Reino Unido, 1967)*,

12 Reino Unido. United Kingdom House of Lords Decision. *Transfield Shipping Inc. v Mercator Shipping Inc.* Julgado em 9 de julho de 2008. *The Achilleas*. Voto de *Baroness Hale of Richmond*.

13 Reino Unido. United Kingdom House of Lords Decision. *Transfield Shipping Inc. v Mercator Shipping Inc.* Julgado em 9 de julho de 2008. *The Achilleas*. Voto de *Baroness Hale of Richmond*. Itálicos originais. A referência é feita aos votos de *Lord Hoffmann* e *Lord Hope of Craighead*.

14 Reino Unido. United Kingdom House of Lords Decision. *Transfield Shipping Inc. v Mercator Shipping Inc.* Julgado em 9 de julho de 2008. *The Achilleas*. Voto de *Baroness Hale of Richmond*.

no voto de *Lord Reid*, quando assinalara que a perda deve ser suficientemente provável de decorrer do descumprimento do contrato para justificar como apropriado ou que a perda decorreu naturalmente do contrato, ou que o dano deveria ter sido considerado como dentro da contemplação do inadimplente[15]. Porém, *The Heron II* apontou em direção contrária, ao enfatizar a ausência de regras especiais a contratos de afretamento e a diferença da causalidade nos contratos em relação à causalidade em *torts*[16]. Logo, incorporar a sugestão de maneira geral seria introduzir na responsabilidade contratual ordinária o princípio adotado em contexto da responsabilidade por negligência profissional: o que pode fazer a diferença entre uma excelente resposta ou uma resposta ordinária, de primeira classe, à questão. Contudo, a questão não foi discutida no caso e, entre as opiniões doutrinárias mencionadas por *Lord Hoffmann*, há fontes que, no seu entender, argumentam enfaticamente no sentido contrário[17].

Consequentemente, *Baroness Hale of Richmond* não quis introduzir no direito contratual o conceito de escopo do dever, o qual fora introduzido no direito da negligência. A regra de *Hadley v. Baxendale* demanda o questionamento sobre o que as partes deveriam ter considerado em sua contemplação mais do que aquilo que, de fato, tinham na sua contemplação, mas é fático o critério pelo qual isso é julgado. Questões de assunção de

15 *In verbis:* "There is scarcely a hint of it in *The Heron II*, apart perhaps from Lord Reid's reference, at p 385, to the loss being "sufficiently likely to result from the breach of contract *to make it proper* to hold that the loss flowed naturally from the breach or that loss of that kind should have been within his contemplation" (emphasis supplied)". Reino Unido. United Kingdom House of Lords Decision. *Transfield Shipping Inc. v Mercator Shipping Inc.* Julgado em 9 de julho de 2008. *The Achilleas.*

16 Reino Unido. United Kingdom House of Lords Decision. *Transfield Shipping Inc. v Mercator Shipping Inc.* Julgado em 9 de julho de 2008. *The Achilleas.* Voto de *Baroness Hale of Richmond.*

17 *In verbis:* "In an examination, this might well make the difference between a congratulatory and an ordinary first class answer to the question. But despite the excellence of counsels' arguments it was not explored before us, although it is explored in academic textbooks and other writings, including those cited by Lord Hoffmann in paragraph 11 of his opinion. I note, however, that the most recent of these, Professor Robertson's article on "The basis of the remoteness rule in contract" (2008) 28 Legal Studies 172 argues strongly to the contrary". Reino Unido. United Kingdom House of Lords Decision. *Transfield Shipping Inc. v Mercator Shipping Inc.* Julgado em 9 de julho de 2008. *The Achilleas.* Voto de *Baroness Hale of Richmond.*

risco dependem de uma maior amplitude de fatores e valorações[18]. Consequentemente, sinalizou que ainda teria dúvidas a respeito do resultado, mas preferiu os argumentos mais restritos identificados por *Lord Rodger of Earslferry*, deixando a questão a ser explorada em outro caso e contexto[19].

Em suma, entendeu-se que *Transfield Shipping* deveria indenizar apenas a diferença na cotação do aluguel no período de atraso, independentemente do negócio subsequente. O *consequential damage* não foi indenizado.

Meses antes do julgamento de *The Achilleas*, outro caso no qual os danos alegados não foram indenizados foi *Environmental v. Peerless (Austrália, 2008)*[20]. Segundo a compreensão defendida, *consequential damages* são aqueles que se colocam fora do normal para o contrato especificamente considerado, não se equiparando a danos baseados na segunda regra de *Hadley v. Baxendale*. Por serem *consequential damages* excluídos contratualmente, não foram indenizados.

O caso envolveu contrato para o desenvolvimento e construção de "regenerador térmico de ar", utilizado no tratamento de resíduos da produção industrial, chamado RTO. *Peerless Holdings*, a contratante, era empresa de reciclagem orgânica, produção e processamento de gordura. *Environmental Systems* era provedora de serviços de engenharia para a indústria de óleo, gás e petroquímica, especializada no fornecimento de sistemas de controle de poluição do ar. O preço do RTO, mais moderno e sustentável, que substituiria o equipamento antigo de *Peerless*, foi ajus-

18 *In verbis:* "I am not immediately attracted to the idea of introducing into the law of contract the concept of the scope of duty which has perforce had to be developed in the law of negligence. The rule in *Hadley v Baxendale* asks what the parties must be taken to have had in their contemplation, rather than what they actually had in their contemplation, but the criterion by which this is judged is a factual one. Questions of assumption of risk depend upon a wider range of factors and value judgments". Reino Unido. United Kingdom House of Lords Decision. *Transfield Shipping Inc. v Mercator Shipping Inc.* Julgado em 9 de julho de 2008. *The Achilleas*. Voto de *Baroness Hale of Richmond*.

19 Reino Unido. United Kingdom House of Lords Decision. *Transfield Shipping Inc. v Mercator Shipping Inc.* Julgado em 9 de julho de 2008. *The Achilleas*. Voto de *Baroness Hale of Richmond*.

20 Austrália. Supreme Court of Victoria. Court of Appeal. *Environmental Systems Pty Ltd v Peerless Holdings Pty Ltd*. Julgado em 26 de fevereiro de 2008.

tado em US$ 675 mil. O contrato excluía a indenização de *liquidated* e de *consequential damages*[21].

Ocorre que o sistema desenvolvido não serviu aos propósitos, pois não eliminava o odor da produção industrial. Após consideráveis esforços para fazer o RTO funcionar como pretendido, *Peerless* desligou-o e reestabeleceu o uso do equipamento antigo. Em virtude disso, ajuizou demanda indenizatória, visando a ser ressarcida por vários tipos de dano: (*i*) custos com a compra, instalação e comissionamento do sistema regenerador térmico de ar; (*ii*) custos com trabalho empregado na tentativa de fazer o regenerador funcionar; (*iii*) custos com desmontagem e descarte do regenerador; e (*iv*) custos com dispêndio extra de energia, para reestabelecimento do equipamento antigo[22].

O juiz de primeira instância entendeu que a *expertise* necessária à correta operação do RTO recaía a *Environmental*, não a *Peerless*. Concedeu em parte a indenização pelos (*iv*) custos adicionais com a energia gastos com o equipamento antigo. Na fundamentação, o juiz sinalizou que a expressão "*consequential loss*" se refere às perdas indenizáveis apenas de acordo com o "segundo galho" de *Hadley v. Baxendale* e, portanto, que os custos adicionais com energia não eram *consequential loss* de acordo com o sentido emprestado à cláusula. Porém, quanto aos custos de compra, instalação, comissionamento e pessoal voltados às tentativas de fazer o RTO funcionar — (*i*) e (*ii*) —, seriam danos classificáveis como *liquidated damages* à luz da cláusula de afastamento, não cabendo a sua indenização.

21 *In verbis:* "8.9 LIQUIDATED DAMAGES AND/OR CONSEQUENTIAL LOSS As a matter of policy, Environmental Systems does not accept liquidated damages or consequential loss. Environmental Systems is motivated to achieving agreed milestones through respect for the client's needs and the obvious financial advantage gained from completion of projects in the shortest possible period". Austrália. Supreme Court of Victoria. Court of Appeal. *Environmental Systems Pty Ltd v Peerless Holdings Pty Ltd.* Julgado em 26 de fevereiro de 2008.

22 Austrália. Supreme Court of Victoria. Court of Appeal. *Environmental Systems Pty Ltd v Peerless Holdings Pty Ltd.* Julgado em 26 de fevereiro de 2008.

Houve recursos de ambas as partes. Para o que ora concerne, de um lado, *Environmental* entendeu que a conclusão do juiz havia sido incorreta, pois a correta interpretação da expressão *consequential loss* de acordo com a cláusula 8.9 do contrato seria "quaisquer perdas que uma pessoa de negócios entenderia que o termo abarca (em outras palavras, quaisquer perdas consequentes de um inadimplemento, outras que não *liquidated damages*). Logo, as expressões 'liquidated damages or consequential loss' significariam quaisquer danos outros que não aqueles especificamente arrolados no contrato"[23]. De outro, *Peerless* suscitou que, diante da prova de que o RTO não servia aos propósitos contratados, ao menos a primeira pretensão — os custos com a compra, instalação e comissionamento do equipamento, conforme a alínea (*i*) — deveria ser indenizada à luz não só da responsabilidade baseada no *Trade Practice Acts*, como também por serem danos decorrentes do inadimplemento [24].

Analisado o texto do contrato e de documentos que lhe antecederam, a Suprema Corte de *Victoria* revisou e corrigiu profundamente os fundamentos. Ao afastar a qualificação erradamente promovida daqueles danos como "*liquidated damages*"[25], a Suprema Corte se debruçou sobre a outra hipótese de indenização afastada, respondendo à questão de serem

23 *In verbis:* "86. The appellant contends that the judge was wrong so to hold, and that upon its proper construction 'consequential loss' in clause 8.9 means any losses that a business person would understand that term to embrace (in other words, any losses consequent upon a breach other than 'liquidated damages'). As the appellant would have it, therefore, the compendious phrase 'liquidated damages or consequential loss' means all damages other than the liquidated damages specifically provided for in Section 7". Austrália. Supreme Court of Victoria. Court of Appeal. *Environmental Systems Pty Ltd v Peerless Holdings Pty Ltd.* Julgado em 26 de fevereiro de 2008.

24 As pretensões indenizatórias restaram amparadas em pleitos de dolo (misleading and deceptive conduct), em violação ao *Trade Practices Act* e por inadimplemento contratual. A avaliação dos danos pelo juiz de primeiro grau foi levemente superior considerada a responsabilidade extracontratual. Os fundamentos ora analisados dizem respeito à reavaliação sobre os danos contratuais promovida pela Suprema Corte de Vitória, que concluiu, ulteriormente, pela manutenção do resultado do julgado de primeiro grau, embora a revisão de fundamentos, pois a indenização calculada com base na violação ao *Trade Practice Acts* era superior à reavaliação então procedida.

25 Registrou-se ter juiz de primeira instância concluído erradamente a respeito do sentido de *liquidated damages*. Estes seriam somas que ficam pré-determinadas como um montante global, ou que fossem determináveis segundo critérios escalonados de cobrança. Logo os pedidos (*i*) e (*ii*) não seriam *liquidated damages*.

ou não *consequential damages* à luz do contrato. Se o fossem, não haveria indenização, em virtude do afastamento por escolha das partes.

O julgado defende uma leitura "ordinária" do que devem significar *consequential damages* em cláusulas de limitação do dever de indenizar, basicamente apontando a outros danos para além da medida normal. Trata-se de interpretação doutrinária do livro *Mc Gregor on Damages*, argumentando-se que o professor enfatiza: "verdadeira distinção se dá entre *normal loss*, que é aquela [perda] que qualquer requerente em uma situação semelhante sofreria e entre *consequential loss*, tudo o que estivesse para além da medida normal, como lucros cessantes ou despesas incorridas em virtude do descumprimento"[26]. A distinção doutrinária está baseada no *English Sales of Goods Act*, nos artigos que tratam de danos por recusa ou não entrega das mercadorias (50[27] e 51[28]). As perdas normais, medida *prima facie* da indenização, seriam a diferença entre o preço do contrato e o valor de mercado[29]. Esta distinção entre *normal losses* e *consequential*

26 No original: "[...] the true distinction is between 'normal loss', which is loss that every plaintiff in a like situation will suffer, and 'consequential losses', which are anything beyond the normal measure, such as profits lost or expenses incurred through breach". Austrália. Supreme Court of Victoria. Court of Appeal. *Environmental Systems Pty Ltd v Peerless Holdings Pty Ltd.* Julgado em 26 de fevereiro de 2008.

27 *In verbis:* "50. Damages for non-acceptance. (1) Where the buyer wrongfully neglects or refuses to accept and pay for the goods, the seller may maintain an action against him for damages for non--acceptance. (2) The measure of damages is the estimated loss directly and naturally resulting, in the ordinary course of events, from the buyer's breach of contract. (3) Where there is an available market for the goods in question the measure of damages is prima facie to be ascertained by the difference between the contract price and the market or current price at the time or times when the goods ought to have been accepted or (if no time was fixed for acceptance) at the time of the refusal to accept". Austrália. Supreme Court of Victoria. Court of Appeal. *Environmental Systems Pty Ltd v Peerless Holdings Pty Ltd.* Julgado em 26 de fevereiro de 2008.

28 *In* verbis: "51. Damages for non-delivery. (1) Where the seller wrongfully neglects or refuses to deliver the goods to the buyer, the buyer may maintain an action against the seller for damages for non-delivery. (2) The measure of damages is the estimated loss directly and naturally resulting, in the ordinary course of events, from the seller's breach of contract. (3) Where there is an available market for the goods in question the measure of damages is prima facie to be ascertained by the difference between the contract price and the market or current price of the goods at the time or times when they ought to have been delivered or (if no time was fixed) at the time of the refusal to deliver". Austrália. Supreme Court of Victoria. Court of Appeal. *Environmental Systems Pty Ltd v Peerless Holdings Pty Ltd.* Julgado em 26 de fevereiro de 2008.

29 A interpretação doutrinária sobre o texto legal inglês, *in verbis*: "The second sub-section of each section states the general measure of damages as the loss directly and naturally resulting in the ordinary course of events from the particular breach: this includes both normal and consequential losses. The

losses não seria a mesma distinção entre as partes de *Hadley v. Baxendale*, pois alguns *consequential losses* poderiam recair dentro da primeira regra do célebre caso como perdas naturalmente decorrentes do inadimplemento[30].

Seria antinômico confinar os *consequential damages* à segunda regra de *Hadley v. Baxendale*. É contraditório uma parte contratante comunicar as circunstâncias especiais à outra para, com essa comunicação, atribuí-la a responsabilidade por perdas que, de outro modo, não seriam atribuíveis, e, ao mesmo tempo, aceitar o afastamento de responsabilidade a respeito da exata perda. Caberia então restaurar o sentido natural de *consequential damages*, o qual teria sido furtado pelo emprego comercial e jurídico de cláusulas de afastamento.

Concretamente, o recurso da parte inadimplente foi acolhido por este fundamento: as rubricas (*ii*) e (*iii*) foram consideradas *consequential* e, portanto, não foram indenizadas. O caso é importante, porque fixa conteúdo aos *consequential damages* que se afasta de *Hadley v. Baxendale*: aqueles que se colocam fora do normal para aquele contrato. Indenização atinente aos custos com a compra, instalação e comissionamento do sistema regenerador térmico de ar, conforme a alínea (*i*), foi deferida. Embora ausente fundamentação específica no julgado a respeito, a julgar pelo deferimento se pode inferir que não foram considerados como *consequential damages*, tendo sido considerados como medida normal dos danos a serem reparados[31].

---

third sub-section of each section states the prima facie measure of damages to be the difference between contract price and market price: this is the normal loss". Austrália. Supreme Court of Victoria. Court of Appeal. *Environmental Systems Pty Ltd v Peerless Holdings Pty Ltd*. Julgado em 26 de fevereiro de 2008.

30 *In verbis*: "Obviously, that is not the same as the distinction between the first and second rules in *Hadley v Baxendale*, since some 'consequential loss' may well fall within the first rule in *Hadley v Baxendale* as loss arising 'naturally', ie. according to the usual course of things, from the breach of contract". Austrália. Supreme Court of Victoria. Court of Appeal. *Environmental Systems Pty Ltd v Peerless Holdings Pty Ltd*. Julgado em 26 de fevereiro de 2008.

31 A inferência também está em Austrália. Supreme Court of Western Australia in Civil. *Regional Power Corporation v. Pacific Hydro Group Two Pty Ltd (No 2)*. Julgado em 26 de setembro de 2013, analisado a seguir, Capítulo 1.3.1.2. Caso citado, por exemplo, em: CARVALHO, Ana Mafalda Soares de. *O Dano Consequencial*. A questão da causalidade. Faculdade de Direito da Universidade Católica Portuguesa. Escola do Porto. Dissertação de Mestrado, 2017, p. 23; WEST, Glenn. Consequential

Por fim, o argumento de que *consequential damages* são todos aqueles que não especificados no contrato foi chancelado no caso *Star Polaris (Reino Unido, 2016)*. Trata-se de posição ainda mais restritiva sobre o conteúdo do contrato "em si". A conclusão foi a de que *consequential damages* eram todos aqueles danos que não estavam previstos expressamente no contrato[32]. Foi afastado concretamente que os *consequential damages* — equiparáveis a *special damages* ou a *indirect damages* — seriam "aquele do segundo galho no caso *Hadley v. Baxendale*". O sentido de *consequential damages* foi aferido, portanto, apenas conforme o que foi expressamente previsto no contrato, sequer sendo pertinente a alusão a um sentido ordinário de *consequential damages*, em contraposição a *normal losses*, como no caso *Environmental v. Peerless*.

O caso envolveu contrato de construção e venda de navio cargueiro. *Star Polaris* era a compradora. *HHIC-PHIL*, referida como *Yard*, era o estaleiro que construiu o navio. *Yard* deveria construir, entregar o navio e garantir que estivesse livre de defeitos de construção durante os 12 primeiros meses. O contrato continha uma cláusula de garantia de qualidade, permeada por limitações de responsabilidade, entre as quais estavam excluídos os *consequential damages*. A letra do contrato indicava que *Yard* assumiu apenas a responsabilidade pela garantia de qualidade, havendo também afastamento de qualquer outra responsabilidade derivada de lei, *common law*, costume ou outro.

Ocorre que foram descobertos defeitos construtivos que levaram a problema no motor (pingos de soldagem na tubulação), os quais se enquadravam como defeito de qualidade do navio. Diante disso, a compradora *Star Polaris* deu início à ação pleiteando reembolso com despesas atinentes aos reparos e substituição das peças defeituosas, bem como indenização pela diminuição do valor do navio (*diminution in value*) em função de

---

Damages Redux: An Updated Study of the Ubiquitous and Problematic 'Excluded Losses' Provision in Private Company Acquisition Agreements. *The Business Lawyer*, Vol. 70, Fall 2015, 971-1006, p. 989.

32 Inglaterra e País de Gales. England and Wales High Court (Commercial Court). *Star Polaris LLC v. HHIC-PHIL INC.* Julgado em 17 de novembro de 2016.

contar com peças substituídas e reparadas. A decisão se deu por sentença arbitral, a qual entendeu pelo reembolso parcial da primeira rubrica, com limite na causalidade — afastando-se, nesse particular, do *quantum* indenizável a parcela de quanto o engenheiro-chefe do navio poderia tê-los evitado ao operar o navio[33]. Porém, o pedido de diminuição no valor do navio foi rejeitado, pois foi classificado como *consequential damage*.

Ao se revisitar o contrato já analisado pela sentença arbitral, o judiciário inglês entendeu que as questões a serem resolvidas seriam duas: em primeiro, (*i*) qual a correta interpretação da expressão *consequential* ou *special loss*? E, em segundo, (*ii*) *diminution in value* seria uma *consequential* ou *special loss*?

Ao enfrentar o mérito das questões postas, o judiciário manteve a sentença arbitral. *Consequential damages* seriam amplos naquele contrato, ou seja, seriam "relativo[s] à consequência ou denotativo[s] de uma relação de causa e efeito"[34], diferentemente do significado usual de *consequential* a indicar o segundo galho de *Hadley v. Baxendale*. Pela especificidade do contrato, não há vinculação à categorização usual — também referida como *special damage* ou *indirect damage* —, pois cada cláusula deve ser interpretada considerado o contrato como um todo e o seu pano de fundo fático particular. No caso concreto, *consequential damages* seriam qualquer perda financeira causada por defeitos de garantia que se colocasse para além do custo de substituição e reparo de danos físicos[35].

---

33 O ponto é interessante do ponto de vista fático, pois foi assinalado que a negligência do engenheiro chefe em não reagir a vários alarmes — e portanto não ter reduzido a velocidade — levou à interrupção da cadeia causal entre o descumprimento e os prejuízos. Como parcela identificável dos prejuízos não teria sido sofrida não fosse a ausência de redução de velocidade, os prejuízos posteriores foram tidos como integralmente decorrentes da negligência e portanto não foram indenizados. Nesse sentido, este aspecto do caso também poderia ser analisado sob o viés da evitabilidade, conforme Capítulo 1.3.2, *infra*.

34 *In verbis*: "v) The word 'consequential' was used by the parties in this agreement in its cause-and--effect sense, as meaning following as a result or consequence (para 209)". Inglaterra e País de Gales. England and Wales High Court (Commercial Court). *Star Polaris LLC v. HHIC-PHIL INC.* Julgado em 17 de novembro de 2016.

35 Inglaterra e País de Gales. England and Wales High Court (Commercial Court). *Star Polaris LLC v. HHIC-PHIL INC.* Julgado em 17 de novembro de 2016.

Como à cláusula de afastamento de *consequential damages*[36] se somou a criação de um completo "código" contratual de remédios para a aferição de responsabilidade ("*complete code of determination of liability*"), descaberia a indenização inclusive de *diminution in value*, embora essa rubrica fosse eventualmente enquadrável dentro do primeiro galho de *Hadley v. Baxendale*. O "código" exaustivo retirou do espectro de responsabilidade da construtora tudo o que nele não estivesse expressamente previsto. Por isso, o afastamento de *consequential damages* englobou o pedido indenizatório atinente ao valor do navio (*diminution in value*). Considerou-se que todos os danos que não foram positiva e expressamente assumidos pelo construtor do navio seriam *consequential damages*. Ou seja, danos que não estivessem expressamente assumidos pelo construtor por meio da descrição esmiuçada no texto contratual, seriam *consequential*. Pela exaustividade de tal "código", as partes não poderiam se socorrer de qualquer legislação, *common law* ou costume para amparar pleito indenizatório. Portanto, inclusive a diminuição do valor do barco que teve que sofrer reparos e ter as peças originais substituídas seriam um *consequential damage*, excluído por escolha das partes.

Os três casos revelam exemplos de situações nas quais os *consequential damages* não foram indenizados, porque as circunstâncias que lhe engendraram eram externas ao contrato. Os prejuízos verificados têm ligação apenas indireta com inadimplemento do contrato: sucederam-no,

36 É o texto da cláusula: "4. Extent of BUILDER's Liability (a) After delivery of the VESSEL the responsibility of the BUILDER in respect of or in connection with the VESSEL or this CONTRACT shall be limited to the extent expressly provided in the Paragraph 4 of this Article. Except as expressly provided in this Paragraph, in no circumstances and on no ground whatsoever shall the BUILDER have any responsibility or liability whatsoever or howsoever arising in respect of or in connection with the VESSEL or this CONTRACT after the delivery of the VESSEL. Further, but without in any way limiting the generality of the foregoing, the BUILDER shall have no liability or responsibility whatsoever or howsoever arising for or in connection with any consequential or special losses, damages or expenses unless otherwise stated herein. Any liability to any third party or any fine, compensation, penalty or other payment or sanction incurred by or imposed upon the Buyer or any other party whatsoever in relation to or in connection with this CONTRACT or the VESSEL until the delivery and acceptance of the VESSEL shall be burdened with the BUILDER". (ora suprimido o destaque em negrito realizado por tribunal arbitral e mantido no caso judicial publicado). Inglaterra e País de Gales. England and Wales High Court (Commercial Court). *Star Polaris LLC v. HHIC-PHIL INC.* Julgado em 17 de novembro de 2016.

mas foram gerados por outras causas que escapavam à responsabilidade da parte inadimplente, responsável apenas por consequências outras que não aquelas.

Em primeiro lugar, o contraste entre as posições defendidas em *The Achilleas (Reino Unido, 2008)* põe luzes nos dois principais desdobramentos de *Hadley v. Baxendale*. De um lado, a posição de *Baroness Hale of Richmond* e *Lord Rodger of Earslferry* seria a mais tradicional, enfocando a imprevisibilidade concreta dos prejuízos: não seria razoável supor que o tipo de dano estivesse na contemplação daquelas contratantes. O que levou à perda de US$ 1,2 milhões foram circunstâncias que se interpuseram entre o inadimplemento e a sua verificação. Concretamente, a existência de uma contratação subsequente a preços mais favoráveis, no mercado com alta volatilidade. De outro, na posição de *Lord Hoffmann*, *Lord Hope of Craighead* e *Lord Walker of Gestinthorpe*, o enfoque está na causalidade, sob a perspectiva do escopo das normas contratuais: só se pode afirmar haver ligação entre o inadimplemento e o dano se se puder afirmar que o risco da circunstância a gerá-lo foi assumido por uma das partes. A verificação de eventual assunção dos riscos deve passar pela interpretação complessiva do contrato à luz dos usos do setor, pois, ante à inexistência de circunstâncias especiais a justificar diferente assunção de responsabilidade, os usos servem como um teto indenizatório. Consequentemente, o dano indenizável está restrito a U$ 152 mil, isto é, a diferença entre o preço e o valor de mercado durante o período de atraso na restituição do navio.

Em segundo lugar, em *Environmental v. Peerless (Austrália, 2008)*, há uma crítica a perspectivar os *consequential damages* como aqueles que se enquadram na segunda parte da regra de *Hadley v. Baxendale*. As cláusulas de limitação de responsabilidade albergariam uma contradição ao confinar os *consequential damages* à segunda regra de *Hadley v. Baxendale*, pois é incoerente que uma parte comunique as circunstâncias especiais à outra para, com isso, atribuir a outra a responsabilidade por perdas que, de outro modo, não seriam atribuíveis, e, ao mesmo tempo, aceitar o afastamento de responsabilidade a respeito da exata mesma perda. A rigor, o método apropriado para enfrentar a limitação dos danos contratuais deveria ser outra dicotomia, entre danos normais e danos não-normais. Os primeiros seriam indenizáveis, os segundos, não.

Em terceiro lugar, no caso *Star Polaris (Reino Unido, 2016)* há limites ainda mais restritos quanto à indenização. A concepção de *consequential damages* é amplíssima: todos aqueles que não estivessem especificamente previstos no instrumento contratual, pois este fora celebrado como um "código exclusivo de remédios". Naquele caso, em virtude de contar com peças repostas, a diminuição do valor do navio foi considerada um *consequential damage*: dada a cláusula de afastamento, não deveria ser indenizado. O caso foi decidido exclusivamente por meio da compreensão do texto escrito pelas partes: tudo o que não estivesse específica e expressamente referido pelo contrato seria um *consequential damage*, externo ao contrato, não indenizável.

Relatados três casos nos quais a indenização de *consequential damages* foi rechaçada em vista de não compor o escopo contratual, cumpre analisar três outros nos quais o pedido indenizatório foi deferido.

1.3.1.2. Danos abrangidos pelo escopo contratual

Os três últimos casos compõem um grupo nos quais os danos foram indenizados por estarem abarcados pelo escopo contratual. Insertos na finalidade do contrato, compuseram o conteúdo da responsabilidade do inadimplente. Trata-se de considerar *consequential damages* como *indirect damages*. Como as hipóteses analisadas são *direct, mesmo havendo cláusula de afastamento de consequential damages*, devem ser indenizados[37].

37 Aos casos ora tratados se poderia somar o grupo de casos referido no Capítulo 1.1.2.

A lógica argumentativa que amparou o caso *The Achilleas (Reino Unido, 2007)* serviu explicitamente para a solução do caso *SuperShield Limited v. Siemens Builing Technologies (Reino Unido, 2010)*[38]. Neste caso, porém, os danos alegados foram considerados dentro do escopo contratual.

Tratou-se de subcontrato para a instalação de válvulas em sistema de *sprinklers* no prédio locado pelo escritório de advocacia *Slaughter and May* em Londres. *Siemens* era a segunda numa cadeia de subcontratados, cabendo-lhe o fornecimento e a instalação do sistema de *sprinklers*. *Supershield* era a terceira na cadeia, subcontratada por *Siemens* para realizar a instalação do sistema. O sistema continha um tanque reservatório de água, localizado no porão das instalações. *Supershield* deveria instalar uma válvula no tanque como meio de controle do nível da água no reservatório.

Ocorre que *Supershield* não instalou corretamente a válvula — não foi suficientemente apertada — e o tanque reservatório acabou por encher-se, com fluxo de água ininterrupto. Houve uma inundação no porão do prédio, a causar danos em equipamentos elétricos. Os outros mecanismos de segurança contra inundações, entre os quais drenos, estavam inacessíveis, e não impediram danos em materiais elétricos.

Diante de ações indenizatórias intentadas contra a construtora e as respectivas subcontratadas pelo escritório *Slaugther and May*, *Siemens* realizou mediação com todos os demais envolvidos e logrou acordo para que os subcontratados indenizassem a estes os prejuízos causados pelo mau funcionamento do sistema. Em linhas gerais, os contratados assumiram a responsabilidade de metade da perda que lhes foi imputada. Contudo, *Supershield* não concordou com o montante indenizatório. Entendeu que *Siemens* teria renunciado a uma série de outras defesas que poderiam minorar e até mesmo extinguir a indenização cabível em face ao escritório. Em

38 Reino Unido. Royal Courts of Justice. Court of Appeal (Civil Division). *Supershield Limited* v. *Siemens Building Technologies Fe. Limited.* Julgado em 20 de janeiro de 2010. Caso citado, por exemplo, em: ZIMMERMANN, Reinhard. Limitation of Liability for Damages. *The Edinburgh Law Review.* 18.2., p. 193-224, 2014, p. 207- 208.

virtude da recusa, *Siemens* ajuizou pedido indenizatório no montante de 2,8 milhões de libras para que *Supershield* indenizasse parte do que havia sido pago a *Slaughter and May* pelos danos nos equipamentos elétricos no porão.

O juízo de primeiro grau entendeu que os danos deveriam ser indenizados. O resultado provável do descumprimento em instalar a porca e o parafuso da válvula seria o vazamento de água em excesso, o qual, de acordo com o curso normal das coisas, causaria uma inundação e levaria a danos pela abundância de água. Logo, o conhecimento imputado a respeito da existência de drenos, alarmes ou manutenção não retiraria efeitos do que seria indenizável de acordo com a primeira regra de *Hadley v. Baxendale*. O nexo de causalidade restou claro em vista do fluxo constante da água, a qual não fora contida no tanque reservatório pelo mau funcionamento da válvula. O bloqueio do acesso aos drenos, circunstância fática verificada, não retirou a possibilidade de causação dos danos em virtude da falha de instalação: apenas falhou em reduzi-los[39].

Supershield argumentou que, se o caso fosse analisado à luz de *Hadley v. Baxendale*, a inundação deveria ser considerada consequência remotíssima em relação à falha na instalação da válvula. A causa do acidente, argumentou, teria sido a inacessibilidade dos drenos, que teriam evitado ou minorado a inundação. *Supershield* se insurgiu quanto à decisão de primeiro grau, pois não se tratava de imputar a ciência a respeito da existência dos drenos para reduzir o que, de outro modo, seria indenizável de acordo com a primeira parte de *Hadley v. Baxendale*. Dever-se-ia considerar, porém, que o reservatório fora projetado e construído com drenos e que o curso usual ou natural da água que extravasasse do tanque teria que ser expelido pelos drenos. O bloqueio de todos os drenos era uma circunstância infeliz e improvável, a qual evitou a vazão da água como teria ocorrido no curso normal das coisas, não cabendo, portanto, ser responsabilizada.

---

39 Reino Unido. Royal Courts of Justice. Court of Appeal (Civil Division). *Supershield Limited* v. *Siemens Building Technologies Fe. Limited*. Julgado em 20 de janeiro de 2010.

O argumento foi rejeitado pela Corte Real de Justiça que aprofundou o exame do nexo de causalidade em perspectiva jurídica. Avançando sob os excertos de *Hadley v. Baxendale*, sinalizou que muito foi escrito sobre o grau de probabilidade do dano para não ser considerado muito remoto. No voto de *Lord Reid* em *The Heron II (Reino Unido, 1967)*, o problema foi dissecado no sentido de que a causalidade fática não resolve a questão. Foi destacado o entendimento de que não haveria duas regras em *Hadley v. Baxendale*, mas um princípio único, aquele de considerar a suficiência da probabilidade para que o dano pudesse estar inserido na contemplação das partes. Ademais, como se concluiu em *The Achilleas (Reino Unido, 2008)*, a análise da presumida intenção comum das partes é imprescindível. Por isso, a imediatidade dos danos no inadimplemento contratual é fundamentada na regra de que os danos indenizáveis devem ser limitados àqueles que a parte inadimplente poderia razoavelmente ter assumido a responsabilidade de proteger a vítima, não se podendo desconsiderar a finalidade do contrato e o escopo da obrigação contratual[40].

O fundamento principal adotado foi o raciocínio por analogia expressa em relação ao caso *The Achilleas (Reino Unido, 2008)*. As duas posições daquele caso são mencionadas — ambas no sentido de excluir a responsabilidade, mas que, aplicadas àquele caso concreto então julgado, justificavam a sua atribuição à parte inadimplente.

A mais restrita, de *Lord Rodger* e *Baroness Hale of Richmond*, foi colacionada para enfatizar que o dano subsequente não era uma consequência ordinária do descumprimento, mas da volatilidade do mercado que não poderia ser considerada como inserta na contemplação das partes no momento da contratação. A circunstância especial afastava a conclusão de que o prejuízo decorrera do inadimplemento.

40 Reino Unido. Royal Courts of Justice. Court of Appeal (Civil Division). *Supershield Limited* v. *Siemens Building Technologies Fe. Limited.* Julgado em 20 de janeiro de 2010.

A posição mais ampla, adotada pelos demais *Lords*, também foi trazida à baila, porque a regra de *Hadley v. Baxendale*, interpretada à luz de *The Heron II (Reino Unido, 1967)*, não é inflexível. Ao invés de contradição à presumida intenção das partes, devem ser conferidos efeitos a esta. Por isso, embora previsíveis os danos no contrato subsequente naquele caso, a sua indenizabilidade envolvia a interpretação do contrato como um todo, considerado o seu contexto comercial, para saber se o fretador assumira responsabilidade contratual. A responsabilidade será determinada não apenas pela definição do que, no momento da formação do contrato, seria razoavelmente previsível. A ideia subjacente à segunda parte da regra de *Hadley v. Baxendale* — perquirição sobre qual era a base comum na qual as partes estavam contratando — aplica-se à regra como um todo. Por isso, em *The Heron II*, a questão não é de simples probabilidade, mas do que deve ser presumido a estar na mente das partes contratantes, considerando-se a natureza e o objeto do negócio. Em síntese, em *The Achilleas (Reino Unido, 2008)*, o contexto comercial não permitia supor a existência de contrato posteriormente celebrado. Considerada a volatilidade do mercado, a variação não estaria dentro da esfera de deveres da parte inadimplente[41].

Hadley v. Baxendale remanesce como a regra padrão, mas essa regra foi racionalizada, no sentido de refletir a expectativa a ser imputada às partes nos casos ordinários. Ou seja: um inadimplente deve ser ordinariamente responsabilizado à contraparte por danos resultantes do seu descumprimento se, e apenas se, no momento da contratação uma pessoa razoável no seu lugar teria considerado o dano daquele tipo como resultado não improvável do descumprimento. Porém, *The Achilleas* aponta à possibilidade de casos nos quais o julgador verifica, ao examinar o contrato e o contexto comercial, que a regra padrão não reflete a expectativa ou a intenção a ser razoavelmente imputada às partes no caso concreto. Nessas situações, o efeito é de exclusão: o inadimplente não pode ser responsabilizado pela perda que resulta do seu descumprimento, embora alguma perda "não

---

41 Reino Unido. Royal Courts of Justice. Court of Appeal (Civil Division). *Supershield Limited* v. *Siemens Building Technologies Fe. Limited*. Julgado em 20 de janeiro de 2010.

fosse improvável". Mas, logicamente, este princípio pode ter um efeito inclusivo: se a perda estava *dentro do escopo do dever*, não pode ser entendida como mediata, mesmo se não teria ocorrido em circunstâncias ordinárias. É dizer, o raciocínio *a contrario* também permite a ideia de *inclusão* da responsabilidade se esta tiver sido assumida. O nexo de causalidade nos contratos deve ser compreendido dentro do espectro de deveres assumido de parte a parte na contratação[42].

Em projetos de engenharia sofisticados (como aqueles envolvendo aviões, carros, túneis ou prédios) é comum que o construtor inclua uma série de mecanismos preventivos, com a razoável expectativa de que o risco de falha simultânea em todas seja mínimo. Mas o atendimento a esta expectativa dependerá de aqueles responsáveis pela proteção dos mecanismos fazerem o que devem. Se deixam de fazê-lo e o improvável ocorre, não deve se aceitar a resposta de que eram improváveis, caso seja responsabilidade daquela parte observar que mesmo o improvável não viesse a ocorrer. Seria um resultado perverso se, quanto maior o número de medidas de precaução, menor fosse o remédio jurídico disponível à vítima no caso de falhas múltiplas[43].

Concretamente, a Corte Real de Justiça concluiu que a falha no bom funcionamento da válvula restava dentro do escopo de responsabilidade de *Supershield*. Mesmo que os danos fossem improváveis — por haver outros mecanismos de segurança —, estava dentro do escopo contratual de *Siemens* — e de *Supershield*, sua respectiva subcontratada — impedir início de inundação por *sprinklers*. A inundação que resultou do escapamento de água do tanque de *sprinkler* teria que ter sido prevenida pelas responsáveis. O montante indenizatório que caberia a *Supershield* pelo acordo feito por *Siemens* foi considerado razoável, descabendo que fosse revisado à luz de critérios objetivos, pois se trata de matéria subjetiva a depender de inúmeras variáveis. *Supershield* foi, portanto, condenada.

42 Reino Unido. Royal Courts of Justice. Court of Appeal (Civil Division). *Supershield Limited* v. *Siemens Building Technologies Fe. Limited*. Julgado em 20 de janeiro de 2010.

43 Reino Unido. Royal Courts of Justice. Court of Appeal (Civil Division). *Supershield Limited* v. *Siemens Building Technologies Fe. Limited*. Julgado em 20 de janeiro de 2010.

O segundo caso, *Regional Power Corporation v. Pacific Hydro (Australia, 2013)*, contrapõe explicitamente as ideias defendidas em *Environmental v. Peerless (Australia, 2008)*[44]. Os danos discutidos foram indenizados, pois não se configuravam no caso concreto como *consequential damages*, tendo sido explicitamente aprofundada a discussão a respeito da categoria. A discussão envolveu contrato de construção de usina hidroelétrica e fornecimento de energia de longa duração. *Regional Power*, também referida como *SECWA*, era a detentora da propriedade, localizada no *Lago Argyle*. *Pacific Hydro* construíra a usina em 1994 e a operava, cabendo à *SECWA* a compra da energia produzida, a qual era revendida para o suprimento energético da comunidade da região. Havia cláusula de afastamento de *consequential* e de *indirect damages*, tidos como sinônimos[45].

Ocorre que adveio falha na operação da usina, levando à indisponibilidade do fornecimento de energia durante dois meses, no ano de 2006. *SECWA* foi compelida a contratar gerador de diesel e de combustível para não haver interrupção no fornecimento de energia elétrica à comunidade. Em virtude dos dispêndios, *SECWA* deduziu pedido indenizatório relativo aos gastos que teve com a contratação substitutiva de gerador de diesel — gastos de combustível, mão de obra e adaptações necessárias. Os gastos eram danos atinentes à necessidade de suprimento energético alternativo durante o período.

Pacific Hydro argumentou que o pedido dizia respeito a *consequential damages*, definíveis pela segunda parte de *Hadley v. Baxendale*, a qual ensejava danos não indenizáveis. Ou seja, como esses custos eram danos que excepcionavam o curso normal das coisas, não deveriam ser indenizados. Muito embora ambas as partes reconheçam ser direito vigente

---

44 Austrália. Supreme Court of Western Australia in Civil. *Regional Power Corporation v. Pacific Hydro Group Two Pty Ltd (No 2)*. Julgado em 26 de setembro de 2013.

45 *In verbis:* "I assess the words 'indirect' and 'consequential' in cl 25.1 at their widest ambit, so to encompass indirect or consequential damages, or indirect or consequential loss (if there be a relevant distinction)". Austrália. Supreme Court of Western Australia in Civil. *Regional Power Corporation v. Pacific Hydro Group Two Pty Ltd (No 2)*. Julgado em 26 de setembro de 2013.

na Austrália o abandono à compreensão de que a indenizabilidade dos danos deva ser aferida conforme uma dicotomia em *Hadley v. Baxendale*, o argumento foi deduzido.

O ponto fundamental do caso é a resposta a respeito da qualificação dos custos com a contratação substitutiva para que não houvesse solução de continuidade no suprimento de energia. Poderiam ser tais custos qualificados, à luz do contrato entre *SECWA* e *Pacific Hydro*, como *consequential damages*? Se o fossem, não seriam indenizados.

Sucedeu à interpretação do texto contratual, tida como "equívoca"[46], a assertiva de que, a rigor, o entendimento na Austrália já havia sido alterado desde ao menos 1986. Em primeiro lugar, a Suprema Corte da Austrália Ocidental considerou que, se *Hadley v. Baxendale* tivesse sido decidido nos dias atuais, potencialmente os lucros cessantes do moinho poderiam ser naturalmente derivados do descumprimento. Como os tempos mudam, o que não era uma perda natural em 1854, poderia vir a ser, hoje, considerada natural.

46 *In verbis:* "I render these initial preliminary observations concerning cl 26.1 of the PPA: 1. Clause 26.1 is to be assessed as a limitation clause, rather than a clause of complete exclusion. Direct losses for breach of the PPA are obviously not excluded by its terms. I arrive at that observation without any regard to the clause's heading 'Limitation of Liability', as required by cl 3.2.4 of the PPA. (Clause 3.2.4 provides 'headings shall not affect the construction or interpretation of [the PPA]'.) 2. It is clear the limitation against liability as contained in cl 26.1, has been assembled on a mutual basis, rather than to unilaterally favour a particular PPA contracting party over the other. Accordingly, there is potential on a case by case basis for limitation outcomes benefiting either side, depending on the presenting circumstances of an asserted PPA breach scenario. 3. Clause 26.1 mentions as being excluded not only 'consequential', but as well, 'indirect' damages or loss. The two key words of limitation are separated by a comma. 'Indirect' is mentioned before 'consequential'. On one view, 'indirect' and 'consequential' could be read as indicating only indirect or consequential damages, as cl 26.1 ends the sentence by the phrase ' loss of profits'. 'Loss of profits' looks to be a self contained term thereby suggesting earlier language in cl 26.1 refers to the noun, 'damages'. However, in all the circumstances, I would prefer to attribute that outcome to bad grammar and not the parties' objectively assessed intentions. I assess the words 'indirect' and 'consequential' in cl 25.1 at their widest ambit, so to encompass indirect or consequential damages, or indirect or consequential loss (if there be a relevant distinction). 4. There is an apparent, discernible breadth displayed as to the intended scope of this clause, by reason of its express recognition and embrace (by exclusion) not only of the notion of 'strict' liability, but also by an additional exclusion under the clauses drag znet reference to liability by 'any other legal theory'. 5. I detect the same breadth of intended ambit arising from the clauses use of the word 'any', seen to preface what follows to the end of the sentence within cl 26.1. I assess these provisions as equivocal in the overall task of construction". Austrália. Supreme Court of Western Australia in Civil. *Regional Power Corporation v. Pacific Hydro Group Two Pty Ltd (No 2).* Julgado em 26 de setembro de 2013.

Em segundo lugar, a Suprema Corte assinalou às dificuldades de se traçar uma linha clara para a distinção entre a primeira parte da regra e a segunda parte do célebre caso. Descaberia justificar a indenizabilidade dos danos à luz da distinção dicotômica, por um contraste entre o curso normal das coisas, de um lado, e de outro, o que é previsível em virtude do conhecimento efetivo do lesante sobre circunstâncias especiais, seguindo-se assim, expressamente, *The Heron II (Reino Unido, 1967)* e *Environmental v. Peerless (Australia, 2008)*. Argumentou-se a necessidade de libertação dos grilhões de que *consequential damages* só dizem respeito à segunda regra de *Hadley*, pois tais grilhões, por vezes, são inconsistentes com o método que demanda do intérprete analisar as palavras do texto em si, entendido à luz do contexto no qual o instrumento contratual está inserido e à luz do significado da cláusula naquele instrumento.

Porém, as razões de superação do célebre precedente são outras em relação àquelas suscitadas em *Environmental v. Peerless (Australia, 2008)*, no qual se sugeriu um teste de normalidade. Embora a necessidade de se libertar dos grilhões da dicotomia, este teste não é suficientemente substituído por um "teste de normalidade" dos danos. A noção de normalidade sequer teria sido explicitada no caso *Environmental v. Peerless (Austrália, 2008)*, tendo restado em aberto o que seria a medida normal de indenização. Afirmou-se a inexistência de limite rígido, pois os limites das regras de limitação vão sempre sendo superados e rediscutidos. Tampouco aquele caso explica por que "lucros cessantes ou despesas incorridas pelo descumprimento" devem invariavelmente ser classificadas como fora do escopo da medida normal de indenização[47].

47 *In verbis:* "Moreover, the observations at [93] do not explicitly identify what is a 'normal measure of damages'. Nor would they explain why, as the sentence at the end of [93] seems to suggest, 'profits lost or expenses incurred through breach' must invariably fall outside the scope of a 'normal measure of damages'". Austrália. Supreme Court of Western Australia in Civil. *Regional Power Corporation v. Pacific Hydro Group Two Pty Ltd (No 2)*. Julgado em 26 de setembro de 2013.

Ou seja, tanto a compreensão dicotômica de *Hadley v. Baxendale* quanto a distinção entre danos normais e anormais estavam incorretas, porque analisam a expressão *consequential loss* a partir de perspectivas jurídicas particulares em vez de uma perspectiva comercial variável de caso a caso. Não seria suficiente, portanto, tentar superar a suposta dicotomia de *Hadley v. Baxendale* com a substituição por um critério rígido que automaticamente eliminaria sempre lucros cessantes ou despesas incorridas. A verificação do que são *direct* ou *consequential damages* deve ser feita a partir da interpretação de cada contrato: noções rígidas e inflexíveis decorrentes de princípios gerais não são adequadas para a resolução de todos os casos[48].

Como *SECWA* era fornecedora de um bem público, seria inaceitável que não tivesse tomado providências para garantir a continuidade do fornecimento de energia. A posição de *SECWA* não pode ser equiparada a de um *trader* do mercado de *commodities* que simplesmente compra uma mercadoria para revendê-la no mercado com um lucro: as perdas que sofreria não são simples lucros cessantes. *SECWA* estava numa posição mais elevada, mas também mais vulnerável do que o *trader* em abstrato. Essas providências levaram aos gastos com a contratação do gerador e do combustível diesel. Ao interpretar-se o contrato objetivamente, verifica-se que o fornecimento de energia era um componente vital. Logo, os danos alegados eram diretos. Não eram danos indiretos quando compreendido o contexto específico da relação de longo prazo de fornecimento de energia[49].

Por fim, à guisa de transição ao último caso do grupo, um ponto merece ser destacado. *Pacific Hydro* ainda argumentou que dada a extensão do contrato haveria um "código" exclusivo de remédios. O próprio texto contratual, porém, sepulta qualquer tipo de discussão: a parte lesada teria direito a indenização, execução específica ou qualquer outro tipo de

48 Austrália. Supreme Court of Western Australia in Civil. *Regional Power Corporation v. Pacific Hydro Group Two Pty Ltd (No 2)*. Julgado em 26 de setembro de 2013.

49 Austrália. Supreme Court of Western Australia in Civil. *Regional Power Corporation v. Pacific Hydro Group Two Pty Ltd (No 2)*. Julgado em 26 de setembro de 2013.

remédio. Quisessem as bem instruídas partes o contrário, poderiam tê-lo feito quando o redigiram[50]. Trata-se do argumento levantado em *Star Polaris (Reino Unido, 2016)* — e naquele caso prevalecente —, embora a redação contratual daquele caso afastasse explicitamente outros remédios[51].

O terceiro caso permite ponderar a posição defendida em *Star Polaris*, também envolvendo contrato de construção. Em *Latham Land I LLC v. TGI Friday's (EUA, 2012)*, verifica-se conclusão diametralmente oposta à conclusão daquele caso[52].

O contrato envolvia construção e a locação comercial de restaurante da rede *TGI Fridays* em terreno de propriedade de *Latham Land I LLC. TGI Friday's Inc* construiria e operaria o restaurante durante 10 anos, no formato *Triple Net Lease*. Duas notas sobre a tipicidade social dessa modalidade de locação merecem destaque: em primeiro lugar, o locatário assume integralmente custos com impostos, seguros e manutenção, devendo o aluguel pago líquido destes três elementos. Em segundo, o grande ganho do locador está na valorização comercial do terreno de sua propriedade:

50 *In verbis:* "Clause 23.3 (relevantly) reads: "[T]he non-defaulting party shall be entitled to damages or specific performance or any other remedy available to that party (other than termination) either under the Agreement, under any written law or at law or in equity, from the defaulting party". Austrália. Supreme Court of Western Australia in Civil. *Regional Power Corporation v. Pacific Hydro Group Two Pty Ltd (No 2)*. Julgado em 26 de setembro de 2013.

51 *In verbis:* "4. Extent of BUILDER's Liability (a) After delivery of the VESSEL the responsibility of the BUILDER in respect of or in connection with the VESSEL or this CONTRACT shall be limited to the extent expressly provided in the Paragraph 4 of this Article. Except as expressly provided in this Paragraph, in no circumstances and on no ground whatsoever shall the BUILDER have any responsibility or liability whatsoever or howsoever arising in respect of or in connection with the VESSEL or this CONTRACT after the delivery of the VESSEL. Further, but without in any way limiting the generality of the foregoing, the BUILDER shall have no liability or responsibility whatsoever or howsoever arising for or in connection with any consequential or special losses, damages or expenses unless otherwise stated herein. Any liability to any third party or any fine, compensation, penalty or other payment or sanction incurred by or imposed upon the Buyer or any other party whatsoever in relation to or in connection with this CONTRACT or the VESSEL until the delivery and acceptance of the VESSEL shall be burdened with the BUILDER". Inglaterra e País de Gales. England and Wales High Court (Commercial Court). *Star Polaris LLC v. HHIC-PHIL INC.* Julgado em 17 de novembro de 2016.

52 Estados Unidos da América. Appellate Division of the Supreme Court of the State of New York. *Latham Land I LLC v. TGI Friday's Inc.* Julgado em 8 de janeiro de 2015. Caso citado, por exemplo, em: *Restatement (Second) of Contracts*, § 347.

em virtude desse ganho na valorização de seu imóvel, concede desconto no valor dos aluguéis. No contrato em concreto, havia cláusula excluindo indenização por *speculative*, *indirect*, *incidental* ou *consequential damages*.

Ocorre que no ano seguinte à contratação, *TGI Friday's* desistiu de construir o restaurante e resolveu o contrato. A resolução injustificada foi considerada descumprimento contratual. O imóvel foi, então, alienado a terceiro, não tendo sido tal venda tão lucrativa quanto seria caso o *Triple Net Lease* tivesse sido executado e o restaurante, portanto, tivesse sido construído. *Latham* deu início à ação judicial buscando ser ressarcida pela diferença no valor venal do imóvel caso a construção tivesse sido executada. O cálculo da diferença foi feito mediante a subtração do valor que o imóvel acabou sendo vendido em relação ao valor que o imóvel teria caso a locação *Triple Net Lease* tivesse sido cumprida.

As decisões das instâncias iniciais qualificaram a diferença no valor do imóvel como *consequential damage*, negando o pleito indenizatório diante da cláusula de limitação. Porém, a qualificação como *consequential damages* veio a ser afastada pela Divisão de Apelação da Suprema Corte de Nova York. Em síntese, a diferença do valor do imóvel foi considerada um *direct damage*, pois se referia à "verdadeira essência" do contrato que fora pactuado, ou seja, a diminuição do valor da propriedade a qual seria aprimorada.

Acrescentou-se: a diferença da indenização entre hipóteses de *direct* ou *general damages* e de *consequential damages* é que a primeira compensa o valor do adimplemento prometido, enquanto os *consequential* — que são indiretos — reparam outras perdas incorridas como resultado do descumprimento. Tipicamente, *direct damages* são *expectation damages*, medidos pelo que custaria colocar a parte lesada na mesma posição na qual estaria caso a parte inadimplente tivesse cumprido tal qual previsto no contrato. Aludiu-se ao § 347 do *Restatement (Second) of Contracts*[53].

53 *Restatement (Second) of Contracts* § 347 (1981): "Measure of Damages in General. Subject to the limitations stated in §§ 350-53, the injured party has a right to damages based on his expectation interest as measured by (a) the loss in the value to him of the other party's performance caused by its

Já os *special* ou *consequential damages* são extraordinários, no sentido de que não derivam "tão diretamente" do descumprimento e somente são indenizáveis se demonstrado que eram previsíveis e que estavam dentro da contemplação das partes no momento da celebração do contrato.

Concretamente, o valor que seria agregado ao terreno, caso tivesse sido ultimada a construção, se qualificaria como *expectation damage*. Representava, assim, a perda no benefício da barganha ("*benefit of its bargain*"), configurando consequência natural e provável do descumprimento. A *diminution in value* (diminuição de valor) da propriedade que o lesante havia prometido melhorar e alugar corresponde à verdadeira essência do contrato entre as partes. Não se confunde com os lucros que seriam obtidos com contratos aproximados, mas colaterais, os quais, sim, seriam *consequential damages*. Como *Latham* não logrou arranjar outro locatário, a venda subsequente foi considerada esforço para a mitigação dos danos[54].

Supershield v. Samsung (Reino Unido, 2010), *Regional Power v. Pacific Hydro (Australia, 2013)* e *Latham Land I LLC v. TGI Friday's (EUA, 2012)* tem em comum o deferimento da indenização pleiteada. O cotejo entre os casos nos quais os danos foram classificados como externos ao contrato permite concluir que, recentemente, os *consequential damages* tem sido considerados como sinônimos de *indirect damages*, o que leva a uma resposta negativa a sua indenizabilidade. O critério para classificar um dano como *direct* ou *indirect* está na classificação do dano como abrangido pelo escopo contratual, sendo *direct* o dano consequência do inadimplemento do contrato "em si". Ou o dano advém de circunstância externa ao escopo do contrato e então é *indirect*.

---

failure or deficiency, plus (b) any other loss, including incidental or consequential loss, caused by the breach, less (c) any cost or other loss that he has avoided by not having to perform".

54 Estados Unidos da América. Appellate Division of the Supreme Court of the State of New York. *Latham Land I LLC v. TGI Friday's Inc.* Julgado em 8 de janeiro de 2015.

No primeiro caso, o escopo dos deveres contratuais é analisado também sob um viés inclusivo. Se o escopo do dever teve um viés exclusivo no caso *The Achilleas (Reino Unido, 2008)* para afastar a indenização em contrato relativo a período subsequente, celebrado num ambiente de alta volatilidade, as consequências negativas que estiverem dentro do espectro do que a parte lesante assumiu para proteger a vítima devem ser indenizadas. Previsibilidade e probabilidade não solucionam a questão em todos os casos, pois pode haver casos nos quais consequências improváveis, por contrariarem ao que normalmente mais acontece, devam ser atribuídas à parte inadimplente. Conquanto improváveis, a responsabilidade por consequências negativas não pode ser afastada em projetos de engenharia sofisticados — como em carros, aviões e túneis.

Nos dois casos seguintes, há o afastamento da qualificação dos danos como *consequential damages*. Em vista da cláusula de afastamento, os *consequential damages* não seriam indenizáveis, mas as circunstâncias concretas afastaram essa qualificação, pois os danos atingiram a finalidade econômica central dos contratos. Trata-se de casos que seguem rigorosamente igual lógica do segundo grupo de casos aludidos no Capítulo 1.1.2, quando se descreveu que *lost profits* podem ser *direct damages*, não sendo, sempre, *consequential damages*.

Esta é a ideia explicitada em *Regional Power v. Pacific Hydro (Australia, 2013)*, a acompanhar a crítica desferida a *Environmental v. Peerless (Australia, 2008)*. Defende-se que a interpretação do contrato não deve ser feita a partir de dogmas rígidos e inflexíveis, mas a partir da perspectiva comercial do que as partes, em concreto, visaram. Naquele caso, os danos pleiteados pela parte lesada não eram lucros cessantes em negócios com terceiros como o seriam se se tratasse de uma comercializadora de *commodities*, mas eram custos incorridos em virtude do cumprimento de função especial de *SECWA* na comunidade: a fornecedora de um bem essencial. O fornecimento de energia naquele contrato era, portanto, vital, justificando que estivessem abrangidos no escopo de responsabilidade da construtora e operadora da usina.

Argumento semelhante a justificar que os danos estivessem incorporados ao escopo do contrato é o fundamento principal de *Latham v. TGI Friday's (EUA, 2012)*. Era crucial no modelo de locação especificamente traçado que houvesse a valorização do imóvel. Não era lícito que *TGI Friday's* desistisse unilateralmente da construção e resolvesse o vínculo, frustrando o direito de *Latham* de ter o imóvel valorizado. Por isso, posto que o dano dependesse de conjuntura posterior ao descumprimento, deveria ser indenizado. É dizer, a venda do imóvel a terceiro com preço abaixo do valor que teria, caso o contrato tivesse sido cumprido, ainda justificava que a diferença no valor venal estivesse abarcada no escopo contratual. O afastamento contratual de *consequential damages* não afastou a indenização daquele prejuízo.

Os casos mais recentes confirmam que a terminologia *consequential damages* nem sempre é empregada: nos alentados votos de *The Achilleas (Reino Unido, 2008)*, há apenas uma menção incidental no voto de *Baroness Hale of Richmond*. Quando é inescapável enfrentá-los, como nas cláusulas de limitação, os casos revelam que a qualificação como *consequential* levaria a uma negativa da sua indenizabilidade pela via contratual. Por exemplo, nos demais casos referidos no Capítulo 1.3.1.1 foram afastados por assim serem considerados, e os danos ora discutidos neste Capítulo 1.3.1.2 foram indenizados por não serem *consequential*. Diante de cláusulas de afastamento, imiscui-se a qualificação de um dano como *consequential* e a sua indenizabilidade. Os *consequential damages*, como externos ao escopo do contrato, não devem ser indenizados.

1.3.2. EVITABILIDADE

Condutas da parte lesada pelo inadimplemento, ou a sua ausência, compõem um argumento corriqueiro de defesa, pela parte inadimplente, para justificar a causação do prejuízo, e assim afastar a responsabilidade de sua esfera jurídica. A razão está em afirmar — mesmo ao se admitir o descumprimento do dever pelo lesante — que não fosse a conduta atribuível à parte lesada, o prejuízo não teria surgido. Ou seja, a causa jurídica do prejuízo fora a ação ou omissão da própria parte lesada. Em *Hadley v. Baxendale (Reino Unido, 1854)*, o argumento seria: o prejuízo exsurgiu da falta de um virabrequim sobressalente, sendo essa falta atribuível aos donos do moinho.

Alguns casos analisados em outros capítulos já fizeram menções, ao menos incidentais, a essa lógica. Por exemplo, em *Hector Martinez v. Southern Transport (EUA, 1977)*, embora os lucros cessantes atinentes ao período de atraso na entrega da escavadeira tenham sido indenizados, a indenização dos lucros cessantes durante o período de reparos da escavadeira foi negada, pois a parte lesada poderia ter obtido uma máquina substituta[55]. Em *C. Czarnikow v. Rionda (EUA, 1930)*, caberia à compradora ter realizado compras substitutivas às sacas de açúcar que foram entregues sem a qualidade prometida para entregar a seus clientes[56]. Em ambos os casos se pode afirmar que a causa do agravamento dos prejuízos foi a falta de ação por parte do lesado, que poderia tê-los evitado. E em *Rexnord Corp, v. DBA (EUA, 2002)*, a imputação da causação dos danos à parte lesada foi rechaçada diante da prova apresentada: não era possível atribuir a falha nos resultados em obter poupanças nos negócios, pois a contratante que seguira rigorosamente as orientações da prestadora de serviços *DBA*[57].

A evitabilidade dos danos é argumento dirigido a limitar a indenização. Veja-se, a seguir, as menções expressas feitas a *Hadley v. Baxendale (Reino Unido, 1854)*, em casos envolvendo *torts*, *Evra Corp. v. Swiss Bank (EUA, 1980)* e retome-se brevemente *The Wagon Mound II (Reino Unido, 1966)*. A ênfase figura no campo de condutas possíveis de serem adotadas pela parte supostamente lesada após a verificação do ato ilícito — é dizer, a

55 Estados Unidos da América. United States Court of Appeals. Fifth Circuit. *Hector Martinez Co. v. Southern Pacific Transport*. Julgado em 20 de dezembro de 1979. O caso foi analisado no Capítulo 1.2.2.1, *supra*.

56 Estados Unidos da América. Court of Appeals of the State of New York. *Czarnikow-Rionda Co. v. Federal S.R. Co.* Julgado em 18 de novembro de 1930.

57 Estados Unidos da América. United States Court of Appeal. Seventh Circuit. *Rexnord Corp. v. Dewolff Boberg Assoc. Inc.* Julgado em 16 de abril de 2002.

circunstância especial é conduta da parte supostamente lesada que medeia o descumprimento de dever e a verificação de dano.

Evra Corp. v. Swiss Bank Corp (EUA, 1982) reflete exemplo de aplicação da evitabilidade com base em *Hadley v. Baxendale*. Toda a solução do caso foi construída a partir de uma comparação direta com os fatos e com as razões jurídicas do caso do inglês "o *leading case* da *common law* a respeito da responsabilidade por *consequential damages* causados por falha ou atraso no cumprimento de uma obrigação comercial"[58]. Assim como naquele caso, os danos alegados não foram indenizados.

Com relação aos fatos, *Evra Corporation* (referida como *Hyman-Michaels*) era empresa que trabalhava com venda de sucata de aço para o Brasil. *Hyman-Michaels* tinha um contrato com transportador para realizar o transporte ao Brasil, por meio do navio *Pandora*. *Hyman-Michaels* realizava pagamentos no *Continental Bank*. Por sua vez, este transmitia os fundos ao *Swiss Bank* que, ulteriormente, transmitia os valores à conta do transportador contratado no *Banque de Paris*. Portanto, *Swiss Bank* era um banco intermediário nos processos de pagamentos para adimplir o contrato com o transportador marítimo do aço até o Brasil. Ou seja, não havia contrato entre as partes do processo, pois *Swiss Bank* se tratava de banco correspondente.

A cadeia de fatos a ensejar toda a discussão origina-se na falha de *Swiss Bank* em transmitir os fundos (US$ 27 mil) para que o pagamento ordenado por *Hyman-Michaels* chegasse ao destino final, isto é, à conta do dono do navio *Pandora*[59]. Descendo em detalhes a respeito do descumprimento, a

58 Estados Unidos da América. United States Court of Appeals, Seventh Circuit. *Evra Corp. v. Swiss Bank Corp.* Julgado em 19 de março de 1982. Caso citado, por exemplo, em: EISENBERG, Melvin Aron. The Principle of Hadley v. Baxendale. *California Law Review*, vol. 80, 1992, p. 563-613, p. 581- 582; LOOKOFSKY, Joseph M. *Consequential Damages in Comparative Context.* From Breach of Promise to Monetary Remedy in the American, Scandinavian and International Law of Contracts and Sales. Reimpressão. Copenhagen: Jurist-og Økonomforbundets Forlag, 1996, passim, p. 247; FARNSWORTH, Allan. *Contracts.* 4ª ed. New York: Aspen Publishers, 2004, § 12.17, p. 808-809; *Restatement (Second) of Contracts*, § 351.

59 Estados Unidos da América. United States Court of Appeals, Seventh Circuit. *Evra Corp. v. Swiss Bank Corp.* Julgado em 19 de março de 1982.

falha do *Swiss Bank* em transferir os montantes levou *Hyman-Michaels* a inadimplir o pagamento do contrato de transporte. Consequentemente, o descumprimento ensejou a possibilidade de resolução do contrato por parte do dono do navio *Pandora*. A esse respeito, outro detalhamento fático merece ainda ser esmiuçado: o contrato de longa duração havia sido celebrado com preços muito favoráveis a *Hyman-Michaels*, o que motivava o desinteresse comercial do dono do navio *Pandora* pela sua manutenção nos termos originais. O dono do navio *Pandora* já tentara em outra oportunidade resolvê-lo diante de imbróglio em pagamento anterior que fora realizado por cheque e não envolvia o *Swiss Bank*, inclusive mediante instauração de arbitragem para dirimir o conflito. Naquele caso anterior, o tribunal arbitral entendera não haver causa para a resolução do contrato, até mesmo considerando uma conduta alternativa imediata tomada por *Hyman-Michaels* para que o pagamento tivesse sido ultimado naquela oportunidade anterior[60].

Os fatos sobre os quais o julgado trata dizem respeito aos efeitos de uma segunda perturbação atinente ao pagamento do contrato de transporte envolvendo o navio *Pandora*. Diante da nova falha de pagamento, imputável à *Hyman-Michaels*, um novo tribunal arbitral entendeu haver justa causa à extinção pleiteada pelo dono do navio. Como *Hyman-Michaels* precisava do contrato de transporte até o Brasil para a manutenção de suas atividades, acabou por contratar novamente com o dono do navio *Pandora*, com frete bastante superior. Consequentemente, a diferença do preço do frete do novo contrato de transporte de aço para o antigo contrato, durante todo o período de contratação, que alcançava o montante de US$ 2 milhões, é o pedido principal decidido, nesse sentido se assemelhando à pretensão deduzida em *The Achilleas (Reino Unido, 2008)*, e lá afastada[61]. Também foi deduzido pedido atinente ao reembolso de US$ 16 mil a respeito das

60 Estados Unidos da América. United States Court of Appeals, Seventh Circuit. *Evra Corp. v. Swiss Bank Corp.* Julgado em 19 de março de 1982.

61 Vide Capítulo 1.3.1.1., *supra*.

despesas com a segunda arbitragem entre *Hyman-Michaels* e o dono de *Pandora*, disputa que fora perdida por *Hyman-Michaels*[62].

Na raiz da fundamentação está a classificação dos danos como *consequential damages*. Os custos com a arbitragem deflagrada em virtude do problema do pagamento e os lucros cessantes são classificados como *consequential* ou *special damages*.

Quando um banco falha em realizar uma transferência de fundos, os danos gerados podem ser de dois tipos. Quanto ao primeiro tipo, os fundos aplicados (ou os juros) podem ser perdidos, e então a taxa paga também se torna um dano. Estes são danos *direct* ou *general*. No caso, porém, a indenização pedida por *Hyman-Michaels* não era desse cariz.

Um segundo tipo de dano — que tanto o pagante quanto o recebedor podem sofrer — é uma perturbação nos negócios deflagrada pela falha em realizar o pagamento. O *Swiss Bank* deixou de transferir fundos ao *Banque de Paris* quando foi requisitado a respeito. Este fato deflagrou uma cadeia de reações que resultaram na arbitragem e na extinção do contrato altamente rentável. O ponto a ser decidido não dizia respeito à qualificação de tais danos como *consequential* ou à medida de tais danos, cuja quantificação fora corretamente apurada em primeiro grau: mas se *Hyman-Michaels* tinha a pretensão indenizatória aos *consequential damages*[63].

São duas as razões principais, extraídas diretamente de *Hadley v. Baxendale*, com o emprego da terminologia *consequential damages* em alusão aos *lost profits* daquele caso, que levam à conclusão negativa. Reverteu-se a decisão de primeiro grau e nenhum dos danos foi considerado indenizável, pois se tratava de dano evitável. Além disso, para que os danos fossem indenizáveis deveriam ser conhecidos para não serem muito remotos[64].

62 Estados Unidos da América. United States Court of Appeals, Seventh Circuit. *Evra Corp. v. Swiss Bank Corp.* Julgado em 19 de março de 1982.

63 Estados Unidos da América. United States Court of Appeals, Seventh Circuit. *Evra Corp. v. Swiss Bank Corp.* Julgado em 19 de março de 1982.

64 Estados Unidos da América. United States Court of Appeals, Seventh Circuit. *Evra Corp. v. Swiss Bank Corp.* Julgado em 19 de março de 1982.

A primeira das razões diz respeito à consagração em *Hadley v. Baxendale*, para os contratos, de uma regra atinente à evitabilidade do dano. Os custos de uma circunstância desfavorável no curso dos negócios devem ser suportados pela parte que tinha a possibilidade de evitar a consequência com o custo mais baixo e deixou de fazê-lo. No caso inglês, a consequência desfavorável era a paralisação das atividades no moinho. Evidentemente, o transportador deveria ter entregado o virabrequim a tempo. Porém, os próprios donos do moinho poderiam ter evitado aquele dano, se tivessem um eixo de reserva. A prudência lhes recomendava ter um virabrequim sobressalente, já que a substituição não poderia ser obtida rapidamente, ainda que não houvesse atraso no transporte para servir de modelo a um substituto. Logo, em *Hadley v. Baxendale*, a decisão foi de recusar o entendimento de que haveria um dever implícito do transportador de garantir os donos do moinho contra as consequências da sua própria falta de prudência — se as partes tivessem estipulado tal garantia, deveria ter sido respeitada. Foi extraído de *Hadley v. Baxendale* que os donos do moinho deveriam ter se acautelado com outro virabrequim substituto[65].

Esta lógica deveria ser aplicada, servindo a evitabilidade como limite à indenização em casos de *torts*. Exemplifica-se: o lesado fisicamente em acidente de carro que desarrazoadamente deixa de buscar tratamento médico não pode responsabilizar o culpado pelo agravamento das suas lesões físicas após o acidente. O agravamento cabe ao comportamento irrazoável do lesado depois do acidente; o mesmo se podendo dizer a hipotético comportamento irrazoável anterior, a falha em se prender o cinto de segurança. A evitabilidade dos danos se aplica quando o lesado age imprudentemente, seja antes seja depois do ilícito, e *Hyman-Michaels* fez ambos. O lesado deveria ter tomado medidas com maior antecedência ou outras medidas alternativas para evitar que o pagamento deixasse de ser debitado na conta do seu transportador. O fato de não as ter tomado

65 Estados Unidos da América. United States Court of Appeals, Seventh Circuit. *Evra Corp. v. Swiss Bank Corp.* Julgado em 19 de março de 1982.

é equiparável a não ter atado o cinto de segurança ou a não ter buscado atendimento médico depois da falha no pagamento[66].

A segunda das razões está em atribuir à regra de *Hadley v. Baxendale* uma conotação negativa. *Consequential damages* não serão indenizados a menos que o lesante tenha sido informado sobre as circunstâncias especiais que lhes ensejaram. A finalidade da transmissão da informação é assegurar que uma garantia improvável realmente é buscada pelas partes. No caso, *Swiss Bank* não tinha a informação específica. Não sabia que a falha em transferir US$ 27 mil geraria um prejuízo de US$ 2 milhões, dentre outras informações. Ao contrário do entendimento da instância inferior, a afirmação de que se trata de um banco líder internacional não justifica, em termos genéricos, a previsibilidade dos danos, pois o caráter genérico de previsibilidade existe praticamente em todos os casos. Argumento contrário é inclusive invocado: sendo *Hyman-Michaels* empresa sofisticada, sabia ou deveria saber que erros bancários acontecem e que o *Swiss Bank* não era infalível[67].

O julgado avança ao afirmar que — embora perceptível certa hesitação no sentido de as normas de *Hadley v. Baxendale* virem a se tornar aplicáveis a casos de *torts* — seria estranho que a ausência de um contrato aumentasse a extensão da responsabilidade, em vez de limitá-la[68], é dizer, o contrato limita a responsabilidade. Por isso, perante a ausência de uma obrigação contratual do *Swiss Bank* em tomar precauções ou garantir um perigo que não poderia medir, não se pode responsabilizá-lo. Essa conclusão é reforçada ao se considerar que o perigo era conhecido com precisão por *Hyman-Michaels*, além de que esta, pelo exercício de prudência comum, poderia ter impedido a sua ocorrência.

---

66 Estados Unidos da América. United States Court of Appeals, Seventh Circuit. *Evra Corp. v. Swiss Bank Corp.* Julgado em 19 de março de 1982.

67 Estados Unidos da América. United States Court of Appeals, Seventh Circuit. *Evra Corp. v. Swiss Bank Corp.* Julgado em 19 de março de 1982.

68 "On the one hand, it seems odd that the absence of a contract would enlarge rather than limit the extent of liability". Estados Unidos da América. United States Court of Appeals, Seventh Circuit. *Evra Corp. v. Swiss Bank Corp.* Julgado em 19 de março de 1982.

A regra de *Hadley v. Baxendale*, se posta como "apenas danos previsíveis são indenizáveis" — como está no *Restatament (Second) of Contracts*, § 351[69] —, se assemelha ao princípio de *torts* segundo o qual a responsabilidade está limitada às consequências previsíveis do ato culposo. Por isso, o grau de cuidado que uma pessoa deve tomar é proporcional à probabilidade e à magnitude do prejuízo que pode ocorrer se o cuidado não é tomado. Não se sabendo qual a probabilidade e a magnitude, não se pode determinar quanto de cuidado deve ser empregado.

Este seria o dilema de *Swiss Bank* se fosse responsabilizado por *consequential damages* decorrentes das falhas em realizar as operações de pagamento atempadamente. À falta de relação bancária, *Swiss Bank* não sabia o quão preciosa e frágil era a relação de *Hyman-Michaels* com o dono do navio *Pandora*, a qual já fora atingida pela discussão na arbitragem anterior. Logo, as consequências eram muito remotas para estar no raio de conhecimento de *Swiss Bank* capāz de lhe afetar as decisões no curso de seus negócios, inclusive no sentido de priorizar mecanismos acautelatórios para que não falhasse a respeito. Em síntese, não se trata de meramente aceitar os descumprimentos do *Swiss Bank*, mas de considerar que, se não sabe qual a probabilidade e qual a magnitude do seu dever de cuidado, o *Banco* não poderia determinar quanto de cuidado concreto deveria ter sido tomado. Os danos devem estar limitados apenas àqueles previsíveis, ou seja, àqueles conhecidos ou cognoscíveis diante das circunstâncias concretas.

A evitabilidade é esmiuçada a partir da sua dimensão temporal. Cumpre à parte lesada adotar medidas sejam acautelatórias, sejam posteriores ao descumprimento da parte lesante para evitar o prejuízo. Do contrário, ainda que os prejuízos sejam faticamente demonstráveis, a responsabilidade não poderá ser atribuída à parte que descumpriu os seus deveres. Naquele caso, a qualidade da parte — "um banco internacional" — não serviu como argumento a justificar que deveria saber a respeito das con-

69 Estados Unidos da América. United States Court of Appeals, Seventh Circuit. *Evra Corp. v. Swiss Bank Corp.* Julgado em 19 de março de 1982.

sequências específicas sobre a falha na transmissão do dinheiro. Embora esse caráter genérico por vezes tenha sido adotado — como em *The Heron II (Reino Unido, 1967)* —, o transportador deveria saber que o açúcar transportado seria comercializado, concretamente, a parte que sofreu o descumprimento, *Evra Corp*, estava em melhores condições de evitá-lo.

Por fim, cabe referir brevemente a razão pela qual cinco anos depois da primeira decisão de *The Wagon Mound I (Reino Unido 1961)*, na qual os danos não foram indenizados, outra decisão do Conselho Privado paradigmática foi tomada em sentido diverso. Em *The Wagon Mound II (Reino Unido, 1966)*, a indenização foi chancelada judicialmente.

Quanto aos fatos, *The Miller Steamship* (e outros) eram os donos do navio *The Corrimal* e de outro navio, chamado *Audrey D*. A parte lesante, como no primeiro caso, era *Overseas Tankship*, proprietária do navio *The Wagon Mound*[70]. Como já se aludiu, houve um incêndio a partir de óleo derramado no mar pelo navio *The Wagon Mound*. O óleo restara flutuando próximo a outra doca, na qual estavam os navios *The Corrimal* e *Audrey D*. Enquanto trabalhavam no navio *Corrimal*, funcionários de *Morts Dock* (a autora da ação no primeiro caso), deixaram cair material inflamável na água que, com o óleo, levou os navios a incendiarem. Os titulares dos navios atracados e atingidos pelo fogo ajuizaram a ação indenizatória para reaver os prejuízos gerados aos navios *Corrimal* e *Audrey D*.

Nas instâncias iniciais, o pedido de indenização foi deferido. A Suprema Corte de Nova Gales do Sul entendeu que os danos à propriedade dos autores não seriam razoavelmente previsíveis pelas pessoas físicas cujos atos *Overseas Tankship* seria responsável. Porém, mesmo assim caberia a sua responsabilidade. O resultado foi mantido na decisão do Conselho Privado, mas a fundamentação foi distinta. Considerou-se que a destruição dos navios pelo incêndio causado em função do derramamento de óleo era um dano razoavelmente previsível a *Overseas Tankship*, sem que

70 Reino Unido. Privy Council. *Overseas Tankship (U.K.) Limited. V. The Miller Steamship Co. Pty Limited and another.* Julgado em 25 de maio de 1966. "*The Wagon Mound II*".

houvesse a interposição de outras causas atribuíveis aos donos do navio, diferentemente da decisão final no primeiro caso.

A solução de enfrentamento à matéria é o teste da previsibilidade razoável, feito de maneira concreta e objetiva, com a probabilidade sendo o elemento de destaque à sua concreção. Alguém colocado na posição específica do lesante teria previsto que o resultado decorreria do seu ato? Nessa apreciação, consta da fundamentação argumento por analogia ao caso *Bolton v. Stone*[71]. Naquele caso, durante jogo de cricket, uma pessoa que passava pelas adjacências do estádio em rua não muito frequentada foi atingida pela bola do jogo, arremessada por membro do time adversário, e severamente machucada. Antes do episódio, alguém ou algo havia sido atingido seis vezes nos últimos 28 anos. Por isso seria previsível que alguém poderia ter sido atingido. Contudo, a chance de ocorrência em um futuro era infinitesimal — se um matemático fosse calculá-la, seria de uma em milhares de anos. Consequentemente, a conclusão daquele caso foi que o risco era tão pequeno que, embora previsível, uma pessoa razoável estaria justificada em desconsiderá-lo e não tomar nenhuma medida para impedi-lo[72]. À previsibilidade se liga a probabilidade. Apesar de algo ser previsível, se for extremamente improvável, não será razoavelmente previsível.

Essa lógica, entretanto, não era aplicável aos fatos então analisados. Houve *special damage* a ser indenizado por *Overseas Tankship*, porque era razoavelmente previsível ao respectivo engenheiro-chefe a possibilidade de ocorrer o incêndio a partir do derramamento de óleo e era fácil tê-lo prevenido. *Overseas Tankship* poderia ter afastado o risco de incêndio.

71 Reino Unido. Privy Council. *Overseas Tankship (U.K.) Limited. V. The Miller Steamship Co. Pty Limited and another.* Julgado em 25 de maio de 1966. "*The Wagon Mound II*" A alusão é ao caso. Reino Unido. House of Lords. *Bolton and others* v. *Stone.* Julgado em 10 de maio de 1951.

72 "What that decision did was to recognise and give effect to the qualification that it is justifiable not to take steps to eliminate a real risk if it is small and if the circumstances are such that a reasonable man, careful of the safety of his neighbour, would think it right to neglect it". Reino Unido. Privy Council. *Overseas Tankship (U.K.) Limited. V. The Miller Steamship Co. Pty Limited and another.* Julgado em 25 de maio de 1966. "*The Wagon Mound II*".

Tratou-se de quantidade relevante de óleo, cujo vazamento deve ter ocorrido em período considerável de tempo. Um engenheiro de navio vigilante teria percebido a descarga de óleo cedo. Consequentemente, as circunstâncias indicam que o engenheiro deveria ter considerado que o vazamento poderia inflamar e gerar o incêndio. O máximo que se poderia dizer para justificar a falta de ação seria que o incêndio ocorreria apenas em circunstâncias muito excepcionais. Mesmo assim, não significa que uma pessoa razoável simplesmente descartaria o risco, na posição do engenheiro, e não faria nada, quando seria fácil preveni-lo. Se resta claro da prova que uma pessoa razoável teria percebido ou previsto e, então, prevenido a ocorrência do risco, então se deve concluir que *Overseas Tankship* deve ser responsabilizada em face dos donos dos navios.

Poder-se-ia perguntar: diante das valorações negativas a respeito da razoável previsibilidade por *Overseas Tankship* em relação à causação dos prejuízos, há uma contradição entre a solução de *The Wagon Mound I* e *The Wagon Mound II*? Conquanto a razoabilidade da previsibilidade exija que cada caso seja avaliado conforme as suas específicas circunstâncias, como, considerados os mesmos fatos, em dois julgados do mesmo órgão judicial, consequências muito semelhantes foram avaliadas de maneira distinta? Como, no primeiro, as consequências foram consideradas como improváveis, a ponto de afastar o dever de indenizar, e, no segundo, malgrado também considerada a baixa probabilidade das consequências, ainda assim o lesante restou responsabilizado?

Argumentos a diferenciar as soluções dos casos foram explicitamente abordados. Enquanto no primeiro caso a conduta do gerente de *Morts Dock* que estava no local, ao resumir as atividades após as ter interrompido, poderia ser qualificada como culpa concorrente (*contributory negligence*)[73], no segundo caso não houve qualquer contribuição das partes envolvidas para a produção do dano discutido em juízo. O dano era evitável pela parte lesada no primeiro caso, se não tivesse resumido as atividades na doca. Já no segundo caso, não havia qualquer conduta tomada ou que pudesse ter sido tomada pelos donos do navio incendiado para evitarem o dano. O que explica a diferença de resultado em um e outro caso é a evitabilidade do prejuízo. A diferença de resultados sobre a indenizabilidade dos danos entre *The Wagon Mound I (Reino Unido, 1961)* e *The Wagon Mound II (Reino Unido, 1966)* foi justamente o reconhecimento da possibilidade de a parte lesada ter tomado medidas para impedir o prejuízo.

A análise aprofundada joga luzes sobre a conduta da parte lesada. A noção de culpa concorrente teria lugar em *Hadley v. Baxendale*, sendo intercambiável entre *contracts* e *torts*. Outra maneira de enquadrar o resultado de *Hadley v. Baxendale* seria concluir ter sido a ausência de uma peça sobressalente durante o período do transporte do eixo em atraso a causa dos danos alegados. Essa ausência é atribuível a *Hadley*, não se relacionando à inegável falta na conduta contratual devida pelos transportadores.

---

73 Reino Unido. Privy Council. *Overseas Tankship (U.K.) Limited. V. The Miller Steamship Co. Pty Limited and another.* Julgado em 25 de maio de 1966. "*The Wagon Mound II*". *In verbis:* "The outbreak of the fire was consequent on the act of the manager of the plaintiffs in *Wagon Mound No. I* in resuming oxy-acetylene welding and cutting while the wharf was surrounded by this oil. So if the plaintiffs in the former case had set out to prove that it was foreseeable by the engineers of the Wagon Mound that this oil could set alight, they might have had difficulty in parrying the reply that the' this must also have been foreseeable by their manager. Then there would have been contributory negligence and at that time contributory negligence was a complete defence in New South Wales".

CAPÍTULO 1.4
CONCLUSÃO PARCIAL

O dano discutido em *Hadley v. Baxendale (Reino Unido, 1854)* consistia em lucro que deixou de ser auferido. Estava envolvida uma consequência pecuniária no patrimônio da parte lesada, posterior ao inadimplemento de contrato de transporte. O lucro cessante não foi considerado indenizável naquele caso. Da fundamentação do julgado, múltiplas foram as concepções a respeito dos limites da indenização em contratos, servindo o caso como paradigma, inclusive, para discussões atinentes aos limites da indenização pecuniária em *torts*.

Embora o caso seja conhecido como exemplo transnacional sobre os *consequential damages*, a etiqueta foi obra de outro intelecto. Uma primeira nota a se extrair da leitura do caso é de cunho terminológico: a categoria *consequential damages* não foi abordada de maneira explícita naquele caso. Aliás, parte relevante dos casos analisados, sobretudo no Reino Unido — como *Victoria Laundry (1949)*, *The Heron II (1967)*, e *Supershield v. Samsung (2010)* —, não emprega a expressão *consequential damages*. Essa primeira nota conclusiva de cunho terminológico é fundamental para identificar que *consequential damages* não indica uma categoria com significado unívoco.

Na jurisprudência de *common law* e na prática contratual, porém, até hoje a expressão é empregada e universalmente alude-se à sua origem como em *Hadley v. Baxendale*. Algum sentido substantivo, portanto, deve a ela ser emprestado. A investigação sobre a categoria, inevitavelmente, acaba levando a uma investigação mais ampla, sobre o conteúdo e os limites da responsabilidade contratual por perdas e danos.

Como o ponto de partida da análise ora empreendida foi *Hadley v. Baxendale*, buscou-se pautar o exame do sentido positivo, a partir de leituras dos fundamentos daquele caso, e do desenvolvimento jurisprudencial subsequente.

Três principais enfoques foram extraídos do célebre caso. Há criptotipos nas entrelinhas da fundamentação dos casos que seguiram a *Hadley v. Baxendale*. As chaves de compreensão sobre os *consequential damages* são as noções de *lost profits*, *contemplation of both parties* — ou *foreseeability* — e de *remoteness*, ou *causation*. Para fins analíticos, cada uma dessas noções recebeu atenção em Capítulo próprio. Entre estes, identificou-se, como segunda conclusão de cunho terminológico, o emprego indistinto de *consequential damages* com os termos *special damages* e *indirect damages*. A sinonímia com *special damages* é enfrentada de modo aprofundado no exame da *foreseeability*, enquanto o emprego de *indirect damages* remete ao exame da *remoteness*. Cada um dos sinônimos permite a identificação de sentidos positivos aos *consequential damages*.

No Primeiro Capítulo (*Capítulo 1.1*), verificou-se o afastamento da correlação automática entre *lost profits* e *consequential damages*. Embora em *Hadley v. Baxendale* os danos requeridos pela parte lesada tenham sido lucros cessantes, os casos posteriores revelam a falta de correlação exata entre as noções. *Lost profits* não necessariamente se qualificam como *consequential damages*, assim como nem todo caso que alude a *consequential damages* envolve *lost profits*. Por exemplo, há casos nos quais os *consequential damages* foram despesas para restaurar um imóvel; diminuição no valor do navio cujas peças originais foram substituídas; ou custos voltados à tentativa de recuperar o regenerador térmico de ar e com o respectivo trabalho de desmontagem e descarte, quando este se mostrou imprestável. Nestes casos não se esteve a discutir um acréscimo patrimonial frustrado como decorrência do inadimplemento.

Os *lost profits* podem ser *direct* (sinônimo de *general*, *normal*, *natural*, *ordinary*) ou *consequential damages*. A jurisprudência indica ser necessário traçar a linha entre os *direct* e os *consequential damages* com base na compreensão do escopo de cada contrato concreto. Exemplo disto está nas cláusulas de *limitation of liability* que excluem *consequential damages* da responsabilidade da parte lesante. Esse afatastamento não leva a uma negativa automática da indenizabilidade de *lost profits*, mesmo que, pela redação da cláusula de limitação, os *lost profits* sejam exemplificados como espécies de *consequential damages*. Nessa tarefa, o envolvimento de terceiros é um indício de que os danos poderão ser *consequential*, cabendo, porém, analisar se o envolvimento do terceiro não compõe o conteúdo do contrato.

Se não são equivalentes a *lost profits*, e sendo necessário traçar o limite entre *direct*, *general* ou *normal damages*, de um lado, e *consequential*, *special* ou *indirect damages*, de outro, buscou-se aprofundar o sentido tradicional de *consequential damages*. Essa investigação remeteu a explorar a ideia de *contemplation of both parties* ou *foreseeability*, no *Capítulo 1.2*.

Contemplation of both parties é equivalente funcional à *foreseeability*. Se *Hadley v. Baxendale* é um célebre julgado por tratar do tema da previsibilidade dos danos, sobretudo no que veio a se chamar de "duas regras de *Hadley*", esse reconhecimento não veio pelo emprego expresso do termo *foreseeability*. A menção literal à palavra está em ponto incidental da decisão, não tão citado quanto as suas "duas regras". A explicação sobre *contemplation of both parties* envolve um aprofundamento sobre a ideia.

Do julgado se extrai estar na *contemplation of both parties*, em primeiro lugar, tudo aquilo que conforma o curso ordinário, normal, geral das coisas quando celebram um contrato. Esta seria a primeira parte da regra, ou primeira regra, de *Hadley v. Baxendale*. A noção não é aferível em abstrato, havendo uma *contradictio in adjecto* na referência a *general damages* para negócios indeterminados.

A contradição lógica não significa afirmar a ausência de certas linhas auxiliares à sua identificação. Quanto mais se desce na escada de abstração, mais nítidos se tornam os contornos do que se pode considerar estar na contemplação comum. O tipo contratual, por exemplo, pode conformar *general damages*. A espécie contratual é um primeiro índice para se averiguar o que significa o curso normal das coisas. Em contratos de compra e venda de mercadorias, os *general damages* devidos ao comprador são a diferença entre o valor de mercado do bem no momento do descumprimento e o preço pago. Em contratos de mútuo, normalmente o inadimplemento impõe a responsabilidade do mutuante por *nominal damages*, isto é, pelo valor que deixou de ser transferido monetariamente. O que está no curso normal das coisas em cada contrato certamente está na *contemplation*; o que está no curso normal é *foreseeable*.

Contudo, a *contemplation of both parties* não se esgota no curso normal das coisas. Conquanto em *Hadley v. Baxendale (Reino Unido, 1854)* o pedido indenizatório tenha sido negado, o julgado afirma que os danos indenizáveis também podem radicar na *contemplation of both parties* se disserem respeito a circunstâncias especiais da parte lesada conhecidas e comunicadas. Esta seria a segunda regra de *Hadley v. Baxendale*, ou segunda parte da regra. Os *consequential damages* são aqueles danos atinentes às circunstâncias especiais da parte lesada. Essa é uma terceira conclusão, a explicitar outro sentido positivo ao significado de *consequential damages*.

A ideia de *consequential damages* será construída em alternativa ao curso normal das coisas, ainda dentro do que era *foreseeable*. Os *consequential damages* se caracterizam por não estarem no curso normal das coisas, mas por guardarem relação com circunstâncias especiais. Circunstância especial é, pois, um elemento de identificação de um *consequential damage*. Logicamente, sendo a própria ideia de curso normal das coisas relativa, também os *consequential damages* o serão. Esta acepção de *consequential damages*, ligada às circunstâncias especiais, é, portanto, relativa e alternativa.

Ou seja, a constatação de se caracterizarem por serem especiais não leva a uma automática negativa sobre figurarem na *contemplation of both parties*. Não se pode confundir a alternativa em relação ao curso normal das coisas com a negativa da sua indenizabilidade; não se pode confundir a ausência de indenizabilidade dos danos em *Hadley v. Baxendale* com a impossibilidade de danos ligados a circunstâncias especiais serem indenizados. Se para ser indenizável o dano deve ser previsto ou ser previsível, é ilógico afirmar que *consequential damages* são danos imprevisíveis. Do contrário, os *consequential damages* jamais seriam indenizáveis, não haveria qualquer sentido em cláusulas ou em leis de *common law* que excluíssem a sua indenizabilidade. Seria totalmente despido de sentido prático que houvesse a pactuação de cláusulas de limitação do dever de indenizar *consequential damages* se já fossem danos cuja indenizabilidade fosse rechaçada pelo direito de modo induvidoso e automático.

Entre as circunstâncias especiais, em alguns casos releva (*i*) característica da parte lesada, como em *Victoria Laundry (Reino Unido, 1949)*, uma lavanderia; em *Perini Corp (EUA, 1980)*, um Hotel Cassino. Em outros, (*ii*) a finalidade que a parte lesada buscava com o contrato, como em *The Heron II (Reino Unido, 1967)*, a venda da mercadoria no porto de Baçorá; ou, ainda, (*iii*) característica física do próprio bem objeto da contratação, como a escavadeira em *Hector Martinez v. Pacific Transport (EUA, 1979)*. Em todos esses casos, há uma nota digna de destaque: a parte lesada tem ou uma característica de sua constituição ou um objetivo pressuposto ao contratar que torna idiossincrático o inadimplemento do contrato concretamente considerado. Em *Victoria Laundry* não se tratava da venda de um aquecedor a alguém que faria uso doméstico, mas de uma lavanderia que viria a atender os seus clientes. Em *The Heron II*, não se tratava de um comprador de açúcar que consumiria toneladas de açúcar em um porto longínquo, mas que as revenderia tão logo o contrato de transporte fosse cumprido. Em *Hector Martinez v. Pacific Transport*, a escavadeira transportada seria imediatamente empregada em processos produtivos. Nesses casos, a destinação dada à prestação, pelo lesado, caso tivesse sido cumprida a prestação, importa.

Na complexidade da vida, sempre existirão circunstâncias especiais. Não basta a verificação fática de danos com fulcro em circunstâncias especiais para que se possa entender estarem dentro da *contemplation of both parties* e serem atribuíveis ao lesante. Estas circunstâncias, diz *Hadley v. Baxendale*, devem ter sido comunicadas e serem de conhecimento da parte inadimplente no momento da contratação. Naquele caso, não o foram. Comunicação pela parte lesada, conhecimento da parte lesante e o momento da contratação são três ideias-força que auxiliam a explicar, concretamente, se o dano estava dentro da *contemplation of both parties*. Para serem indenizáveis, os danos que se ligam a circunstâncias especiais devem ser previsíveis àquelas partes em concreto, no momento da contratação.

Ao menos duas respostas foram construídas para que se possa concluir que os danos ligados a circunstâncias especiais estejam na *contemplation of both parties*. Ambas repudiam a compreensão de que bastaria o fornecimento da informação para que a parte inadimplente tenha assumido a responsabilidade por aqueles danos. Ou seja, a previsibilidade não depende apenas da conduta da parte lesada anterior ao contrato.

A primeira resposta foi a do teste do acordo tácito. De acordo com esta concepção, defendida no caso *Landa Cotton (EUA, 1903)*, seria necessário dessumir uma manifestação de vontade da parte inadimplente em assumir aquela consequência negativa em seu patrimônio. Ausente um contrato especial sobre as circunstâncias especiais, mesmo que tácito, não seria possível falar em *contemplation of both parties*. Caso se possa imaginar que a parte inadimplente rejeitaria o contrato caso tivesse a circunstância especial como a compor a base da contratação, não há de ser considerada a consequência dentro da *contemplation*.

O teste do acordo tácito foi considerado um remédio excessivo. O teste da previsibilidade razoável é um remédio mais sutil. O caminho não seria o de considerar se houve anuência tácita em relação a um contrato especial para, só então, atribuir responsabilidade, mas o de adotar um teste que se busca mais objetivo. A previsibilidade não se reduz ao que efetivamente foi previsto e sobre o que houve assunção de responsabilidade (expressa ou implícita), mas àquilo que, fugindo ao curso normal das coisas, pode ser imputado como risco conhecido pelo lesante, consideradas as circunstâncias concretas no momento da contratação. É desnecessário que o lesante tenha manifestado vontade de garantir a contraparte sobre o risco, mas cabe considerar se os danos eram ou não previsíveis àquele contratante em concreto. Portanto, o que excepciona o curso normal das coisas pode, ainda assim, estar na *contemplation of both parties*, desde que o conhecimento sobre os riscos do descumprimento possa ser suposto pelo lesante, quando contratou — ainda que, concretamente, o inadimplente não conhecesse especificamente os danos que surgiram. Se for possível imputar o conhecimento das consequências do descumprimento futuro ao lesante, descabe a necessidade de acordo tácito.

O caso *Victoria Laundry (Reino Unido, 1949)* é paradigmático à aplicação do teste da previsibilidade razoável sobre as circunstâncias especiais, no sentido positivo. O conhecimento efetivo e detalhado sobre as circunstâncias especiais é despiciendo. Basta que numa comparação em abstrato, com referencial pautado pela razoabilidade, seja possível chegar à conclusão de que o inadimplente deveria conhecer os riscos derivados de circunstâncias especiais que vieram a engendrar os prejuízos. Naquele caso, uma fornecedora de equipamento especializado a ser empregado nos negócios de uma lavanderia não poderia se furtar da responsabilidade pelos lucros cessantes que sucederam o atraso na entrega da peça isenta de defeitos, pois era suposto que conhecesse a finalidade pela qual o bem havia sido adquirido. O teste da previsibilidade sobre as circunstâncias especiais cria uma cisão entre o previsto e o que era razoavelmente previsível.

A consideração da previsibilidade em momento anterior ao do descumprimento do dever permitiu também o aprofundamento da noção de previsibilidade à luz da razoabilidade. Trata-se de um ponto de contato entre as noções de previsibilidade, probabilidade e causalidade.

Simplesmente afirmar que o dano é previsível, depois de ter ocorrido, acaba por arrastar, para a esfera jurídica do inadimplente, consequências cujo risco era muitíssimo improvável. O teste da previsibilidade não pode se cingir a uma profecia do passado: só porque a consequência adveio não significa que deveria ter sido assumida pela parte inadimplente. É necessário que a previsibilidade seja razoável.

Esse *topos* foi explorado em *Victoria Laundry (Reino Unido, 1949)* e em *The Heron II (Reino Unido, 1967)*. A noção de razoabilidade não alberga uma chance "maior do que 50%", somente é aferível em concreto. Constatou-se que *Hadley v. Baxendale* passou a ser entendido não a partir de duas regras distintas e contrapostas, mas como um único princípio: os danos serão indenizáveis se decorrerem, com razoável grau de probabilidade, do descumprimento, perspectivado à luz das concretas circunstâncias existentes no momento da contratação.

A terceira ideia de relevo sobre a previsibilidade é a de estar situada no tempo. Na responsabilidade contratual, a previsibilidade dos prejuízos se vincula a um momento específico, isto é, ao da contratação. No âmbito da responsabilidade extracontratual — influenciada e influenciadora de casos que discutem *Hadley v. Baxendale* —, a previsibilidade da causação do dano será aferida no momento do descumprimento do dever, não coincidente com o momento da formação do vínculo entre as partes. Neste ponto, haveria distinção entre *foreseeability*, própria aos *torts*, e *contemplation of both parties*, própria aos contratos. A razão principal de uma distinção está na possibilidade de uma parte que queira se proteger contrariamente a um risco — que à outra parte possa parecer não usual — direcionar a atenção da contraparte antes do contrato ser celebrado para que adotem uma solução consensual a respeito, antes de contratar. Em casos de *torts*, contudo, não há essa oportunidade anterior. Consequentemente, o lesante não pode se insurgir contra o dever de indenizar por danos extraordinários que resultem do seu ato ilícito por serem imprevisíveis quando contratou.

Em suma, enquanto nos contratos há, de regra, uma sucessão entre o momento de celebração e o da inexecução, pois logicamente só se pode inadimplir uma obrigação contratual se houver escolha das partes de ter se vinculado contratualmente, na responsabilidade extracontratual isso não ocorre. A existência desse momento anterior fornece às partes a possibilidade de anteciparem a responsabilidade futura. Portanto, o limite da previsibilidade no momento da contratação não se aplica a casos de *torts*, mas se aplica a casos de contratos, sendo o regime de responsabilidade contratual mais restrito. Em tese, os danos atinentes a circunstâncias especiais serão mais facilmente indenizáveis em casos de *torts* do que em casos de *contracts*, pois o momento da contratação se põe como um limite restritivo.

À previsibilidade razoável dos prejuízos se soma a necessidade da análise das condutas concretas no momento do descumprimento, e não no momento da contratação. Mesmo que os danos sejam prováveis e previsíveis, pode haver danos produzidos em virtude da consideração a respeito de uma circunstância que se soma ao inadimplemento e ao dano. No plano analítico, há ainda um espaço para que condutas — de terceiros, da parte inadimplente ou do próprio lesado — possam influenciar o fluxo causal fático de acontecimentos entre o descumprimento e o resultado danoso. É dizer, uma conduta que se interpõe, faticamente, entre o inadimplemento e o dano. A depender do prisma de análise, essa conduta — ou a falta de — poderia ainda ser também considerada como um (*iv*) quarto tipo de circunstância especial. Esse foi o objeto de análise do (*Capítulo 1.3)* — caso se esteja a tratar de uma ação ou omissão do lesado, estar-se-á no campo da evitabilidade (*Capítulo 1.3.2*).

No limite, se as circunstâncias especiais fossem sempre classificadas como externas à relação jurídica que irradia do contrato, os *consequential damages* não seriam indenizáveis. Em outras palavras, por mais que faticamente o prejuízo estivesse demonstrado como subsequente ao descumprimento de uma obrigação — como os lucros cessantes em *Hadley v. Baxendale* —, e por mais que fosse muito provável ao inadimplente — como em *The Heron II (Reino Unido, 1967)* —, este não seria indenizável. Seria ilógico pensar na existência de algum critério de imputação de responsabilidade à parte contratante se não houvesse um elemento que vinculasse a verificação do prejuízo à falta contratual. O descumprimento poderia ser apenas mediata ou indiretamente ligado à produção do prejuízo, pois este teve como causa outra ação, ou omissão, independente do contrato.

Contudo, como se viu, exemplificativamente, nos casos analisados no Capítulo 1.3.1.2, se os *damages* disserem respeito a circunstâncias especiais, que excepcionam o curso normal das coisas, mas que, diante do contexto concreto, têm relação com o contrato, serão indenizáveis. Cabe perquirir, então, qual o critério para determinar essa relação com o contrato. Este será o do risco contratual atribuído ao inadimplente.

Por oposição à ideia de decorrerem do inadimplemento "do contrato em si" e configurarem danos que se originam "de um tal contrato com circunstâncias especiais", são por vezes os *consequential damages* chamados de *indirect damages.* Em *Hadley v. Baxendale*, a paralisação do moinho era uma circunstância especial. Excepcionava o curso normal das coisas em contratos de transporte de peças. Além disso, a informação era desconhecida pelo transportador, que não a deveria pressupor. Por isso, a circunstância não tinha relação direta e imediata com o escopo do contrato. Argumenta-se que seria incorreto considerar que o transportador deveria considerar a paralisação do moinho enquanto transportava a peça se sequer podia cogitar que isso aconteceria. Daí porque, malgrado inadimplente, não é responsável por todas as consequências que sucedem ao seu descumprimento.

O cotejo entre casos nos quais os danos alegados não foram indenizados e nos quais foram, coloca em evidência que a pergunta central será a de entender se os danos ligados a circunstâncias especiais são externos à relação jurídica contratual ou abarcados pelo seu escopo. A resposta a essa pergunta envolve análise concreta a respeito de quais circunstâncias estavam na zona de risco que a parte contratante assumia no momento da contratação: ou seja, trata-se de matéria, inicialmente, de interpretação, voltada ao momento da contratação. A conclusão de *The Achilleas (Reino Unido, 2008)* deixa clara essa ideia: em contrato de locação de embarcação, a pretensão de receber a diferença do aluguel em relação ao valor de mercado, calculado pelo período de dois anos subsequente ao momento em que o barco deveria ser restituído, estaria na zona de riscos do locatário, quando contratou? Como a comum intenção das partes não dá resposta cabal, seja por meio da análise do pacto "em si", seja por recurso a instrumentos hermenêuticos como os usos do setor, a resposta é negativa. A indenização por este inadimplemento calcula-se, a rigor, de outra maneira: limitada aos dias de atraso, desconsiderado todo o período do contrato subsequente.

Considerado o momento de contratação para o fulcro da análise, nos casos em que há cláusulas de afastamento de *consequential damages*, seria contraditório que a parte lesada anuísse a essas cláusulas, mas, simultaneamente, fornecesse informações sobre circunstâncias especiais com a finalidade de atribuir à contraparte a responsabilidade por danos que derivam destas circunstâncias. Por isso, a análise necessariamente deverá ser feita em concreto, avaliando-se quais eram os riscos sobre os quais a parte inadimplente assumira a responsabilidade. O afastamento de *consequential damages* não indica o afastamento de responsabilidade pelos riscos fundamentais daquele negócio. Esses riscos, quando concretizados em danos, serão *direct damages* e não *consequential damages*, como se concluiu nos casos *Regional Power Corporation v. Pacific Hydro (Australia, 2013)* e *Latham Land I LLC v. TGI Friday's (EUA, 2012)*.

Subsequentemente à análise do momento da contratação, será necessário centrar o foco no momento da inexecução para avaliar se a causa do prejuízo efetivamente alegado foi o descumprimento que estava na zona de riscos da parte inadimplente. Segundo esta análise, quando o dano for evitável pela parte supostamente lesada pelo descumprimento, não será indenizável. Nesses casos, embora haja sucessão fática entre o descumprimento e o prejuízo, a causa jurídica do dano é uma ação ou omissão do lesado. Uma leitura possível de *Hadley v. Baxendale* é a de que o dano não era indenizável, porque não decorreu do inadimplemento contratual, mas porque foi gerado por uma ausência de conduta da parte lesada, a qual não tinha virabrequim substituto para operar o moinho durante o momento em que era transportado.

Embora muita energia tenha sido empregada para que a investigação se restringisse à elucidação do significado de *consequential damages*, no seu transcorrer até este ponto, uma força expansiva se impôs. Conquanto se tenha objetivado esclarecer o significado de uma categoria, o resultado alcançado atingiu discussões sobre os limites da responsabilidade contratual. Dito de outra forma, da tentativa de elucidar o conteúdo positivo de um sintagma, chegou-se aos limites da indenização na responsabilidade por descumprimento de contratos. *Consequential damages* e *Hadley v. Baxendale*, portanto, não dizem respeito apenas ao significado de uma regra, ou à solução pontual de um caso, mas as reflexões em torno do sintagma e do célebre caso se expandiram para tocar os limites gerais a respeito da responsabilidade contratual.

PARTE II: OS *CONSEQUENTIAL DAMAGES* À LUZ DO DIREITO BRASILEIRO

Como a Parte I, a Parte II também é dividida em três capítulos, com estrutura espelhada. Inicia-se por analisar se os lucros cessantes seriam categoria apta a acomodar os *consequential damages* no Direito brasileiro, o que se responde negativamente (*Capítulo 2.1*). A seguir, a ideia de previsibilidade é analisada, seja a partir do histórico do conceito na legislação, seja sob a perspectiva da sua aplicação prática, concluindo-se que os *consequential damages* não são equivalentes a danos imprevisíveis, sendo, igualmente, desrecomendada a sua tradução pelo neologismo danos especiais (*Capítulo 2.2*). Por fim, o exame recai sobre a causalidade, ideia que viabiliza a discussão sobre as diferentes acepções de dano indireto segundo o Direito brasileiro, e se opta por traduzir os *consequential damages* como uma destas acepções, a de perdas e danos extrínsecos (*Capítulo 2.3*).

CAPÍTULO 2.1
LUCROS CESSANTES

Se nem na experiência jurídica de *common law* se pode fixar que *consequential damages* são equivalentes a *lost profits*, a acomodação da figura ao Direito brasileiro tampouco deve recair na mesma aproximação.

Como se identificou no Capítulo 1.1: há casos nos quais os *lost profits* são aludidos sem tratar de *consequential damages* — *e.g. Hadley v. Baxendale*, e *Fera v. Village Plaza, Inc (EUA, 1976)* — e há *consequential damages* que não são *lost profits*, como *Park Avenue (EUA, 2003)* e *Environmental v. Peerless (Australia, 2008)*. Não sendo precisa a equiparação das categorias em inglês, poder-se-ia, de plano, afastar a tradução de *consequential damages* como lucros cessantes.

Ocorre que *Hadley v. Baxendale* tratou de *lost profits*, e é o caso conhecido internacionalmente a propósito dos *consequential damages*. O desenvolvimento jurisprudencial posterior também assinala uma série de casos nos quais os *consequential damages* envolveram *lost profits*. Não é simplesmente de se descartar, sem um exame aprofundado do conteúdo das perdas e danos, que *consequential damages* possam ser qualificados, em algumas hipóteses, à luz do Direito brasileiro, como lucros cessantes. O que aqui se afasta é tratar os lucros cessantes como categoria compreensiva de todos os *consequential damages*.

Desse modo, cumpre aprofundar as modalidades de perdas e danos (*Capítulo 2.1.1*), para, a seguir, sinalizar que *consequential damages* podem ser danos emergentes e lucros cessantes (*Capítulo 2.1.2*).

2.1.1. O CONTEÚDO DAS PERDAS E DANOS: DANOS EMERGENTES E LUCROS CESSANTES

O art. 402 do Código Civil versa a respeito do conteúdo das perdas e danos. Estas "abrangem, além do que ele efetivamente perdeu, o que razoavelmente deixou de lucrar". Historicamente discernidas[1], as duas espécies[2] — dano emergente e lucro cessante — são mais bem compreendidas quando analisadas em contraste, sobretudo a partir do critério funcional.

Danos emergentes correspondem à perda no patrimônio do lesado. Revelam-se pela diminuição de valores atinentes a posições jurídicas existentes, manifestando-se como empobrecimento patrimonial[3]. Tornado o patrimônio "de menor valor do que seria sem o acontecimento, o dano emergiu. Há *damnum emergens*"[4]. Além da diminuição do ativo, pode ser representado pelo aumento do passivo, quando, por exemplo, em virtude de inadimplemento, o lesado incide em cláusula penal em outro contrato, ficando então, obrigado a pagar dano emergente em face de

---

1 PEREIRA, Osny Duarte. Lucros cessantes. In: CARVALHO SANTOS, José Manuel; AGUIAR DIAS, José de. (Orgs.). *Repertório Enciclopédico do Direito Brasileiro*. Volume XXII. Rio de Janeiro: Borsoi, 1947, p. 203 (arrolando inúmeros autores que se dedicaram à distinção).

2 A "perda da chance" é reconhecida como espécie de dano patrimonial indenizável. Não se desconhece a discussão a respeito, mas não é objetivo deste estudo examinar se e como a "perda da chance" seria dano emergente, lucro cessante ou uma terceira espécie de dano patrimonial, analiticamente distinta dos danos emergentes e dos lucros cessantes. Essa discussão é comum em monografias, comentários ao Código Civil e artigos científicos, *e.g.* PETEFFI DA SILVA, Rafael. *Responsabilidade Civil pela Perda de Uma Chance*. 3ª ed. São Paulo: Atlas, 2013, p. 238-239; MARTINS-COSTA, Judith. *Comentários ao Novo Código Civil*. Do Inadimplemento das Obrigações. 2ª ed. Volume V. Tomo II. Rio de Janeiro: Forense, 2009, p. 539-546; ZANETTI, Cristiano de Sousa. A perda da chance na arbitragem: em busca do enquadramento devido. In: CARMONA, Carlos Alberto; LEMES, Selma Maria Ferreira; MARTINS, Pedro Batista (Orgs.). *20 anos da Lei de Arbitragem*: homenagem a Petrônio R. Muniz. São Paulo: Atlas, 2017, p. 721-722.

3 MARTINS-COSTA, Judith. *Comentários ao Novo Código Civil*. Do Inadimplemento das Obrigações. 2ª ed. Volume V. Tomo II. Rio de Janeiro: Forense, 2009, p. 477. PEREIRA, Osny Duarte. Lucros cessantes. In: CARVALHO SANTOS, José Manuel; AGUIAR DIAS, José de. (Orgs.). *Repertório Enciclopédico do Direito Brasileiro*. Volume XXII. Rio de Janeiro: Borsoi, 1947, p. 204 (ao distinguir a noção econômica da noção jurídica de lucro cessante, acompanha a ideia, referindo a "elemento" ou "direito" que compunha o patrimônio ou que seria adquirido).

4 PONTES DE MIRANDA, Francisco Cavalcanti. *Tratado de Direito Privado*. Tomo XXII. Rio de Janeiro: Borsoi, 1958, § 2.722, 2.

terceiro[5]. Como o patrimônio vem a diminuir por incidência da cláusula penal, não se restringe o dano emergente aos bens ou ao dinheiro que o credor "efetivamente perdeu", no passado: a incidência da cláusula penal em outro contrato pode ser posterior ao inadimplemento, mas, como a posição jurídica já existia antes do descumprimento, este dano é qualificado como dano emergente. O pagamento do valor da cláusula penal junto ao terceiro diminui o patrimônio do lesado.

Já os lucros cessantes são aquilo que o credor *razoavelmente* deixa de ganhar: trata-se da diminuição *potencial* de seu patrimônio. São os ganhos de que o credor fica privado, porque tinha, ao tempo da lesão, a titularidade de uma situação jurídica que, fosse mantida incólume, dar-lhe-ia direito a esse ganho[6]. Os lucros cessantes são o não aumento do patrimônio[7], o não incremento patrimonial.

O art. 402 refere-se àquilo que o credor "deixou de lucrar", no passado, mas não se deve compreender o dispositivo legal como restritivo no tempo[8]. A interpretação da expressão "cessante" deve ser feita com

---

5 Conforme o exemplo de ALVIM, Agostinho. *Da Inexecução das Obrigações e suas Conseqüências*. 5ª ed. São Paulo: Saraiva, 1980, p. 174, acompanhado por MARTINS-COSTA, Judith. *Comentários ao Novo Código Civil*. Do Inadimplemento das Obrigações. 2ª ed. Volume V. Tomo II. Rio de Janeiro: Forense, 2009, p. 475; GUEDES, Gisela Sampaio da Cruz. *Lucros Cessantes*: Do bom-senso ao postulado normativo da razoabilidade. São Paulo: Revista dos Tribunais, 2011, p. 67; NANNI, Giovanni Ettore. *Inadimplemento Absoluto e Resolução Contratual*. Requisitos e Efeitos. São Paulo: Thomson Reuters Brasil, 2021, p. 257; PERETTI, Luís Alberto Salton. *Dano Emergente Futuro por Descumprimento Contratual*. Dissertação. Orientador: Professor Cristiano de Sousa Zanetti. Faculdade de Direito, Universidade de São Paulo, 2022, p. 113.

6 MARTINS-COSTA, Judith. *Comentários ao Novo Código Civil*. Do Inadimplemento das Obrigações. 2ª ed. Volume V. Tomo II. Rio de Janeiro: Forense, 2009, p. 479, aludindo a PESSOA JORGE, Fernando Sandy Lopes. *Ensaio sobre os Pressupostos da Responsabilidade Civil*. Coimbra: Almedina, 1999, p. 378. Com efeito, o autor afirma não interessar, na distinção entre dano emergente e lucro cessante, "o momento em que se verificam os prejuízos: um dano emergente pode configurar-se como futuro e um lucro cessante dever qualificar-se de dano presente. O lucro cessante pressupõe que o lesado tinha, no momento da lesão, um direito ao ganho que se frustrou, ou melhor, a titularidade de uma situação jurídica que, mantendo-se, dar-lhe-ia direito a esse ganho".

7 GUEDES, Gisela Sampaio da Cruz. *Lucros Cessantes*: Do bom-senso ao postulado normativo da razoabilidade. São Paulo: Revista dos Tribunais, 2011, p. 68.

8 ALVIM, Agostinho. *Da Inexecução das Obrigações e suas Conseqüências*. 5ª ed. São Paulo: Saraiva, 1980, p. 174. Digna de nota a referência de Rui Barbosa ao comentar o então art. 1.061 do Projeto de Código Civil de 1916, que veio a ser art. 1.060, correspondente ao art. 403 do Código atual: "Os

cautela: diz respeito tanto ao que o credor vinha obtendo, e não mais poderá obter, como também àquilo que o credor não obterá, *ainda que não viesse obtendo antes*[9].

Essa problemática é especialmente relevante em casos envolvendo inadimplemento a prejudicar a atividade empresarial de novas empresas: se o credor havia recentemente construído fábrica de sorvetes e, logo no primeiro mês de seu negócio, o principal fornecedor de leite deixa de realizar as entregas conforme as especificidades contratadas, haverá lucros cessantes[10]. Outro exemplo é o do *shopping center* cuja inauguração vem a ser adiada em virtude de atraso na entrega da obra, por fato imputável ao empreiteiro: não há fatos antecedentes que poderiam facilitar o cálculo do lucro a ser obtido[11]. Situação análoga ensejou a indenização de lucros

---

lucros cessantes, direta e imediatamente decorrentes." *Cessante e decorrente*, a um tempo, não pode ser. *O que cessou, deixou de correr*. Logo, já não decorre. O que decorre da inexecução do contrato, *não são os lucros* cessantes, que, por isso mesmo que cessaram, já não correm: *é a cessação* dêsses lucros, na ausência dos quais vem a consistir o prejuízo". BARBOSA, Rui. Parecer sôbre a redação do Código Civil. In: *Obras Completas de Rui Barbosa*. Vol. XXIX. Tomo I, 1902. Rio de Janeiro: Ministério da Educação e Saúde, 1949, p. 306.

9 ALVIM, Agostinho. *Da Inexecução das Obrigações e suas Conseqüências*. 5ª ed. São Paulo: Saraiva, 1980, p. 174; PONTES DE MIRANDA, Francisco Cavalcanti. *Tratado de Direito Privado*. Tomo XXVI. Atualizado por Ruy Rosado de Aguiar Júnior e Nelson Nery Jr. São Paulo: Revista dos Tribunais, 2012, § 3.111, 3, p. 130; GUEDES, Gisela Sampaio da Cruz. *Lucros Cessantes*: Do bom-senso ao postulado normativo da razoabilidade. São Paulo: Revista dos Tribunais, 2011, p. 71-74; MARINO, Francisco Paulo De Crescenzo. Perdas e Danos. In: LOTUFO, Renan; NANNI, Giovanni Ettore (Coord.). *Obrigações*. São Paulo: Atlas, 2011, p. 671.

10 Discute-se se a incorporação da noção de perda de uma chance poderia chancelar a indenização de lucros frustrados em empreendimentos que, por fato imputável à parte contrária, não pôde ter início. Assim em: ZANETTI, Cristiano de Sousa. A perda da chance na arbitragem: em busca do enquadramento devido. In: CARMONA, Carlos Alberto; LEMES, Selma Maria Ferreira; MARTINS, Pedro Batista (Orgs.). *20 anos da Lei de Arbitragem*: homenagem a Petrônio R. Muniz. São Paulo: Atlas, 2017, p. 732. No "caso do complexo agroindustrial — STJ. REsp 846855/MS. Terceira Turma. Relator para acórdão Min. Sidnei Beneti. Julgado em 10 de março de 2009, a seguir referido no Capítulo 2.3.3.2 —, foi rechaçada a responsabilidade de instituição financeira por lucros cessantes em virtude de não ter realizado repasse tempestivo de dinheiro, o qual seria destinado à construção e montagem de complexo agroindustrial. Embora a experiência pretérita seja critério "no mais das vezes" aplicado na reparação dos lucros cessantes, admite-se como critério subsidiário a "experiência de mercado". Assim está em GUEDES, Gisela Sampaio da Cruz. *Lucros Cessantes*: Do bom-senso ao postulado normativo da razoabilidade. São Paulo: Revista dos Tribunais, 2011, p. 181 (analisando casos de tribunais estaduais e sugerindo ser este um critério "subsidiário").

11 MARINO, Francisco Paulo De Crescenzo. Perdas e Danos. In: LOTUFO, Renan; NANNI, Giovanni Ettore (Coord.). *Obrigações*. São Paulo: Atlas, 2011, p. 655.

cessantes no caso *Fera v. Village Plaza, Inc (EUA, 1976)*[12]. Nesses casos, a apuração dos lucros cessantes suscita mais dificuldades, mas o dano não deixa de existir. Ou seja, o que o credor "deixou de lucrar" não está necessariamente limitado ao que vinha ocorrendo no passado. A titularidade da situação jurídica não se confunde com as consequências lesivas, que, frise-se, sempre são futuras, ao menos analiticamente em relação ao momento do inadimplemento.

Dadas as definições gerais, discute-se como distinguir entre uma e outra espécie de dano. Se de um lado o dano emergente existe "para que, na reparação, se leve em conta toda a diminuição do patrimônio da vítima, o lucro cessante atua para que se considere também o seu não aumento". O critério distintivo entre uma e outra espécie diz respeito à sua função[13].

Por isso, outros dois critérios — o temporal, considerado o momento da decisão judicial como referencial, e o da diferença entre situações — não parecem ser precisos para distingui-las[14]. Parece necessário conjugar os critérios temporal e funcional.

---

12 Estados Unidos da América. Supreme Court of Michigan. *Fera v. Village Plaza, Inc.* Julgado em 3 de junho de 1976. Conforme referido no Capítulo 1.1, *supra*.

13 Os trechos entre aspas estão em GUEDES, Gisela Sampaio da Cruz. *Lucros Cessantes*: Do bom-senso ao postulado normativo da razoabilidade. São Paulo: Revista dos Tribunais, 2011, p. 68-71 e 347. Acompanha a ideia, recentemente, PERETTI, Luís Alberto Salton. *Dano Emergente Futuro por Descumprimento Contratual.* Dissertação. Orientador: Professor Cristiano de Sousa Zanetti. Faculdade de Direito, Universidade de São Paulo, 2022, p. 113-114.

14 Adota-se aqui a perspectiva traçada por GUEDES, Gisela Sampaio da Cruz. *Lucros Cessantes*: Do bom-senso ao postulado normativo da razoabilidade. São Paulo: Revista dos Tribunais, 2011, p. 58-71, apenas com a ressalvade não se entender relevante afastar também — como o faz aquela autora — o critério da utilidade econômica em vista da disponibilidade ou indisponibilidade dos bens no momento do fato danoso, por envolver um quarto critério distintivo, inconfundível. Entende-se ser correto — e conforme a defesa do critério funcional lá sugerido — que o dano emergente se diferencia do lucro cessante em função deste alcançar interesses (posições jurídicas) já constantes do patrimônio no momento da lesão, enquanto os lucros cessantes alcançam interesses que ainda não compunham o patrimônio, mas o comporiam, não fosse a lesão. A argumentação que segue diz respeito à disponibilidade econômica que já teria o lesado (dano emergente) e o lesado viria a ter (lucros cessantes) — e parece se colocar, a rigor, na perspectiva da alienabilidade ou não das posições jurídicas a compor o patrimônio do credor. Em síntese, concorda-se com a posição defendida pela autora, sobretudo com a conclusão de que a distinção do dano emergente e do lucro cessante "nada tem a ver com a disponibilidade do interesse atingido", discordando-se apenas da argumentação subsequente que parece equivaler a falta de disponibilidade com a inalienabilidade. A utilidade econômica é expressiva da função ("para que

Em primeiro lugar, o critério temporal pode ser equívoco. Segundo esse critério, danos emergentes seriam presentes, enquanto lucros cessantes, futuros. A rigor, danos emergentes e lucros cessantes são sempre posteriores — ao menos analiticamente — ao inadimplemento, pois perdas e danos indenizáveis sempre são consequência do inadimplemento. É ilógico pensar em perdas e danos a ocorrer antes do inadimplemento: mesmo na restrita hipótese de inadimplemento antecipado, o dano será efeito de já se ter certeza do não cumprimento. Nem sempre o dano emergente será presente ou concomitante, tampouco o lucro cessante será necessariamente futuro. O ponto de relevância está na fixação do comparativo: futuro ou presente *em relação a quê*?

Uma resposta com base no Direito português, cujo Código Civil trata expressamente de danos futuros[15], seria considerar futuro *em relação à decisão judicial (ou arbitral)*. Dever-se-ia considerar "período em que é proferida a decisão judicial (ou arbitral) que irá resolver o litígio, isto é, o momento em que será fixada a indenização"[16].

Tal solução, todavia, embaralha as modalidades de danos. Embora a utilidade, não serve para distinguir danos emergentes de lucros cessantes.

De um lado, serão futuros aqueles danos que se produzirão "depois de prolatada a sentença, embora ainda como consequência do fato lesivo"[17]. A esse respeito, não há equívoco na fixação de indenização em relação ao que razoavelmente o credor deixaria de ganhar, ainda que posterior-

---

servem"), razão pela qual entende-se que essa utilidade compõe o critério distintivo correto entre as espécies de perdas e danos.

15 Código Civil Português, "Artigo 564º (Cálculo da indemnização) 1. O dever de indemnizar compreende não só o prejuízo causado, como os benefícios que o lesado deixou de obter em consequência da lesão. 2. Na fixação da indemnização pode o tribunal atender aos danos futuros, desde que sejam previsíveis; se não forem determináveis, a fixação da indemnização correspondente será remetida para decisão ulterior".

16 GUEDES, Gisela Sampaio da Cruz. *Lucros Cessantes*: Do bom-senso ao postulado normativo da razoabilidade. São Paulo: Revista dos Tribunais, 2011, p. 58; FERREIRA DA SILVA, Jorge Cesa. *Inadimplemento das Obrigações*. São Paulo: Revista dos Tribunais, 2006, p. 154.

17 GUEDES, Gisela Sampaio da Cruz. *Lucros Cessantes*: Do bom-senso ao postulado normativo da razoabilidade. São Paulo: Revista dos Tribunais, 2011, p. 58-59.

mente à decisão judicial. Não estão fora da apreciação judicial danos decorrentes da incapacidade para o trabalho posterior à decisão judicial, ou seja, o art. 402 não restringe o que *já* se "deixou de ganhar" ao tempo da decisão judicial[18]. "A indenização dos danos futuros não é excepcional ou secundária"[19], podendo ser de dois tipos: danos futuros em sentido próprio, "que se apresentarão no futuro", e como "continuação de danos presentes" — aqueles que já se verificaram quando da decisão, mas que continuarão a se verificar no tempo[20]. De outro lado, se o descumprimento impediu um incremento patrimonial que ocorreria no período entre o inadimplemento contratual e o proferimento da decisão judicial a fixar a condenação, mas não existia ao tempo da lesão, trata-se de lucro cessante passado — ou "lucro frustrado"[21].

Na primeira hipótese, o credor deixaria de ganhar, no futuro do pretérito[22], em relação à decisão judicial. Na segunda, "deixou de ganhar", no passado, em relação à decisão judicial. É questão de ângulo[23].

A formulação de danos passados ou futuros levando em consideração o momento da "decisão judicial" incorre na transmutação do tema em processual, extravasando, portanto, critérios de direito material. Se não houver decisão judicial, deixa de haver dano? Como a resposta parece nitidamente negativa, há de se concluir: danos emergentes e lucros cessantes são, ambos, futuros, no sentido de posteriores (podendo ser conco-

---

18 MARINO, Francisco Paulo De Crescenzo. Perdas e Danos. In: LOTUFO, Renan; NANNI, Giovanni Ettore (Coord.). *Obrigações*. São Paulo: Atlas, 2011, p. 671.

19 MARINO, Francisco Paulo De Crescenzo. Perdas e Danos. In: LOTUFO, Renan; NANNI, Giovanni Ettore (Coord.). *Obrigações*. São Paulo: Atlas, 2011, p. 669.

20 FERREIRA DA SILVA, Jorge Cesa. *Inadimplemento das Obrigações*. São Paulo: Revista dos Tribunais, 2006, p. 154-155.

21 MARINO, Francisco Paulo De Crescenzo. Perdas e Danos. In: LOTUFO, Renan; NANNI, Giovanni Ettore (Coord.). *Obrigações*. São Paulo: Atlas, 2011, p. 671.

22 GUEDES, Gisela Sampaio da Cruz. *Lucros Cessantes*: Do bom-senso ao postulado normativo da razoabilidade. São Paulo: Revista dos Tribunais, 2011, p. 297.

23 ALVIM, Agostinho. *Da Inexecução das Obrigações e suas Conseqüências*. 5ª ed. São Paulo: Saraiva, 1980, p. 174.

mitantes) ao inadimplemento. O aspecto temporal será de relevo não sob o prisma do momento da decisão judicial, mas para a análise do conjunto dos interesses a compor o patrimônio antes e depois do descumprimento: se o interesse já estava no patrimônio no momento da lesão, trata-se de dano emergente; se o interesse permitiria o auferimento de incremento patrimonial, o qual não ocorreu, trata-se de lucro cessante. O critério temporal ligado à decisão judicial parece ser indevida importação lusitana.

Em segundo lugar, tampouco é escorreito o critério da diferença entre "situações *reais*", para traçar o comparativo entre danos emergentes e lucros cessantes. Segundo essa linha, o dano emergente se caracterizaria pela comparação entre duas situações reais: como estava o patrimônio da vítima antes do evento danoso e como ficou aquele patrimônio em virtude do dano, enquanto os lucros cessantes se configurariam pela diferença entre uma situação real e outra hipotética, é dizer, como o patrimônio da vítima está e como estaria caso o evento danoso não tivesse ocorrido[24]. O dano emergente seria o dano real por ser efetivo, por não ser abstrato ou potencial, e os lucros cessantes seriam uma diferença entre uma situação real e outra hipotética.

Esse critério enseja uma ideia equivocada de lucros cessantes, como se não fossem prejuízos efetivos. Ademais, o dano emergente nem sempre é "sólido e acabado": também depende da situação hipotética na qual estaria o patrimônio do lesado não fosse o ilícito sofrido[25]. Veja-se essas ideias.

A rigor, esse critério distintivo confunde lucros cessantes com o cálculo da indenização conforme o interesse — na díade interesse positivo e interesse negativo. Porém, dano emergente não é o interesse positivo, nem o lucro cessante corresponde ao interesse negativo[26]. A comparação entre

24 GUEDES, Gisela Sampaio da Cruz. *Lucros Cessantes*: Do bom-senso ao postulado normativo da razoabilidade. São Paulo: Revista dos Tribunais, 2011, p. 67 (descreve o critério, igualmente o criticando).

25 GUEDES, Gisela Sampaio da Cruz. *Lucros Cessantes*: Do bom-senso ao postulado normativo da razoabilidade. São Paulo: Revista dos Tribunais, 2011, p.66-68.

26 Sobrepondo as figuras, por exemplo, ASSIS, Araken de. Liquidação do dano. *Revista dos Tribunais*, vol. 759, jan./1999, p. 11-23. ("A distinção entre interesse positivo (*damnum emergens*) e interesse

as situações reais e hipotéticas não serve para distinguir as perdas e danos, mas põe em pauta uma pergunta prévia, atinente à situação hipotética na qual estaria o credor se não fosse o ilícito. A essa situação hipotética foi cunhada uma "fórmula de síntese" ou "par conceitual", referido como interesse (positivo ou negativo)[27]. Ao se indenizar o interesse positivo ou negativo, sempre se projetará situação hipotética na qual estaria o lesado caso o evento danoso não tivesse ocorrido[28]. Na responsabilidade contratual, o interesse a ser indenizado será informado pela situação na qual estaria o lesado *somando-se* a hipótese de cumprimento — que, na realidade, não ocorreu. A comparação a ser feita leva em conta uma situação hipotética em relação a uma situação real: medindo-se tanto os lucros cessantes quanto os danos emergentes.

O critério das "situações reais" tem ainda o perigo de levar a crer que no dano emergente a ideia de "prejuízos efetivos", isto é, aquilo que "efetivamente se perdeu" seria exclusivamente correspondente aos danos emergentes, como se os lucros cessantes não representassem um prejuízo efetivo[29]. O cerne da confusão parece residir numa interpretação enviesada dos arts. 402 e 403 do Código Civil. Ao estabelecer como limites às perdas e danos os "prejuízos efetivos e os lucros cessantes por efeito dela direto e imediato", seriam os danos emergentes os prejuízos efetivos e os lucros cessantes aqueles que decorrem por efeito direto e imediato da inexecução? Em outras palavras, uma interpretação literal e conjunta dos arts. 402 e 403 levaria à seguinte indagação: os lucros cessantes não são prejuízos "efetivos"? Ou, ainda: os danos emergentes independem da relação de causalidade?

---

negativo (*lucrum cessans*) é controvertida").

27 STEINER, Renata. *Reparação de Danos*: interesse positivo e interesse negativo. São Paulo: Quartier Latin, 2018, p. 140-142.

28 STEINER, Renata. *Reparação de Danos*: interesse positivo e interesse negativo. São Paulo: Quartier Latin, 2018, p. 199 e 234.

29 GUEDES, Gisela Sampaio da Cruz. *Lucros Cessantes*: Do bom-senso ao postulado normativo da razoabilidade. São Paulo: Revista dos Tribunais, 2011, p. 66-67.

Responder positivamente seria incorrer em bizantinismo, como se os danos emergentes prescindissem da relação de causalidade com o descumprimento. Além disso, para serem indenizáveis, tanto os danos emergentes quanto os lucros cessantes devem ser faticamente verificáveis — o lucro cessante também é um prejuízo efetivo, embora para a sua aferição seja imprescindível um juízo normativo sobre a sua razoabilidade, conforme a probabilidade de sua ocorrência. O tema será analisado em maiores pormenores no Capítulo 2.2.3.1, cabendo por ora apenas as referências a Pontes de Miranda, "[s]e o ganho seria, com grande probabilidade, de esperar-se, e homem normal [...], ou o demandante, por sua notória aptidão, ou por sua atividade conhecida, teria querido e obtido, tem de ser indenizado o lucro cessante. Supõe-se, sempre, o curso normal dos fatos, ou as circunstâncias especiais da situação do indenizado"[30]; bem como a Couto e Silva, para quem: "Sem dúvida alguma há no caracterizar o âmbito do que seja dano emergente, a mesma ausência de dificuldades que não se contém no pertinente ao conceito de lucro cessante. Os lucros cessantes que se indenizam estão adstritos ao critério da razoabilidade. O art. 1.060 [correspondente ao art. 403] completa o enunciado do art. 1.059 [correspondente ao art. 402]"[31]. É certo que em ambos os enunciados normativos há alusão aos danos emergentes e aos lucros cessantes, mas "efetivo", para danos emergentes, não exclui que os lucros cessantes também o sejam: o serão quando, com probabilidade, forem razoáveis.

Em síntese, os critérios distintivos entre as espécies de danos patrimoniais são os temporal e funcional: os danos emergentes servindo à diminuição patrimonial, os lucros cessantes ao não-aumento do patrimônio. "O que ele efetivamente perdeu" diz respeito à lesão de interesse que estava na esfera jurídica do credor no momento do descumprimento; "o que razoavelmente deixou de lucrar" diz respeito ao que seria — efetivamente — incorporado como acréscimo, mas não o foi, em virtude do ilícito.

30 PONTES DE MIRANDA, Francisco Cavalcanti. *Tratado de Direito Privado.* Tomo XXII. Rio de Janeiro: Borsoi, 1958, § 2.722, 3, p. 184.

31 COUTO E SILVA, Clóvis do. Dever de indenizar. In: FRADERA, Véra. (Org.). *O Direito Privado brasileiro na visão de Clóvis do Couto e Silva.* 2ª ed. Porto Alegre: Livraria do Advogado, 2014, p. 193.

2.1.2. *CONSEQUENTIAL DAMAGES* PODEM SER LUCROS CESSANTES OU DANOS EMERGENTES

Assim como danos emergentes e lucros cessantes são noções aferíveis em contraste, um primeiro sentido de *consequential damage* é também mais bem definido quando comparado com outra categoria de danos: o *general damage*. O sinônimo de *consequential damage* nesse caso é *special damage*: nessa primeira acepção, *consequential damage* é aquele que diz respeito a circunstâncias especiais, em exceção àquilo que normalmente acontece. Contudo, a oposição entre geral e especial a diferenciar *general* e *consequential* na *common law*, não se assemelha com o critério distintivo das espécies de danos patrimoniais no Direito brasileiro.

De um lado, na *common law*, são *general damages* aqueles que ocorrem na maioria dos casos, contrapondo-se aos *consequential*, porque estes dependem de circunstâncias especiais da parte lesada. De outro, no Direito brasileiro, dano emergente se refere à diminuição de interesse que já estava na esfera jurídica do lesado quando do ilícito, enquanto o lucro cessante é o não aumento do patrimônio, representativo de interesse que seria acrescido a essa esfera, não houvesse o ilícito. As dicotomias estão baseadas em critérios distintos, portanto.

Alguns dos exemplos concretos destacados no Capítulo 1.1.1 nos quais *consequential damages* não configuram *lost profits* seriam enquadráveis como danos emergentes. Por exemplo, os casos nos quais os credores incorreram em despesas por terem recebido bens de qualidade inferior àquela que deveria ter sido entregue, não servindo aos propósitos contratados.

Relembre-se que em *Park Avenue (EUA, 2003)*[32] a discussão envolvia defeitos na construção de unidades condominiais entre proprietários e o construtor. Para o que ora concerne, os custos para que os apartamentos fossem reparados não foram indenizados, porque foram considerados

32 Estados Unidos da América. The Court of Appeals of Washington. Division One. *Park Avenue Condominium Owners Ass'n v. Buchan Developments, L.L.C.* Julgado em 30 de junho de 2003.

consequential damages, excluídos por Lei estadual àquele tipo de contrato de construção. À luz do Direito brasileiro, os custos de reparo seriam qualificados como diminuições no patrimônio dos credores decorrentes do descumprimento. Alhures, foram enquadrados como *consequential damages* e, aqui seriam, classificáveis como danos emergentes e não como lucros cessantes.

Em *Environmental v. Peerless (Australia, 2008)*[33], os danos considerados como *consequential* foram custos com trabalho empregado na tentativa de fazer um equipamento — um regenerador térmico de ar utilizado no tratamento de resíduos da produção industrial — funcionar, bem como custos para a desmontagem e descarte do regenerador quando se desistiu de fazê-lo operar. Evidentemente, eram diminuições patrimoniais que decorriam da entrega do bem fora das qualidades contratualmente prometidas: não se confundem com a frustração de eventual aumento patrimonial. Uma vez mais, trata-se de danos emergentes e não de lucros cessantes.

Sinalizada a possibilidade de os *consequential damages* serem qualificáveis como danos emergentes, tarefa ainda mais fácil é exemplificar situações nas quais os *consequential damages* são lucros cessantes. A esse respeito, é de se destacar a identidade funcional entre o emprego da expressão *lost profits* e a referência a lucros cessantes. Quando em inglês se alude a *lost profits*, a tradução para lucros cessantes parece designar a mesma função. *Hadley v. Baxendale* é um exemplo eloquente: a perda de produtividade do moinho durante o atraso do contrato de transporte. Perspectivado à luz do Direito brasileiro, a pretensão indenizatória discutida envolveria lucros cessantes: trata-se do não-aumento do patrimônio dos proprietários do moinho durante o atraso. Muitos casos tratados na Primeira Parte deste livro também discutiram o não-aumento do patrimônio em virtude do descumprimento[34].

33 Austrália. Supreme Court of Victoria. Court of Appeal. *Environmental Systems Pty Ltd v Peerless Holdings Pty Ltd.* Julgado em 26 de fevereiro de 2008.

34 *E.g.*, os casos citados no Capítulo 1.1.2.

Tampouco se pode dizer que ao se classificar um dano como *consequential* este não deve ser indenizado. A despeito de os *general damages* serem, de regra, indenizáveis, a qualificação de um prejuízo como atinente às circunstâncias especiais não indica, por si, se é indenizável ou não. Embora em *Hadley v. Baxendale* a indenização tenha sido negada, a decisão não afastou a possibilidade de *consequential damages* serem indenizáveis. São danos que *podem* ser indenizáveis. Assim também quanto aos danos emergentes ou lucro cessantes no Direito brasileiro: classificar o dano como emergente ou como lucro cessante não justifica, *per se*, a indenizabilidade do dano patrimonial, pois a diminuição patrimonial ou o não aumento deve decorrer causalmente da inexecução, nos termos do art. 403 do Código Civil.

A ilustrar esse argumento, exemplo de caso no qual *consequential damages* foram indenizados foi *Perini Corp v. Greate Bay Hotel Casino (EUA, 1992)*[35]. Rememore-se, muito brevemente, que o caso envolveu discussão a respeito de pedido indenizatório de lucros cessantes no montante de US$ 14 milhões, formulado por um cassino em face de uma empreiteira que trabalhava como gerente de obras, a qual foi remunerada em US$ 600 mil para executar os serviços. A reforma atrasou e, ausente cláusula de afastamento ou de liquidação de indenização, o tribunal arbitral entendeu que recairia sob a responsabilidade do gerenciador da obra, experiente em reformas de cassinos na região, as perdas que o cassino teve durante o período de atraso, ainda que excedessem (em muito) o valor da sua remuneração. Como tais perdas consistem no não aumento do patrimônio do *Casino*, o qual restou privado dos benefícios que seriam auferidos tivesse a obra sido concluída no prazo, trata-se de *consequential damages* classificáveis como lucros cessantes.

35 Estados Unidos da América. Supreme Court of New Jersey. *Perini Corp. v. Greate Bay Hotel Casino, Inc.* Julgado em 6 de agosto de 1992.

Do ponto de vista lógico, não haveria qualquer sentido na pactuação de cláusulas de afastamento de *consequential damages* do âmbito do dever de indenizar se não fosse sequer cogitável que pudessem ser indenizáveis na *common law*. Muito provavelmente em virtude de casos como *Perini Corp v. Greate Bay Hotel Casino (EUA, 1992)*, no qual houve nítida desproporção entre a indenização conferida e a remuneração prevista pelo gerenciador da obra, passaram a surgir, na prática, cláusulas de afastamento de *consequential damages*, afastando a possibilidade de serem indenizados.

Essa tentativa de prever *ex contractu* a não indenizabilidade de *consequential damages*, limitando o dever de indenizar, fez surgir novo problema: quando excluídos os *consequential damages* estariam automaticamente afastados os *lost profits*?

A resposta da jurisprudência foi negativa. O afastamento contratual de *consequential damages não impede que lost profits* sejam indenizados em uma série de casos. Sem se afastar do arrazoado de *Hadley v. Baxendale*, um segundo sentido dos *consequential damages* é colocado em destaque. Esse segundo sentido não é tão bem explicado pelo contraste com danos em geral (*general damages*), não mais sendo o sinônimo *special* o apropriado para explicá-lo. O contraste com a noção de *direct damage é o de relevo. Os consequential* equivalem ao oposto de *direct*, os *indirect damages*.

Em *Hadley v. Baxendale*, a atividade econômica do moinho foi faticamente afetada pela ausência do virabrequim durante o atraso dos transportadores, mas essa circunstância especial não compunha o escopo imediato do contrato de transporte. Se, de um lado, os *direct damages* seriam oriundos de circunstâncias a compor a essência do contrato, ou seja, o escopo imediato do contrato, de outro, os *indirect damages* são prejuízos econômicos decorrentes de circunstâncias outras que não se configuram com tal escopo. Naquele caso, os lucros cessantes eram *indirect*, porque alheios à prestação que estava contratada: o transporte da peça. O significado dos *indirect damages à luz do Direito brasileiro* será mais bem aprofundado no Capítulo 2.3. Ora aponta-se à possibilidade de classificação de lucros cessantes como *direct damages*, inatingidos pela cláusula de limitação contratual, portanto.

O grupo de casos relatado no Capítulo 1.1.2 indica que os lucros cessantes podem ser *direct damages*. Como os *direct damages são indenizáveis, a questão central muda, passando a ser necessário analisar se o prejuízo invocado é direct damage* ou *consequential damage*. A resposta à questão partirá da interpretação contratual. Se da interpretação contratual como um todo, não apenas da cláusula excludente, considerar-se que o surgimento dos prejuízos se dá com base em circunstância que compunha o conteúdo do contrato, estes serão *direct*. Apesar de a existência de cláusula de afastamento do dever de indenizar *consequential damages*, os lucros cessantes deverão ser indenizados.

Considerando *direct* aquelas circunstâncias que dizem respeito apenas ao cerne da prestação contratual e *indirect* aquelas que lhe são externas, a questão se torna particularmente problemática nas discussões atinentes a lucros cessantes. Normalmente o proveito frustrado que teria sido obtido não fosse o inadimplemento envolve outro contato (ou outros contratos) do credor lesado com terceiros. Esse envolvimento de terceiros é trazido como argumento de defesa por parte do inadimplente, como se interrompesse a sua responsabilidade, que deve estar, segundo argumenta, adstrita aos específicos deveres que assumiu na relação contratual primária. O inadimplente busca afastar os prejuízos do escopo de responsabilidade que lhe caberia em virtude do contrato, argumentando que a relação do lesado com terceiro é circunstância externa e alheia, a tornar o prejuízo apenas indiretamente relacionado com a prestação que lhe cabe segundo o contrato.

Se na responsabilidade contratual a interpretação de cada contrato é imprescindível para essa avaliação, à luz do Direito brasileiro os cânones hermenêuticos dos negócios jurídicos assumem importância fundamental, entre os quais os previstos nos artigos 112 e 113 da Parte Geral do Código Civil. O desenvolvimento jurisprudencial sobre os *consequential damages* na *common law* não se deu apenas no plano da interpretação, mas jogou luzes sobre as noções, por vezes tidas como intercambiáveis, de contemplação comum das partes e de previsibilidade dos prejuízos, chaves a suscitar também o aprofundamento da reflexão a respeito dos artigos 402 e 403 do Código Civil.

CAPÍTULO 2.2
PREVISIBILIDADE

Da leitura de que em *Hadley v. Baxendale* os danos são indenizáveis desde que estejam na contemplação comum das partes, concluiu-se que para os *consequential damages* serem indenizáveis devem ser previsíveis. A previsibilidade como limite da indenização pode se revelar pela visão de que em *Hadley v. Baxendale* há duas regras: ou as circunstâncias que ensejaram os danos se originam do curso ordinário, normal, geral das coisas, ou, sendo circunstâncias especiais a excepcionar esse curso normal, eram conhecidas pelas partes no momento da contratação.

Os *general damages* são indenizáveis, porque sempre previsíveis, ao se originarem do curso ordinário das coisas, estando presumivelmente na contemplação comum das partes. Sendo os *consequential damages* os danos da segunda regra, podem ser indenizáveis, desde que as circunstâncias que lhes ensejaram tenham sido comunicadas, pelo credor, e sejam conhecidas, pelo inadimplente. Se forem previsíveis, mesmo que fujam ao curso ordinário, serão indenizáveis. Nessa acepção, enquanto os *consequential damages* são aqueles atinentes a circunstâncias especiais, a previsibilidade é um critério a definir se tais danos são ou não indenizáveis. Ou seja, quando se equivalem a *special damages*, os *consequential damages* podem ser indenizáveis na *common law*, desde que previsíveis.

A conclusão leva à seguinte pergunta: faz sentido tratar de danos especiais no Direito brasileiro, cuja indenizabilidade se afere conforme a contemplação comum das partes?

Dada a grande facilidade da transmissão das informações e a exponencial complexidade das relações dos dias atuais, os fatos do caso *Kerr Steamship Co v. Radio Corp (EUA, 1927)* soam ultrapassados. Hoje, seria incogitável que as orientações sobre o carregamento de um navio a realizar uma viagem transoceânica fossem apenas transmitidas via telegrama. Contudo, importa reter do exemplo que, fosse julgado conforme o Direito brasileiro interno (isto é, se o telegrama fosse enviado e recebido dentro do Brasil, por exemplo, do Chuí ao Oiapoque, aplicando-se a Lei brasileira), poderia ter sido resolvido por específicas limitações impostas por Lei.

A Lei 6.538/78 (conhecida como "Lei Postal") estabelece no art. 17 que a empresa exploradora ao serviço postal "responde, na forma prevista em regulamento, pela perda ou danificação de objeto postal, devidamente registrado". Por sua vez, o Regulamento 83.858/79 exonerava a responsabilidade da empresa exploradora "por prejuízo resultante de erro de transmissão ou encaminhamento de telegrama" (art. 150), obrigando-a apenas a restituir a importância recebida (art. 152)[1]. Ou seja, por meio da Lei, havia uma definição a respeito de quais seriam as consequências do descumprimento, afastando-se os prejuízos. A *previsão* legal afastava a necessidade de avaliação sobre a previsibilidade dos prejuízos dependentes naquele tipo de contrato. O trocadilho, aqui, é proposital, para enfatizar o ponto.

A partir da identificação do tipo, pode haver regras legais que limitem ou afastem a indenização, as quais tornam desnecessária a pergunta sobre quais são os danos sujeitos ao curso ordinário e quais são os danos extraordinários, pois a própria letra da Lei já especifica qual é a extensão da responsabilidade cabível. A rigor, à medida que a Lei *prevê* um regime minudente, já fornece o que pode ser considerado — e o que não pode — dano indenizável em contratos daquele tipo. Do conjunto normativo formado pela Lei Postal e pelo Regulamento 83.858/79, o valor do telegrama, ao passo que expressava o limite da responsabilidade da empresa exploradora do serviço postal, excluía a indenizabilidade de outros danos. Nesse específico exemplo, só *general damages*, previstos em Lei, são indenizáveis: *consequential damages* não o seriam.

1 O Regulamento 83.858/79 aprova o Regulamento do Serviço Postal e do Serviço de Telegrama, tendo sido Revogado por Decreto de 15 de fevereiro de 1991.

Tendo a lei, em algumas hipóteses, delimitado a indenização, é esse critério a seguir. Mas e se a lei não fixa critério?

O exemplo não deve ser interpretado como crítica à falta de delimitação específica da indenização previsível na lei. A imensa maioria de regras legais atinentes aos contratos é dispositiva, como evidencia a liberdade de estipulação de contratos atípicos, nos termos do art. 425, a partir da qual se "abre a via à admissibilidade, a validade, e a utilidade de cláusulas contratuais que visem a distribuir os riscos da superveniência de eventos que possam perturbar o curso ordinário das prestações"[2]. A possibilidade de celebração de contratos atípicos é corolário do reconhecimento da liberdade contratual[3].

Muitas vezes o que normalmente acontece, em virtude da repetição, vem a ser plasmado em texto legal sendo necessário examinar o tipo contratual aplicável. As operações econômicas mais recorrentes se encontram disciplinadas na lei, admitindo-se contratos socialmente típicos[4]. Os tipos "se prestam a oferecer um modelo jurídico para disciplinar dada operação econômica", sendo sua natureza "definida pelo que a doutrina costuma qualificar como 'elementos categoriais inderrogáveis do negócio'. Embora essa pretensão nem sempre seja atingida, cada tipo serve, em

2 MARTINS-COSTA, Judith. GIANNOTTI, Luca. A culpa no Direito das Obrigações: notas para uma história de conceitos jurídicos fundamentais. In: PIRES, Fernanda Ivo. (Org). *Da Estrutura à Função da Responsabilidade Civil.* São Paulo: Foco, 2021, p. 173; PARGENDLER, Mariana. O direito contratual comparado em nova perspectiva: revisitando as diferenças entre os sistemas romano-germânico e de *common law. Revista Direito* GV, vol. 13, n. 3, p. 796-826, set-dez 2017, p. 803; PARGENDLER, Mariana. The Role of the State in Contract Law. The Common-Civil Law Divide. *The Yale Journal of International Law.* Vol. 43, p. 143-189, 2018, p. 155.

3 ZANETTI, Cristiano. Comentários ao art.425. In: NANNI, Giovanni Ettore. (Coord.). *Comentários ao Código Civil.* Direito Privado Contemporâneo. São Paulo: Saraiva, 2019, p. 706.

4 ZANETTI, Cristiano. Comentários ao art.425. In: NANNI, Giovanni Ettore. (Coord.). *Comentários ao Código Civil.* Direito Privado Contemporâneo. São Paulo: Saraiva, 2019, p. 705.

princípio, para disciplinar uma operação econômica precisa"[5]. Os riscos serão diferentes conforme o tipo[6].

O curso ordinário depende de cada contrato em concreto, podendo não haver regra jurídica a respeito do que normalmente acontece. Os contratos cujo regime do tipo é carente da delimitação da extensão do dever de indenizar e os contratos atípicos obviamente não estão no vácuo. Serviria, então, a previsibilidade como critério de determinação dos danos indenizáveis, segundo o regime geral do Direito das Obrigações?

Ao menos de modo explícito, o Código Civil vigente não a reconhece. O vocábulo "imprevisível" ou "imprevista" aparece seis vezes no texto codificado: nos artigos 317[7], 430[8], 478[9], 580[10], 625, II[11], e 741[12]. Todas

---

5 ZANETTI, Cristiano de Sousa. O risco contratual. In: LOPEZ, Teresa Ancona; LEMOS, Patrícia Fraga Iglecias; RODRIGUES JÚNIOR, Otavio Luiz. (Org.). *Sociedade de Risco e Direito Privado*: desafios normativos, consumeristas e ambientais. São Paulo: Atlas, 2013, p. 462.

6 ZANETTI, Cristiano de Sousa. O risco contratual. In: LOPEZ, Teresa Ancona; LEMOS, Patrícia Fraga Iglecias; RODRIGUES JÚNIOR, Otavio Luiz. (Org.). *Sociedade de Risco e Direito Privado*: desafios normativos, consumeristas e ambientais. São Paulo: Atlas, 2013, p. 462.

7 Art. 317: "Quando, por motivos imprevisíveis, sobrevier desproporção manifesta entre o valor da prestação devida e o do momento de sua execução, poderá o juiz corrigi-lo, a pedido da parte, de modo que assegure, quanto possível, o valor real da prestação".

8 Art. 430. "Se a aceitação, por circunstância imprevista, chegar tarde ao conhecimento do proponente, este comunicá-lo-á imediatamente ao aceitante, sob pena de responder por perdas e danos". A imprevisibilidade serve como requisito da circunstância a levar ao conhecimento tardio, pelo proponente, da aceitação. Sendo imprevisível e faltando o proponente à conduta colaborativa de comunicar o aceitante, responderá por perdas e danos. Trata-se de hipótese específica atinente às regras da formação dos contratos entre ausentes.

9 Art. 478. "Nos contratos de execução continuada ou diferida, se a prestação de uma das partes se tornar excessivamente onerosa, com extrema vantagem para a outra, em virtude de acontecimentos extraordinários e imprevisíveis, poderá o devedor pedir a resolução do contrato. Os efeitos da sentença que a decretar retroagirão à data da citação".

10 Art. 581. "Se o comodato não tiver prazo convencional, presumir-se-lhe-á o necessário para o uso concedido; não podendo o comodante, salvo necessidade imprevista e urgente, reconhecida pelo juiz, suspender o uso e gozo da coisa emprestada, antes de findo o prazo convencional, ou o que se determine pelo uso outorgado".

11 Art. 625. "Poderá o empreiteiro suspender a obra: (...) II - quando, no decorrer dos serviços, se manifestarem dificuldades imprevisíveis de execução, resultantes de causas geológicas ou hídricas, ou outras semelhantes, de modo que torne a empreitada excessivamente onerosa, e o dono da obra se opuser ao reajuste do preço inerente ao projeto por ele elaborado, observados os preços".

12 Art. 741. "Interrompendo-se a viagem por qualquer motivo alheio à vontade do transportador, ainda que em conseqüência de evento imprevisível, fica ele obrigado a concluir o transporte contratado em outro veículo da mesma categoria, ou, com a anuência do passageiro, por modalidade diferente,

as menções estão no âmbito do Direito das Obrigações ou do Direito dos Contratos, e nenhuma delas diz respeito à limitação da indenização das perdas e danos.

Essa constatação revela um entrave comparativo. Como comparar se o que existe alhures não existe no Brasil, ao menos no texto legal?

Muitas vias se abrem. Uma primeira seria dar um passo atrás e aprofundar a ideia de "contemplação comum das partes". Funcionalmente, essa expressão parece encontrar certo correspondente na ideia de "base contratual objetiva", na acepção que lhe confere Pontes de Miranda: "base do negócio jurídico é o elemento circunstancial ou estado geral de coisas cuja existência ou subsistência é essencial a que o contrato subsista, salvo onde o acordo dos figurantes restringiu a relevância do elemento ou do estado geral de coisas"[13].

Embora não seja rejeitado dogmaticamente, esse caminho não se mostrou alvissareiro para a investigação ora empreendida. Em meio às críticas a "conceitos que se hão de repelir" — entre os quais o da *cláusula rebus sic stantibus* e da *teoria da imprevisão*[14] —, Pontes de Miranda distingue a hipótese do art. 1.059, parágrafo único, do Código Civil de 1916, a dizer respeito apenas à previsibilidade dos lucros cessantes. Trata-se de exemplo a chancelar que as discussões teóricas na doutrina brasileira sobre a previsibilidade no âmbito do Direito dos Contratos centram-se nos institutos deflagradores da necessidade de modificação do pactuado em virtude das circunstâncias supervenientes. Ou seja, a

---

à sua custa, correndo também por sua conta as despesas de estada e alimentação do usuário, durante a espera de novo transporte".

13 PONTES DE MIRANDA, Francisco Cavalcanti. *Tratado de Direito Privado*. Tomo XXV. Rio de Janeiro: Borsoi, 1959, § 3.073, 2, p. 257, referido por MARTINS-COSTA, Judith. O Risco Contratual (e os significados do risco). In: TERRA, Aline Miranda; PIRES, Catarina Monteiro; NANNI, Giovanni. (Org.), p. 1. *No prelo*.

14 PONTES DE MIRANDA, Francisco Cavalcanti. *Tratado de Direito Privado*. Tomo XXV. Atualizado por Nelson Nery Jr. e Rosa Maria de Andrade Nery. São Paulo: Revista dos Tribunais, 2012, § 3072, 1, p. 330-335. A matéria foi discutida no caso *Tude, Irmãos e Cia v. Andronico Silva* (Brasil, 1946)., abaixo referido (*Capítulo 2.2.2.4.1*).

doutrina enfoca na possibilidade de revisão ou resolução dos contratos em virtude da superveniência de eventos não imputáveis às partes[15], não sendo coincidência que os artigos 317 e 478, dois dos artigos de Lei a conter o termo "imprevisível", encontram-se nessa seara. Em síntese, o *corpus* doutrinário a respeito da teoria da base contratual objetiva, da teoria da imprevisão, ou da cláusula *rebus sic stantibus* não têm como pressuposto central o inadimplemento e as suas consequências[16].

Uma segunda via seria considerar a "*contemplation of both parties*" como indicativa da "intenção comum das partes", expressa no art. 112 do Código Civil. Evitou-se por aprofundar esse caminho, porque o estudo sobre as categorias e sobre os limites que compõem o regime das perdas e danos pareceu preceder, metodologicamente, a cânones gerais de interpretação dos negócios jurídicos. Dito de outra forma, entendeu-se que os *consequential damages* seriam melhor compreendidos se avaliados em cotejo com categorias relacionadas às perdas e danos conhecidas e aplicadas no Direito brasileiro, do que se fossem investigados métodos de interpretação: caso fosse essa a opção adotada, seria necessário analisar a jurisprudência de *common law* sob outro enfoque, ou, até mesmo, correr-se-ia o risco de que o estudo sobre os danos patrimoniais decorrentes do inadimplemento do contrato interpretado se diluísse em meio a outras figuras.

---

15 *E.g.* entre os precursores da discussão, FONSECA, Arnoldo Medeiros da. *Caso Fortuito e Teoria da Imprevisão.* 3ª ed. Rio de Janeiro: Revista Forense, 1958, *passim*. E entre os escritos mais atuais: MARTINS-COSTA, Judith; COSTA E SILVA, Paula. *Crise e Perturbações no Cumprimento da Prestação.* São Paulo Quartier Latin, 2020, § 8, p. 67 e § 28.

16 Exceção é feita a ROCHA, Arthur. *Da Intervenção do Estado nos Contractos Concluidos.* (A revisão nos negócios privados e o Código Civil). Lesão Imprevista. A sorte da moeda nas obrigações. Rio de Janeiro: Irmãos Pongetti, 1932, p. 131-150, que segue caminho radicalmente contrário. O autor argumenta que os artigos 1.059 e 1.060 do Código Civil de 1916, mesmo atinentes a perdas e danos, serviam como expressão legal da Teoria da Imprevisão no Direito brasileiro, cabendo deles deduzir princípio de delimitação dos contratos ao mínimo da previsão normal (p. 131). Concorda em parte FONSECA, Arnoldo Medeiros da. *Caso Fortuito e Teoria da Imprevisão.* 3ª ed. Rio de Janeiro: Revista Forense, 1958, entendendo que o parágrafo único do art. 1.059 consagra, em caso especial ("embora restrito e limitado"), a noção de imprevisão (§ 228, p. 326 e 327). No caso do devedor exercer o direito de resolução do contrato pela superveniência de circunstância suppereniente, com lastro na teoria da imprevisão, o autor entende que o artigo limitaria a percepção dos lucros previstos ou previsíveis na data da obrigação (§ 246, p. 348).

Desse modo, optou-se por evitar os labirintos teóricos que os referidos caminhos potencialmente poderiam ensejar. Em termos de método, este estudo não propõe uma rediscussão teórica a respeito dos alcances da teoria da base objetiva ou de teorias hermenêuticas. Embora não rechaçados como caminhos viáveis, mostram-se incompatíveis com o propósito principal, que é muito mais modesto: busca-se descrever o regime de regras relacionadas ao dever de indenizar para verter a categoria *consequential damage* em termos jurídicos brasileiros. O foco da comparação, então, recai sobre a previsibilidade como limite ao dever de indenizar.

A primeira constatação a esse respeito é: o termo "previstos" estava no parágrafo único do art. 1.059 do Código Civil de 1916, mas aquele enunciado não foi reproduzido no Código Civil de 2002. Consideradas as regras vigentes sobre o dever de indenizar, constata-se hoje a ausência da previsibilidade de modo expresso texto legal. Diante da ausência, seria possível afirmar a irrelevância do critério para a determinação dos danos? É dizer, a supressão do texto da letra do Código efetivamente mudou o sistema?

Na esteira de comentários ao Código Civil de 2002[17] e de monografias a admiti-la excepcionalmente[18], a retirada foi eloquente no sentido de aumentar o escopo da reparação, eliminando o limite. Como não há

17 MARTINS-COSTA, Judith. *Comentários ao Novo Código Civil.* Do Inadimplemento das Obrigações. 2ª ed. Volume V. Tomo II. Rio de Janeiro: Forense, 2009, p. 495; FERREIRA DA SILVA, Jorge Cesa. *Inadimplemento das obrigações.* São Paulo: Revista dos Tribunais, 2006, p. 166; TEPEDINO, Gustavo; SCHREIBER, Anderson. *Fundamentos do Direito Civil.* Obrigações. Rio de Janeiro: Forense, 2020, p. 371-372; SCAVONE JÚNIOR, Luiz Antônio. *Comentários ao Código Civil Brasileiro.* Vol. IV. Do Direito das Obrigações. Forense: Rio de Janeiro. 2006, p. 487.

18 REIS, Iuri. *Danos Patrimoniais.* Uma perspectiva Pragmática. Rio de Janeiro: Lumen Juris Direito, 2017, p. 142-144 (refere regras especiais na legislação "inspiradas na previsibilidade do dano", como o Código Brasileiro de Aeronáutica, arts. 248, 257 e 260, e aos artigos 743 e 750 do Código Civil); MONTEIRO DE BARROS, Vera Cecília. *Previsibilidade do Dano Contratual no Direito do Comércio Internacional.* São Paulo: Quartier Latin, 2019, p. 110-114 (referindo que o art. 74 da CISG, Lei brasileira para contratos de compra e venda de mercadorias, adota o critério); MAGADAN, Gabriel. *Responsabilidade Civil Extracontratual.* Causalidade Jurídica. São Paulo: Editora dos Editores, 2019, p. 91 (afirmando que o direito brasileiro, ao contrário do direito francês e do italiano, "não adotou o critério legislativo da previsibilidade das consequências, preterindo a subjetividade, na quantificação do dano — ao menos no que diz respeito à majoração").

mais este fator limitador expressamente previsto na lei, as perdas e danos seriam devidas independentemente de sua previsibilidade no momento da contratação, em qualquer situação. A extirpação do indigitado parágrafo único do art. 1.059 fez com que a previsibilidade deixasse de ser um limite à indenização contratual segundo o regime legal.

No direito anterior, era a firme posição de Aguiar Dias em crítica ao critério da previsibilidade: "[c]om efeito, a primeira dificuldade que esse critério suscita é a de saber a quem cabe a atribuição de considerar o lucro como provável, se ao prejudicado, se ao autor do dano. Isso, além do mais, é extravagante, porque o ponto de vista das partes, principalmente o do credor, é elemento irrelevante como contribuição para a solução colimada"[19]. Como se verá a seguir, não se trata de voz única: a força normativa do parágrafo único do art. 1.059 chegou a ser ignorada, como se todo o problema da indenização dos lucros cessantes se cingisse à suficiência da sua prova[20].

Entretanto, ao retomar o exame comparativo, a noção atravessa o desenvolvimento dos *consequential damages* na *common law*. A resposta pura e simples, descartando-a, levaria a uma rápida conclusão sobre uma diferença estrutural entre a *common law* e o Direito brasileiro. Para os propósitos ora empreendidos, seria insuficiente, pois não permitiria a compreensão de como o Direito brasileiro acomoda os significados atribuídos à categoria. Se estes são os danos que podem ser indenizáveis por dizerem respeito a circunstâncias especiais e só serão indenizáveis quando forem previsíveis, para que reste possibilitada a comparação será necessário um olhar mais profundo, cavando em doutrina e jurisprudência uma resposta sobre a existência ou ausência do critério limitador. Se imediatamente aceito, o argumento faria tábula rasa de texto expresso da Lei anterior, ignoraria fontes doutrinárias de relevo e, especificamente para o que ora concerne, criaria entraves à apreciação dos *consequential*

19 AGUIAR DIAS, José de. *Da Responsabilidade Civil.* 11ª ed. Rio de Janeiro: Renovar, 2006, § 220, p. 979.

20 LENZ, Carlos Eduardo. Considerações sobre a indenização dos lucros cessantes. *Revista da Procuradoria-Geral da República*, São Paulo, Revista dos Tribunais, n. 4, p. 86-89, 1993.

damages à luz do Direito brasileiro. Mesmo que se chegasse à conclusão de que a previsibilidade não importa, no Direito brasileiro, pareceu imprescindível percorrer o caminho.

Como critério voltado às perdas e danos, a análise da previsibilidade à luz do Direito brasileiro encerra um paradoxo. Não é possível começar a análise do Direito nacional sem um recurso pontual à sua origem estrangeira.

O olhar ora proposto é dividido em quatro partes. Dirige-se ao histórico da previsibilidade como limite às perdas e danos, pois antes da Codificação o critério era considerado como um dos principais (*Capítulo 2.2.1*) e já constou de letra expressa da legislação civil, no art. 1.059, parágrafo único do Código Civil de 1916 (*Capítulo 2.2.2*). Progressivamente, a previsibilidade perdeu a relevância como critério autônomo, embora possa estar implícita na legislação atual nos artigos 402, 403 e 944, parágrafo único. O primeiro e o terceiro dispositivos são então analisados (*Capítulo 2.2.3*), remetendo-se o exame do segundo ao Capítulo 2.3. A retomada histórica e breve exame da legislação em vigor fornecem argumentos a justificar a incorreção da equiparação de *consequential damages* a danos imprevisíveis, bem como levam ao descarte da opção de criar um neologismo para a acomodação dos *consequential damages*: não faz sentido os traduzir como danos especiais (*Capítulo 2.2.4*).

2.2.1. A PREVISIBILIDADE COMO CRITÉRIO, ANTES DA CODIFICAÇÃO

Menções detalhadas aos parágrafos 159 a 172 do *Tratado das Obrigações* de Robert J. Pothier se verificam na maioria dos autores brasileiros da primeira metade do século XX[21], demonstrando ser nítida a influência da obra de

21 LACERDA DE ALMEIDA, Francisco de Paula. *Obrigações*. 2ª. ed. Rio de Janeiro: Revista dos Tribunaes, 1916, p. 170-175; e do mesmo autor LACERDA DE ALMEIDA, Francisco de Paula. *Dos Effeitos das Obrigações*. Rio de Janeiro: Livraria Freitas Bastos, 1934, p. 352-353; CARVALHO DE MENDONÇA, Manuel Ignacio. *Doutrina e Pratica das Obrigações*. 2ª ed. Rio de Janeiro: Francisco Alves, 1911, § 473, p. 55-56; GIRÃO, Eduardo. Danos diretos e indiretos no ato ilícito. *Revista da Faculdade de Direito do Ceará*, Fortaleza, Universidade Federal do Ceará, v.2, 2ª fase, 1947, p. 19-25, p. 22-25; CARVALHO DE MENDONÇA, José Xavier. *Tratado de Direito Comercial Brasileiro*. 6ª. ed. Atualizada por Roberto Carvalho de Mendonça. Volume VI. Livro IV. Rio de Janeiro: Livraria

Pothier sobre o pensamento da doutrina brasileira desde então. Mesmo nos limites deste livro que busca tomar em consideração os *consequential damages* da *common law* conforme o Direito brasileiro, o recurso ao doutrinador francês do século XVIII Robert Joseph Pothier é inescapável.

A análise a seguir busca, primeiramente, retomar os escritos de Pothier, ainda no século XVIII, com o que se pode perceber o conteúdo substantivo da previsibilidade, o seu fundamento no consenso e os seus limites (*Capítulo 2.2.1.1*). Em seguida, lança-se um golpe de vista à doutrina anterior à promulgação do Código Civil de 1916, destacando-se a sobreposição de distinções (*Capítulo 2.2.1.2*). Esses enfoques permitem entender melhor o horizonte das ideias que pautaram os debates sobre o tema no direito codificado subsequente (*Capítulo 2.2.2*).

2.2.1.1. Conteúdo substantivo do dano previsível, fundamento da previsibilidade e afastamento em caso de dolo

No *Tratado das Obrigações*, Pothier dedica 13 parágrafos sobre "[p] erdas e danos que resultam do não cumprimento das obrigações, ou do atraso provocado em sua execução"[22]. Grande parte do raciocínio exposto nesses parágrafos é ora trazido à baila, especialmente no que diz respeito

Freitas Bastos, 1960, § 427, p. 355; CARVALHO SANTOS, José Manuel de. *Código Civil Brasileiro Interpretado.* Principalmente do ponto de vista prático. Volume XIV. 7ª ed. Rio de Janeiro: Livraria Freitas Bastos, 1958, 257-260 (a primeira edição da obra sendo anterior a 1950).

22 No original: « Article III. — Des dommages et intérêts résultant soit de l'inexécution des obligations, soit du retard apporté a leur exécution ». POTHIER, Robert Joseph. *Traité des Obligations.* Paris/Orleáns: Debure pere/veuve Rouzeau-Montaut, 1777, p. 139-158. Na versão em português: POTHIER, Robert J. *Tratado das Obrigações.* Tradução de Adrian Sotero De Witt Batista e Douglas Dias Ferreira. Campinas: Servanda, 2001, § 159-172, p. 139-154. Os trechos entre aspas a seguir se referem a partes destes parágrafos, ainda que não estejam especificamente referidos.

à previsibilidade como critério autônomo[23], definidor das perdas e danos indenizáveis[24], reservando-se a ênfase à causalidade ao Capítulo 2.3.

A noção de previsibilidade como critério de determinação das perdas e danos se dá de maneira central e ampla. Por comodidade expositiva (a clivagem não é expressa no texto original), a visão de Pothier sobre previsibilidade pode ser dividida em (*i*) conteúdo substantivo dos danos previsíveis; (*ii*) fundamento da previsibilidade; e (*iii*) limites.

Em primeiro lugar, quanto ao (*i*) conteúdo substantivo, são previsíveis os danos ordinários. Por sua vez, são ordinários os danos "em relação à coisa que é objeto dessa obrigação, e não aquelas que a inexecução da obrigação causaria a seus outros bens". Pothier exemplifica com a hipótese do cavalo que deixa de ser entregue e que se valoriza no mercado, argumentando que a variação do preço dos cavalos é um prejuízo que "só se relaciona à coisa que foi objeto do contrato" e que seria previsível, "estando como está o preço dos cavalos sujeito a variações". Adágio latino explicaria a ideia: *damni et interesse, propter ipsam rem non aditem*.

A seguir, o doutrinador excepciona a responsabilidade do devedor inadimplente, complementando o exemplo do cavalo não entregue:

---

23 SAN MARTÍN, Lílian. La previsibilidad como límite al ressarcimento del daño por incumplimiento contractual. In: TURNER, Susan; VARAS, Juan Andres. (Orgs). *Estudios de Derecho Civil IX*. Santiago: Thomson Reuters, 2013, p. 651 (em análise voltada ao Direito Chileno, arrola três sentidos para a previsibilidade para o Direito Contratual: elemento da culpa, elemento para fixação da responsabilidade de acordo com a causalidade adequada e elemento para determinação do *quantum* do ressarcimento. A referência ora à previsibilidade como critério autônomo diz respeito ao terceiro sentido).

24 SAN MARTÍN, Lílian. La previsibilidad como límite al ressarcimento del daño por incumplimiento contractual. In: TURNER, Susan; VARAS, Juan Andres. (Orgs). *Estudios de Derecho Civil IX*. Santiago: Thomson Reuters, 2013, p. 622-661 (recorre a Pothier, com destaque a seis casos referidos por aquele autor — caso da compra e venda do cavalo pelo cônego, caso da compra e venda de vigas de madeira, caso do aluguel da casa, casa da compra e venda de suportes por carpinteiro ou por pedreiro que constrói a casa, caso da venda de imóvel cuja possibilidade de exploração comercial aumenta consideravelmente, e caso dos tonéis para armazenar vinho estrangeiro —, para investigar a origem e a justificação histórica da regra da previsibilidade, a qual entende como limite equivalente ao risco envolvido na prestação, conhecido pelo devedor. (p. 652-661)). Os casos são também referidos neste Capítulo 2.2.1.1, no Capítulo 2.2.2.2, bem como no Capítulo 2.3.2, *infra*.

> [...] se o comprador fosse alguém desses com muitos proventos e pouco trabalho, e que por minha culpa de não lhe ter entregado o cavalo oferecido não pôde chegar a tempo ao lugar onde recebe seus abundantes benefícios, nesse caso eu não seria responsável por tal perda, por mais que a tivesse causado o descumprimento de minha obrigação, *pois este é um prejuízo estranho àquilo que era o objeto de minha obrigação e que não foi previsto quando se celebrou o contrato*, a cuja reparação não se pode dizer que me tivesse submetido a contratar[25].

Perceba-se: ilumina a exceção sobre o que seria o ordinário uma característica pessoal do comprador ("alguém com muitos proventos e pouco trabalho"). Sendo possível distinguir essa circunstância pessoal, de um lado, do objeto da prestação, de outro, e não sendo considerada no momento da celebração do contrato, é tida como circunstância especial imprevisível. Sendo imprevisível e extrínseca em relação ao objeto da obrigação, não se pode depreender ter o devedor se submetido em eventualmente indenizar os danos que o credor sofreu por não ter conseguido chegar ao local onde receberia os benefícios.

O mesmo exemplo vem a ser ainda mais aprofundado: "algumas vezes o devedor é responsável por perdas e danos ao credor, mesmo que extrínsecos, a saber: quando aparentemente foram previstos pelo contrato e o devedor responsabilizou-se por eles de maneira tácita ou expressa, em caso de não cumprimento de sua obrigação". Tendo sido, por hipótese, o cavalo vendido a mesma pessoa de muitos proventos e pouco trabalho, "com uma cláusula expressa no contrato pela qual me obrigava a entregar-lhe tal cavalo para que chegasse a tempo ao lugar onde recebe seus abundantes benefícios", então:

25 No original: « Mais si cet acheteur était un chanoine, qui faute d'avoir le cheval que je m'étais engagé à lui livrer, et n'en ayant pu trouver d'autres, n'a pu arriver à temps, au lieu de son bénéfice, pour gagner ses gros fruits; je ne serai pas tenu de la perte que ce Chanoine a faite de ses gros fruits, quoique ce soit l'inexécution de mon obligation qui la lui a causée; car c'est un dommage qui est étranger à ce qui a fait l'objet de mon obligation, qui n'a pas été prévu lors du contrat, et à la réparation duquel on ne peut pas dire que je me sois soumis en contractant ». POTHIER, Robert Joseph. *Traité des Obligations*. Paris/Orleáns: Debure pere/veuve Rouzeau-Montaut, 1777, § 161, p. 140-141. O trecho transcrito no texto acima é a tradução ao português formulada em: POTHIER, Robert J. *Tratado das Obrigações*. Tradução de Adrian Sotero De Witt Batista e Douglas Dias Ferreira. Campinas: Servanda, 2001, § 161, p. 140. Grifei.

> [...] por minha culpa, mesmo que sem dolo falto em cumprir minha obrigação e essa pessoa não pode encontrar facilmente outro cavalo nem uma carruagem, eu estarei obrigado ao pagamento de danos extrínsecos, resultantes da perda que ele sofrer em seus benefícios, pois, pela cláusula do contrato, o risco do prejuízo estava previsto e expresso, considerando-se, portanto, que eu me encarreguei desse risco[26].

É dizer, sendo a mesma circunstância especial prevista no contrato, e não sendo evitável por uma conduta do credor lesado pelo descumprimento ("não pode encontrar facilmente outro cavalo nem uma carruagem"), atrai-se a responsabilidade do devedor também sobre os 'danos extrínsecos' à coisa. Pode-se sintetizar que o direcionamento de responsabilidade por danos extrínsecos se dá conforme as seguintes condicionantes: (*a*) pela previsão do risco, no ato de contratar; (*b*) pela assunção do devedor a respeito da responsabilidade; (*c*) pela cláusula expressa no contrato que descrevia a finalidade a que a prestação estaria sujeita, ligada a uma circunstância especial do destinatário da prestação; e (*d*) pela inevitabilidade do prejuízo, não havendo alternativa ao credor lesado, quando do descumprimento.

As características da parte contratante, como circunstância especial de relevo, são ilustradas por outro exemplo aludido por Pothier. No caso de venda de escoras de madeira cujos defeitos levam uma casa à ruína, importará se o vendedor é um carpinteiro ou não. Se o vendedor não for alguém entendido do assunto, não sendo próprio de seu ofício conhecer a qualidade das madeiras, cujo defeito ignorava, as perdas e danos que resultem de serem defeituosas consistem apenas em redução sobre o

---

26 No original: « (...) j'ai manqué par ma faute, quoique sans dol, à remplir mon obligation, et que ce Chanoine n'ait pu facilement trouver d'autre cheval, ni d'autre voiture; je serai tenu même des dommages extrinsèques résultant de la perte d'uil a faite de ses gros fruits. Car, par la clause du marché, le risque de ce dommage a été prévu et exprimé, et je suis censé m'en être chargé ». POTHIER, Robert Joseph. *Traité des Obligations*. Paris/Orleáns: Debure pere/veuve Rouzeau-Montaut, 1777, § 162, p. 142. O trecho transcrito no texto acima é a tradução ao português formulada em: POTHIER, Robert J. *Tratado das Obrigações*. Tradução de Adrian Sotero De Witt Batista e Douglas Dias Ferreira. Campinas: Servanda, 2001, § 162, p. 141; SAN MARTÍN, Lílian. La previsibilidad como límite al ressarcimento del daño por incumplimiento contractual. In: TURNER, Susan; VARAS, Juan Andres. (Orgs). *Estudios de Derecho Civil IX*. Santiago: Thomson Reuters, 2013, p. 655 (chamando ainda atenção para o elevado número de vezes que a palavra risco é empregada nos exemplos).

preço pago, não se estendendo à ruína da casa. Porém, se o vendedor for carpinteiro, profissional do ramo, a ignorância não pode ser perdoada, pois "ao vender-me tais escoras para aquela finalidade, e ao vendê-las a mim em sua qualidade de carpinteiro, declarou-se incurso nas responsabilidades consequentes para o caso de tais madeiras serem inadequadas, declarando-se, portanto, responsável pelo risco que minha casa correria"[27].

Em segundo lugar, (*ii*) resta explícito o fundamento da previsibilidade no consensualismo: o devedor é responsável apenas por aquilo que se submeteu, tácita ou expressamente, ao contratar. Essa ideia expressa que o limite da previsibilidade é construído dogmaticamente de modo especialmente vinculado a obrigações contratuais. Não consiste em limite, portanto, à responsabilidade extracontratual[28]. Já por essa alusão se pode compreender os fundamentos do "teste do acordo tácito", tal qual desenvolvido na *common law*, referido no Capítulo 1.2.2.1: se só o consenso vincula, seria imprescindível que este também amparasse a obrigação de pagar perdas e danos.

Em terceiro lugar, o recurso ao consensualismo, transversal nos parágrafos de Pothier a respeito das perdas e danos, leva a um recorte fundamental na importância da previsibilidade e nos (*iii*) seus limites: a regra da previsibilidade não importa quando houver dolo por parte do devedor inadimplente, mas se justifica com maior intensidade em casos de inadimplemento absoluto do que em casos de inadimplemento relativo.

---

27 No original: «En me vendant ces étais pour étayer mon bâtiment, et en me les vendant dans sa qualité de Charpentier, il est censé s'être rendu responsable que les étais eraient suffisants, et s'être chargé du risque de mon bâtiment, s'ils ne l'étaient pas». POTHIER, Robert Joseph. *Traité des Obligations*. Paris/Orleáns: Debure pere/veuve Rouzeau-Montaut, 1777, § 162, p. 143-144. O trecho transcrito no texto acima é a tradução ao português formulada em: POTHIER, Robert J. *Tratado das Obrigações*. Tradução de Adrian Sotero De Witt Batista e Douglas Dias Ferreira. Campinas: Servanda, 2001, § 163, p. 142-143.

28 Ao analisar o *Tratado das Obrigações*, essa também é a conclusão de SAN MARTÍN, Lílian. La previsibilidad como límite al ressarcimento del daño por incumplimiento contractual. In: TURNER, Susan; VARAS, Juan Andres. (Orgs). *Estudios de Derecho Civil IX*. Santiago: Thomson Reuters, 2013, p. 652 e 666 (afirmando não ser casualidade que a previsibilidade como limite ao ressarcimento tenha sido formulada exclusivamente em sede contratual, e defendendo a aplicação exclusiva da regra à responsabilidade contratual).

O limite se torna irrelevante diante do dolo. A previsibilidade é um limite aplicável "[q]uando não se pode recriminar o devedor por nenhum dolo e seja por apenas uma simples falta que deixou de cumprir sua obrigação" — sendo o devedor responsável somente por perdas e danos "que se poderiam ter previsto quando do contrato, e que o devedor poderia vir a sofrer pela inexecução da obrigação, pois o devedor é reputado como não se tendo submetido a outras"[29]. Portanto, o dolo é um limite do limite, ou seja, uma "exceção da exceção": a previsibilidade é um limite à indenização, mas o dolo a afasta a pertinência do limite.

Se houve dolo por parte do lesante, é desnecessário perquirir se o dano foi à coisa objeto da prestação ou se veio a se estender a outros bens do lesado. A limitação à coisa, exigência da previsibilidade, é excepcionada pelo que ficou posteriormente conhecido como exemplo da "vaca pestilenta": no caso de dolo, o devedor não se responsabiliza apenas pelo dano à vaca que estava acometida com uma doença, mas também resta responsabilizado pela morte de todo o rebanho que foi acometido pelo contágio da doença transmitida pela vaca pestilenta[30]. O exame da previsibilidade coloca luzes na distinção entre danos intrínsecos ao objeto da prestação (à vaca pestilenta) e os danos extrínsecos (ao rebanho)[31].

O grau de culpa do lesante/inadimplente — máximo, no caso de dolo — serve para a determinação da indenização. Havendo dolo, a indenização não se limita àquilo que o devedor inadimplente sabia ou

---

29 No original: « L'osrqu'on ne peut reprocher au débiteur aucun dol, et que ce n'est que par une simple faute qu'il n'a pas exécuté son obligation, soit parce qu'il s'est egnagé téméraireme nt à ce qu'il ne pouvait accomplir, soit parce qu'il s'est mis depuis par sa faute hors d'état d'accomplir son engagement; dans ces cas le débiteur n'est tenu que des dommages et intérêts qu'on a pur prévoir lors du contrat, que le créancier pourrait souffrir de l'inexécution de l'obligation; car le débiteur est censé ne s'être soumis qu'à ceux-ci. » POTHIER, Robert Joseph. *Traité des Obligations*. Paris/Orleáns : Debure pere/veuve Rouzeau-Montaut, 1777, § 160, p. 139-140. Os trechos transcritos no texto acima foram extraídos da tradução ao português formulada em: POTHIER, Robert J. *Tratado das Obrigações*. Tradução de Adrian Sotero De Witt Batista e Douglas Dias Ferreira. Campinas: Servanda, 2001, § 160, p. 139.

30 POTHIER, Robert Joseph. *Traité des Obligations*. Paris/Orleáns : Debure pere/veuve Rouzeau-Montaut, 1777, § 166, p. 150. Na tradução ao português, o trecho está em: POTHIER, Robert J. *Tratado das Obrigações*. Tradução de Adrian Sotero De Witt Batista e Douglas Dias Ferreira. Campinas: Servanda, 2001, § 166, p. 147-148.

31 A referência ao exemplo da vaca pestilenta é aprofundada no Capítulo 2.3.2., *infra*.

poderia saber no momento da contratação. O limite resta afastado, seja o dolo verificado *delinquendo* — como no caso do inquilino de uma casa à qual pôs fogo por maldade — seja *in contrahendo*, como no caso das vacas pestilentas, pois o hipotético vendedor sabia que vendia um animal com doença contagiosa[32].

Portanto, quando há dolo, é irrelevante o limite da previsibilidade no momento da contratação. A indenização se limitará apenas às consequências necessárias do descumprimento[33].

Anote-se ainda, um segundo limite — ou, melhor dizendo, a sua ausência. Já no título do Capítulo que introduz os treze parágrafos sobre as perdas e danos, há uma dicotomia: são analisadas ou sob a hipótese de "não cumprimento das obrigações" ou sob outra hipótese, atinente ao "atraso provocado em sua execução". É dizer, restam diferenciadas as modalidades de incumprimento, tal qual hoje apreendemos no Direito brasileiro como inadimplemento relativo e absoluto[34]. "Via-de regra", argumenta Pothier, "as partes previram somente perdas e danos que resultariam ao credor pelo não cumprimento da obrigação", isto é, dirigem a sua previsão à primeira hipótese: de inadimplemento absoluto. A exposição sobre a previsibilidade é enfocada no inadimplemento absoluto. Contudo, o critério da previsibilidade também é aplicável para a hipótese de atraso[35]. Pothier é expresso, ao asseverar que as perdas e danos no caso de atraso "devem ser avaliados com muito mais moderação, e não devem

---

32 POTHIER, Robert Joseph. *Traité des Obligations*. Paris/Orleáns: Debure pere/veuve Rouzeau--Montaut, 1777, § 168, p. 153. POTHIER, Robert J. *Tratado das Obrigações*. Tradução de Adrian Sotero De Witt Batista e Douglas Dias Ferreira. Campinas: Servanda, 2001, § 168, p. 150.

33 Essa segunda ideia será mais bem desenvolvida no Capítulo 2.3.1.3, *infra*.

34 *E.g.* MARTINS-COSTA; Judith; XAVIER, Rafael Branco. Os fatores ESG e as cláusulas ESG. In: COELHO, Fábio Ulhosa; TEPEDINO, Gustavo; LEMES, Selma. (Orgs.). *A Evolução do Direito no Século XXI*. Homenagem a Arnoldo Wald. Volume 2. Direito Privado. São Paulo: IASP, 2022, p. 332-333.

35 Diferentemente da leitura feita por Agostinho Alvim, cuja "interpretação gramatical e literal" do art. 1.059, parágrafo único, do Código Civil de 1916, restringia a previsibilidade aos casos de mora, excluídos os casos de inadimplemento absoluto, conforme será referido no Capítulo 2.2.2.2, *infra*.

extrapolar aqueles que eram previsíveis quando do contrato, e aos quais o devedor se submeteu de forma expressa ou tácita"[36].

Em síntese, os danos são previsíveis quando se originam de circunstâncias ordinárias — já esperadas em virtude da normalidade — ou, mesmo que, extraordinárias, se liguem a circunstâncias especiais consideradas no momento da contratação (como as características da parte lesada, no exemplo da falta de entrega do cavalo, ou do lesante, como na responsabilidade profissional do carpinteiro). O traço distintivo entre ordinário e extraordinário parte do exame se o dano se deu à coisa objeto da prestação, e não a outros bens: o que é intrínseco é ordinário; o que é extrínseco, extraordinário. A oscilação do valor em relação ao preço de um objeto sujeito à compra e venda é ordinária. Nesse exame, será fundamental partir do clausulado para a compreensão do destino da prestação e dos riscos que foram assumidos pelo inadimplente. E, mesmo depois dessa verificação, a evitabilidade do dano importa.

Trata-se de análise centrada na responsabilidade contratual. A previsibilidade, deduzida do consenso, fundamenta a responsabilidade. Os exemplos indicam a valorização do consenso como fundamento da previsibilidade: *porque* só se pode obrigar pelo que se vinculou, as perdas e danos só se reputam indenizáveis quando previsíveis. O dolo do inadimplente, ao contratar ou ao delinquir, afasta a relevância da previsibilidade no momento da contratação como um fator limitador da indenização. Outra sutileza a ser observada é a distinção entre inadimplemento relativo e inadimplemento absoluto — conquanto em ambos os casos o limite seja de rigor.

Feito o recurso à doutrina de Pothier, já se pode perceber com nitidez a influência que vários dos aspectos abordados tiveram na *common law*,

36 No original: « Mais lorqu'on ne peut lui reprocher que de la négligence, ces dommages et intérets doivent s'estimer avec beaucoup plus de modération, et ne doivent être étendus qu'à ceux qui ont pu être prévus lors du contract, et auxquels le débiteus s'est expressément ou tacitement soumis». POTHIER, Robert Joseph. *Traité des Obligations*. Paris/Orleáns: Debure pere/veuve Rouzeau-Montaut, 1777, § 169, p. 154. O trecho transcrito no texto acima é a tradução ao português formulada em: POTHIER, Robert J. *Tratado das Obrigações*. Tradução de Adrian Sotero De Witt Batista e Douglas Dias Ferreira. Campinas: Servanda, 2001, § 169, p. 150.

discutidos na Parte I deste livro. Os desdobramentos do texto não conhecem fronteiras, também influenciando o pensamento jurídico brasileiro antes da promulgação do Código Civil de 1916.

2.2.1.2. Sobreposição de distinções: Danos previstos, imprevistos, diretos, indiretos, intrínsecos, extrínsecos, imediatos, mediatos e a subjetividade do devedor

Antes do Código de 1916, a regra geral exposta em doutrina era a de que a indenização "deve ser tal que fique o patrimonio na mesma condição em que se acharia *ceteris paribus*, si exacto fora o cumprimento"[37], não bastando a construção do ressarcimento "como quantidade abstracta; cumpre, em regra, atender ás circumstancias particulares do patrimonio damnificado, isto é, o damno deve ser considerado essencialmente *in concreto*"[38]. Em princípio, indeniza-se todo o dano, devendo a indenização "ser a mais completa possível"[39].

As críticas à doutrina e jurisprudência para traçar regras mais específicas atinentes às perdas e danos têm mais de século: "defectivas" e "pouco methodicas" foram os adjetivos empregados por Manuel Ignacio Carvalho de Mendonça para classificá-las[40]. Aquele autor entendia tratar-se

---

37 ESPINOLA, Eduardo. *Systema do Direito Civil Brasileiro.* Theoria Geral das Relações Jurídicas de Obrigação. Volume II, Tomo I. Rio de Janeiro: Livraria Francisco Alves, 1912, p. 508; CARVALHO DE MENDONÇA, Manuel Ignacio. *Doutrina e Pratica das Obrigações.* Volume II. 2ª ed. Rio de Janeiro: Francisco Alves, 1911, § 476, p. 59.

38 ESPINOLA, Eduardo. *Systema do Direito Civil Brasileiro.* Theoria Geral das Relações Jurídicas de Obrigação. Volume II, Tomo I. Rio de Janeiro: Livraria Francisco Alves, 1912, p. 508.

39 RIBAS, Antonio Joaquim. *Curso de Direito Civil Brasileiro.* Volume II. Rio de Janeiro: Garnier, 1880, p. 440.

40 CARVALHO DE MENDONÇA, Manuel Ignacio. *Doutrina e Pratica das Obrigações.* Volume II. 2ª ed. Rio de Janeiro: Francisco Alves, 1911, p. 51. Alude haver uma "Pobreza da literatura juridica pátria sobre o assumpto", havendo uma única obra na literatura de língua portuguesa. A referência é "a Lobão, Damnos, onde só de leve, do § 178 ao § 216, trata do damno contratual". Com efeito, a estrutura daquela obra alude a uma miríade de situações: são 12 Capítulos, na Parte Segunda, relativa a danos, divididos conforme situações (por exemplo, o capítulo I diz respeito à "estimação dos damnos casual ou acintemente feito em searas, quando ainda estão em herva; em arvores ou arvoredos, quando ainda estão novos"). No Capítulo IX, compreensivo dos parágrafos referidos por Carvalho de Mendonça, versa sobre "Como se devam estimar e com que descontos os lucros cessantes e damnos emergentes, e em que casos são devidos". Em especial, ao aludir aos danos emergentes e lucros cessantes nos § 178

de matéria das "mais melindrosas no direito civil", imperando o que já legislava o direito romano[41]. Entre os romanos, o devedor "era obrigado ao resarcimento, si o prejuizo fosse consequencia certa, dependente do fato culposo", não se fazendo distinções (*i*) se a culpa foi causa ou ocasião, (*ii*) se o prejuízo era consequência necessária, (*iii*) se era suficiente que o credor demonstrasse que sem a culpa o prejuízo não aconteceria, (*iv*) entre dano mediato, extrínseco ou *extra rem* ou imediato, intrínseco ou *circa rem ipsam*. E então asseverava: "a distincção unica que se compadece com as fontes é a de damnos previstos e imprevistos // Ha quem distingua dammnos directos e indirectos, pretendendo mesmo fazer entrar essa theoria nos principios romanos"[42].

Essas duas últimas assertivas são dignas de destaque: a única distinção em fontes romanas estava no critério da previsibilidade, sendo o *distinguo* entre danos diretos e indiretos uma tentativa de explicação sobre este. Mais à frente, a respeito, o autor reiterou: "na distincção de damnos previstos ou previsiveis e imprevistos e imprevisiveis entra a diferença classica dos directos ou intrinsecos e indirectos ou extrínsecos"[43]. É dizer, há intersecções entre afirmar a díade de "dano direto, intrínseco e previsível" e "indireto, extrínseco e imprevisível".

Parece faltar aos debates doutrinários da época um aprofundamento do conteúdo substantivo da previsibilidade. Os vocábulos mediatos e previsíveis se sobrepunham no art. 830 do Esboço de Teixeira de Freitas, elaborado ainda em meados do século XIX. Entre as "perdas e interesses"

---

a 187, faz menção a "prévias e breves noções sobre o que consiste em um e outro interesse", LOBÃO, Manuel De Almeida e Sousa de. *Tratado Pratico das Avaliações e dos Damnos*. Lisboa: Imprensa Nacional, 1869, p. 151-165.

41 CARVALHO DE MENDONÇA, Manuel Ignacio. *Doutrina e Pratica das Obrigações*. Volume II. 2ª ed. Rio de Janeiro: Francisco Alves, 1911, § 470, p. 51. ESPINOLA, Eduardo. *Systema do Direito Civil Brasileiro*. Theoria Geral das Relações Jurídicas de Obrigação. Volume II, Tomo I. Rio de Janeiro: Livraria Francisco Alves, 1912, p. 510.

42 CARVALHO DE MENDONÇA, Manuel Ignacio. *Doutrina e Pratica das Obrigações*. Volume II. 2ª ed. Volume II. Rio de Janeiro: Francisco Alves, 1911, § 473, p. 54.

43 CARVALHO DE MENDONÇA, Manuel Ignacio. *Doutrina e Pratica das Obrigações*. Volume II. 2ª ed. Rio de Janeiro: Francisco Alves, 1911, § 473, p. 57.

a compor o dano estavam, em alternativa, "ou os efeitos imediatos", ou "efeitos mediatos, uma vez que estes tenham sido ou pudessem ser previstos pelo causador do dano"[44]. Outro trecho de redação confusa pela dupla negativa refere à distinção entre danos previsíveis e imprevisíveis[45], sendo mais compreensível pelo que vem explicado em rodapé[46], e pelo que vem depois brevemente exposto já em comentários ao Código Civil de 1916 por Francisco de Paula Lacerda de Almeida[47] — redator do Projeto Revisado daquele Código.

---

44 É o texto do art. 830, na íntegra: "As *perdas e interesses* devem entrar na avaliação do dano, ou tenham derivado dos efeitos imediatos do ato ilícito, ou de seus *efeitos mediatos,* uma vez que estes tenham sido ou pudessem ser previstos pelo causador do dano". TEIXEIRA DE FREITAS, Augusto. *Esbôço.* 1860. Ministério da Justiça e Negócios Interiores, 1952, p. 333. Cf. afirma SAN MARTÍN, Lílian. *La Carga del Perjudicado de Evitar o Mitigar el Daño.* Estudio Histórico-Comparado. Bogotá: Universidad Externado de Colombia, 2012, p. 260-261, a exigência da previsibilidade para Teixeira de Freitas é inspiração da pandectística e não do *Code* Civil, não se diferenciando entre devedor doloso e devedor culposo, tampouco entre dano direto e indireto, *in verbis:* "Como se ve, si bien limitado a los efectos mediatos, incluye el criterio de la previsibilidad consagrado en el Code Civil, con lo cual podría pensarse que lo extrajo de este código. Empero, creemos que la fuente principal de esta afirmación no está en el Code, sino en el ALR, donde los daños se dividen en inmediatos y mediatos; a su vez, estos últimos se dividen en casuales y no casuales, y casueales son aquellos que se hubieran previsto o podido prever".

45 LACERDA DE ALMEIDA, Francisco de Paula. *Obrigações.* 2ª. ed. Rio de Janeiro: Revista dos Tribunaes, 1916, p. 174, *in verbis*: "[...] consideram-se prejuizos tão sómente os que imediatamente resultam da falta de cumprimento, não os remotos, a menos que não tenham sido previstos pelo devedor no contracto".

46 LACERDA DE ALMEIDA, Francisco de Paula. *Obrigações.* 2ª. ed. Rio de Janeiro: Revista dos Tribunaes, 1916, p. 174, *in verbis:* "Os prejuizos que se tem em vista no contracto são os que o credor pode soffrer por respeito da cousa, *propter rem non habitam.* Outros ha porém, que embora mediatos, podiam ser previstos e o são de ordinario, v.g., quando alugo a um comerciante uma casa para estabelecer-se, e a casa é reivindicada".

47 É o excerto, já na nova obra: "O que o credor perdeu *effectivamente* resume o capitulo dos damnos, *damnum ex re* ou *circa rem*, *interesse intrinsecum* no dizer de Gothofredo, á L. 31, § 3 D.: os prejuizos que o credor soffrer por respeito da cousa, *propter rem non habitam,* não os que a inexecução lhe acarretar alhures em outros bens, como exprime o velho Pothier, Obl. numero 161. É o que quer dizer o effecivamente deste artigo. O que *razoavelmente* deixou de lucrar. Exemplo desta especie de lucros cessantes dou eu no meu livro 'Obrigações', onde figura a partida de mercadorias para o carnaval, e que chegaram passado o tempo; os caixões de vinho que chegaram com falta de um e o comerciante devia vendel-os todos: o prejuizo aqui, o lucro cessante decorre *razoavelmente* do facto de não terem sido vendidas as phantasias ou os caixões de vinho em globo". LACERDA DE ALMEIDA, Francisco de Paula. *Dos Effeitos das Obrigações.* Rio de Janeiro: Livraria Freitas Bastos, 1934, p. 352.

Ou seja, para além da sobreposição conceitual — há danos previsíveis, diretos, imediatos, intrínsecos, *circa rem*, de um lado, e imprevisíveis, indiretos, mediatos, extrínsecos, *extra rem*, de outro —, não há aprofundamento doutrinário a respeito do que consistiria a previsibilidade no sentido positivo. A ideia de Pothier segundo a qual são ordinários e previsíveis os danos "que se referem à coisa objeto da obrigação", não sendo, de regra, previsíveis os danos "a outros bens", embora as circunstâncias do caso concreto possam assim justificar — como no exemplo da falta de entrega do cavalo —, é brevemente referida, mas não lhe é dedicada ênfase.

Sem explicar o que é previsível ou não, o foco da doutrina brasileira parecia restar na subjetividade do inadimplente. Aponta-se à existência de duas visões, ambas de inspiração nas fontes romanas: a francesa e a alemã. Na concepção francesa, adotada pela maioria dos Códigos, se a inexecução resultar do dolo, as perdas e danos compreendem os danos emergentes e os lucros cessantes direta ou imediatamente decorrentes do dolo. Se a inexecução não teve por causa o dolo, o devedor só responde pelas perdas e danos que forem ou podiam ser previstos na data que contraiu a obrigação. À luz do art. 1.150 do *Code Napoleón* de 1804[48], diante do inadimplemento culposo, o devedor só respondia pelos danos previsíveis na data em que surge a obrigação, "entretanto, si doloso tiver sido o facto lesivo, maior extensão toma o dever de resarcir"[49]. Já na concepção alemã, o dano sofrido pelo credor é critério exclusivo, "todo o damno seria igualmente reparável". O sistema alemão "não considera o elemento subjetivo do devedor"[50].

---

48 Code Civil, art. 1.150. «Le débiteur n'est tenu que des dommages et intérêts qui ont été prévus ou qu'on a pu prévoir lors du contrat, lorsque ce n'est point par son dol que l'obligation n'est point exécutée». Após a reforma de 2016, o artigo equivalente tem a seguinte redação: «Le débiteur n'est tenu que des dommages et intérêts qui ont été prévus ou qui pouvaient être prévus lors de la conclusion du contrat, sauf lorsque l'inexécution est due à une faute lourde ou dolosive».

49 ESPINOLA, Eduardo. *Systema do Direito Civil Brasileiro.* Theoria Geral das Relações Jurídicas de Obrigação. Volume II, Tomo I. Rio de Janeiro: Livraria Francisco Alves, 1912, p. 511.

50 Os trechos entre aspas estão em CARVALHO DE MENDONÇA, Manuel Ignacio. *Doutrina e Pratica das Obrigações.* Volume II. 2ª ed. Rio de Janeiro: Francisco Alves, 1911, § 473, p. 53-57; ESPINOLA, Eduardo. *Systema do Direito Civil Brasileiro.* Theoria Geral das Relações Jurídicas de Obrigação. Volume II, Tomo I. Rio de Janeiro: Livraria Francisco Alves, 1912, p. 511, nota de rodapé

Entre as duas concepções, o Direito brasileiro pré-codificado adotava a de matriz francesa. O fundamento da regra se daria com a afirmativa de haver um "*accordo presumido* entre as partes sobre a diligência a observarem e a responsabilidade correspectiva, de onde é natural pensar que se não tenham comprometido ao ressarcimento dos damnos que não foram previstos"[51]. Ou seja, a responsabilidade se baseava na presunção de um acordo a respeito da assunção de dever, sendo essa assunção de dever, no caso de descumprimento, transmutada em responsabilidade. Aproximava-se, sob esse viés, do teste do acordo tácito da *common law*[52].

Essa ordem de ideias colocava a situação do devedor não doloso, mas inadimplente, como mais favorável do que a daquele que obrou com dolo. Tratava-se de ligar "particular importancia ao elemento subjectivo, ao titulo ou gráo de imputabilidade do devedor, para bem se determinar a extensão dos damnos ressarciveis"[53]. Essa diferença estaria "perfeitamente justificada", pois "[o] elemento moral do devedor não deve ser posto á margem para visar-se unicamente o damno do credor"[54]. Nessa concepção,

> [...] é bem possível que o valor previsto seja inferior ao damno real soffrido pelo credor e, portanto, não ser completa a indemnização. É verdade; mas também á ofensa moral resultante do inadimplemento doloso é muito maior do que a do devedor a quem apenas seja imputavel a móra. Essa doutrina, combatida pelos alemães, é adoptada pela maioria dos Codigos.

329, aludindo que "[Os] recentes Codigos allemão e japonês não se referiram ao assumpto", e, mais adiante, referindo críticas doutrinárias ao Código alemão, "considerando justiça de um olho só a que toma em conta a perda e não olhara para a sua causa eficiente", p. 512, nota de rodapé 331.

51 ESPINOLA, Eduardo. *Systema do Direito Civil Brasileiro.* Theoria Geral das Relações Jurídicas de Obrigação. Volume II, Tomo I. Rio de Janeiro: Livraria Francisco Alves, 1912, p. 511, nota de rodapé 331. Grifei.

52 Capítulo 1.2.2.1, *supra.*

53 ESPINOLA, Eduardo. *Systema do Direito Civil Brasileiro.* Theoria Geral das Relações Jurídicas de Obrigação. Volume II, Tomo I. Rio de Janeiro: Livraria Francisco Alves, 1912, p. 510.

54 CARVALHO DE MENDONÇA, Manuel Ignacio. *Doutrina e Pratica das Obrigações.* Volume II. 2ª ed. Rio de Janeiro: Francisco Alves, 1911, § 473, p. 55.

> Quanto ao devedor inadimplemente em dolo, o principio acima era já do direito romano. Mas, embora tenham sido os damnos uma consequencia immediata do inadimplemento da obrigação, o devedor de bôa-fé e portanto não imputavel de dolo só é responsável pelos damnos previstos[55].

Logo, aproximando a distinção entre dano direto e indireto da distinção da previsibilidade ou imprevisibilidade, Manuel Ignacio Carvalho de Mendonça arrematou:

> [...] é, pois, sómente sob o ponto de vista de previsão ou não previsão, que a distincção entre damno directo pode ter algum valor, pois que, nos casos de damno *ex dolo*, a lei não distringue e só fornece o criterio de decorrerem eles do inadimplemento[56].

Ou seja, o dano indenizável é aquele sofrido pelo devedor, limitado apenas aos previsíveis. Não se explicita, porém, como se determina a previsibilidade. No caso de o inadimplente agir com dolo, o limite não se aplica.

Essa lógica informou o Projeto Original de Código Civil formulado por Clóvis Beviláqua. No Projeto Original, o texto do artigo 1.194, correspondente funcional ao art. 1.059, parágrafo único do texto oficial, tinha como frase final: "Mas o devedor impontual sem dolo, só responde pelos que forem ou podiam ser previstos na data em que contraiu a obrigação"[57]. O dispositivo do Projeto fora transplantado do art. 1.233 do Projeto de Coelho Rodrigues. Por sua vez, este consistia no seguinte:

---

55 CARVALHO DE MENDONÇA, Manuel Ignacio. *Doutrina e Pratica das Obrigações*. Volume II. 2ª ed. Rio de Janeiro: Francisco Alves, 1911, § 473, p. 55.

56 CARVALHO DE MENDONÇA, Manuel Ignacio. *Doutrina e Pratica das Obrigações*. Volume II. 2ª ed. Rio de Janeiro: Francisco Alves, 1911, § 473, p. 57.

57 Projeto original de Clóvis Beviláqua. CÓDIGO CIVIL BRASILEIRO. *Trabalhos Relativos á sua Elaboração*. Volume I. Rio de Janeiro: Imprensa Nacional, 1917, p. 235.

> Salvo as excepcções previstas em disposições especiaes deste codigo as perdas e damnos devidos ao credor comprehendem não só o que elle perdeu effectivamente, como o ganho razoavelmente esperado, que deixou de ter; mas o devedor impontual sem dólo, só responde pelos que foram ou podiam ser previstos na data, em que contrahio a obrigação[58].

A fonte de inspiração do preceito do Projeto Coelho Rodrigues fora o Código Civil Português e Leis Federais Suíças[59]. A previsibilidade importava para limitar a responsabilidade de devedor culposo: este tinha uma "vantagem" se deixava de cumprir a obrigação sem o elemento intencional, pois não é apenas o dano que se considera, mas um julgamento moral sobre o seu estado de espírito em relação ao descumprimento.

Durante o trâmite legislativo do Projeto Beviláqua, a locução "pelos" foi complementada por "lucros", como se verá a seguir[60], e, para o que ora concerne, restou afastada a locução "sem dolo"[61]. A Comissão revisora fez

---

58 COELHO RODRIGUES, Antonio. *Projecto de Código Civil.* Precedido da Historia documentada do mesmo e dos anteriores. Rio de Janeiro: Typographia do Jornal do Commercio, 1897, p. 156. Curiosamente, do ponto de vista topográfico, o artigo teria escopo de aplicação restrito às obrigações extracontratuais, pois se situava no Capítulo II — Da Liquidação das Obrigações Civis Resultantes dos Delictos e dos Quasi-Delictos, do Título XVIII — Dos Delictos e dos Quase Delictos — do Livro do Direito das Obrigações. Para as "obrigações ilíquidas", aquele projeto reservava uma subsecção ("Da Indemnização pela inexecução da obrigação", artigos 474-491), que previa a necessidade de liquidação por procedimento semelhante ao que hoje se considera um processo arbitral (Vide idem, p. 70-72).

59 COELHO RODRIGUES, Antonio. *Projecto de Código Civil.* Precedido da Historia documentada do mesmo e dos anteriores. Rio de Janeiro: Typographia do Jornal do Commercio, 1897, p. 28.

60 Capítulo 2.2.2, *infra.*

61 "Acta da 32ª. Reunião da Comissão Revisora Nomeada pelo Governo em 1900", depois de apresentado o projeto original por Beviláqqua, realizada em 2 de julho de 1900. In: CÓDIGO CIVIL BRASILEIRO. *Trabalhos Relativos á sua Elaboração.* Volume I. Rio de Janeiro: Imprensa Nacional, 1917, p. 495. A Comissão era composta por Epitacio Pessôa, O.H. de Aquino e Castro, Joaquim da Costa Barradas e Dr. Francisco de Paula Lacerda de Almeida. Ao reunir-se a Comissão com o Redator do Projeto afirmou que deixaria de ocupar-se "das emendas que reputasse acceitaveis" (Acta da 1. Reunião, 2ª. série, Idem, p. 622-623). Nessa exata oportunidade, concordou-se com modificações de redação do então art. 1.195 (cujo texto era: "Mesmo no caso em que a inexecução da obrigação resulte do dolo do devedor, as perdas e danos só compreendem os prejuízos efetivos e os lucros cessantes, direta e imediatamente consequentes da mesma inexecução"), correspondente ao art. 1.060 do texto final aprovado, eliminando-se a palavra "mesma" que constava do projeto original, conforme consta na Ata (Idem, Ibidem). Aspecto lateral e curioso é que o art. 1.195 do Projeto Original tinha a expressão "direta e imediatamente consequentes" inexecução. Ao que tudo indica, o adjetivo "consequente" veio a ser inadvertidamente substituído por "decorrente", também por obra de Lacerda de Almeida. De modo inverso, no Projeto Revisado, a expressão "consequente" passou a constar como substituição

com que o artigo passasse a ter a seguinte redação: "Mas, o devedor que deixou de pagar no tempo e pela devida forma, só responde pelos lucros que foram ou podiam ser previstos na data em que contraiu a obrigação"[62]. Ao comentar a alteração, Eduardo Espínola instigou que a doutrina viesse a responder o significado da supressão:

> [A] supressão da palavra *dolo*, que se encontrava no primeiro Projecto, não permite vêr com clareza que principio se pretende estabelecer, porquanto o devedor, que, por dolo, não cumpre a obrigação, também deixa de pagar ao tempo e pela fórma devidos. Em tal caso, quando é que a responsabilidade se estende aos damnos imprevistos? Quererá o Projecto referir-se á simples mora? Sendo assim, quando o inadimplemento meramente culposo tornar impossível a prestação, responderá o devedor pelos damnos imprevistos? *Dicant doctores*[63].

Em síntese, percebe-se clara influência de Pothier a respeito da previsibilidade como limite às perdas e danos. As ideias são parcialmente reproduzidas, sem contestação, servindo a previsibilidade como um limite à indenização das perdas e danos. Para além da constatação de que a origem da discussão entre "danos diretos e imediatos" remete à previsibilidade, sobrepondo-se os critérios de danos diretos e indiretos e de previstos e imprevistos, as abordagens doutrinárias anteriores ao Código Civil de 1916 não explicam o conceito de previsibilidade como foi formulado por Pothier, mas centram forças em destacar a situação na qual o limite restaria afastado. É dizer, enfocam ao que acima se aludiu como "exceção da exceção", ou "limite do limite", segundo a qual a previsibilidade se

---

a "directa e indirectamente" (Acta da 40ª Reunião, p. 556) no Art. 1.731 do então Projeto (Projeto Revisado pela Comissão, p. 867), o qual já era um substitutivo à redação inicial de Beviláqua e fora tomado de empréstimo do projeto de Coelho Rodrigues (Acta da 40ª Reunião, p. 550-553) e assim restou no correspondente ao art. 1.461 do Código Civil de 1916, *in verbis:* "Salvo expressa restrição na apólice, o risco do seguro compreenderá todos os prejuízos resultantes ou consequentes, como sejam os estragos ocasionados para evitar o sinistro, minorar o dano, ou salvar a coisa", texto atualmente constante do art. 779 do Código Civil de 2002.

62 CÓDIGO CIVIL BRASILEIRO. *Trabalhos Relativos á sua Elaboração.* Volume I. Rio de Janeiro: Imprensa Nacional, 1917, p. 811.

63 ESPINOLA, Eduardo. *Systema do Direito Civil Brasileiro.* Theoria Geral das Relações Jurídicas de Obrigação. Volume II, Tomo I. Rio de Janeiro: Livraria Francisco Alves, 1912, p. 512-513, nota de rodapé 333.

torna irrelevante quando há dolo do devedor. Percebe-se que as ideias de Pothier sofrem certa diluição, vindo a tal diluição agravar-se, como se verá nos capítulos subsequentes.

Essa foi a semente do embate entre posições defendidas por Clóvis Beviláqua e Agostinho Alvim a respeito especificamente do art. 1.059, parágrafo único do Código Civil. Outras perspectivas também contribuíram para interpretação do dispositivo, havendo uma multiplicidade de sentidos da previsibilidade como critério indenizatório.

2.2.2. O POLÊMICO PARÁGRAFO ÚNICO DO ARTIGO 1.059 DO CÓDIGO CIVIL DE 1916

O texto do Código Civil de 1916 referiu à previsibilidade como limite à indenização. O *caput* do artigo 1.059 indicava serem indenizáveis as perdas e danos, salvo as restrições em lei[64]. O parágrafo único, por meio da locução "porém", inclui uma exceção a essa regra geral: o devedor inadimplente só responde pelos lucros cessantes previsíveis na data da obrigação. É o texto completo do artigo legal:

> Art. 1.059. Salvo as exceções previstas neste Código, de modo expresso, as perdas e danos devidos ao credor, abrangem, além do que ele efetivamente perdeu, o que razoavelmente deixou de lucrar.
>
> Parágrafo Único: O devedor, porém, que não pagou no tempo e forma devidos, só responde pelos lucros, que foram ou podiam ser previstos na data da obrigação.

A comparação entre o Projeto Original e o texto do Código revela duas alterações notáveis, ambas a repercutir no esmaecimento da discussão sobre a previsibilidade: a primeira, já referida no subcapítulo anterior, atinente

64 No Código de 1916, as restrições estavam na cláusula penal (art. 927), nos juros moratórios (art. 1.062, 1.064), no seguro (art. 1.437), na liquidação da prestação descumprida que tivesse valor oficial no lugar da execução (art. 1.536) e nas perdas e danos em dinheiro (art. 1.061). Assim argumenta, LACERDA DE ALMEIDA, Francisco de Paula. *Dos Effeitos das Obrigações*. Rio de Janeiro: Livraria Freitas Bastos, 1934, p. 350.

à retirada da palavra "dolo" do parágrafo único que iniciava com "*Mas o devedor impontual sem dolo* [...]"[65].

A segunda relativa à complementação da palavra "*pelos*", do Projeto Original, com o substantivo "lucros". Se antes da revisão "pelos" estava conotada, por elipse, às perdas e danos, em geral, depois, apenas os lucros passaram a estar sujeitos à previsibilidade. Ou seja, textualmente, a previsibilidade passou a ser de relevo apenas a uma das espécies de perdas e danos. Com isso, foi inaugurada nova distinção: a previsibilidade passou a ser limitação que dizia respeito aos lucros cessantes, não sendo aplicável aos danos emergentes.

Inicialmente, nos Projetos elaborados por Coelho Rodrigues e por Clóvis Beviláqua, eram perdas e danos que estavam submetidas a agravamento diante do dolo do devedor, e não apenas os lucros cessantes. A ausência de distinção encontrava eco doutrinário: não se distinguia, expressamente, a previsibilidade dos lucros cessantes ou dos danos emergentes[66]. Sendo possível inferir que a alteração tenha ocorrido pelas mãos de Francisco Paulo de Lacerda de Almeida[67], a inovação do texto do Projeto veio a ser explicada em livro. O argumento estaria em entender os lucros cessantes como aqueles "que de ordinário abrem margem á exploração das indemnisações"[68].

---

65 Projeto Original de Clóvis Beviláqua, art. 1.194, *in verbis*: "Mas o devedor impontual sem dolo, só responde pelos que forem ou podiam ser previstos na data em que contraiu a obrigação". CÓDIGO CIVIL BRASILEIRO. *Trabalhos Relativos á sua Elaboração.* Volume I. Rio de Janeiro: Imprensa Nacional, 1917, p. 235.

66 Assim também os arts. 829 e 830 do Esboço de Teixeira de Freitas TEIXEIRA DE FREITAS, Augusto. *Esbôço.* 1860. Ministério da Justiça e Negócios Interiores, 1952, p. 333; CARVALHO DE MENDONÇA, Manuel Ignacio. *Doutrina e Pratica das Obrigações.* Volume II. 2ª ed. Rio de Janeiro: Francisco Alves, 1911, § 475, p. 58; (embora destaque a dificuldade da prova do lucro cessante que a não comportar prova absoluta e admitir "ilações ou presumpções, pois que tratamos de factos não sensiveis, mas prováveis, e refira ao art. 1062 alínea 2 do então Projecto de Beviláqua"); ESPINOLA, Eduardo. *Systema do Direito Civil Brasileiro.* Theoria Geral das Relações Jurídicas de Obrigação. Volume II, Tomo I. Rio de Janeiro: Livraria Francisco Alves, 1912, p. 512-513.

67 "Acta da 1a. reunião (2a série), realizada em 9 de agosto de 1900. CÓDIGO CIVIL BRASILEIRO. *Trabalhos Relativos á sua Elaboração.* Volume I. Rio de Janeiro: Imprensa Nacional, 1917, p. 623, *in verbis:* "Outrosim decidiu-se que o Dr. Lacerda iria redigindo desde logo o projecto, tendo em atenção o que se fosse vencendo nestas reuniões".

68 LACERDA DE ALMEIDA, Francisco de Paula. *Dos Effeitos das Obrigações.* Rio de Janeiro: Livraria Freitas Bastos, 1934, p. 352.

Trata-se de ponto praticamente inquestionado pela doutrina subsequente. Levada a distinção às últimas consequências, os danos emergentes seriam sempre indenizáveis e os lucros cessantes só seriam indenizáveis se foram ou poderiam ter sido previstos na data da contratação. Quanto aos danos emergentes, vigorava a opinião segundo a qual "o agente responde pelas consequências do seu ato, ainda que não as tenha previsto, ou não as pudesse prever"[69]. Ou seja, a insciência retrospectiva do lesante, no momento da contratação, a respeito dos danos emergentes seria irrelevante. Sequer se punha a indagação se o devedor previra ou poderia ter previsto os danos emergentes. Verificado um dano emergente decorrente do inadimplemento, seria indenizável mesmo que não pudesse ter sido previsto na data da contratação.

O que, com efeito, veio a ser debatido foi o papel do dolo e a modalidade de inadimplemento que suscitava a aplicação do parágrafo único do artigo 1.059. O contraste entre as posições de Clóvis Bevilaqua, o autor do projeto de Código Civil de 1916, e de Agostinho Alvim, o autor do Anteprojeto do Livro de Direito das Obrigações do Código Civil de 2002, sobre o sentido do indigitado dispositivo legal, é expressivo do distanciamento que a noção de previsibilidade tomou das suas origens. A posição do primeiro pode ser chamada de "interpretação com ênfase no dolo" (*Capítulo 2.2.2.1*), sugestão ora formulada, enquanto a do segundo, como o próprio cunhou, de "interpretação gramatical e literal" (*Capítulo 2.2.2.2*). A compreensão de outros autores de peso sobrepõe a ideia de previsibilidade às de probabilidade, razoabilidade e causalidade, encontrando explicações sobre o significado em outros artigos do Código Civil (*Capítulo 2.2.2.3*). Referidas essas posições, será ocasião de analisar, na prática, como a jurisprudência lidou com o artigo (*Capítulo 2.2.2.4*).

---

69 CARVALHO DE MENDONÇA, José Xavier. *Tratado de Direito Comercial Brasileiro.* 6ª. ed. Atualizada por Roberto Carvalho de Mendonça. Volume VI. Livro IV. Rio de Janeiro: Livraria Freitas Bastos, 1960, § 427, p. 355. Trechos muito semelhantes estão em ALVES, João Luiz. *Código Civil da República dos Estados Unidos do Brasil.* Volume 4. 3ª ed. Rio de Janeiro: Borsoi, 1958, p. 158; PONTES DE MIRANDA, Francisco Cavalcanti. *Tratado de Direito Privado.* Tomo XXII. Rio de Janeiro: Borsoi, 1958, § 2.722,2; ALVIM, Agostinho. *Da Inexecução das Obrigações e suas Conseqüências.* 5ª ed. São Paulo: Saraiva, 1980, § 151, p. 201; § 153, 207-208.

2.2.2.1. Interpretação com ênfase no dolo

A interpretação com ênfase no dolo coloca a previsibilidade como um problema relacionado à presença ou ausência de intenção do descumpridor da obrigação. Trata-se de compreensão que não explica o significado de previsível, no momento da contratação, mas que enfatiza a subjetividade do descumpridor, no momento da inexecução, para se estabelecer se os danos devem ou não ser limitados àqueles que eram previsíveis. Precursor da ideia, Clóvis Beviláqua explicou o seu pensamento:

> Pela tradição do nosso direito e pela melhor doutrina, fazia-se uma distincção. Se o não cumprimento da obrigação fôra determinado por dolo, nos lucros cessantes se compreendiam os não previstos na ocasião do contracto, uma vez que fossem directa e immediatamente decorrentes da inexecução. Se não se pudesse imputar dolo ao devedor, então, os lucros cessantes seriam, sómente, os previstos ou previsíveis no momento de contrahir o vínculo obrigacional. O Codigo manteve essa doutrina[70].

Trata-se de uma regra a restringir a responsabilidade por lucros cessantes do devedor que atua sem dolo. Apenas se reproduz, parcialmente, a ideia de Pothier, segundo a qual o dolo é uma exceção do limite, ou seja, um limite do limite, configurando requisito negativo, o que talvez possa explicar o "início do fim" da noção em texto legal[71]. O limite aos

70 BEVILÁQUA, Clóvis. *Código Civil dos Estados Unidos do Brasil.* Volume IV. 5ª ed. Rio de Janeiro: Francisco Alves, 1938, p. 224. Ainda a propósito trecho é ainda antecedido por "2. Os lucros computados para a indemnização, por não cumprimento da obrigação, segundo determina o paragrapho único do artigo analysado, são os que foram ou podiam ser previstos na data da obrigação" e sucedido por "4. Neste capitulo estabelece o Codigo algumas regras para a fixação das perdas e damnos, no processo da liquidação: *a)* O devedor culposo ou moroso só responde pelos lucros, que foram ou podiam ser previstos na data da obrigação (art. 1.059), paragrapho único); *b)* Ainda que o devedor seja culpado de dolo, não terá de indemnizar senão os prejuízos effectivos e os lucros, que o credor deixou de perceber por effeito directo e immediato da inexecução (...) Desappareceram outras regras indicadas pelos autores, em relação ao direito anterior: *a)* A estimação das perdas e damnos não deve exceder ao duplo do valor da prestação originaria (Cod., 7, 47. Única); *b)* As perdas e damnos dos bens rendosos reduzem-se aos fructos e rendimentos deles (Lacerda, *Obrigações, § 42;* Pothier, *Obrigações, n. 151). // Continua, porém, a prevalecer a norma de que a liquidação das perdas e damnos* consiste em reduzil-os a certa quantia de dinheiro (*pecuniae existimatio*)". (p. 225). Acompanha-no, por exemplo, GOMES, Orlando. *Obrigações.* 19ª ed. Rio de Janeiro: Forense, 2019, § 120, p. 158.

71 BEVILÁQUA, Clóvis. *Código Civil dos Estados Unidos do Brasil.* Volume IV. 5ª. ed. Rio de Janeiro: Francisco Alves, 1938, p. 222-225 (embora mencione o Código Civil francês — artigo 1.149

danos previsíveis não incidem casos nos quais o devedor tenha atuado com dolo. A subjetividade do descumpridor é enfatizada.

A visão de Clóvis Beviláqua a respeito da matéria manteve-se incólume, mesmo diante da alteração ocorrida durante a tramitação legislativa[72] do Projeto de sua autoria. Nos comentários ao art. 1.060[73], reiterou e aprofundou:

> [S]e a inexecução resulta de dolo do devedor, não se atende á regra de previsão feita ou meramente possível na data da obrigação (art. 1.059, paragrapho único), porque não era licito prevêr o dolo. Neste caso, as perdas e damnos terão maior amplitude, a reparação deverá ser a mais completa que fôr possível. Mas o Codigo não quer que esse preceito de equidade se transforme, pelo abuso, em exigência, que a equidade não possa aprovar. Fixa um termo á indemnização, que não póde abranger senão as perdas effectivas e os lucros, que, em consequencia directa e immediata da inexecução dolosa, o credor deixou de realizar[74].

e 1.150 - e autores franceses, o autor do Código de 1916 não arrola Pothier na "Bibliographia" de referência, vindo a citar somente o § 151 da obra do autor francês). Tampouco há referência a Pothier em BEVILÁQUA, Clóvis. *Direito das Obrigações*. 9ª ed. Revista e Atualizada por Achilles Bevilaqua a Isaìas Bevilaqua. Rio de Janeiro: Livraria Francisco Alves, 1957, § 53, p. 125-126 (quando analisa as perdas e danos como conseqüência da inexecução das obrigações). Para a redação inicial do Projeto de Código Civil de 1916, tudo indica que Clóvis Beviláqua se baseou em disposição que constou do frustrado Projeto de Coelho Rodrigues. Em escorço histórico-comparado sobre o Direito brasileiro, Lílian San Martín também argumenta que a leitura do Tratado das Obrigações, feita pela doutrina brasileira, foi parcial: apenas atenta à parte em que Pothier limita o ressarcimento às consequências necessárias, sem considerar a explicação a respeito. SAN MARTÍN, Lílian. *La Carga del Perjudicado de Evitar o Mitigar el Daño*. Estudio Histórico-Comparado. Bogotá: Universidad Externado de Colombia, 2012, p. 266, *in verbis:* "En efecto, en Brasil se ha seguido la huella marcada por la doctrina francesa e italiana de hasta hace algunas décadas, esto es, leer el *Traité des obligations* solo hasta aquella parte en que Pothier limita el resarcimiento a las consecuencias necesarias, sin tomar acto de la explicación inmediatamente proporcionada por el mismo jurista".

72 Assim referem ESPINOLA, Eduardo. *Systema do Direito Civil Brasileiro*. Theoria Geral das Relações Jurídicas de Obrigação. Volume II. Tomo I. Rio de Janeiro: Livraria Francisco Alves, 1912, p. 512, nota de rodapé 333; SERPA LOPES, Miguel Maria. *Curso de Direito Civil*. Das Obrigações em Geral. Volume II. 2ª ed. Rio de Janeiro, Freitas Bastos, 1957, § 351, p. 476-477, e FERREIRA DA SILVA, Jorge Cesa. *Inadimplemento das obrigações*. São Paulo: Revista dos Tribunais, 2006, p. 498.

73 Código Civil de 1916, art. 1.060: "Art. 1.060. Ainda que a inexecução resulte de dolo do devedor, as perdas e danos só incluem os prejuízos efetivos e os lucros cessantes por efeito dela direto e imediato".

74 BEVILÁQUA, Clóvis. *Código Civil dos Estados Unidos do Brasil*. Volume IV. 5ª. ed. Rio de Janeiro: Francisco Alves, 1938, p. 225.

A frase "porque não era licito prevêr o dolo", constante do excerto transcrito, indica que não se poderia, de antemão, exonerar o futuro descumprimento doloso no momento da pactuação do contrato. O autor não faz expressamente a distinção entre dolo *in executivis* ou *in contrahendo*[75], embora refira que as consequências da inexecução dolosa não seriam afastáveis por força da autonomia privada. Tendencialmente, as referências ao dolo então se referem ao dolo *in executivis*.

O modo de redação que dá início ao art. 1.060, com a expressão "*Ainda que* a inexecução resulte de dolo", dá sentido adversarial à sequência do enunciado legal: as perdas e danos não se poderiam estender para além daquelas imediatamente decorrentes da inexecução. O art. 1.060 desobrigaria "até o devedor doloso das consequências indiretas da obrigação"[76]. *A contrario*, se a inexecução resultasse de culpa do inadimplente, as perdas e danos estariam sujeitas também a outro limite: o da previsibilidade. Por isso, a despeito da ausência de menção ao dolo como requisito negativo — oriunda da mudança redacional durante o processo legislativo —, a regra do parágrafo único teria permanecido a mesma: a previsibilidade serviria como limite, favorável ao inadimplente, desde que o inadimplemento não tivesse sido doloso, quando o limite da necessariedade seria o único. O entendimento de Clóvis Beviláqua era de que o art. 1.060 serviria para confirmar a solução do Projeto Original, a qual estaria mantida no parágrafo único a despeito da supressão de "sem dolo".

75 Referido por doutrina atual como "*antecedente e contemporâneo*". *E.g.*, BENETTI, Giovana. *Dolo no Direito Civil.* Uma análise da omissão de informações. São Paulo: Quartier Latin, 2019, p. 68. À autora, o problema coloca-se no plano da eficácia do contrato, sendo o atual art. 403 exemplo de dolo posterior, ou "*in executivis*".

76 ROCHA, Arthur. *Da Intervenção do Estado nos Contractos Concluidos.* (A revisão nos negócios privados e o Código Civil). Lesão Imprevista. A sorte da moeda nas obrigações. Rio de Janeiro: Irmãos Pongetti, 1932, p. 130. No mesmo sentido a esse respeito, FONSECA, Arnoldo Medeiros da. *Caso Fortuito e Teoria da Imprevisão.* 3ª ed. Rio de Janeiro: Revista Forense, 1958, § 228, p. 326, *in verbis:* "Também em nosso direito, no caso de dolo, aplica-se regra diferente (o art. 1.060 do Còdigo Civil), e a indenização deve ser completa, apenas excluído o *damnum remotum*".

Trata-se de "agravamento da responsabilidade, tendo em vista o dolo do inadimplente", como referiu Serpa Lopes, que aparentemente aderiu à formulação de Beviláqua. Ainda arrematou que a responsabilidade por danos imprevistos se inspira no grau de imputabilidade do devedor[77].

É importante distinguir: a ênfase na subjetividade não vem acompanhada de um conteúdo muito bem definido a respeito de como perquirir a previsibilidade no momento da contratação. O fator de imputação subjetivo, na inexecução, não se confunde com outro elemento também de caráter subjetivo: se o inadimplente sabia ou deveria saber no momento da contratação.

Também é notável que no comentário ao art. 1.060, diferentemente do comentário ao art. 1.059, Clóvis Beviláqua refere "perdas e danos", e não apenas lucros cessantes. Essa referência suscita a pertinência da seguinte dúvida: a sua reação de que as alterações promovidas durante a elaboração em nada alteraram o Projeto alcançava também a complementação de "pelos" por lucros, referida no introito deste capítulo? Ou seja, a previsibilidade importava apenas como limite aos lucros cessantes, ou, embora a alteração legislativa, também limitava os danos emergentes[78]?

---

77 Embora destaque "a obscuridade dos textos do Código Civil a respeito", fonte de "fortes controvérsias". SERPA LOPES, Miguel Maria. *Curso de Direito Civil.* Das Obrigações em Geral. Volume II. 2ª ed. Rio de Janeiro, Freitas Bastos, 1957, § 351, p. 476, 478. Diz-se "aparentemente" adere, pois em parágrafo subsequente (§ 363, p. 491), argumenta, a respeito dos "Limites à fixação da reparação do dano", a irrelevância do grau de responsabilidade do devedor, *in verbis:* "O princípio geral que rege a matéria de dano é o de que deve êle ser integralmente reparado, de modo que restabelecer o credor na posição que teria, se o devedor houvesse cumprido a obrigação que lhe incumbia. Essa obrigação por perdas e danos, contudo, não tem o caráter de pena, em razão do que, para a sua composição, não entra em linha de conta o grau de responsabilidade do devedor, mas a extensão ou a maior ou menos gravidade do dano".

78 Na leitura de Lílian San Martín sobre o Direito brasileiro, a posição de Beviláqua seria a de que a previsibilidade também seria aplicável a danos emergentes, o que também encontraria eco em doutrina posterior. Assim em SAN MARTÍN, Lílian. *La Carga del Perjudicado de Evitar o Mitigar el Daño.* Estudio Histórico-Comparado. Bogotá: Universidad Externado de Colombia, 2012, p. 264-265, *in verbis*: "Por lo demás, como veremos en seguida, de los dichos del autor se desprende que para él el limite de la previsibilidad no se aplicaba solo a los lucros, sino también al daño emergente. Luego esta pasó a ser, en cierto modo, la interpretación auténtica, por consiguiente esa era también la forma en que la mayoría de la doctrina interpretaba la norma (Al respecto, véase Judith Martins-Costa, *Comentários ao novo Código Civil,* vol. V, Tomo II: Do inadimplemento das obrigações, Rio de Janeiro, Forense, 2003, p. 335)". Essa interpretação não se coaduna com a ênfase nos lucros cessantes, depreendida do trecho

Trata-se de limitação atinente a lucros cessantes, conforme a resposta dada pela maioria da doutrina posterior: salvo a compreensão de Arthur Rocha, cuja interpretação amplíssima chegou ao ponto de fundamentar no art. 1.059 a adoção da teoria da imprevisão no Direito brasileiro[79]. Mesmo Serpa Lopes, que aparentemente acompanhou o entendimento de Beviláqua a respeito da interpretação enfática no fator de imputação subjetivo, sugeriu ser nos lucros cessantes "que se possam incluir os danos imprevistos"[80].

Em suma, a interpretação com ênfase no dolo demanda a perquirição se o inadimplemento foi culposo ou doloso. O limite da previsibilidade serve em benefício do inadimplente culposo: somente deve indenizar danos previsíveis. Danos imprevisíveis só podem ser indenizáveis se houver dolo na inexecução do contrato. Essa ênfase tem como efeito uma cisão entre a previsibilidade do art. 1.059, parágrafo único, e o requisito de os danos serem diretamente decorrentes da inexecução, no art. 1.060 daquele Código.

---

de autoria de Clóvis Beviláqua, primeiramente transcrito no corpo do texto, neste Capítulo 2.2.2.1, e não parece ter sido acolhida pela maioria da doutrina. Pelo contrário, o próprio texto citado (primeira edição de MARTINS-COSTA, Judith. *Comentários ao Novo Código Civil.* Do Inadimplemento das Obrigações. Volume V. Tomo II. Rio de Janeiro: Forense, 2003, p. 335 não contém essa assertiva.)

79 ROCHA, Arthur. *Da Intervenção do Estado nos Contractos Concluidos.* (A revisão nos negócios privados e o Código Civil). Lesão Imprevista. A sorte da moeda nas obrigações. Rio de Janeiro: Irmãos Pongetti, 1932, p. 131, 132, 138. (O autor argumenta ser o art. 1.059 expressão de princípio que não limitava se limitava sequer às perdas e danos — não sendo, por lógica consequência, limitado a uma espécie de dano patrimonial). Aparentemente, a ideia não encontrou reprodução. Foi rechaçada por FONSECA, Arnoldo Medeiros da. *Caso Fortuito e Teoria da Imprevisão.* 3ª ed. Rio de Janeiro: Revista Forense, 1958, § 228, p. 326-327, que, embora tenha concordado com o acolhimento da noção da imprevisão pelo artigo, tratava-se de caso *restrito e limitado.* Na hipótese de inexecução culposa, não poderia a indenização "abranger lucros imprevistos ou imprevisíveis na data da obrigação (...)", podendo o juiz "na liquidação dos danos, atender à superveniência imprevista, quando acarretasse para o devedor uma situação de impossibilidade subjetiva, excludente da inexecução dolosa". E, por fim, alude a outros exemplos no Código Civil de 1916 de acolhimento da Teoria da Imprevisão, como no art. 1.250 atinente ao comodato e 1.190, atinente à locação. Nota-se: nestes dois últimos exemplos não se trata da noção de previsão ou previsibilidade em relação às perdas e danos, mas de justificativas sobre a permeabilidade do Código a respeito da teoria da imprevisão.

80 SERPA LOPES, Miguel Maria. *Curso de Direito Civil.* Das Obrigações em Geral. Volume II. 2ª ed. Rio de Janeiro, Freitas Bastos, 1957 § 351, p. 478 ("Destarte, o disposto no art. 1.059 do Código Civil não significa a responsabilidade do devedor pelos danos imprevistos, mas tão só pelos danos emergentes e lucros cessantes embora nestes é que se possam incluir os danos imprevistos"); E também MIRANDA, Darcy Arruda. *Anotações ao Código Civil Brasileiro.* 3º Volume. São Paulo: Saraiva, 1986, p. 137-138.

2.2.2.2. Interpretação gramatical e literal

Discordando frontalmente de Clóvis Beviláqua a respeito da interpretação conjunta dos artigos 1.060 e parágrafo único do art. 1.059, Agostinho Alvim defende o que diz ser uma interpretação "gramatical e literal" do parágrafo único do art. 1.059. Essa compreensão confere um escopo de aplicação bastante restrito à previsibilidade: trata-se de fator que importa apenas para lucros cessantes no caso de mora, e não de inadimplemento absoluto, sendo irrelevante a análise sobre o fator de imputação subjetivo do inadimplente em qualquer caso. Consequentemente, Agostinho Alvim assinala que a "exceção de imprevisibilidade, em matéria de dano, tem escassíssima aplicação". Em contraposição à proposta hermenêutica de Clóvis Beviláqua — sobre a qual desfere explícitas críticas[81] —, descabe qualquer perquirição a respeito da subjetividade do inadimplente para fins da apuração da indenização cabível. A previsibilidade não importaria para limitar a indenização, salvo na restritíssima hipótese de lucros cessantes em caso de mora.

81 *In verbis:* "Com efeito, o Código francês e o italiano de 1865 relacionam a questão do dano previsto, ou não, com o dolo ou culpa do devedor. // Se houve dolo, responde o devedor pelos previstos e imprevistos. // Se apenas culpa, só responde pelos previstos.// Esta orientação fora seguida por Coelho Rodrigues em seu Projeto (art. 1.233) e por Beviláqua, que a aceitou no art. 1.194.// O dolo e a culpa tinham um papel a desempenhar na atribuição da responsabilidade. // Mas, tendo o Código suprimido a referência ao dolo, deixou de levar em consideração a distinção entre ele e a culpa, para efeito de atribuição de responsabilidade nesta matéria, tendo, pois, abandonado a orientação dos Projetos, que concordava com os direitos francês e italiano. // Todavia Beviláqua ensina que subsiste a distinção entre dolo e culpa, para o efeito da aplicação do parágrafo único do art. 1.059 (obs. No. 2 do referido artigo). // Omite ele os fundamentos da sua opinião, limitando-se a dizer que o Código manteve a tradição do nosso direito, segundo a qual o devedor em dolo responde pelos danos previstos e imprevistos; e, o culpado, só pelos previstos // Mas não nos parece que esteja com a razão. // O Código Napoleão preceitua que, não havendo dolo, o devedor só responde pelos danos previstos; donde, *a contrario sensu*, responderá pelos previstos e imprevistos se dolo houver (art. 1.150). // O italiano de 1.865 é idêntico (art. 1.227), doutrina esta perfilhada pelo atual, no art. 1.225, com a observação de que, na esfera extracontratual, a responsabilidade pelos danos imprevistos não depende de dolo, sem que se compreenda muito bem o motivo desta distinção (cf. Candian, Nozioni Istituzionali di Diritto Privato, n.o 76). // Os Projetos Coelho Rodrigues e Beviláqua, como dissemos, mantinham a distinção: 'Mas o devedor impontual sem dolo, só responde... (arts. 1.233 e 1.194, respectivamente). // Ora, o parágrafo único do art. 1.059 não contém, explícita ou implicitamente, qualquer distinção entre dolo e culpa. Mais ainda: encontrando-a feita nos Projetos, ele a aboliu. // E não é dado ao intérprete fazer uma distinção que a lei repeliu (...)// Portanto, para a interpretação do parágrafo único do art. 1.059 vamos suprimir, desde logo, qualquer distinção entre dolo e culpa, voltando nossa atenção para outros pontos" ALVIM, Agostinho. *Da Inexecução das Obrigações e suas Conseqüências.* 5ª ed. São Paulo: Saraiva, 1980, § 153, p. 205-206.

Agostinho Alvim assenta como ponto de partida que "[e]m princípio, o devedor responde ilimitadamente pelo dano causado". Como o dano pode ser emergente ou lucro não realizado, o devedor responde por ambos, salvo as restrições em lei. A primeira restrição estava no art. 1.060, atinente ao nexo de causalidade entre a inexecução da obrigação e o dano. Assim sendo, "suposto que o dano é direto, o devedor responde sempre, seja ele previsível ou não, exceto num caso especial"[82]. Para argumentar qual seria o caso especial — assinalando que os graus de culpa seriam irrelevantes, pois feita a distinção nos Projetos de Código Civil de 1916, veio a ser abolida ao longo da sua elaboração —, concluiu que o art. 1.059, parágrafo único, trazia duas distinções: "a) a distinção entre inadimplemento absoluto e mora; b) a distinção entre dano emergente e lucro cessante"[83].

Agostinho Alvim defendeu que o texto da Lei referir-se-ia apenas à mora, encontrando base, para tanto, no emprego da locução "*devedor que não paga no tempo e forma devidos*". Como essa expressão é equivalente a "devedor impontual", dessa forma excluiria, "implicitamente, o inadimplemento absoluto"[84]. Logo, a exceção de imprevisibilidade somente seria manejável ao se tratar do "caso menos grave de mora", o que estaria alinhado com os direitos francês e italiano que "aliviam o devedor, no caso de simples culpa, tolerando a exceção de imprevisibilidade"[85].

---

82 ALVIM, Agostinho. *Da Inexecução das Obrigações e suas Conseqüências*. 5ª ed. São Paulo: Saraiva, 1980, § 153, p. 205.

83 ALVIM, Agostinho. *Da Inexecução das Obrigações e suas Conseqüências*. 5ª ed. São Paulo: Saraiva, 1980, § 153, p. 205.

84 ALVIM, Agostinho. *Da Inexecução das Obrigações e suas Conseqüências*. 5ª ed. São Paulo: Saraiva, 1980, § 153, p. 205.

85 ALVIM, Agostinho. *Da Inexecução das Obrigações e suas Conseqüências*. 5ª ed. São Paulo: Saraiva, 1980, § 153, p. 207-208. A ideia é reproduzida por menções rápidas em alguns autores, *e.g.* MONTEIRO, Antônio Lindbergh C. *Ressarcimento de Danos*. 8ª. ed. Rio de Janeiro: Lumen Juris, 2005, p. 25-26; MARMITT, Arnaldo. *Perdas e Danos*. 4ª ed. Porto Alegre: Livraria do Advogado, 2005, p. 18; LOTUFO, Renan. *Código Civil Comentado*. São Paulo: Saraiva, 2003, p. 460; PEREIRA, Débora. *Indenização e Resolução Contratual*. São Paulo: Almedina/IDiP, 2022, p. 239. Sob este prisma, a ideia sofreu fortes críticas explícitas por Serpa Lopes, que argumentou: 'Tudo deve ser precisamente o contrário', não merecendo acolhida a distinção baseada tão somente em 'jôgo gramatical de texto legal'". SERPA LOPES, Miguel Maria. *Curso de Direito Civil*. Das Obrigações em Geral. Volume II. 2ª ed. Rio de Janeiro, Freitas Bastos, 1957, § 351, p. 478-479. Com efeito, a distinção entre mora e inadimplemento absoluto é invocação desgarrada da posição de Pothier. Embora a referisse, argu-

Já o argumento sobre a limitação do requisito aos lucros cessantes não encontra grande desenvolvimento próprio naquela obra. Porém, as linhas subsequentes, Agostinho Alvim explicitou conceito positivo de previsibilidade. Trata-se de análise aprofundada, à luz do Código anterior, a respeito da previsibilidade no âmbito do "Prejuízo como Requisito do Dano Indenizável"[86]. Ao lado da "natureza da convenção", da "gravidade da falta do agente" e da "natureza do dano", Agostinho Alvim a analisa como uma das "várias circunstâncias que podem influir na reparação do dano, relacionadas com a atribuição de responsabilidade ao seu autor"[87]. Pela relevância, cumpre, transcrever parte da análise a respeito:

> Com efeito, sendo certo que só se indenizam os danos diretos (Cód. Civil. Art. 1.160 (sic)), a conseqüência é admitir a previsibilidades(sic) e isso porque eles são a conseqüência natural e imediata do inadimplemento (ver ns. 224 e segs *infra).*
>
> Assim, se alguém não me entrega o cavalo que comprei e por isso fui obrigado a adquirir outro por maior preço, essa diferença, que representa dano direto, é também dano previsível, porque, sendo certo que todas as mercadorias estão sujeitas a alteração de preço, a elevação, em tal caso, não é senão um fato ordinário (Cf. Pothier, *Oeuvres, vol. II, n. 101*).
>
> Do mesmo modo, se arrendei minha casa, e, no decurso do contrato, sofro evicção, vindo o locatário a perdê-la, devo indenizá-lo pelo dano que isto lhe causar.
>
> Ao contratar, eu podia, suposta a possibilidade da evicção, antever o dano conseqüente.
>
> Tais danos aparecem como conseqüência natural, previsível (cf. Pothier, loc. Cit.).

---

mentava que a distinção punha maior peso na previsibilidade em casos de inadimplemento absoluto, mas não afastava a relevância do critério para os casos de mora.

86 Título do Capítulo IV, a figurar no Título I. Das Perdas e Danos em Geral, localizado no Livro II. Das Consequências da Inexecução das Obrigações, da obra "Da Inexecução das Obrigações e suas Consequências". ALVIM, Agostinho. *Da Inexecução das Obrigações e suas Conseqüências*. 5ª ed. São Paulo: Saraiva, 1980, § 143—167, p. 180-240.

87 ALVIM, Agostinho. *Da Inexecução das Obrigações e suas Conseqüências*. 5ª ed. São Paulo: Saraiva, 1980, § 148, p. 195. A análise está nos § 152-154, p. 201-216 daquela obra.

> Mas é ainda Pothier que exemplifica: se o locatário estabeleceu comércio na casa alugada, e vem a perder seus empregados, por causa da rescisão, consequënte à evicção, tal dano já não se considera previsível para o locador[88].

Do trecho transcrito, destaca-se: (*i*) a superposição entre a previsibilidade, danos diretos e consequência natural e imediata do inadimplemento; (*ii*) o exemplo da não entrega do cavalo e a variação do preço de mercado, a indicar que quando os fatos são ordinários são previsíveis; (*iii*) no exemplo da evicção da casa, no qual o conhecimento do evicto justifica positivamente a previsibilidade e, portanto, a indenizabilidade dos danos; (*iv*) no mesmo exemplo da evicção da casa, a ausência de conhecimento específico sobre a finalidade dada à casa, objeto da obrigação de locação, limita a indenização, afastando a perda atinente aos empregados, pois imprevisível.

Agostinho Alvim ainda argumentou que a previsibilidade é admitida "quando é conhecido o motivo do negócio, quando ele é expresso como razão determinante"[89]. Aprofundou ainda mais o exemplo da evicção da casa, considerando ser previsível para o locador "a perda dos empregados do locatário, se o motivo da locação estava expresso: estabelecimento de um hotel". E conclui que a apreciação da previsibilidade deve ser feita em abstrato: "previsível é o dano que uma pessoa de previsão normal pode prever"[90].

Perceba-se a sutileza no exemplo: não há destaque a lucros cessantes que deixam de ser indenizados, porque imprevisíveis, mas a perdas dos empregados pela "rescisão", ou seja, a danos emergentes que, por serem previsíveis, são indenizáveis. Ou seja, o exemplo não justifica a noção

88 ALVIM, Agostinho. *Da Inexecução das Obrigações e suas Conseqüências.* 5ª ed. São Paulo: Saraiva, 1980, § 152, p. 202-204, assim também os trechos entre aspas do parágrafo antecedente.

89 ALVIM, Agostinho. *Da Inexecução das Obrigações e suas Conseqüências.* 5ª ed. São Paulo: Saraiva, 1980, § 152, p. 204 (diferenciando ainda causa e motivo, pois *causa* empregada no art. 90 do Código Civil de 1916 — *in verbis: Art. 90. Só vicia o ato a falsa, causa, quando expressa como razão determinante ou sob forma de condição* — traduzia imperfeição técnica, reflexo da confusão reinante no assunto).

90 Nos parágrafos subsequentes, obra Agostinho Alvim dá interpretação restritiva ao parágrafo único do art. 1.059 do Código Civil de 1916, afirmando ser aplicável apenas a lucros cessantes na hipótese de mora, bem como assinala que a previsibilidade não limita o *quantum* indenizatório fora dessa hipótese restrita, ainda que os danos sejam de montante excessivo.

como limite, mas como elemento a amparar a indenização[91]. A análise de Agostinho Alvim envolveu exemplos de casos sobre responsabilidade contratual. Assinalou que a previsibilidade das circunstâncias se dá por aquilo que é ordinário — como na variação do valor de mercado do cavalo — ou como "circunstância conhecida". Diferentemente das circunstâncias que são comprovadamente previstas, a previsibilidade é a possibilidade de ter sido previsto, a ensejar o exame a partir de um parâmetro abstrato: previsível é o dano que uma pessoa de previsão normal pode *prever*. Poder-se-ia dizer que o argumento se aproxima da possibilidade de o conhecimento das circunstâncias especiais ser imputado, como visto no Capítulo 1.2.2.2.

Ademais, Agostinho Alvim se dedicou a examinar se a previsibilidade "diz respeito à natureza do dano, ou se, pelo contrário, refere-se também à sua extensão, ou elemento quantitativo". Para tanto, sinalizou ser o assunto um dos mais controvertidos nos direitos francês e italiano, sendo matéria "de magna importância, porque da eleição que fizermos dependerá o vulto das indenizações". Diante do quadro apresentado, recorreu novamente a Pothier, assinalando o exemplo do adquirente que comprou uma vinícola, a qual passa a valer quatro vezes mais (por fatores alheios à sua contribuição), mas vem a perder a propriedade pela evicção. Segundo a leitura feita do autor francês (quem, por sua vez, recorrera a fontes romanas as quais limitavam a indenização nesses casos ao dobro do valor da coisa), só se pode presumir que o obrigado se obrigou por uma soma "dentro do razoável". Quando os prejuízos são excessivos, ultrapassando o limite do dobro, presume-se o contrário "isto é, que não quis se

91 No mesmo sentido o exemplo aludido por GIRÃO, Eduardo. Danos diretos e indiretos no ato ilícito. *Revista da Faculdade de Direito do Ceará*, Fortaleza, Universidade Federal do Ceará, v.2, 2ª fase, 1947, p. 19-25, p. 20. Apesar de referir apenas os lucros como sujeitos ao crivo da previsibilidade, o autor exemplifica com o caso de uma mala desviada quando transportada em caminho de ferro, contendo "valores excepcionais, v.g. os manuscritos de uma obra, da qual muito esperava o autor. Sómente da mala cogitára o contrato, cujo inadimplemento se verifica, assim, com a sua perda, mas sem dolo ou culpa da empresa condutora. Responderá esta somente pelo dano previsto e não pela perda dos manuscritos que não o fora". Evidentemente a perda da mala e dos manuscritos são qualificados como danos emergentes.

obrigar por eles". Assim seria a conclusão de Pothier que fundamentou o art. 1.150 do Código Napoleônico[92].

Ao voltar-se ao exame do Direito brasileiro então vigente, Agostinho Alvim entendeu que a solução seria distinta, isto é, pelo que se pode deduzir, o evicto seria obrigado ao pagamento também da valorização da vinícola. Indica que a solução deve ser dada tomando por base a fonte da responsabilidade: em um sistema que faça depender a responsabilidade da previsibilidade do dano, a fonte da responsabilidade é a previsibilidade, sendo "esta a condição daquela". Porém, nos sistemas nos quais a responsabilidade independe da previsibilidade — entre os quais o brasileiro —,

92 ALVIM, Agostinho. *Da Inexecução das Obrigações e suas Conseqüências*. 5ª ed. São Paulo: Saraiva, 1980, § 153, p. 209-210, *in verbis:* "A doutrina de Pothier era no sentido de que o interessado podia invocar, utilmente, a imprevisibilidade do *quantum.* //Pothier (cf. *Oeuvres*, vol. II, n.o 164) examina uma constituição de Justiniano a qual decidia que, no caso de inadimplemento de certa obrigação relativa a objeto determinado, as perdas e danos não podiam, de modo algum ultrapassar o duplo do valor da coisa, no momento do contrato. // E exemplifica com o caso de alguém que comprou uma vinha, a qual, por força de circunstâncias inteiramente fortuitas (alheias à cooperação do adquirente), passou a valer quatro vezes mais. // Evicto o adquirente, não poderá a sua indenização montar a esse quádruplo de valor, mas somente ao dobro, a saber: o valor da coisa, e outro tanto.// Pothier justifica o princípio, observando que as obrigações que nascem dos contratos não podem se formar senão pelo consentimento e vontade das partes.// Ora, o devedor obriga-se, é certo, pelas perdas e danos resultantes da inexecução. Mas, só se presume que se obrigou até uma soma que ele, dentro do razoável, pudesse ter previsto.// Quando os prejuízos são excessivos, ultrapassando aquele limite, presume-se o contrário, isto é, que o devedor não quis se obrigar por eles.// Entende Pothier que o princípio é fundado na razão e na equidade natural, uma vez que não se trate de dolo.// Todavia, acha arbitrária a solução do Direito Romano, fixando a indenização no dobro. // Pensa que a fixação deve ficar ao prudente arbítrio do juiz.// Promulgado o Código Napoleão, adotou ele a seguinte regra, em seu art. 1.150: 'O devedor não está obrigado senão pelas perdas e danos que foram ou podiam ter sido previstos por ocasião do contrato, uma vez que se não possa atribuir ao seu dolo a inexecução da obrigação'. // Ao lado deste dispositivo, há um outro, o art. 1.633, o qual determina que, no caso de evicção, se o imóvel aumentou de valor, ainda que sem o concurso do comprador, o vendedor responde por esse excesso de valor. // Diante destes textos, os comentadores se dividiram com relação à responsabilidade do devedor.// Uns, tomando o art. 1.150, afirma que, suposta a previsibilidade do dano, o devedor responde pelo excesso, tanto assim que o art. 1.633, mera aplicação do art. 1.150, decide nesse sentido.// Querem outros que, ainda previsto o dano, o devedor só responda por ele, e não pelo excesso, sendo o art. 1.633 uma exceção, uma regra especial para o caso de evicção (...)". Na análise de Lílian San Martín, esse exemplo da vinícola refletiria o único caso em que Pothier justifica a previsibilidade com base em critério de "normalidade" ou "estimação", como meio de moderar o *quantum* da indenização, aplicável nas situações em que a quantia indenizatória fosse determinada por causa estranha, não considerada no momento da contratação (SAN MARTÍN, Lílian. La previsibilidad como límite al ressarcimento del daño por incumplimiento contractual. In: TURNER, Susan; VARAS, Juan Andres. (Orgs). *Estudios de Derecho Civil IX*. Santiago: Thomson Reuters, 2013, p. 659-661). Na concepção central defendida pela autora, a previsibilidade se define pelo risco associado ao destino econômico da prestação que está no conhecimento do devedor, devendo-se considerar o interesse do credor envolvido na relação obrigacional, segundo o propósito prático perseguido no momento da contratação (Idem, p. 657-658).

a regra de que o devedor responde por todos os prejuízos, previsíveis ou não, excetuada unicamente a hipótese assinalada no parágrafo anterior (lucros cessantes na hipótese de mora), deve ser aplicada[93]. O autor não afirmou categoricamente se a valorização da vinha seriam lucros cessantes ou danos emergentes. Como os considera indenizáveis, a despeito da imprevisibilidade, para que a exceção não tivesse aplicação ou entendia que a hipótese de evicção se aproximaria de inadimplemento absoluto, ou os enquadraria como danos emergentes.

Em suma, se o inadimplemento ainda for purgável, e o dano patrimonial decorrente do descumprimento fosse lucro cessante, a regra da previsibilidade se aplicaria para limitá-los. A interpretação gramatical e literal do art. 1.059 indica que a previsibilidade não consistia em um limite à indenização dos danos em geral: apenas se colocando como regra especial. Consequentemente, mesmo em casos nos quais a indenização pudesse parecer excessiva — como no exemplo da evicção de terra que passou a valer quatro vezes mais —, o limite se não se impunha.

---

93 ALVIM, Agostinho. *Da Inexecução das Obrigações e suas Conseqüências*. 5ª ed. São Paulo: Saraiva, 1980, § 153, p. 211-213. "O assunto, em face do nosso direito, é de larga aplicação, porque, sendo a regra a responsabilidade, e só muito excepcionalmente podendo o devedor invocar a exceção de imprevisibilidade, cumpre indagar até onde vai aquela responsabilidade. // Assim, tendo o devedor de responder pelo dano, ainda que imprevisível, responderá, também, pelo excesso? // Se ele puder invocar a exceção de imprevisibilidade, a questão perde a sua razão de ser. // Por isso mesmo que ele não responderá pelo dano, não responderá pelo excesso. // Mas, se der o caso, que é ordinário em nosso direito, de estar o devedor obrigado a responder pelo dano, ainda que imprevisível, terá que responder também pelo excesso? // Pensamos que sim. // Não há no nosso Código, é verdade, um princípio que corresponda ao do art. 1.633 do Código Napoleão. Pelo contrário, o art. 1.109 não incluiu, entre as indenizações a cargo do vendedor, a valorização da coisa, conquanto, por outro fundamento, a jurisprudência moderna seja nesse sentido. // Todavia, não é por esse cânone que, em nosso direito, deve ser encarada a questão. // Nós pensamos que a solução tem que ser dada, tomando-se por base a fonte da tal responsabilidade, em tal caso. // Assim, num sistema que faça depender a responsabilidade da previsibilidade do dano, a conclusão é a de que a responsabilidade tem por fonte a previsibilidade. Esta é condição daquela. // Logo, se não houver responsabilidade pelo dano imprevisível, não pode, logicamente, haver responsabilidade pelo excesso imprevisível. // Mas, nos sistemas, como o nosso, em que a responsabilidade independe da previsibilidade, não há razão para se fazer o excesso depender da previsibilidade. //A regra, pois, é a de que o devedor responde por todos os prejuízos, previsíveis ou não. // O credor tem direito de ser indenizado de todo o prejuízo que teve, salvo a hipótese, já estudada acima, de se tratar de lucro cessante combinada com a de simples mora do devedor, caso em que este não responde pelos danos que não poderia ter previsto ao contratar. // É óbvio que a convenção pode alterar essas soluções. (...) Há um meio muito fácil de evitar os perigos de uma indenização excessiva, em tais casos. É a cláusula de não responsabilidade, ou de responsabilidade limitada, aliás comuníssima nos contratos de adesão, constantes das tabuletas afixadas no pátio interno dos hotéis estações de estradas de ferro, etc".

2.2.2.3. Interpretação sistemática: Sobreposição com razoabilidade e causalidade

Identifica-se ser ponto incontroverso na totalidade da doutrina que comentou o art. 1.059, parágrafo único do Código Civil de 1916: a explicitação do texto legal não se dá senão com referências ao *caput* do art. 1.059 ou ao art. 1.060 do Código Civil. Dito de outro modo: o sentido normativo do parágrafo único do art. 1.059 é obtido pela compreensão dos demais artigos. O recurso à interpretação sistemática é unânime. A previsibilidade aparece sobreposta ao *topos* da razoabilidade e aos "efeitos diretos e imediatos" na responsabilidade contratual.

Feitas referências às obras doutrinárias de autores cuja influência na elaboração dos Códigos Civis de 1916 e 2002 é inconteste — Clóvis Beviláqua e Agostinho Alvim —, para testar essa assertiva, cabe também analisar detidamente os contributos de outros autores, com destaque especial aos escritos de Clóvis do Couto e Silva, Pontes de Miranda e Silvio Rodrigues. O que se verifica são pontos em comum e pontos em dissonância. A sobreposição conceitual é complicada, pois há mais de um sentido atribuído à previsibilidade: nem sempre esta requer a perquirição sobre aquilo que o devedor inadimplente sabia ou poderia saber no momento da contratação.

Em ensaio datado de 1967, entitulado "Dever de Indenizar", Couto e Silva comparou os então vigentes arts. 1.059 e 1.060[94] com o § 252 do Código Civil alemão. A tradução do artigo de lei estrangeiro figurou como: "[o]s danos a serem indenizados abrangem também o lucro cessante. Como lucro cessante, tem-se o que, na conformidade do curso normal das coisas ou em virtude de circunstâncias especiais, como medidas e providências tomadas, podia, com probabilidade, ser esperado"[95].

---

94 "Art. 1.060. Ainda que a inexecução resulte de dolo do devedor, as perdas e danos só incluem os prejuízos efetivos e os lucros cessantes por efeito dela direto e imediato".

95 COUTO E SILVA, Clóvis do. Dever de indenizar. In: FRADERA, Véra. (Org.). *O Direito Privado brasileiro na visão de Clóvis do Couto e Silva*. 2ª ed. Porto Alegre: Livraria do Advogado, 2014, p. 193-194. Autores de ontem e de hoje lançaram traduções de maneira aproximada. Manuel

Em outras palavras, a definição de lucro cessante é aquilo que podia, com probabilidade, ser esperado, a partir do curso normal das coisas ou em virtude de circunstâncias especiais. Para Couto e Silva, a solução brasileira teria fixado dois princípios a serem observados na quantificação dos lucros cessantes: "1º critério do que alguém razoavelmente deixou de lucrar (art. 1.059, *in* fine); 2º os lucros cessantes só incluem os efeitos diretos e imediatos da inexecução (art. 1.060, *in fine*)"[96]. O primeiro remete o intérprete a exame casuístico, a concretizar a 'cláusula de razoabilidade' em vista das circunstâncias concretas[97]. O segundo submete os lucros cessantes ao exame do nexo de causalidade: só serão indenizáveis aqueles que decorrerem direta e imediatamente da inexecução.

Ao aprofundar o exame dos limites dos lucros cessantes razoáveis, Couto e Silva refere que existia uma limitação imposta pelo regime legal a danos "que não se relacionem diretamente com o evento", não podendo ser considerados como efeitos da inexecução os que não fossem "diretos e imediatos". Destaca, então, a adoção, pelo Código brasileiro, da "fórmula da probabilidade", então fazendo referência ao já diversas vezes mencionado parágrafo único do art. 1.059. Pela relevância, esse ponto merece transcrição:

Ignacio Carvalho de Mendonça sinaliza: "o lucro que verosimilmente podia o credor contar com o curso ordinario das cousas, ou conforme as circumstancias particulares aos arranjos e disposições effectuadas" CARVALHO DE MENDONÇA, Manuel Ignacio. *Doutrina e Pratica das Obrigações.* 2ª ed. Rio de Janeiro: Francisco Alves, 1911, § 472, p. 53. A tradução de Jorge Cesa Ferreira da Silva indica *"que, em conformidade com o transcurso normal das coisas ou em razão de especiais circunstâncias, notadamente medidas e providências adotadas, podia, com probabilidade, ser esperado"*. FERREIRA DA SILVA, Jorge Cesa. *Inadimplemento das obrigações.* São Paulo: Revista dos Tribunais, 2006, p. 166. Também o alude PEREIRA, Caio Maria da Silva Pereira. *Instituições de Direito Civil.* Teoria Geral dos Obrigações. Volume 2. Revista e Atualizada por Guilherme Calmon Nogueira da Gama. Rio de Janeiro: Forense, 2011, § 176-A, p. 329. A tradução oficial do Código Civil alemão para o inglês é a seguinte: "The damage to be compensated for also comprises the lost profits. Those profits are considered lost that in the normal course of events or in the special circumstances, particularly due to the measures and precautions taken, could probably be expected". Assim está em: <https://www.gesetze-im-internet.de/englisch_bgb/>.

96 COUTO E SILVA, Clóvis do. Dever de indenizar. In: FRADERA, Véra. (Org.). *O Direito Privado brasileiro na visão de Clóvis do Couto e Silva.* 2ª ed. Porto Alegre: Livraria do Advogado, 2014, p. 194.

97 COUTO E SILVA, Clóvis do. Dever de indenizar. In: FRADERA, Véra. (Org.). *O Direito Privado brasileiro na visão de Clóvis do Couto e Silva.* 2ª ed. Porto Alegre: Livraria do Advogado, 2014, p. 195.

> Encontra-se, em nosso Código, *a fórmula da probabilidade* no parágrafo único do art. 1.059: 'o devedor, porém, que não pagou no tempo e forma devidos só responde pelos lucros que foram ou podiam ser previstos na data da obrigação'. Este princípio endereça-se à responsabilidade contratual. Todavia, incluiu-se *regra limitativa a respeito da previsibilidade do dano*. O exame comparado dos dispositivos leva, assim, à conclusão de que nosso Código procurou limitar, evitando abusos de aplicação, a extensão do que deveria ser indenizado, exigindo o critério de razoabilidade, de previsibilidade *no momento em que ocorreu o evento*, sem levar, portanto, em conta situações posteriores, e exigiu que os danos fossem efeito direto e imediato da inexecução, regras estas aplicáveis às indenizações em geral[98].

Note-se que "o critério de razoabilidade" é explicado como o "*de previsibilidade no momento em que ocorreu o evento*". A "fórmula da probabilidade" seria a expressão da exigência de razoabilidade e previsibilidade, cuja presença em texto de lei levaria à exclusão da importância de situações posteriores. O trecho alimenta a dúvida que está a ser enfrentada, e deixa muitas perguntas em aberto.

Seriam duas ou três pautas interpretativas quanto aos lucros cessantes? O intérprete deve atender (*i*) à razoabilidade, como estava no art. 1.059, *caput* e hoje no art. 402; (*ii*) aos efeitos diretos e imediatos, como estava no art. 1.060 e hoje no art. 403; e (*iii*) à previsibilidade, como estava no parágrafo único, e hoje não mais está?

Ou a previsibilidade está em grau de abstração mais baixo, servindo a densificar os outros limites? É dizer: o critério da previsibilidade se liga à razoabilidade dos lucros cessantes? O critério da previsibilidade se liga ao critério do dano ser direta e imediatamente decorrente da inexecução? A ambos? E mais: a previsibilidade importa "no momento em que ocorreu o evento", como está no trecho transcrito, ou "na data da obrigação", conforme o texto do art. 1.059, parágrafo único? Ou ambos dizem o mesmo?

---

98 COUTO E SILVA, Clóvis do. Dever de indenizar. In: FRADERA, Véra. (Org.). *O Direito Privado brasileiro na visão de Clóvis do Couto e Silva*. 2ª ed. Porto Alegre: Livraria do Advogado, 2014, p. 195. Grifei.

Semelhante sobreposição entre os fundamentos — e do incremento das dúvidas a respeito — verifica-se no *Tratado de Direito Privado*. Essa assertiva não é de simples constatação. As menções ao parágrafo único do art. 1.059 não expressam entendimento uniforme.

Ao tratar do "que se há de indenizar", em especial das diferenças entre danos emergentes e lucros cessantes, Pontes de Miranda afirmou: "(n) ão importa se o outro contraente conhecia os propósitos do legitimado à indenização: tem aquêle de prestar o lucro cessante que êle não previa pudesse resultar do seu ato"[99]. O trecho dá a entender que a previsibilidade seria irrelevante, pois independentemente do conhecimento do inadimplente, deve indenizar os lucros cessantes.

Porém, a seguir, o tratadista referiu que "[o]s lucros cessantes foram assunto de regras jurídicas especiais que cumpre serem entendidas cuidadosamente" e, em atenção ao texto do art. 1.059, parágrafo único, afirmou "a limitação somente concerne aos lucros cessantes, e não às perdas. Daí dizer o art. 1.060, 2ª. parte, que 'ainda que a inexecução resulte de dolo, as perdas e danos só incluem... lucros cessantes por efeito dela direto e imediato'". No texto que segue naquele mesmo parágrafo, o tratadista trouxe exemplo de lucros cessantes a serem indenizados por B que danifica uma máquina pertencente a A, sem qualquer alusão à previsibilidade, mas aludindo à diferença entre danos imediatos e mediatos[100]. E, então, fundamentou no art. 1.060 duas regras, afirmando que os qualificativos "direto ou imediato" dizem respeito apenas a lucros cessantes.

99 PONTES DE MIRANDA, Francisco Cavalcanti. *Tratado de Direito Privado*. Tomo XXII. Atualizado por Nelson Nery Jr. e Rosa Maria de Andrade Nery. São Paulo: Revista dos Tribunais, 2012, § 2.722, 3, p. 300.

100 PONTES DE MIRANDA, Francisco Cavalcanti. *Tratado de Direito Privado*. Tomo XXII. Atualizado por Nelson Nery Jr. e Rosa Maria de Andrade Nery. São Paulo: Revista dos Tribunais, 2012, § 2.722, 3, p. 301, *in verbis:* "Se B quebra a máquina que pertence a A, ou está alugada ou emprestada a A, o dano pode consistir no conserto da máquina (ou na prestação do valor corresponde (sic) à diminuição do valor da máquina) *mais* o que resultou de perda de lucro pela interrupção na exploração da máquina (ou na prestação do que medeou de perda de lucro devido à interrupção da exploração). Há, assim, o dano imediato e o mediato". O exemplo é semelhante ao caso *Só Máquinas Comércio de Equipamentos Industriais v. Serviço de Guinchos Caxiense LTDA (Brasil, 2007)*, analisado *infra*, Capítulo 2.2.3.1.

O exemplo a seguir colacionado foi o caso da vaca pestilenta, e sobre este asseverou que o rebanho atingido pela peste seria expressão de dano emergente, indenizável, enquanto a falta de safra, pela falta do animal, seria lucro cessante não indenizável, porque "não foi efeito direto da prestação"[101]. E arrematou no último subparágrafo do § 2.722: "[N]a fixação do quanto do *lucrum cessans*, tem o juiz de se ater ao que mais frequentemente acontece, ao que seria *verossìmilmente* de prever-se e se teria produzido, se o fato ilícito não tivesse ocorrido"[102]. Ou seja, o autor afirmou a necessidade de respeito à regra da previsibilidade, como se esta fosse uma maneira de explicar os efeitos diretos da inexecução.

É nítida a sobreposição entre ideias e preceitos legais. Para explicar o que seriam os lucros cessantes previsíveis, o autor alude à necessidade de serem diretos e imediatos. Fora de dúvidas, apenas a restrição do âmbito de aplicação da previsibilidade como critério autônomo, quando assim defendida, aos lucros cessantes[103].

Já em outro subparágrafo apodado como "Lucros Cessantes", escrito no parágrafo "de como se mede o dano indenizável", Pontes de Miranda enfrentou o conteúdo do *caput* do art. 1.059[104], sem qualquer alusão ao

---

101 PONTES DE MIRANDA, Francisco Cavalcanti. *Tratado de Direito Privado*. Tomo XXII. Atualizado por Nelson Nery Jr. e Rosa Maria de Andrade Nery. São Paulo: Revista dos Tribunais, 2012, § 2.722, 3, p. 301-302. O exemplo da "vaca pestilenta", é também referido no Capítulo 2.3.4.1, *infra*.

102 PONTES DE MIRANDA, Francisco Cavalcanti. *Tratado de Direito Privado*. Tomo XXII. Atualizado por Nelson Nery Jr. e Rosa Maria de Andrade Nery. São Paulo: Revista dos Tribunais, 2012, § 2.722, 4, p. 302. E segue, apontando a exemplo sem distinguir responsabilidade contratual e extracontratual: "Se a casa se incendeia, o culpado responde conforme o valor locativo do contrato que tinha sido oferecido, no que concerne ao *lucrum cessans*, além do que se considera o *damnum emergens*".

103 Em meio a outro contexto, ao desferir críticas sobre as tentativas de defesa da cláusula *rebus sic stantibus* e da teoria da imprevisão, sendo estes "conceitos que se hão de repelir", assevera quanto ao indigitado parágrafo único do art. 1.059: "O que aí se regula é a indenização dos *lucros cessantes*. Nenhuma razão há para se ver, aí, regulação da relevância das circunstâncias novas ou da mudança das circunstâncias". PONTES DE MIRANDA, Francisco Cavalcanti. *Tratado de Direito Privado*. Tomo XXV. Atualizado por Nelson Nery Jr. e Rosa Maria de Andrade Nery. São Paulo: Revista dos Tribunais, 2012, § 3072, 1, p. 335.

104 PONTES DE MIRANDA, Francisco Cavalcanti. *Tratado de Direito Privado*. Tomo XXVI. Atualizado por Ruy Rosado de Aguiar Júnior e Nelson Nery Jr. São Paulo: Revista dos Tribunais, 2012, § 3.111, 3, p. 129-131.

parágrafo único. Curiosamente, mais uma vez aludiu repetidas vezes à previsibilidade. Contudo, as referências parecem voltadas ao momento do ilícito, não vinculadas à data da contratação. O autor destacou que:

> [...] frustrado é o ganho ou lucro que seria de esperar-se, tomando-se por base o curso normal das coisas e as circunstâncias especiais, determináveis, do caso concreto, inclusive a organização, as medidas e *previsões* que se observavam. O ganho ou lucro não precisa já existir *no momento da lesão*. Pode ser o que, nas circunstâncias em que se achava o bem ofendido seria de *prever-se*[105].

Logo a seguir, porém, diminuiu a importância da previsibilidade, asseverando: "[o]s fatos, que ocorreram depois, têm de ser atendidos. Pró e contra o titular da pretensão à indenização. O que, *ao tempo da ofensa*, não se podia prever, mas se verifica, depois, que ocorreu, pode aumentar ou diminuir o que se teria, de início, como lucro cessante"[106]. E completou: "Não é só *no momento da ofensa* que se hão de prever os lucros cessantes, mas, sim, também à medida que os fatos vão acontecendo [...] // Se o lucro era de esperar-se, tem-se como devida a indenização do *lucrum cessans que se prevê*". Ainda exemplifica: "[q]uando o comprador exige indenização de danos por inadimplemento da dívida por parte do vendedor, as perdas e danos compreendem o sobrepreço (preço acima), que poderia obter na revenda após a entrega, se o vendedor houvesse adimplido a dívida"[107].

105 PONTES DE MIRANDA, Francisco Cavalcanti. *Tratado de Direito Privado.* Tomo XXVI. Atualizado por Ruy Rosado de Aguiar Júnior e Nelson Nery Jr. São Paulo: Revista dos Tribunais, 2012, § 3.111, 3, p. 129-130. Destaquei.

106 PONTES DE MIRANDA, Francisco Cavalcanti. *Tratado de Direito Privado.* Tomo XXVI. Atualizado por Ruy Rosado de Aguiar Júnior e Nelson Nery Jr. São Paulo: Revista dos Tribunais, 2012, § 3.111, 3, p. 130. Grifei.

107 PONTES DE MIRANDA, Francisco Cavalcanti. *Tratado de Direito Privado.* Tomo XXVI. Atualizado por Ruy Rosado de Aguiar Júnior e Nelson Nery Jr. São Paulo: Revista dos Tribunais, 2012, § 3.111, 3, p. 130-131. Grifei. Também no Tomo XXVI o Tratadista alude incidentalmente ao art. 1.059 como fundamento da responsabilidade em casos de "ato ilícito relativo". Assim está no § 3.165, 2, p. 419. Já no Tomo LIV é nítido que a análise centra-se na responsabilidade extracontratual, com nenhuma alusão ao critério da previsibilidade, embora o autor destaque, após as remissões aos outros parágrafos no tratado sobre o art. 1.059, que "[o] valor do dano pode ser *superior* ao do valor do bem a que se refere o interesse; pode ser igual, ou ser *inferior*". PONTES DE MIRANDA, Francisco Cavalcanti. *Tratado de Direito Privado.* Tomo LIV. Atualizado por Rui Stoco. São Paulo: Revista dos Tribunais, 2012, § 5574, 8, p. 418.

Chamam a atenção a referência ao "momento da ofensa" e ao "momento da lesão" como a situar no tempo quando se realiza a previsão relevante, bem como o exemplo de contrato de compra e venda, no qual o dano do "sobrepreço" do negócio subsequente é tido por indenizável.

Quanto aos danos mediatos (compreendidos como aqueles que se verificam muito posteriormente no tempo em relação ao fato ilícito), o autor ainda destacou a impossibilidade de "previsão absoluta", cabendo prever-se "o que acontecerá, depois do fato ilícito, mas seria contra os propósitos do direito que não se atendesse à realidade se essa desmente a previsão". Aludiu a exemplo de atropelado por automóvel que por dois meses não poderia trabalhar, mas, posteriormente se verificou "que a inaptidão ao trabalho cessou antes, ou se prolongou além da data prevista". Nesses casos, "porque a produção dos danos é *ao longo do tempo*, tem-se de levar em conta o que acontece e enche o tempo, cujo conteúdo só provisoriamente (por presunção de normalidade) se havia *previsto.* A visão corrige a previsão"[108].

Em síntese, parece prevalecer na visão de Pontes de Miranda a necessidade de se observar a previsibilidade. Os danos serão diretos se forem previsíveis; os danos serão razoáveis se forem previsíveis. A despeito do texto legal do art. 1.059, parágrafo único, não há necessidade de conhecimento na data da contratação por parte do lesante. A previsão, feita no momento do ilícito, não está imune a críticas: à medida que o curso dos fatos se desenrola, a visão pode confirmar, ou não, a previsão.

Já Silvio Rodrigues entendeu por enfatizar a subjetividade do lesante, sem deconsiderar, também, a noção objetiva de previsibilidade. Assim o fez em parecer dedicado a caso envolvendo contrato de compra e venda imobiliária de imóvel em construção, resolvido, pelos compradores, por inadimplemento da construtora-vendedora. A justificativa cumulou,

---

108 Os trechos entre aspas estão em PONTES DE MIRANDA, Francisco Cavalcanti. *Tratado de Direito Privado.* Tomo XXVI. Atualizado por Ruy Rosado de Aguiar Júnior e Nelson Nery Jr. São Paulo: Revista dos Tribunais, 2012, § 3.111, 4, p. 131.

em dois argumentos, o rechaço à pretensão de lucros cessantes: não são decorrências diretas e imediatas, em atenção ao art. 1.060, tampouco consequências previsíveis do descumprimento, em relação ao parágrafo único do art. 1.059. Percebe-se nítida separação, mas o emprego da necessidade de observância da previsibilidade para reforçar os dois argumentos.

Naquele caso, promissários compradores haviam adquirido unidades ideais de edifício que estava sendo construído, mas cuja construção restou interrompida em virtude da revogação de alvará do Poder Público. Quantias já estavam sendo dispendidas pelos compradores quando o alvará foi revogado e a construção, paralisada. Os compradores então resolveram o contrato, pleiteando a condenação em perdas e danos. O judiciário determinou que o vendedor deveria devolver as importâncias corrigidas "bem como compor as perdas e danos". Citada do processo executivo, a vendedora depositou judicialmente os valores que havia recebido, acrescido de correção monetária e de juros moratórios. Insatisfeitos quanto ao depósito, insuficiente para a composição das perdas e danos, os compradores reclamaram ainda na execução (*i*) a diferença de preço das unidades condominiais que adquiriram e o seu valor atualizado; e (*ii*) os aluguéis das unidades, se lhes fossem oportunamente entregues e se tivessem podido ocupá-las ou alugá-las[109]. A conclusão da maioria judicial era a de que apenas o valor atinente à rubrica (*i*) deveria ser indenizado, descabendo lucros cessantes atinentes aos aluguéis das unidades que deixaram de ser percebidos. Sobre o descabimento dos lucros cessantes que versou o parecer[110].

---

109 RODRIGUES, Silvio. Lucros cessantes. Sua fixação, nas consequências diretas e imediatas do inadimplemento e na previsibilidade do ganho. Sentido do advérbio 'razoavelmente', no art. 1.05[9] do Código Civil. In: *Direito Civil Aplicado*. São Paulo: Saraiva, 1987, p. 64.

110 O parecer foi juntado em processo judicial. O acórdão analisado pelo Professor em seu parecer estava sujeito ao exame do recurso de embargos infringentes, ou seja, já havia sido apreciado por Câmara do Tribunal de Alçada de São Paulo, cabendo o recurso ao grupo de desembargadores. A referência não está disposta naquele parecer. Em pesquisa pelas iniciais das partes na internet, localizou-se os Embargos Infringentes 9000034-81.1984.8.26.0000. Como o acórdão não estava disponível no website do Tribunal de Justiça do Estado de São Paulo, enviou-se e-mail requisitando o inteiro teor daquele julgamento. Até o momento da finalização desta investigação, o Serviço de Fornecimento de Acórdãos (SJ1.1@tjsp.jus.br) não havia localizado o texto do acórdão.

Acompanhando a conclusão da maioria judicial, Silvio Rodrigues argumentou que concluir em sentido contrário seria uma "conjectura falível", pois "[n]inguém nega que a adquirente de um imóvel tem em mira o exercício dos direitos inerentes à propriedade, consignados no art. 524 do Código Civil. Como, entretanto, assegurar que o escopo do proprietário seria o de *alugar* o imóvel, e não o de vendê-lo, para realizar o lucro derivado de sua valorização?". A solução de entender como indenizáveis os lucros cessantes encontrava óbice no período em que estes seriam devidos: "poder-se-ia figurar que venderiam o imóvel um mês, ou três meses, ou dez meses, ou cinco ou dez anos após o haverem recebido; ou que não venderiam jamais. Conforme o aprazimento do autor da reflexão, os alugueres seriam devidos por um, três, dez meses, ou dez anos". Entendeu, assim, que tal solução seria absurda, porque os "eventuais alugueres produzidos por imóveis que nem sequer chegaram a ser construídos, e obviamente não foram entregues, não são conseqüências diretas e imediatas do inadimplemento. E obviamente não seriam, ordinariamente, previsíveis"[111].

Trata-se de uma primeira menção à limitação da previsibilidade: os danos são consequências diretas do inadimplemento se forem previsíveis. Como não se sabe qual o destino que se daria ao imóvel, concretamente são imprevisíveis. A probabilidade serve de métrica, pois como ordinariamente não se pode afirmar o que seria feito com o imóvel, os danos seriam imprevisíveis.

Em complemento, destacou que, embora o propósito de "conferir ao juiz maior arbítrio, a lei impõe duas restrições, que devem ser consideradas na fixação do montante dos lucros cessantes: a) só se deve cogitar daqueles lucros defluentes *direta e imediatamente* do inadimplemento (CC, art. 1.060); *b*) só se computam os lucros *que foram ou podiam ser previstos na*

111 RODRIGUES, Silvio. Lucros cessantes. Sua fixação, nas consequências diretas e imediatas do inadimplemento e na previsibilidade do ganho. Sentido do advérbio 'razoavelmente', no art. 1.05[9] do Código Civil. In: *Direito Civil Aplicado*. São Paulo: Saraiva, 1987, p. 66-70.

data da obrigação (CC, art. 1.059)"[112]. Ambos os argumentos rechaçavam que os aluguéis devessem ser indenizados naquele caso concreto. As duas restrições contidas na Lei teriam base em Pothier:

> [...] seria absurdo, também, que o inadimplente houvesse que responder por possíveis ganhos excepcionais que seu contendor teria, se tais ganhos se revelassem imprevisíveis. O exemplo capaz de esclarecer a hipótese é ainda de Pothier. Se dou em locação prédio de minha propriedade pelo prazo de dezoito anos e, ao fim de dez, meu locatário sofre evicção, devo indenizá-lo pelas despesas de mudança e pela mais-valia que terá de pagar se o preço dos aluguéis aumentou. Mas se após a locação o inquilino montou comércio, não devo indenizá-lo pelos lucros que deixou de ter, pois não eram previsíveis[113].

O argumento por analogia ao exemplo da evicção de Pothier para colorir o sentido de "previsível" é enfático naquilo que o devedor inadimplente sabia ou deveria saber no momento da contratação. Se a destinação dada à prestação (isto é, a finalidade da locação no imóvel) é desconhecida do locador, mesmo que este seja culpado pela extinção contratual, não deve arcar com os prejuízos a surgir da mudança de finalidade. É dizer, o dado fático fundamental para traçar o corte da imprevisibilidade dos prejuízos é a mudança de finalidade empregada no imóvel, de residencial para comercial, durante o curso de um contrato de locação de longa duração.

---

112 A esse respeito, o parecerista abriu um "parêntesis", para destacar a falta de ênfase do sistema brasileiro no elemento subjetivo, em comparação do art. 1.059 com o art. 1.150 do Código Civil francês então vigente. Imensa atenção a esse respeito é imprescindível para não se perder no jogo de palavras. No Código brasileiro "o nosso legislador quis ser mais brando que o napoleônico, pois enquanto aqui a restrição beneficia o devedor, ainda que o inadimplemento resulte de seu dolo (CC, art. 1.060), no Código francês a restrição não beneficia a inadimplência deliberada e consciente". O trecho é confuso e parece indicar o contrário do que o autor pensava. Uma forma de lê-lo seria ver na previsibilidade uma restrição, um limite, que beneficia o devedor mesmo que tenha obrado com dolo no descumprimento. Assim lido, a interpretação seria o exato oposto do defendido pela interpretação com ênfase no dolo. Relembre-se: esta indicava a previsibilidade como limite aos danos indenizáveis, exceção quando o inadimplemento é doloso (Capítulo 2.2.1, *supra*). Silvio Rodrigues afirmou que o Código brasileiro é mais brando em relação ao francês, sendo a previsibilidade um limite aos danos atribuíveis ao devedor inadimplente "ainda que o inadimplemento resulte de seu dolo".

113 RODRIGUES, Silvio. Lucros cessantes. Sua fixação, nas consequências diretas e imediatas do inadimplemento e na previsibilidade do ganho. Sentido do advérbio 'razoavelmente', no art. 1.05[9] do Código Civil. In: *Direito Civil Aplicado*. São Paulo: Saraiva, 1987, p. 73. O mesmo exemplo é referido em RODRIGUES, Silvio. *Direito Civil*. Parte Geral das Obrigações. Volume 2. 30ª ed. São Paulo: Saraiva, 2002, § 156, p. 256.

Apreciado juridicamente, o desconhecimento do devedor a respeito dessa mudança durante o curso do contrato é circunstância apta a lhe isentar de responsabilidade. A generalizar, o lucro cessante imprevisível, porque desconhecido ao devedor, não deve ser indenizado.

Por fim, quanto ao terceiro argumento, o autor entende que a regra então proposta no art. 946, parágrafo único do projeto de Código Civil, também poderia também ser lida na locução "razoavelmente" do então vigente art. 1.059, *caput*, "antecipando a solução inserta no atual Projeto". Naquele caso concreto, embora a existência de culpa da vendedora fosse matéria insuscetível de discussão pelo momento processual[114], inegavelmente seria *culpa levíssima*, "pois o inadimplemento da executada decorreu de fato insólito e raríssimo de a Prefeitura, exercendo um direito que a Justiça lhe reconheceu, haver cassado um alvará anteriormente expedido". Sendo tal fato previsível, pois os alvarás são concedidos a título precário, a vendedora-construtora "teria errado, por não ter previsto o que era previsível. Mas a sua boa-fé é manifesta e, portanto, deveria, se precisasse (e já se viu que não precisa, por ser cristalino o seu direito), ser tratada com a maior consideração e mesmo simpatia"[115]. Quando vigente o Código Civil de 2002, o autor celebrou a existência do dispositivo no texto da Lei[116].

Em síntese, Silvio Rodrigues identificou a previsibilidade no art. 1.060, no parágrafo único do art. 1.059 e no respectivo *caput*. Em primeiro lugar, o que ordinariamente acontece pautaria o que deriva diretamente do descumprimento da obrigação. Concretamente, não se poderia determinar objetivamente a destinação do imóvel — se seria alugado, vendido e por quanto tempo — não se podendo dizerem ser previsíveis os respectivos

---

114 O que leva à ilação de que o entendimento do parecerista seria de que, a rigor, o caso seria de impossibilidade não imputável ao devedor.

115 RODRIGUES, Silvio. Lucros cessantes. Sua fixação, nas consequências diretas e imediatas do inadimplemento e na previsibilidade do ganho. Sentido do advérbio 'razoavelmente', no art. 1.05[9] do Código Civil. In: *Direito Civil Aplicado*. São Paulo: Saraiva, 1987, p. 71-73.

116 RODRIGUES, Silvio. *Direito Civil*. Responsabilidade Civil Volume IV. 20ª ed. São Paulo: Saraiva, 2003, § 67, p. 188), abaixo também referido no Capítulo 2.2.3.2.

prejuízos. Em segundo lugar, sendo relevante o conhecimento do lesante sobre os potenciais lucros cessantes na data da contratação, não podia a construtora prever, quando contratou, que os imóveis seriam alugados. Em terceiro, levado em conta o estado subjetivo da construtora, mesmo tendo agido com negligência por não ter previsto o que era previsível (a revogação do alvará, sempre concedido a título precário), a sua boa-fé seria manifesta, não sendo razoável a condenação no valor dos aluguéis.

Relatadas as visões doutrinárias, cabe destacar semelhanças e diferenças. Três semelhanças e duas diferenças merecem atenção.

Em primeiro lugar, está a sobreposição de critérios: para tratar da previsibilidade no âmbito da obrigação de indenizar, Clóvis do Couto e Silva, Pontes de Miranda e Silvio Rodrigues referem outros dispositivos legais, não se restringindo ao art. 1.059, parágrafo único, mas também ao *caput* daquele artigo e ao art. 1.060 do então vigente Código Civil. Em segundo, também é ponto em comum que nenhum desses três autores alude à restrição imposta por Agostinho Alvim, no sentido de que o art. 1.059 aplicar-se-ia apenas aos casos de mora, em detrimento dos casos de inadimplemento absoluto. Em terceiro, todos enfatizam a previsibilidade como regra limitativa dos lucros cessantes, como se o dano emergente não estivesse sujeito ao limite.

A primeira e mais importante semelhança merece aprofundamento. Diz respeito ao conteúdo da previsibilidade e a sua fonte normativa. As análises de Couto e Silva, Pontes de Miranda e o primeiro argumento de Silvio Rodrigues parecem aproximar o sentido de previsível ao de razoável, e ao de direta e imediatamente decorrente do inadimplemento. Ou seja, a previsibilidade não seria um conceito autônomo, mas explicado, ou a explicar, estes outros.

A explicação passa pela consideração da díade "curso normal das coisas" ou "circunstâncias especiais". Couto e Silva referiu a "fórmula da probabilidade". Pontes de Miranda aludiu àquilo que verossimilmente seria de prever-se e se teria produzido, ao que seria de esperar-se. No caso concreto que estava a analisar, Silvio Rodrigues ressaltou a falta de certeza sobre a finalidade que seria destinada, pelo comprador, a um imóvel adquirido na planta, para chamar os lucros cessantes que o adquirente buscou em juízo de não "*ordinariamente* previsíveis". Os autores argumentaram que se os lucros cessantes não derivam do curso normal das coisas ou das circunstâncias especiais do caso concreto são imprevisíveis, irrazoáveis, e não derivam diretamente da inexecução, rechaçando a sua indenizabilidade.

Se é precisa a aproximação de critérios, uma constatação se faz possível: as locuções "razoavelmente" e "por efeito dela direto e imediato" estavam presentes nos respectivos artigos 1.059 e 1.060 do Código Civil de 1916 e seguem atualmente presentes nos atuais artigos 402 e 403. Nessa lógica, poder-se-ia cogitar uma aproximação entre os sentidos de "previsível" e "*razoavelmente deixou de lucrar*", ou de "previsível" e "*por efeito direto e imediato da inexecução*". Em outras palavras, o que se deixa razoavelmente de lucrar é o dano previsível. Ou o dano que decorrer como consequência direta e imediata do inadimplemento é aquele previsível. Nessa forma de compreensão, a retirada do parágrafo único do art. 1.059 da legislação não teve qualquer impacto no sistema. O *caput* do art. 1.059 e o art. 1.060 já forneceriam guias suficientes ao intérprete para se compreender que as perdas e danos estariam limitadas. Esse limite é explicado pela previsibilidade na responsabilidade contratual.

Destacadas as semelhanças, colhe-se também duas diferenças. Embora essas visões expressem que a previsibilidade importa para a delimitação do dano indenizável, resta em aberto estabelecer a quem o dano deve ser previsível e quando tal critério deve ser considerado. Não há uniformidade se a previsibilidade teria força normativa própria segundo a perspectiva do inadimplente, tampouco em relação ao seu momento de aferição, se na contratação ou no descumprimento.

Silvio Rodrigues defendeu conteúdo autônomo à previsibilidade: para que sejam previsíveis, os lucros devem ter sido previstos ou serem previsíveis pela parte inadimplente no momento da contratação. Os lucros cessantes com a falta do aluguel não devem ser indenizados, porque a construtora inadimplente, naquele caso concreto comentado, não poderia saber qual seria a destinação dada ao imóvel no momento da contratação. A esse respeito, os escritos de Pontes de Miranda parecem refutar a relevância de considerar o estado subjetivo do credor e o momento da contratação como definidores da previsibilidade, sendo esta mais bem aferida no momento do ilícito. Se "a visão corrige a previsão", as previsões feitas no momento da contratação estariam sob o jugo do intérprete, mas poderiam ser mais bem apreciadas em momento posterior. Os contributos de Couto e Silva apresentam certa ambiguidade. No mesmo trecho no qual referiu a data da obrigação, também referiu o que seria de se esperar com probabilidade no momento da lesão.

Em suma, a doutrina não é uniforme se a previsibilidade deve ser compreendida a partir do ponto de vista do inadimplente. Tampouco há uniformidade sobre o momento de aferição: não resta claro se os danos previsíveis devem ser previsíveis quando da contratação ou quando do inadimplemento. Para além das visões doutrinárias, o polêmico art. 1.059, parágrafo único, teve repercussão nos tribunais.

2.2.2.4. Aplicação prática

A falta de consenso sobre a aplicação prática do art. 1.059, parágrafo único, do Código Civil de 1916 repousa na multiplicidade de sentidos atribuídos à previsibilidade. Seria de certa forma artificial um subcapítulo dedicado apenas à jurisprudência, como se esta fosse um *corpus* seccionado e impermeável à doutrina. De uma forma ou de outra, os julgados poderiam ser aproximados às visões doutrinárias a respeito do dispositivo legal. Contudo, como os entendimentos são múltiplos e de difícil conciliação, pareceu de maior clareza relatar os respectivos fatos e fundamentos dos principais casos encontrados, com o que se retrata com maior fidedignidade a realidade: esta não é uniforme. Passa-se a descrever exemplificativamente arestos cujo foco recaiu no art. 1.059 do Código Civil de 1916 tanto do Supremo Tribunal Federal (*Capítulo 2.2.2.4.1*) quanto do Superior Tribunal de Justiça (*Capítulo 2.2.2.4.2*).

2.2.2.4.1. Supremo Tribunal Federal

Três casos do Supremo Tribunal Federal são ora destacados. No primeiro, a previsibilidade limitou os danos indenizáveis. No segundo, foi considerada irrelevante. No terceiro, fundamentou a indenizabilidade dos danos, pois como os danos eram previsíveis, deveriam ser indenizados.

O caso *Tude, Irmãos & Cia v. Andronico Silva (Brasil, 1946)* aplicou o parágrafo único do art. 1.059 do Código Civil de 1916 para limitar os lucros cessantes àqueles previsíveis[117]. Veja-se os fatos em pormenores e o entendimento dos três ministros que restringiu a extensão dos lucros cessantes àqueles previsíveis na data da contratação.

Tude ajuizou ação contra *Andronico* para se ver ressarcida dos prejuízos decorrentes de descumprimento de contrato de compra e venda de sacas de cacau, as quais deveriam ter sido entregues durante certo tempo, a findar-se em setembro de 1936. Sendo incontroverso que as sacas não foram entregues e legitimado o exercício da resolução do contrato por inadimplemento, *Tude, Irmãos & Cia* pleitearam danos pela diferença entre o preço que pagariam e o valor das sacas no último dia da entrega, a título de lucros cessantes, qualificação dos prejuízos inquestionada na decisão. Ocorre que o cacau havia se valorizado extraordinariamente, em virtude de inesperada falta do produto na praça. Após uma série de reviravoltas e votos vencidos, a decisão de segundo grau acolheu parcialmente o pedido inicial, e mandou *Andronico* indenizar os lucros cessantes, limitada a valorização do cacau à alta previsível, e não extraordinária, na data da

117 STF. RE 9346/BA. Segunda Turma. Relator Min. Lafayette de Andrada. Julgado em 27 de dezembro de 1946. Ao menos até 2 de setembro de 2022, o caso não estava disponível na base de julgados do Supremo Tribunal Federal. É referido em DE CASTRO, Eryx. *Repertório de Jurisprudência do Código Civil.* Direito das Obrigações. Vol. I. Arts. 865 a 1.078. São Paulo: Max Limonad, 1957, § 394, p. 430, e o respectivo inteiro teor em: *Revista Forense,* Set. 1947, p. 92-98.

contratação. Ou seja, os danos deveriam ser calculados tendo por base a possibilidade de revenda da mercadoria não entregue, por um preço previsível na data da contratação. Contra essa decisão, *Tude* interpôs recurso extraordinário e o acórdão veio a ser julgado pelo Supremo Tribunal Federal. A solução foi por unanimidade, limitando a indenização àquilo que seria previsível aos contratantes. A conclusão, porém, foi formada por mais de um modo de compreensão do direito aplicável.

O Min. Lafayette de Andrada concluiu que o art. 1.059, parágrafo único, do Código Civil deveria limitar a parte da diferença de preço que se deu em virtude "de causas excepcionais, fundadas na desordem econômica, na falta repentina de grande quantidade da mercadoria, ocasionando uma extraordinária e repentina alta do produto", assim autorizando "uma limitação razoável no lucro *excepcional*, imprevisível mesmo dos interessados". A solução não afastava as perdas e danos, mas as limitava na medida da sua imprevisibilidade: como a alta não podia ser prevista na data da contratação, a liquidação deveria ser feita conforme um valor "previsível", tomando-se então em consideração os "preços normais dos anos anteriores". Consequentemente, o Min. Lafayette de Andrada sequer conheceu do recurso, assim como o Min. Hahnemann Guimarães. Este asseverou que a decisão de segundo grau, ao ter afirmado a indenizabilidade dos lucros cessantes à medida que "fossem os lucros razoáveis, aqueles que se poderiam estimar, esperar razoàvelmente", deveria ser mantida[118].

O voto do Min. Orozimbo Nonato conheceu do recurso, especificamente a respeito da alegação de que seria "inaplicável, ao caso, a teoria da imprevisão, pois a oscilação do preço em negócio da natureza do discutido nos autos não é fator *imprevisível*"[119] — contrapondo-se neste

118 STF. RE 9346/BA. Segunda Turma. Relator Min. Lafayette de Andrada. Julgado em 27 de dezembro de 1946. Votos dos Ministros Lafayette de Andrada e Hahnemann Guimarães.

119 STF. RE 9346/BA. Segunda Turma. Relator Min. Lafayette de Andrada. Julgado em 27 de dezembro de 1946. Grifos originais.

particular ao voto do Min. Hahnemann Guimarães[120]. No entanto, também julgou improcedente o recurso. Afastou o argumento de que as decisões das instâncias inferiores teriam importado violação dos artigos 197[121] e 202[122] do Código Comercial de 1850, e da Lei de Falência, art. 47, § 2º[123], porque "[o] problema dos autos é outro, e diferente. Trata-se de apurar a *extensão* da reparação e os dispositivos citados não versam o problema dessa extensão, abalizando-se, com a enunciação do princípio, aliás, incontendível, de dever de reparar". Cabendo a acolhida da Teoria da Imprevisão[124] — naquele caso, ao menos em relação ao art. 1.059[125] —, os lucros cessantes pleiteados não seriam previsíveis, pois a alta fora extraordinária. Ainda asseverou não se poder confundir os prejuízos

120 Contrapondo-se ao conhecimento do recurso, o Min. Hahnemann Guimarães concluiu ter restado aplicado o art. 1.059, parágrafo único, "sem considerar o problema relacionado com a mudança das condições econômicas resultantes do estado de guerra e de outros fatos que nos têm atormentado" — com isso afastando a teoria da imprevisão ou a cláusula *rebus sic stantibus* do caso.

121 Código Comercial de 1850, revogado: Art. 197 "Logo que a venda é perfeita (artigo nº. 191), o vendedor fica obrigado a entregar ao comprador a coisa vendida no prazo, e pelo modo estipulado no contrato; pena de responder pelas perdas e danos que da sua falta resultarem".

122 Código Comercial de 1850, revogado: Art. 202: "Quando o vendedor deixa de entregar a coisa vendida no tempo aprazado, o comprador tem opção, ou de rescindir o contrato, ou de demandar o seu cumprimento com os danos da mora; salvo os casos fortuitos ou de força maior".

123 Lei 2.024/1908. Artigo 47, § 2º: "Nas vendas a entregar em prazo certo, tendo por objeto valores ou mercadorias, cuja cotação, curso ou preço corrente possa ser anotado a liquidação, se não puder realizar-se pela efetiva entrega dos valores ou mercadorias e pagamento do preço, far-se-á pela prestação da diferença entre a cotação do dia do contrato e a da época da liquidação".

124 O Min. Orozimbo Nonato ainda referiu ao art. 322 do Anteprojeto de Código de Obrigações, de sua lavra, também da lavra do Min. Hahnemann Guimarães e de Filadelfo Azevedo, bem como à exposição de motivos feita por este último, a explicar a abertura daquele Projeto à guarida de princípio que permite ao juiz a revisão do contrato em casos excepcionais e com as cautelas necessárias. É o texto do art. 322: "Quando, por força de acontecimentos excepcionais e imprevistos ao tempo da conclusão do ato, opõe-se ao cumprimento exato deste dificuldade extrema, com prejuízo exorbitante para uma das partes, pode o juiz, a requerimento do interessado, e considerando com equanimidade a situação dos contratantes, modificar o cumprimento da obrigação, prorrogando-lhe o termo ou reduzindo-lhe a importância".

125 O Min. Orozimbo Nonato remeteu às monografias de Arthur Rocha e Arnoldo de Medeiros da Fonseca. Enquanto o primeiro entendera o art. 1.059 como consagrador da teoria da imprevisão de modo amplo, o segundo argumentara que a Lei acolhera, pelo menos parcialmente, a noção de imprevisão para efeito de limitar a indenização de lucros cessantes imprevistos ou imprevisíveis.

extrínsecos com os imprevisíveis[126], distinção esta fundamental para a tradução dos *consequential damages*[127].

Em síntese, a limitação àqueles danos, tidos como lucros cessantes, se dividiu em três fundamentos: o Min. Orozimbo Nonato adotou a teoria da imprevisão, o Min. Lafayette de Andrada enfocou a imprevisibilidade na data da contratação e o Min. Hahnemann Guimarães explicou a razoabilidade por meio da previsibilidade. Com o esforço de unificar essa compreensão, poder-se-ia dizer que a conclusão mais se aproxima das interpretações sobrepostas com causalidade e razoabilidade (*Capítulo 2.2.2.3*), pois a aplicação ao limite enfatizou uma análise objetiva a respeito da probabilidade da alta, feita esta no momento da contratação (ressalvando-se a ausência de clareza sobre este momento). Não se perquiriu o conhecimento do inadimplente no momento da contratação, nem o dolo *in executivis*, tampouco se o inadimplemento fora absoluto ou se configurara situação de mora.

Curiosamente, o mesmo Ministro Orozimbo Nonato, no caso *Jurandir v. Carris RJ (Brasil, 1953)* afastou a aplicação do art. 1.059, parágrafo único, do Código Civil com recurso à interpretação gramatical e literal de Agostinho Alvim[128]. No caso, *Jurandir*, ainda menor, viajava em um bonde que, em virtude de uma curva, deu um solavanco, causando danos físicos ao autor, os quais demandaram a amputação de parte de sua perna. Representado por seu pai, *Jurandir* deduziu pedidos indenizatórios

---

126 Entre as razões do recurso, então afastadas, também constou uma equiparação entre o lucro previsível e o intrínseco, e o lucro imprevisível e o extrínseco, *in verbis:* "*b)* o parág. Único do art. 1.059 deriva do art. 1.150 do Cód. Napoleão, e, pois, à luz da doutrina de seus grandes escoliastes, POTHIER, LAURENT, DEMOLOMBE é de concluir-se que o 'previsível' da lei é, apenas, o lucro 'intrínseco', relativo à própria coisa, em oposição ao 'imprevisível' ou 'extrínseco'. Houve expresso rechaço do argumento no voto do Min. Orozimbo Nonato, que distinguiu entre os prejuízos imprevisíveis e os extrínsecos, *in verbis:* "Essas considerações tiram-se a lume ao alvo de demonstrar que nenhuma heterodoxia cometeu o Tribunal quando, na solução do caso, deu entrada às inspirações e influxos de uma doutrina de tanta aceitação e prestígio, *sem atender ao magistério dos exegetas do Cód. Napoleão no conceito de lucros 'imprevisíveis', colocado na chave dos 'extrínsecos'*". Grifei.

127 Como se verá a seguir no § 2.3.2.

128 STF. RE 16949/DF. Segunda Turma. Relator Min. Orozimbo Nonato. Julgado em 30 de junho de 1953.

em face de *Carris RJ*, a companhia que explorava o transporte público, voltados ao reparo de dano estético, custos com aparelhos ortopédicos e pensão mensal.

O caso contou com outros dois julgadores de notório saber civilista: José de Aguiar Dias foi o juiz de primeiro grau e Miguel Maria de Serpa Lopes, o relator do acórdão no Tribunal de Justiça do Distrito Federal. Embora tenha havido controvérsia sobre a indenizabilidade do dano estético entre as decisões de primeiro e segundo grau, a matéria apreciada pelo Supremo Tribunal Federal diz respeito, ao que ora interessa, a pedido de redução do valor da pensão, o qual foi arbitrado desde a data do acidente, quando o menor ainda era estudante. O pedido de *Carris RJ* consistia em limitar, ao menos no tempo, a pensão mensal que pagaria: entendia que só caberia pagá-la após *Jurandir* completar 14 anos de idade, e na base do salário-mínimo, o que seria a solução correta ao caso à luz do art. 1.059, parágrafo único, do Código Civil. O STF afastou esse entendimento, argumentando que o dispositivo não fora vulnerado "em seu córtice ou em sua medula" pelas decisões das instâncias inferiores. Argumentou-se:

> O preceito é de inteligência difícil e penosas indagações em volta dele se armam para lhe desvelar o vero sentido.
>
> A citação do preceito, no caso, porém, é improfícua, uma vez que não se trata de móra, nem de lucro frustrado (Vêde Agostinho Alvim, liv. cit., pag.185).
>
> Na hipótese, não ocorreu vulneração de letra de lei[129].

---

129 E segue: "Nem se pode opor ao v. aresto aqueles que mandam atender, para o arbitramento da indenização, "aos ganhos na época do acidente". Porque a vítima não auferia salários. Indenização lhe era devida, como o realçou o m.m. juiz que, demais disso, é autor opinadíssimo em matéria de responsabilidade, Aguiar Dias". STF. RE 16949/DF. Segunda Turma. Relator Min. Orozimbo Nonato. Julgado em 30 de junho de 1953. Refere, ainda, tratar-se de aplicação de *ius speciale*, aludindo ao Decreto 2681/1912, "cujo art. 21 alude a 'indenização conveniente', o que interpretado civil (sic) modo outorga ao juiz grande liberdade de atender as circunstâncias do caso".

O afastamento da aplicação do art. 1.059 deu-se porque a hipótese não seria de mora, nem de lucros frustrados, seguindo-se a interpretação gramatical e literal proposta por Agostinho Alvim. O fato de não se considerar hipótese de mora não vem explicado com maiores considerações. Aos olhos atuais, a hipótese poder-se-ia qualificar como inadimplemento absoluto de dever de proteção[130]. Especificamente quanto ao afastamento dos lucros frustrados, a decisão poderia ser criticada, pois o pensionamento mensal dada a incapacidade laborativa parece ter caráter de lucros cessantes. O aresto, porém, reconhece a "difícil inteligência" e as "penosas indagações" suscitadas pelo indigitado parágrafo único. Como a solução foi a de não aplicar o limite da previsibilidade, é possível inferir que o pensionamento tenha sido arbitrado desde a data do acidente, e não após *Jurandir* atingir a idade estimada para começar a sua atividade laborativa (14 anos).

Por fim, no caso *Olfira v. Expresso (Brasil, 1985)*, a previsibilidade serviu como fundamento para justificar a indenização de lucros cessantes. Ou seja, porque os lucros cessantes eram previsíveis, deveriam ser indenizados. A previsibilidade é analisada no momento do inadimplemento, não se fazendo menção ao indigitado parágrafo único do art. 1.059. Tenha-se presentes fatos e a argumentação do aresto do Supremo Tribunal Federal[131].

O caso envolvia contrato de cessão de direitos de exploração de linha de transporte coletivo que operava no interior do Rio Grande do Sul. *Olfira* cedera os direitos de exploração a um terceiro que, subsequentemente, os cedera a *Expresso Vitória*[132]. Como as cessões envolviam direitos

130 Adotando-se aqui a classificação proposta por HAICAL, Gustavo. O inadimplemento pelo descumprimento exclusivo de dever lateral advindo da boa-fé objetiva. *Revista dos Tribunais*. Volume 900, p. 45-84, out./ 2010, p. 64-81; MARTINS-COSTA, Judith. *A Boa-Fé no Direito Privado*. Critérios para a sua aplicação. São Paulo: Saraiva, 2019, § 64, p. 598-606.

131 STF. RE 94188-6/RS. Primeira Turma. Relator Min. Néri da Silveira. Julgado em 12 de novembro de 1985.

132 Esse dupla cessão não é esclarecida pelo acórdão do Supremo Tribunal Federal, pois toda a análise que segue trata o caso como se houvesse contrato entre Olfira e seus filhos, como cedentes, e Expresso Vitória como cedida.

concedidos pela administração pública, seria imprescindível a aprovação das autoridades como *conditio iuris*. Embora já tivesse *Expresso Vitória* começado a operar o transporte, *Olfira* desistiu da contratação, retirando a "anuência" que primeiramente conferira junto à administração pública, e, ato contínuo, cedeu o contrato a outro terceiro, impedindo a continuidade da exploração da linha de transporte por *Expresso Vitória*.

Esse comportamento foi inquestionavelmente categorizado como inadimplemento. Então, *Expresso Vitória* demandou judicialmente a resolução do contrato, cumulada com pedido de indenização das perdas e danos. Para o que ora concerne, estes consistiam no (*i*) valor pago pelos direitos de concessão, qualificado como arras; e nos (*ii*) lucros cessantes calculados conforme o que deixou de perceber durante a concessão com o transporte de passageiros, pelo prazo de 20 anos. Em primeiro e segundo graus de jurisdição, o entendimento do Poder Judiciário foi o de chancelar a necessidade de devolução do valor pago pelos direitos de concessão. Porém, nas instâncias iniciais, a indenizabilidade dos lucros cessantes foi negada, sob o fundamento de que assentaria em "evento futuro e incerto, imprevisível", não sendo possível à autora comprovar suficientemente os lucros cessantes. A negativa motivou a interposição do Recurso Extraordinário.

O acórdão do Supremo Tribunal Federal deu parcial provimento ao recurso. A conclusão foi a de que os lucros cessantes deveriam compor a indenização por perdas e danos, cumulando-se com a restituição dos valores pagos pela aquisição dos direitos de concessão. A simples reposição das arras com a reposição das partes ao estado anterior não seria invocável, porque essa somente seria cabível se a não continuação do negócio tivesse resultado da não obtenção da autorização administrativa para a plena transferência dos direitos. Consequentemente, o prejuízo não dependeu "de ato de terceiro, de força maior, ou de caso fortuito, senão da culpa dos réus em inadimpli[r] o contrato". É dizer, o fato de *Olfira* ter unilateralmente resolvido "retirar a sua anuência" junto à administração pública, contratando, ainda, com terceiro, afastou a necessidade de prova ulterior dos lucros cessantes: estes "iniludivelmente, decorriam do contrato, cuja inexecução se operou, por culpa dos réus, segundo o acórdão". E restou asseverado: "[o]s lucros, no caso, eram previsíveis", complementando-se "*[n]a data do inadimplemento da obrigação* em apreço, esses lucros eram previstos e não meramente hipotéticos"[133]. Configurou-se, assim, violação aos arts. 1.056 e 1.059, *caput*, do Código Civil de 1916.

Não se enfrentou especificamente o parágrafo único do art. 1.059, mas a afirmação de que os lucros deveriam ser indenizáveis, por não serem meramente hipotéticos, passou pela afirmação de serem previsíveis. Logo previsível é o contrário de hipotético[134]. Embora não fossem indenizáveis com a segurança de todo o prazo de 20 anos da concessão, porque sujeitos à condição de ser mantida ou prorrogada, os lucros cessantes não deveriam ser afastados *in totum*. Remeteu-se, então, à liquidação de sentença a apuração definitiva do seu *quantum*. A interpretação parece se aproximar da compreensão da previsibilidade como a ser objetivamente apreendida, e a menção ao *caput* do art. 1.059 justificaria sua aproximação com a interpretação sobreposta com a probabilidade, como no caso *Tude v. Andronico*, apenas deste diferenciando-se porque relevou apurá-la no momento da inexecução do contrato.

Em suma: no primeiro caso, a previsibilidade limitou a indenização, sendo valorada objetivamente, conforme apurável no momento da contratação. No segundo, prevaleceu a ausência de limite, recorrendo-se à interpretação gramatical e literal. No terceiro, os danos só foram indenizados, porque, quando da inexecução, eram previsíveis. O ponto comum entre os casos é a falta de ênfase na perspectiva do inadimplente: "os lucros que foram ou podiam ser previstos", na locução legal, são aqueles que, objetivamente, foram ou podiam ser previstos.

---

133 Grifei.

134 Esta também a conclusão dos casos *Camargo Campos v. DER* (Brasil, 2007) *e Sotto Mayor v. BNB (Brasil, 2016)*, analisados no Capítulo 2.2.2.4.2., *infra*.

2.2.2.4.2. Superior Tribunal de Justiça

A mesma falta de uniformidade de critérios que se colhe dos arestos do Supremo Tribunal Federal também figura no Superior Tribunal de Justiça. Outros três casos cujos fatos ocorreram enquanto vigente o Código Civil de 1916 são trazidos à colação para exame mais detalhado. No primeiro, a polêmica doutrinária foi expressamente descrita, concluindo-se pela irrelevância da previsibilidade, considerada subjetivamente como conhecimento do lesante no momento da celebração do contrato. No segundo, destacou-se que a previsibilidade deveria limitar os danos, pois como esses não eram previsíveis no momento da contratação, seriam hipotéticos. E, no terceiro, a previsibilidade foi considerada como sinônimo de probabilidade, para limitar o *dies a quo* dos lucros cessantes.

Atento à polêmica doutrinária, o caso *Unimed v. Nobre Seguradora* (*Brasil, 2015*) afastou a previsibilidade como limite. A ementa diz que sob qualquer perspectiva os lucros seriam ínsitos àquele contrato de cosseguro[135], o que sugere alguma ambiguidade. Porém, o modo como posta a questão central analisada merece transcrição: "se a previsibilidade dos ganhos contratuais é requisito à condenação em lucros cessantes, consoante dispunha a parte final do parágrafo único do art. 1.059 do CC/1916".

Naquele caso, *Unimed* e *Nobre* haviam celebrado contrato de parceria para fornecimento de cosseguro ao mercado[136]. *Unimed* extinguiu ilicitamente o contrato antes do termo, levando *Nobre* a ajuizar ação de obrigação

---

135 STJ. REsp 1420711/SP. Terceira Turma. Relator Min. Moura Ribeiro. Julgado em 24 de novembro de 2015. "DIREITO CIVIL. LUCROS CESSANTES NO CC/1916. PREVISIBILIDADE COMO REQUISITO. NÃO VERIFICAÇÃO. RECURSO ESPECIAL NÃO PROVIDO. 1. Na hipótese, houve rompimento imotivado e extemporâneo de contrato de cosseguro pela recorrente que insiste na tese de que não poderia ser condenada aos lucros cessantes porque o art. 1.059, parágrafo único, do CC/1916, exige, para tanto, a previsibilidade do lucro no momento da contratação.// 2. A análise da doutrina clássica permite afirmar não haver unanimidade no estudo do tema, mas sob qualquer perspectiva que se queira adotar, no caso concreto os lucros cessantes seriam sempre devidos, porque a obtenção de ganhos estava ínsita ao contrato de cosseguro".

136 STJ. Resp 1420711/SP. Terceira Turma. Relator Min. Moura Ribeiro. Julgado em 24 de novembro de.2015.

de fazer, para ver reestabelecido o contrato, pedido este cumulado com o de indenização por lucros cessantes.

A ação foi julgada parcialmente procedente em primeiro grau, reconhecendo-se a *Nobre* o direito ao recebimento do ganho líquido atinente à prorrogação do contrato, verba considerada como reparação de danos materiais, mas rechaçou os lucros cessantes. O Tribunal de Justiça de São Paulo reformou parcialmente a decisão, concluindo pela existência de nexo de causalidade entre a ruptura do contrato de parceria para o fornecimento de cosseguro e a redução da comissão de cosseguro paga a *Nobre*, em virtude de outro contrato que esta tinha, também afetado por aquela extinção antecipada. Essa redução de comissão foi qualificada como lucros cessantes, devendo ser indenizada. Ainda em segundo grau, restou explicitado que os lucros cessantes prescindiam da previsibilidade no momento da contratação. Diante desse quadro, *Unimed* interpôs o recurso especial, alegando não ter ciência, na data da celebração do contrato de cosseguro, a respeito de lucros que *Nobre* obteria em virtude de ter celebrado contrato também com Bradesco.

A conclusão foi pelo deferimento da condenação dos lucros cessantes, sem a limitação da previsibilidade. Asseverou-se que "um ato ilícito ou a inexecução de uma obrigação (quer se trate de simples mora ou inadimplemento) gera, quase sempre, o direito do prejudicado de pleitear a indenização". Destacou-se que "a doutrina jamais se pacificou no tocante à interpretação desse dispositivo legal que não foi repetido no atual CC"[137], sendo possível dividir a análise promovida pelo aresto em quatro argumentos.

137 STJ. REsp 1420711/SP. Terceira Turma. Relator Min. Moura Ribeiro. Julgado em 24 de novembro de 2015.

O primeiro argumento consistiu em analisar o caso à luz da interpretação literal e gramatical, proposta por Agostinho Alvim. Referiu-se: "a mera leitura do dispositivo (*o devedor... que não pagou no tempo e forma devidos*) já permite inferir que ele se refere ao devedor em mora e não àquele que, como a *Unimed*, incidiu em inadimplemento absoluto"[138]. Diante da configuração do inadimplemento absoluto, o parágrafo único do art. 1.059 não era aplicável, cabendo a *Unimed* responder pelos lucros cessantes.

O segundo argumento baseou-se em referência à interpretação com ênfase no dolo. Aludiu-se: "Clóvis Beviláqua nem sequer cogita da previsibilidade do dano. O autor doutrina que sempre que houver dolo, haverá o dever de indenizar". No caso, concluiu-se ter *Unimed* atuado com dolo, pois o rompimento foi "extemporâneo e imotivado", e *Unimed* tinha ciência da inexistência de motivos que justificassem a extinção contratual, com o que deliberadamente causou prejuízos a *Nobre*[139]. Ou seja, os lucros cessantes deveriam ser indenizados independentemente da previsibilidade, pois "esta sequer teria sido cogitada por Beviláqua". A redação do trecho está sujeita à crítica, pois o autor não desconsiderava a importância da previsibilidade: apenas enfatizava a ausência do limite quando do dolo, como se viu no Capítulo 2.2.2.1, *supra*.

---

138 Grifos originais.

139 STJ. REsp 1420711/SP. Terceira Turma. Relator Min. Moura Ribeiro. Julgado em 24 de novembro de.2015. *In verbis:* "E não há como negar que a UNIMED atuou no caso, com dolo. O rompimento do contrato foi tido, na instância ordinária, como extemporâneo e imotivado. LUIZ ANTÔNIO SCAVONE JÚNIOR, em obra Cooordenada por ARRUDA ALVIM e THEREZA ALVIM, esclarece que *no âmbito contratual, aquele que deixa de cumprir deliberadamente uma avença, age com dolo* (Comentários ao Código Civil Brasileiro. Vol. IV. Do Direito das Obrigações. Editora Forense: Rio de Janeiro. 1ª edição: 2006. p. 484). É exatamente essa a hipótese dos autos. A UNIMED rompeu o contrato de cosseguro existente entre ela e a NOBRE, ciente da inexistência de motivos que justificassem a descontinuidade da avença e fora do prazo previsto contratualmente para tanto. Causou, assim, deliberadamente prejuízos à NOBRE". O exemplo citado pelo para explicar a diferença entre descumprimento doloso e culposo é o seguinte: "Por exemplo, suponhamos casal que contrata coral para se apresentar no dia de suas núpcias. Se o coral não comparece no dia marcado porque foi a outro casamento cujos nubentes pagaram melhor, haverá dolo. Diferente disso, se a ausência do coral decorre de defeito nos instrumentos musicais por negligência na manutenção, estaremos diante de culpa".

O terceiro argumento foi considerar que, se o dano decorre diretamente do inadimplemento, a sua previsibilidade seria pressuposta[140]. Complementou-se esse argumento com alusão à sugestão de Carvalho Santos, segundo a qual "a determinação de quais lucros poderiam ter sido previstos é atribuição do juiz da causa". Para além da óbvia constatação de que é o juiz quem decide, no respectivo trecho doutrinário transcrito foi reproduzida a recomendação dada por aquele autor, segundo o qual caberia definir "repetindo uma regra conhecida que bem pode ajudar o julgador para melhor decidir em cada caso, quais os lucros que podiam ser previstos intrínsecos, isto é, os relativos à própria coisa, excluídos os extrínsecos, vale dizer — aqueles que o credor poderia obter com outros bens"[141]. Tivesse sido essa distinção aprofundada, haveria que se ultrapassar a constatação que o contrato com o terceiro seria, potencialmente, extrínseco.

Por fim, o quarto argumento foi o de mitigar a necessidade da certeza do dano ao se tratar de lucros cessantes. Referência é feita à obra de Gisela Sampaio da Cruz Guedes, sendo transcrito trecho segundo o qual não importa o ponto de vista do lesado, muito menos o do causador do dano,

---

140 STJ. REsp 1420711/SP. Terceira Turma. Relator Min. Moura Ribeiro. Julgado em 24 de novembro de.2015, *in verbis:* "Um terceiro enfoque que se pode dar à interpretação do dispositivo é aquele que questiona se o dano decorre diretamente do inadimplemento, caso em que a doutrina pressupõe sua previsibilidade. Mais uma vez busca-se socorro nas lições de AGOSTINHO ALVIM: *152 — Vejamos agora o papel que a previsão e a previsibilidade do dano representam na teoria da sua reparação, e de como pode depender dessa circunstância a atribuição de responsabilidade ao devedor. // [...] É muito difícil a prova dessa previsão. E estes casos são raros. Nesta matéria, o de que ordinariamente se cogita é da previsibilidade do dano, ou seja, de saber se o dano, dadas as circunstâncias que envolvem o caso, era ou não previsível. //* A previsibilidade, pois, entende-se com a natureza das coisas, devendo o juiz admitir que o dano era previsível, sempre que êle estivesse na ordem natural dos fatos, considerado ao tempo da celebração do contrato. // Não é possível traçar uma norma absoluta, sendo indispensável conceder um certo arbítrio ao juiz, ao pesar os prós e os contras. Todavia, podemos admitir que a previsibilidade é a regra. // Com efeito, sendo certo que só se indenizam os danos diretos (Cód. Civil, art. 1.160), a conseqüência é admitir-se a previsibilidade, e isso porque eles são a consequência natural e imediata do inadimplemento", referindo-se a ALVIM, Agostinho. *Da Inexecução das Obrigações e suas Conseqüências.* 5ª ed. São Paulo: Saraiva, 1980, § 152, p. 202-204.

141 CARVALHO SANTOS, José Manuel de. *Código Civil Brasileiro Interpretado.* Principalmente do ponto de vista prático. Volume XIV. 7ª ed. Rio de Janeiro: Livraria Freitas Bastos, 1958, 266-267. Assim também o trecho de redação confusa, acima assinalado no Capítulo 2.2.1.2, que está em LACERDA DE ALMEIDA, Francisco de Paula. *Dos Effeitos das Obrigações.* Rio de Janeiro: Livraria Freitas Bastos, 1934, p. 351-352. Note-se, quanto a esse aspecto, que a equiparação entre danos intrínsecos e previstos e danos extrínsecos e imprevistos, já fora, no passado, expressamente afastada no acima referido voto do Min. Orozimbo Nonato no caso *Tude v. Andronico.*

requerendo-se probabilidade objetiva para que sejam indenizáveis[142]. Diante desse critério, como os lucros cessantes devem ser indenizados "com fundamento em mero prognóstico de probabilidade", arrematou-se ser "irrelevante, como pontuou o Tribunal de origem, a previsibilidade do dano no caso concreto". A admitir a coesão da decisão, essa previsibilidade afastada tem nítido caráter subjetivo, como se fosse aferida conforme o conhecimento da parte inadimplente.

O caso traz à lume um panorama de diferentes visões a respeito do art. 1.059, parágrafo único. Concretamente, a relevância do argumento de *Unimed*, segundo o qual desconhecia a contratação com terceiro no momento da contratação, é afastada. O que está subjacente na negativa da importância da previsibilidade é uma concepção subjetiva deste conceito, pois enfocada sobretudo no inadimplente. Afasta-se a necessidade de perquirir o conhecimento do inadimplente, no momento da contratação.

Diferentemente, a falta de previsibilidade no momento da contratação foi considerada como critério limitante da indenização no caso *Camargo Campos v. DER (Brasil, 2007)*[143]. O caso é marcante pela compreensão sobreposta das ideias de previsibilidade, razoabilidade e causalidade direta.

A discussão envolvia contrato administrativo voltado à execução de obras pela contratada *Camargo Campos*, o qual foi extinto antecipadamente por iniciativa unilateral de *DER*. *Camargo Campos* ajuizou ação

---

142 STJ. REsp 1420711/SP. Terceira Turma. Relator Min. Moura Ribeiro. Julgado em 24 de novembro de 2015, *in verbis*: "Por fim, vale salientar, como faz GISELA SAMPAIO DA CRUZ GUEDES, que a certeza do dano, em se tratando de lucros cessantes, deve ser bastante mitigada. A autora doutrina: *Como, então, subordinar o conceito de lucros cessantes a um juízo de probabilidade? Quem deve poder esperar o lucro como provável? O prejudicado? O causador do dano? "Não interessa o ponto de vista de nenhum deles, e menos ainda o do último", responde Hans Fischer, para quem "seria coisa bizarra — como observa Oertmann — exigir do devedor o conhecimento das medidas e providências postas em prática pelo credor. O que se requer é uma simples probabilidade objectiva, sempre considerada do ponto de vista da série dos desenvolvimentos ulteriores do acto danoso" [...] assinala Agostinho Alvim que "o que deve existir é uma probabilidade objectiva que resulte do curso normal das coisas, e das circunstâncias especiais do caso concreto"* (*Lucros Cessantes*: do bom-senso ao postulado normativo da razoabilidade. Editora Revista dos Tribunais, São Paulo. 1ª ed: 2011. p. 86 e 90-91).

143 STJ. EDcl no REsp 440500/SP. Segunda Turma. Relator Min. João Otávio de Noronha. Julgado em 23 de outubro de 2007.

indenizatória, julgada parcialmente procedente, mas tendo sido negado o pedido de indenização por lucros cessantes pelas instâncias iniciais e até mesmo pelo STJ. Diante de decisão que não conheceu de recurso, *Camargo Campos* opôs embargos de declaração para que o pedido fosse analisado. Argumentou ter a expectativa de realização de lucro estimado sobre o total do valor do contrato celebrado. A prova da previsibilidade estaria na proposta comercial apresentada no certame licitatório que dera origem ao ajuste unilateralmente desfeito.

Ao negar ulteriormente o pedido por considerar hipotéticos os lucros cessantes, a sobreposição conceitual aparece com clareza no seguinte trecho:

> Por lucros cessantes, deve-se entender o que "razoavelmente deixou de lucrar". Essa é a dicção do artigo 1.059 do Código Civil de 1916. Todavia, isso não autoriza que tais lucros sejam hipotéticos. Ao contrário, devem ser previsíveis já na celebração do contrato, ou seja, são indenizáveis os lucros que o contratante obteria com a execução direta do contrato, e não os que seriam obtidos em decorrência de fatores diversos ou indiretos aos efeitos do contrato[144].

Note-se as ideias de razoabilidade e de previsibilidade são tidas como opostas à de lucros hipotéticos. Segundo o acórdão, o lucro razoável é aquele previsível, já na data da contratação, não sendo hipotético. E para explicar o que seria o lucro previsível na data da contratação, este seria aquele obtido com o adimplemento do contrato de modo direto, por nova oposição: sem concorrência de fatores outros que não os efeitos do contrato.

Já sendo nítida a sobreposição conceitual com o conteúdo da decisão, esta alarga-se ao se revisar com cuidado a doutrina citada. Foram referidas as obras de Caio Mário da Silva Pereira e Paulo Nader. De fato, os trechos transcritos constam nas obras[145], mas é digno de nota que a transcrição

---

144 STJ. EDcl no REsp 440500/SP. Segunda Turma. Relator Min. João Otávio de Noronha. Julgado em 23 de outubro de 2007.

145 *In verbis:* "Cito, a propósito, doutrina de Caio Mário da Silva Pereira (*in* Instituições de Direito Civil, vol II, 20ª edição, pág. 337): As perdas e danos não poderão ser arbitrários. Não pode o credor receber, a esse título, qualquer lucro hipotético. Somente lhe cabe, com fundamento na reparação,

apenas parcial levou a problemas na reprodução dos pensamentos dos autores — o que tem consequências, pois as ideias do julgado encontraram eco em jurisprudência posterior[146].

O fato é que, na página seguinte àquela citada no aresto, Caio Mário da Silva Pereira advoga pela irrelevância da previsibilidade, na esteira do entendimento de Agostinho Alvim[147]. Já Paulo Nader tem entendimento peculiar. Ao deduzir a previsibilidade da razoabilidade, supõe que a retirada do parágrafo único do art. 1.059 talvez tenha sido a consideração de uma "demasia" pelo legislador, sendo o dispositivo "bastante esclarecedor, razão pela qual o seu princípio deve servir de orientação", ou seja, os lucros cessantes devem ser "os previsíveis quando da celebração do negócio"[148]. Certa ou errada a suposição doutrinária sobre a intenção do legislador, não se pode concordar que o dispositivo seja "bastante esclarecedor". De toda maneira, a sobreposição conceitual salta aos olhos.

Retornando-se ao caso: o pedido de lucros cessantes foi negado, porque seriam hipotéticos, não sendo previsíveis na data da celebração. Nada, porém, foi dito sobre a perspectiva de lucro que existia quando do certame licitatório,

---

receber, como benefícios de que o dano o privou, aquilo que efetivamente decorreu do fato imputável, e os lucros cessantes por efeito direto e imediato do descumprimento da obrigação. (...) Não é, portanto, indenizável o chamado *dano remoto*, que seria conseqüência *indireta* do inadimplemento, envolvendo lucros cessantes para cuja efetiva configuração tivessem de concorrer outros fatores que não fosse apenas a execução a que o devedor faltou, ainda que doloso o seu procedimento Também, Paulo Nader, *in* Curso de Direito Civil — Obrigações, pág. 545, leciona: 'Relativamente aos lucros cessantes, o legislador enuncia, como direito do credor, o que *'razoavelmente deixou de lucrar'*. Para admitir esta parcela na indenização o juiz, além de seu habitual zelo, deve ter uma atenção especial, a fim de não reconhecer prejuízos apenas teóricos e de remota probabilidade. Lucros cessantes devem ser os previsíveis quando da celebração do negócio jurídico".

146 STF. ARE 1378328/DF. Relator Min. Luiz Fux. Julgado em 28 de abril de 2022. Essa decisão monocrática do STF manteve acórdão do TRF da primeira região em cuja fundamentação os mesmos trechos de Caio Mário da Silva Pereira e Paulo Nader foram transcritos. TRF-1. Ap. Cív. 200134.00013932-0/DF. Sexta Turma. Relator Des. Federal Jirair Aram Meguerian. Julgado em 3 de setembro de 2012.

147 PEREIRA, Cario Mário da Silva. *Instituições de Direito Civil.* Volume II. Teoria Geral das Obrigações. 20° ed. Revista e Atualizada por Luiz Roldão de Freitas Gomes. Rio de Janeiro: Forense, 2004, p. 337-338, *in verbis:* "O nosso Direito, partindo da idéia da unidade da culpa e sua conexão com o dano, vai dar na reparação dos prejuízos, da maneira mais ampla e abrangente do *damnum emergens* e do *lucrum cessans,* desde que direto e imediato, sem cogitar se previsível ou imprevisível".

148 NADER, Paulo. *Curso de Direito Civil.* Obrigações. Rio de Janeiro: Forense, 2003, § 175.

a constar da proposta comercial. O caráter hipotético é justificado concretamente por adição a outro pedido: *Camargo Campos* também pleiteava outra rubrica indenizatória, consistente no valor do retorno financeiro que teria obtido caso tivesse percebido atempadamente a sua remuneração, pois os valores da contraprestação do contrato administrativo — que compunham a primeira rubrica indenizatória —, por sua vez, teriam sido empregados em aplicações financeiras. Evidentemente, há diferenças entre o que *Camargo Campos* deixou de auferir porque não recebeu a contraprestação e o que seria percebido com a aplicação de tal montante. Contudo, o entendimento do STJ aglutinou ambos, tomando o caráter hipotético do último para também negar a indenizabilidade do primeiro.

Finalmente, também no caso *Sotto Mayor v. BNB (Brasil, 2016)*[149], a previsibilidade serviu de fundamento para limitar os lucros cessantes. Por não ter sido feita referência expressa ao art. 1.059, parágrafo único, do Código Civil de 1916, o caso bem poderia ser analisado em outros subcapítulos deste livro. A ausência, porém, aliada ao emprego da previsibilidade é eloquente. Os fatos ocorreram ao longo da vigência do Código Civil de 1916, mas a fundamentação, inexplicavelmente, se concentra exclusivamente no Código Civil de 2002.

A discussão se originou com contrato de empréstimo celebrado entre *Sotto Mayor* e o *Banco do Nordeste do Brasil*. Há caminho fático tortuoso[150], mas se enfatizando o principal: o ilícito diz respeito à inscrição indevida em cadastro de inadimplentes realizada pelo *Banco* em 1991. *Sotto Mayor*

---

149 STJ. REsp 1553790/PE. Terceira Turma. Relator Min. Ricardo Villas Bôas Cueva. Julgado em 25 de outubro de 2016.

150 Parcelas do empréstimo seriam progressivamente liberadas conforme cronograma definido. Ocorre que em virtude de circunstâncias macroeconômicas e exercendo direito que lhe seria conferido, *Sotto Mayor* solicitou que a segunda parcela não lhe fosse remetida. Porém, ao contrário da solicitação, o Banco liberou a segunda e também a terceira parcela do empréstimo de modo antecipado — o que prejudicou *Sotto Mayor*, em virtude de reajuste inflacionário de 78,68% ocorrido naquele mês. O fato teve como consequência o débito na conta de *Sotto Mayor* de um valor "enorme referente à correção monetária". *Sotto Mayor* então ajuizou ação de consignação em pagamento, declaratória, e de repetição de indébito. Em represália, em meio às ações, BNB inscreveu o nome de *Sotto Mayor* em cadastro de restrição de inadimplentes. Este fato ocorreu em outubro de 1991 e repetiu-se em julho e agosto de 1994 e novembro de 1995.

encerrou suas atividades em 1996. Seis anos depois, em setembro de 2002, *Sotto Mayor* ajuizou a ação indenizatória, argumentando ter sofrido lucros cessantes pela inscrição indevida.

Antes do caso chegar ao STJ, seguiu-se um complexo imbróglio judicial: nas instâncias de origem do processo de conhecimento, concluiu-se ser procedente o pedido de lucros cessantes, cabendo à fase de liquidação a apuração do montante. Também se anotou não ter sido a inscrição indevida a única causa da derrocada de *Sotto Mayor*. Já no processo de liquidação, a instituição financeira foi condenada ao pagamento de lucros cessantes. Porém — e este o ponto de maior relevância —, os lucros cessantes foram apurados desde a data do ilícito até janeiro de 2003. Irresignado sobre o termo *ad quem* dos lucros cessantes, o *Banco* recorreu ao STJ para atacar a decisão do TJPE a respeito da liquidação. O recurso visava a limitar os lucros cessantes até o momento no qual *Sotto Mayor* encerrara as suas atividades: depois disso, não seria crível que estivesse ainda a obter lucros cessantes.

O Superior Tribunal de Justiça acolheu a tese do *Banco*, limitando o termo *ad quem* dos lucros cessantes até 1996, data na qual *Sotto Mayor* fechara as portas. Os fundamentos normativos adotados foram os artigos 402 e 403 do Código Civil. Veja-se os fundamentos em pormenores.

A violação à razoabilidade dos lucros cessantes se deu pela presunção de continuidade de funcionamento durante os anos que sucederam o fim do negócio. Ao serem fixados os lucros cessantes "a partir da data dos efeitos do ato ilícito, Janeiro/1992, até o definitivo pagamento, mesmo tendo a empresa encerrado suas atividades em 1996, distanciou-se não só do estabelecido no título exequendo como também do postulado normativo da razoabilidade no art. 402 do Código Civil". Aduziu-se que, para a configuração dos lucros cessantes, não basta a simples possibilidade de realização do lucro, mas "probabilidade objetiva e circunstâncias concretas de que estes teriam se verificado sem a interferência do evento danoso, e não, repita-se, mera possibilidade".

Recorreu-se à obra de Judith Martins-Costa para enfatizar que os lucros cessantes "não se confundem com lucros imaginários, meras expectativas ou hipóteses. É necessário observar, tendo em conta as circunstâncias concretas, os dados objetivos e elementos racionalmente controláveis da situação, o que normalmente aconteceria (*id quod plerumque accidit*) se a vítima não tivesse sofrido a lesão"[151].

Como o encerramento da empresa foi gerado por vários fatores em concorrência com a negativação promovida pelo *Banco* — ações trabalhistas, protestos de títulos cambiários —, concretamente a situação hipotética de que *Sotto Mayor* estaria a auferir lucro depois do encerramento não refletiria a realidade, dessumida da análise das circunstâncias do caso concreto. Perguntas foram formuladas pelo julgador[152], e respondidas: a empresa sequer fora vencedora em licitações anteriores, tendo-se de concreto que fora impedida de participar de dois procedimentos licitatórios em virtude da negativação creditícia e de operar com uma instituição financeira. Recorreu-se, então, ao art. 403 do Código Civil, a dispor "como regra inflexível, que o devedor só responde pelos danos diretos e imediatos". Logo, estando os reflexos diretos e imediatos do ilícito demonstrados a partir de janeiro de 1992, quando *Sotto Mayor* passou a obter resultados negativos, comprovados somente até a data de fechamento da empresa, as evidências disponíveis "determinam que o último período em que houve *condição de previsibilidade* do lucro frustrado é o do encerramento das atividades da empresa"[153]. A locução "condição de previsibilidade" envolve a ideia de probabilidade.

---

151 A referência feita no acórdão é a MARTINS-COSTA, Judith. *Comentários ao Novo Código Civil*. Do Inadimplemento das Obrigações. Volume V. Tomo II. 2ª ed. Rio de Janeiro: Forense, 2009, p. 479.

152 *In verbis*: "É possível afirmar que a empresa estaria desde 1992 até os dias de hoje auferindo lucro? É possível afirmar que a empresa autora estaria participando e sagrando-se vencedora das licitações que concorresse? É possível afirmar que, passados aproximadamente 25 (vinte e cinco) anos da data do evento danoso, a empresa atravessaria incólume por mudanças econômicas, políticas, legislativas e pelas oscilações do mercado em que atua? É possível afirmar que a empresa não sucumbiria à concorrência do setor ou, ainda, que não estaria sujeita aos percalços relacionados à gestão do próprio negócio?" STJ. REsp 1553790/PE. Terceira Turma. Relator Min. Ricardo Villas Bôas Cueva. Julgado em 25 de outubro de 2016.

153 STJ. REsp 1553790/PE. Terceira Turma. Relator Min. Ricardo Villas Bôas Cueva. Julgado em 25 de outubro de 2016. Grifei.

Qualquer conclusão em contrário, é o texto do aresto, teria como efeito "a eternização do lucro com alicerce somente em suposições e incertezas, tais como a hipotética situação da empresa ser vencedora em licitações e a preservação do seu volume de negócios, de sua operacionalidade e lucratividade, fatores que, inclusive, não dependem apenas da própria vontade e conduta da empresa"[154]. Ao fim e ao cabo, violar-se-ia o princípio da reparação integral.

O caso ilustra entendimento jurisprudencial acerca de uma conotação objetiva de previsibilidade, derivada da ideia de que danos devem ser diretamente decorrentes da inexecução. O *locus* normativo dessa construção está nos artigos 402 e 403 do Código Civil. Trata-se de noção de previsibilidade que se aproxima da causalidade. Em homenagem — e não limitando o princípio da reparação integral —, a previsibilidade, vista desde um prisma objetivo, justifica a indenizabilidade dos lucros cessantes.

Enfocado o caso concreto então sob julgamento, essa acepção de previsibilidade requer que os lucros cessantes sejam suficientemente prováveis. O último momento em que houvera "condição de previsibilidade" dos lucros cessantes fora em 1996, quando a empresa encerrou suas atividades. Ou seja, depois disso, os lucros cessantes seriam imprevisíveis, no sentido de objetivamente improváveis e, portanto, não eram indenizáveis. A falta de probabilidade objetiva é aferida na medida que razões outras, que não o ilícito, efetivamente explicariam os lucros cessantes para período posterior a 1996: o que fulminou a probabilidade objetiva da permanência da ocorrência de lucros cessantes foi o encerramento das atividades. Como este se deu por somatório de causas — não sendo integralmente atribuível às negativações promovidas pelo *Banco* —, não era suficientemente provável que os supostos lucros frustrados depois do encerramento decorressem apenas da negativação.

---

154 STJ. REsp 1553790/PE. Terceira Turma. Relator Min. Ricardo Villas Bôas Cueva. Julgado em 25 de outubro de 2016.

Perceba-se: não se trata de concepção subjetiva de previsibilidade voltada ao momento da contratação. Tampouco foi de relevo se o *Banco* sabia, quando cometeu os ilícitos, que poderia gerar aqueles lucros cessantes: não interessou à conclusão do julgado perquirir se *BNB* sabia que os lucros cessantes ocorreriam se viesse a lançar de maneira indevida *Sotto Mayor* em cadastros de inadimplentes. Simplesmente, não foi a sua perspectiva levada em conta. Os lucros cessantes foram considerados devidos até o momento em que foi possível afirmar a probabilidade objetiva de a violação ao interesse de *Sotto Mayor* continuar a produzir os seus efeitos ao longo do tempo, com rigorosa atenção às circunstâncias do caso concreto.

Vistos em pormenores, em caráter exemplificativo, esses casos do Supremo Tribunal Federal e do Superior Tribunal de Justiça revelam uma multiplicidade de compreensões sobre o conteúdo do art. 1.059, parágrafo único, do Código Civil de 1916. Porém, mesmo diante de certa cacofonia e exasperação com visões tão díspares dadas pelo exame da jurisprudência, há dois pontos em comum, os quais merecem destaque.

O primeiro ponto diz respeito à previsibilidade ser regra aplicável aos lucros cessantes — e não aos danos emergentes —, o que parece ser aceito sem contestação. Pela negativa, o lucro cessante previsível é aquele não hipotético. O segundo ponto é a consideração da previsibilidade desde uma perspectiva objetiva.

Rechaço à necessidade de apreciação retroativa da visão do credor consta de transcrição doutrinária no caso *Unimed v. Nobre (Brasil, 2015)* e, mais do que isso, está entranhada na conclusão daquele julgado, não tendo sido acolhida em nenhum dos demais exemplos. Mesmo quando a previsibilidade é aferida no momento da contratação — como a extraordinária valorização das mercadorias no caso *Tude v. Andronico (Brasil, 1946)* e o hipotético retorno financeiro no caso *Camargo Campos v. DER (Brasil, 2007)* —, o ponto de vista relevante é objetivo, não o do lesante.

Em esforço de síntese, esta parece ser regra assente no Direito brasileiro: a previsibilidade importa desde uma perspectiva objetiva, segundo a possibilidade de eventos futuros poderem ocorrer, não sendo de relevo uma visão retroativa da perspectiva do inadimplente. Não se consegue afirmar haver entendimento consolidado se esta análise objetiva sobre a probabilidade do surgimento da consequência negativa se deve fazer retroativamente à contratação, ou retroativamente ao momento do ilícito, ou, ainda, se deve ser considerada dinamicamente, como no caso *Sotto Mayor v. BNB (Brasil 2016)*.

Resta aprofundar se a previsibilidade compõe o conteúdo normativo de outros dispositivos legais, como é sugerido por parte da jurisprudência e da doutrina do Código Civil de 1916. Deixa-se, assim, de enfocar o parágrafo único do art. 1.059 do Código Civil de 1916, para também considerar mais detidamente os artigos 402 e 403 do Código Civil de 2002, equivalentes ao *caput* do art. 1.059 e ao art. 1.060 do diploma anterior. Embora não haja clareza e contundência na defesa da previsibilidade como critério autônomo, prevalece uma visão objetiva de previsibilidade, deduzida da razoabilidade dos lucros cessantes e da causalidade. É o que se passa a analisar.

2.2.3. ARTIGOS 402 E 944, PARÁGRAFO ÚNICO, DO CÓDIGO CIVIL DE 2002

Primeiramente é enfocada a ideia de razoabilidade dos lucros cessantes (*Capítulo 2.2.3.1*). Remete-se a análise da causalidade para mais adiante, em Capítulo próprio (*Capítulo 2.3*), pois muito embora seja a perspectiva do inadimplente, de regra, irrelevante, cabe também averiguar se o parágrafo único do art. 944 teria a previsibilidade entre os seus elementos de suporte fático (*Capítulo 2.2.3.2*).

2.2.3.1. Razoabilidade dos lucros cessantes (artigo 402)

O art. 402 do Código Civil estabelece a abrangência das perdas e danos, sendo os lucros cessantes indenizáveis aqueles que o credor "razoavelmente deixou de lucrar". O emprego do advérbio razoavelmente na Lei é particularidade brasileira[155]. Doutrina e jurisprudência referida e analisada nos capítulos anteriores por diversas vezes referem à ideia de previsibilidade para explicar a de razoabilidade. Contudo, a aproximação deixa muitas perguntas em aberto.

Afirmar que os lucros cessantes indenizáveis são os que razoavelmente o credor deixou de lucrar, significa exigir que tenham sido previstos ou que poderiam ter sido previstos, como possíveis de vir a ocorrer, no momento da contratação? Em outras palavras, o *caput* do art. 1.059 do Código Civil de 1916, e o vigente art. 402 do Código Civil de 2002, suscitam testes semelhantes aos da *common law*? Pode-se dizer que, na responsabilidade contratual, os danos que o credor razoavelmente deixou de lucrar serão sempre os previsíveis?

As perguntas são tentadoras e desafiadoras. Tentadoras, porque a resposta potencialmente indica uma pauta a respeito da indenizabilidade dos danos na responsabilidade contratual. Desafiadoras, porque se põem em alto grau de abstração, levando a uma comparação entre enunciados muito abertos, sobre os quais não há unanimidade. No limite, como esta investigação tem por objetivo principal a desvendar o conteúdo dos *consequential damages* à luz do Direito brasileiro, uma resposta plena a essas questões acabaria por, de certa forma, transbordar do seu escopo.

Um antídoto para delimitar o enfrentamento da questão nos lindes deste livro é a fixação do campo de investigação. A monografia mais aprofundada a respeito da reparação dos lucros cessantes será objeto de descrição e análise. A autoridade do trabalho é reconhecida, tendo sido

155 GUEDES, Gisela Sampaio da Cruz. *Lucros Cessantes*: Do bom-senso ao postulado normativo da razoabilidade. São Paulo, Revista dos Tribunais, 2011, p. 287.

explicitamente acolhido pelo Superior Tribunal de Justiça em pelo menos dois acórdãos já aqui referidos[156]. Trata-se do já mencionado livro "*Lucros Cessantes*: do bom senso ao postulado normativo da razoabilidade", de Gisela Sampaio da Cruz Guedes.

Gisela Sampaio traz critérios para densificar os limites dos lucros cessantes a partir da razoabilidade. O corte central está em afastar o "bom-senso" do julgador na aferição dos lucros cessantes, pela alta dose de subjetividade e de racional incontrolabilidade que essa expressão acarreta. A tese não é um recurso à razoabilidade como mínimo irredutível do Direito. Embora parta do raciocínio de que razoabilidade é noção aberta — com alto grau de vagueza semântica, a qual pode ser considerada como um postulado normativo aplicativo, conforme a nomenclatura própria à Teoria do Direito[157] —, a sua aplicação se justifica a partir da determinação da letra do Código Civil. A autora propõe que a concreção do postulado normativo da razoabilidade se deve dar segundo três vertentes: a razoabilidade como equidade, como congruência e como equivalência. Trata-se da afirmação de um método de aplicação do art. 402 do Código Civil, a funcionar como pauta para a delimitação do "que razoavelmente [o credor] deixou de lucrar".

O exame é ilustrado por meio da exemplificação em casos concretos não só ao longo da exposição, como também em capítulo dedicado a testes de equidade, congruência e equivalência[158]. O "julgador deveria passar", argumenta Gisela Sampaio, "obrigatoriamente, por esses três exames, até para saber se deve ou não as aplicar [as vertentes da razoabilidade],

156 STJ. RESp 1553790/PE. Terceira Turma. Relator Min. Ricardo Villas Bôas Cueva. Julgado em 25 de outubro de 2016. STJ. REsp 1420711/SP. Terceira Turma. Relator Min. Moura Ribeiro. Julgado em 24 de novembro de 2015.

157 GUEDES, Gisela Sampaio da Cruz. *Lucros Cessantes*: Do bom-senso ao postulado normativo da razoabilidade. São Paulo, Revista dos Tribunais, 2011, p. 242; 257, em alusão às proposições de ÁVILA, Humberto. *Teoria dos Princípios*. Da definição à aplicação dos princípios jurídicos. 19ª ed. São Paulo: Malheiros, 2019, § 3.6.3.2.

158 GUEDES, Gisela Sampaio da Cruz. *Lucros Cessantes*: Do bom-senso ao postulado normativo da razoabilidade. São Paulo, Revista dos Tribunais, 2011, p. 327-339.

e, assim, fundamentar a sua decisão"[159], pois nem o bom senso, nem a *finesse* servem, tampouco a mera referência à razoabilidade pode suprir a ausência de fundamentação[160]. Em síntese, cada uma das três vertentes deveria ser analisada para a aplicação da norma, chegando-se a uma série de perguntas para a avaliação da razoabilidade dos lucros cessantes.

Em primeiro lugar, como equidade, a razoabilidade se desdobra em duas sub-vertentes: o julgador deve investigar tanto o que normalmente acontece, quanto as circunstâncias do caso concreto. Em segundo lugar, como congruência, a razoabilidade seria um "filtro da equidade", devendo ser avaliada a correspondência entre o critério de eventual diferenciação escolhido entre o caso concreto e a medida adotada em outros casos análogos, cabendo ao julgador avaliar a consistência interna e externa da decisão à luz do suporte empírico existente. Em terceiro, como equivalência, a razoabilidade se exprime em duas principais ideias e duas restrições legais: o lucro cessante indenizável deve ser líquido, ou seja, deve haver o desconto de eventuais despesas que o lesado teria em condições normais, além do desconto de eventuais benefícios decorrentes do descumprimento, o que é expresso pelo adágio latino *compensatio lucri cum damno*[161]. Entre as restrições legais à ideia de equivalência, estão o parágrafo único do art. 944, correspondente à possibilidade de redução da indenização caso haja excessiva desproporção entre culpa e dano, bem como a redução equitativa da indenização na responsabilidade de incapazes, fulcrada nos arts. 928 e 932 do Código Civil[162].

---

159 GUEDES, Gisela Sampaio da Cruz. *Lucros Cessantes*: Do bom-senso ao postulado normativo da razoabilidade. São Paulo, Revista dos Tribunais, 2011, p. 356.

160 GUEDES, Gisela Sampaio da Cruz. *Lucros Cessantes*: Do bom-senso ao postulado normativo da razoabilidade. São Paulo, Revista dos Tribunais, 2011, p. 353.

161 GUEDES, Gisela Sampaio da Cruz. *Lucros Cessantes*: Do bom-senso ao postulado normativo da razoabilidade. São Paulo, Revista dos Tribunais, 2011, p. 261-317.

162 GUEDES, Gisela Sampaio da Cruz. *Lucros Cessantes*: Do bom-senso ao postulado normativo da razoabilidade. São Paulo, Revista dos Tribunais, 2011, p. 318-327.

Uma possível interpretação da tese exposta no livro está no destaque à centralidade da equidade como vertente principal na determinação dos lucros cessantes, os demais perfis podendo nesta ser subsumida. O razoável será (*i*) aquilo que normalmente acontece, avaliadas e consideradas com rigor (*ii*) as circunstâncias concretas do caso. Os perfis da congruência[163] e da equivalência[164] dizem respeito ao conteúdo de outros artigos de lei,

163 Enquanto congruência, a razoabilidade expressa um juízo de comparação entre as circunstâncias peculiares do caso concreto. Será razoável se for analisado com rigor o "suporte empírico existente". Claramente se subsome em juízo rigoroso sobre as circunstâncias concretas. Será razoável, por congruente, se estiver justificada uma diferenciação — ou aproximação — das circunstâncias peculiares e aquelas disponíveis conforme o *id quod plerumque accidit* em relação àquele tipo de situação fática analisada. Ou seja, feito o juízo de normalidade e identificado o que normalmente acontece, em contraste com as circunstâncias peculiares do caso, a indenização por lucros cessantes será razoável se houver congruência na sua quantificação, considerando a justificativa para uma diferença valorativa, sopesadas semelhanças e diferenças das circunstâncias particulares do caso. A própria autora reconhece que esse juízo já estaria abarcado pelo que chama de "razoabilidade como equidade", e a argumentação que assinala para justificar a diferença de perfis traça expressamente esse comparativo. GUEDES, Gisela Sampaio da Cruz. *Lucros Cessantes*: Do bom-senso ao postulado normativo da razoabilidade. São Paulo, Revista dos Tribunais, 2011, p. 286, *in verbis:* "Enquanto a razoabilidade como equidade indica que se considere os aspectos individuais do caso concreto — o que, de certa forma, já limita a regra de que se deve presumir o que normalmente acontece —, é a razoabilidade como congruência que vai responder se o critério de diferenciação escolhido está ou não em conformidade com a medida adotada"; além de "Nesta seara, o julgador deverá se perguntar, ao observar as particularidades do caso concreto — o que fará, diga-se de passagem, por imposição da própria razoabilidade em sua acepção de equidade —, se existe uma razão material suficiente para fixar uma indenização a título de lucros cessantes maior ou menor (enfim, diferente) do que a que arbitraria no comum dos casos daquela espécie, isto é, se existe, de fato, um motivo pertinente, a justificar uma indenização que não atenda apenas ao curso normal das coisas, mas, sim, ao caso concreto em todas as suas especificidades" (p. 288). Ainda assinala que "toda a vez que o caso concreto apresentar um fundamento material que o diferencie do normal dos casos daquela espécie, a razoabilidade como equidade andará de mãos dadas com a vertente da congruência" (p. 292).

164 Já a razoabilidade como equivalência, a rigor, concretiza ideias que ou estão também subsumidas na razoabilidade segundo o juízo de normalidade, ou guardam relação com a incidência de outras regras positivadas em outros dispositivos do Código Civil, que não o art. 402 ou art. 403 do Código. A relação de equivalência entre o dano e a indenização é corolário principal do princípio da reparação integral. Ambas as vertentes de equivalência entre dano e indenização refletem que também os danos emergentes, e não só os lucros cessantes, estão adstritos à equivalência. A equivalência não está restrita à ideia de razoabilidade dos lucros cessantes, mas é corolário principal do princípio da reparação integral positivado no art. 944. Considerar o lucro cessante como o lucro *líquido*, descontando-se as despesas e gastos em condições normais, ou considerar a *compensatio lucri cum damno*, nada mais é do que, no primeiro caso, também traçar uma comparação entre as circunstâncias concretas do caso e o que ocorreria normalmente (por exemplo, normalmente o faturamento daquela sociedade não corresponde ao lucro cessante, pois uma atividade empresarial implica despesas) e, no segundo, se houver um benefício decorrente do ato lesivo o credor já estaria ressarcido parcialmente por esse benefício, de modo que o dano indenizável será aquele. Essa segunda ideia é aprofundamento de análise rigorosa das circunstâncias concretas. Guedes organiza as restrições legais à equivalência em dois grupos: casos de redução da indenização por excessiva desproporção entre a culpa e o dano; e casos de redução equitativa da indenização na responsabilidade dos incapazes. Trata-se de situações que ensejam a incidência de

cuja aplicação se dá de modo independente ao artigo 402 do Código Civil. A confirmar a centralidade dessa vertente, a resolução dos casos no Capítulo final daquela obra passa pela razoabilidade como equidade[165].

Em relação aos regimes de responsabilidade contratual e extracontratual, a proposta é unitária. Embora exemplos de responsabilidade contratual sejam mencionados ao longo da obra, os argumentos não são construídos a partir de uma cisão analítica na reparação de lucros cessantes oriundos do descumprimento contratual e de lucros cessantes em casos de responsabilidade civil extracontratual. Embora por vezes referido o art. 1.059 do Código Civil de 1916, não foram dedicadas linhas à explicitação do conteúdo do parágrafo único do art. 1.059, ainda que muitos dos casos citados tenham sido julgados durante a vigência do Código Civil de 1916. Para que não restem dúvidas acerca do defendido naquele livro, parece cabível revisitar casos de aplicação da razoabilidade na responsabilidade

---

outros comandos legais — os parágrafos únicos dos art. 944 e do art. 928 do Código Civil. Como postulado normativo, evidentemente a ideia de razoabilidade pode ser composta pela incidência de outras regras. Não há discordância de fundo quanto à eficácia dessas regras, mas seria ocasião de ponderar que não servem propriamente para um exame objetivo a respeito dos lucros cessantes, pois além de excepcionais, tem como pressupostos de incidência critérios subjetivos para se reduzir o prejuízo indenizável. Guedes parece inclusive concordar com essa ideia, ao assinalar: "O procedimento de liquidação dos danos tomando por base o grau de culpa deve ser encarado de forma excepcional porque, como visto, a regra geral é que a medida da indenização é a extensão do dano experimentado pela vítima, *e não a culpabilidade do agente — critério que, tratando-se de lucro cessante, não faz o menor sentido*". (GUEDES, Gisela Sampaio da Cruz. *Lucros Cessantes*: Do bom-senso ao postulado normativo da razoabilidade. São Paulo: Revista dos Tribunais, 2011, p. 321). E mesmo a aplicação de tais regras está também informada pelas duas ideias-força a amparar o exame da razoabilidade dos lucros cessantes segundo o juízo bifásico de normalidade. A consideração complexa entre o que normalmente acontece, e o exame aprofundado das peculiares circunstâncias concretas se verificam (*i*) na primeira hipótese, comparando-se o grau de culpa do lesante com um padrão abstrato de conduta segundo o *normalmente acontece*, para se diminuir a indenização — o que deverá ser feito segundo juízo equitativo, como revela a própria letra do enunciado legal; e, no segundo caso, (*ii*) subtraindo-se do *quantum* objetivamente verificado como prejuízo uma parcela, sendo pré-valorado legislativamente certo compadecimento em relação à circunstância subjetiva concreta de o lesante ser incapaz — não lhe cabendo suportar — ou fazer com que o seu responsável legal suporte — todas as consequências de seus atos.

165 GUEDES, Gisela Sampaio da Cruz. *Lucros Cessantes*: Do bom-senso ao postulado normativo da razoabilidade. São Paulo, Revista dos Tribunais, 2011, p. 327-338. Nesse particular, como a equidade é insuscetível de controle por via da dogmatizacão (conforme MARTINS-COSTA, Judith; COSTA E SILVA, Paula. *Crise e Perturbações no Cumprimento da Prestação.* São Paulo Quartier Latin, 2020, § 25) a centralidade da afirmação de que equidade se confunde com razoabilidade, sendo alto o grau de vagueza semântica desta, poderia equivaler à concessão de um passaporte à *finesse* do intérprete para avaliar como quiser. Porém, a obra é de inegável avanço dogmático, em vista de propor critérios para a concreção do conteúdo normativo de razoabilidade previsto no art. 402 do Código Civil.

contratual. Evidentemente, os dois exemplos não são os únicos referidos a respeito da responsabilidade contratual, mas a respectiva análise dos casos serve de ilustração.

O *caso do atraso na entrega de caminhões (Brasil, 2006)*[166] diz respeito a um contrato de compra e venda de quatro caminhões. Dois deixaram de ser entregues, e vieram a ser apenas com o trânsito em julgado de uma ação de busca e apreensão, quatro anos depois do seu ajuizamento. O comprador lesado moveu ação indenizatória, visando a obter indenizações correspondentes ao envelhecimento dos caminhões, e a lucros cessantes, por ter deixado de ganhar com a exploração comercial dos veículos. Para a quantificação deste segundo pedido, o comprador argumentou que cada caminhão seria utilizado no transporte de gado, rodando 1.000 km por dia, cada, sem interrupção, durante os quatro anos de retenção indevida dos veículos. A renda obtida seria empregada para a aquisição de novos caminhões, os quais seriam também utilizados para o transporte de gado e subsequente aquisição de novos caminhões, e assim sucessivamente. O valor do pleito foi quantificado em R$ 6,8 milhões. O perito judicial expôs que a metodologia levaria a um "lucro fantástico, porque em quatro anos os dois caminhões teriam produzido lucro suficiente para a aquisição de outros 94 (noventa e quatro) veículos"[167]. Ao rechaçar esse argumento, o perito concluiu que os lucros cessantes cabíveis seriam de aproximadamente R$ 100 mil.

O juízo de primeiro grau entendeu que a soma pleiteada a título de lucros cessantes seria excessiva. Porém, contrariamente ao laudo pericial, concluiu-se que a metade desse número seria razoável, condenando-se o vendedor inadimplente ao pagamento de R$ 3,4 milhões. A decisão foi confirmada pelo Tribunal de Justiça do Pará. Ao chegar no Superior Tribunal de Justiça, o julgado veio a ser anulado pela maioria dos ministros.

---

166 O nome é cunhado por Gisela Sampaio. Refere-se a STJ. REsp 759651/PA. Relator para acórdão Min. Ari Pargendler. Julgado em 4 de abril de 2006.

167 STJ. REsp 759651/PA. Relator para acórdão Min. Ari Pargendler. Julgado em 4 de abril de 2006, Voto do Min. Humberto Gomes de Barros.

O aplauso de Gisela Sampaio a respeito da decisão leva em consideração o único voto que enfrentou o mérito e reformou a decisão da instância inferior. Naquele voto, reconheceu-se que

> O valor da indenização por lucros cessantes é questão tormentosa. A expressão "o que razoavelmente deixou de lucrar" existente no Art. 1.059 do Código Bevilácqua (Art. 402 do novo Código) dá ensejo a diversas interpretações.
>
> O fato é que os lucros cessantes estão diretamente relacionados com uma expectativa — incerta, mas presumida — de ganhos.
>
> No caso concreto, não há dúvida de que tivessem sido os caminhões entregues no tempo adequado à recorrida, algum proveito econômico deles teria sido retirado. Essa é a conseqüência esperada e natural dos investimentos na atividade comercial[168].

Entretanto, o modo como o comprador lesado quantificou os seus lucros cessantes, chancelado pelo juízo de primeiro grau, foi considerado um 'delírio de prova', pois o magistrado desprezou as conclusões do laudo pericial sem nenhum argumento jurídico para refutá-las. Então, se entendeu incorreta a solução de primeiro grau, porque o magistrado teria concluído, de modo desviado do conjunto probatório "e ao seu talante", que 500 km por dia seriam razoáveis[169]. Gisela Sampaio sugere que o lucro cessante deveria ter sido reparado com base na média de lucro que a empresa havia obtido nos meses anteriores com cada um de seus caminhões, servindo a experiência pretérita para demonstrar

> [...] o que normalmente acontece naquela específica empresa. Agora, levar em conta que o lucro obtido com cada caminhão seria revertido na compra de novos veículos e, assim, sucessivamente, é, sem dúvida, admitir como normal o que seria, em realidade, para lá de extraordinário, sem que tenha sido feita qualquer prova nesse sentido[170].

---

168 STJ. REsp 759651/PA. Relator para acórdão Min. Ari Pargendler. Julgado em 4 de abril de 2006, Voto do Min. Humberto Gomes de Barros. Questões processuais levaram à anulação do processo desde a sentença. A rigor, o avanço no mérito consta do voto vencido do Min. Humberto Gomes de Barros.

169 STJ. REsp 759651/PA. Relator para acórdão Min. Ari Pargendler. Julgado em 4 de abril de 2006, Voto do Min. Humberto Gomes de Barros.

170 GUEDES, Gisela Sampaio da Cruz. *Lucros Cessantes*: Do bom-senso ao postulado normativo da razoabilidade. São Paulo, Revista dos Tribunais, 2011, p. 329.

O exame do razoável exigiria atentar ao que normalmente acontece na atividade do lesado. A crítica ao investimento do lucro obtido com cada caminhão, com a compra de novos caminhões, se dá porque esse critério seria "para lá de extraordinário". Tem-se, portanto, a díade já tantas vezes referida entre o que é normal e o que é extraordinário e é acrescida uma conclusão: "sem que tenha sido feita qualquer prova nesse sentido". Ou seja, *a contrario*, potencialmente, o extraordinário pode representar a realidade e servir, concretamente, como base, mas, ausente a prova a respeito, não se poderia o admitir.

Um último comentário ainda merece destaque. É curioso que o caso se deu sob a égide do Código Civil de 1916: tratava-se de discussão a respeito de lucros cessantes no caso de inadimplemento relativo (os caminhões ainda poderiam ser entregues, tanto que o foram), não se cogitando de dolo na inexecução. Tomadas em consideração essas constatações, o caso teria incontroversa incidência do parágrafo único do art. 1.059, seja qual corrente interpretativa adotada. Curiosamente, porém, não consta menção específica — sequer entre as razões de recurso constantes do relatório do acórdão — àquele parágrafo único[171], e à limitação dos lucros que foram ou podiam ser previstos "na data da obrigação".

O segundo caso também analisado por Gisela Sampaio diz respeito a contrato de transporte. Em *Só Máquinas Comércio de Equipamentos Industriais v. Serviço de Guinchos Caxiense LTDA (Brasil, 2007)*, *Só Máquinas* locara, a terceiro, equipamentos mecânicos, contratando *Serviço*

171 São as razões de recurso, quanto ao mérito, arroladas no voto da Min. Nancy Andrighi: "(iv) arts. 1.059 e 1.060 do CC/16, porque não há razoabilidade na fixação da indenização pleiteada em R$ 3.434.140,79, meramente pelo atraso de quatro anos na entrega de dois caminhões, mormente tendo em vista que: (a) o laudo pericial atestou ser irreal o critério de cálculo de lucros cessantes proposto pela autora (máxima produtividade para os caminhões, e emprego de todo o lucro deles decorrentes na compra de novos caminhões, sucessivamente); (b) também se apurou na perícia que o transporte de gado não se inclui entre as atividades da autora; (c) outras empresas desse ramo apresentaram baixa produtividade no período, o que não permite supor um lucro astronômico apenas para a autora; (d) o valor apurado pelo laudo pericial como prejuízo possível limitou-se a R$ 101.443,29. Dessas constatações decorreria que a indenização fixada não se ateve ao que a autora *razoavelmente* deixou de lucrar (art. 1.059 do CC/16), nem se estaria a indenizar lucros cessantes experimentados por efeito *direto e imediato* do inadimplemento (art. 1.060 do CC/16)".

de Guinchos para realizar o transporte e entrega dos equipamentos até o locatário. Durante o transporte, o equipamento foi danificado e perdeu totalmente a sua utilidade. Então, *Só Máquinas* buscou ser indenizada por danos emergentes, correspondentes ao valor de mercado do equipamento, bem como por lucros cessantes, atinentes ao contrato de aluguel daquela máquina que firmara com terceiro, pelo período de um ano[172].

A sentença e o acórdão do TJRS concluíram pela procedência dos pedidos indenizatórios. Entendeu-se que

> [...] no transporte decorrente de uma relação contratual, a responsabilidade civil de indenizar, do transportador, via de regra, é objetiva, conforme disposto no artigo 927 do Código Civil. Os riscos e danos que ocorrerem a partir do momento em que a empresa de transporte recebe a mercadoria, até a efetiva entrega a quem de direito, correm por conta da transportadora.

Tendo havido a juntada do contrato de locação junto a terceiro, os lucros cessantes restaram comprovados[173]. Para Gisela Sampaio, "quando esta participação de terceiro se acha garantida contratualmente, nenhuma dificuldade se levanta: conta-se com ela como se conta com um fato certo"[174]. Ou seja, por constar garantia da participação do terceiro, no contrato de transporte, os lucros cessantes são automaticamente considerados como fato certo.

Contudo, a leitura do inteiro teor do acórdão e da sentença de primeiro grau não demonstra haver, no contrato de transporte, referência aos lucros cessantes. Não é possível identificar a existência da referida garantia

---

172 TJRS. Ap. Cív. n. 70017845173. Décima Primeira Câmara Cível. Relator Des. Bayard Ney de Freitas Barcellos. Julgado em 13 de junho de 2007. Houve recurso interposto ao Superior Tribunal de Justiça, sem que a transportadora tenha suscitado o exame dos artigos 1.059 ou 1.060 do Código Civil, o qual foi julgado improcedente por decisão monocrática. STJ. Ag. In. 999213/RS. Relator Min. João Otávio de Noronha. Julgado em 7 de agosto de 2008.

173 TJRS. Ap. Cív. n. 70017845173. Décima Primeira Câmara Cível. Relator Des. Bayard Ney de Freitas Barcellos. Julgado em 13 de junho de 2007.

174 GUEDES, Gisela Sampaio da Cruz. *Lucros Cessantes*: Do bom-senso ao postulado normativo da razoabilidade. São Paulo, Revista dos Tribunais, 2011, p. 272.

contratual de participação de terceiro na avença de transporte. O contrato de locação existia. A prova considerada pelo Tribunal Estadual, a rigor, apenas dava conta deste contrato de locação, a demostrar a destinação que o equipamento teria. Com fulcro naquele contrato de locação, firmado entre o contratante do transporte e terceiro, o lucro existiria. Porém, não há detalhes sobre como a transportadora teria assumido a responsabilidade por lucros que o equipamento ensejaria durante o período de um ano. Ainda que o transportador tenha alegado serem os lucros cessantes imprevisíveis, a mera existência do contrato de locação junto a terceiro foi considerada como suficiente para justificar a responsabilização do transportador por todo aquele período.

Os casos foram ora revistos para confirmar a impressão que já se tem da análise da estrutura daquele livro: a razoabilidade dos lucros cessantes não passa por crivo específico da previsibilidade na responsabilidade contratual. Respeitada a estrita abrangência da presente investigação, não se verifica ênfase no conceito de previsibilidade na construção dogmática da razoabilidade na obra de referência na matéria.

Vista e revista a obra, percebe-se haver três menções incidentais à previsibilidade[175]. Nenhuma delas é elaborada de modo analítico, tampouco está dito com contundência que para os lucros cessantes serem razoáveis, devem ser previsíveis, na responsabilidade contratual, até mesmo porque a proposta é unitária. Outra não poderia ser a conclusão que se deduz da obra: a previsibilidade não serve como um critério autônomo desgarrado da razoabilidade. Contudo, essas menções permitem a inferência de que a tese admitiria algum espaço para a previsibilidade como ideia a iluminar a razoabilidade dos lucros cessantes. As alusões constam da Primeira Parte daquele livro, voltada à "construção dogmática dos lucros cessantes".

175 Além dos destaques acima referidos, em duas outras menções a palavra é empregada em outro sentido, que não se conecta com o critério da previsibilidade na determinação da indenização, mas a uma crítica à imprevisibilidade das decisões judiciais, *in verbis:* "Nesta (tragi)comédia que é a reparação do dano (e dos lucros cessantes em particular) — cujo final, imprevisível na maioria das vezes, nem sempre é feliz — (...)" (p. 236). Em sentido similar, p. 242-243.

As duas referências mais marcantes estão no capítulo dos "requisitos do lucro cessante ressarcível". Ao tratar da "certeza do dano: a prova do lucro cessante indenizável", Gisela Sampaio destaca que a impossibilidade de previsão sobre os lucros cessantes não afasta o juízo de razoabilidade, fundado na probabilidade[176]. A seguir, afasta quaisquer pontos de vista subjetivos como relevantes para o juízo de probabilidade requerido na determinação dos lucros cessantes, rechaçando, com especial ênfase, o ponto de vista do lesante[177]. Ou seja, no juízo de probabilidade requerido para a determinação dos lucros cessantes, desinteressa o estado subjetivo do lesante a respeito da extensão das consequências de seu ato. Essa constatação configura um dos únicos pontos de consenso na doutrina e jurisprudência precedente àquela obra, como se viu no Capítulo 2.2.2, sendo nela reafirmada.

Ademais, no capítulo dedicado à "imediatidade do dano: o papel do nexo causal na delimitação do lucro cessante", Gisela Sampaio alude à imprevisibilidade do futuro como problema a impedir qualquer tentativa no sentido de um juízo "absolutamente certo sobre os fatos que irão suceder-se no tempo, mas isso não pode, por outro lado, prejudicar o direito

---

176 *In verbis:* "Quando se discute lucro cessante, entretanto, este requisito da certeza tem de ser obrigatoriamente mitigado. Afinal, referem-se os lucros cessantes a algo que não aconteceu — vantagens que deixaram de ser auferidas em virtude do evento danoso. A indenização deve, pois, ser fixado conforme o que razoavelmente se deixou de perceber, mas não se reclamar certeza, *porque a ninguém é dado prever* — e, muito menos, comprovar — a sequência futura dos acontecimentos" (GUEDES, Gisela Sampaio da Cruz. *Lucros Cessantes*: Do bom-senso ao postulado normativo da razoabilidade. São Paulo, Revista dos Tribunais, 2011, p. 90).

177 *In verbis:* "Como, então, subordinar o conceito de lucros cessantes a um juízo de probabilidade? Quem deve poder esperar o lucro como provável? O prejudicado? O causador do dano? 'Não interessa o ponto de vista de nenhum deles e menos ainda o do último, responde Hans Fischer, para quem '[s]eria coisa bizarra — como observa Oertmann — exigir do devedor o conhecimento das medidas e providências postas em prática pelo credor. O que se requer é uma simples probabilidade objectiva, sempre considerada do ponto de vista da série dos desenvolvimentos ulteriores do acto danoso" (GUEDES, Gisela Sampaio da Cruz. *Lucros Cessantes*: Do bom-senso ao postulado normativo da razoabilidade. São Paulo, Revista dos Tribunais, 2011, p. 90-91). O trecho referido está em FISCHER, Hans Albrecht. *A reparação dos danos no direito civil.* Tradução de António Arruda Ferrer Correia: São Paulo, Saraiva, 1938, p. 69. O trecho da obra de Gisela Sampaio é o mesmo citado no caso *Nobre v. Unimed (Brasil, 2015).* Também em sentido semelhante: PEREIRA, Osny Duarte. Lucros cessantes. In: CARVALHO SANTOS, José Manuel; AGUIAR DIAS, José de. (Orgs.). *Repertório Enciclopédico do Direito Brasileiro.* Volume XXII. Rio de Janeiro: Borsoi, 1947, p. 212 (arrolando a doutrina a respeito); FERREIRA DA SILVA, Jorge Cesa. *Inadimplemento das obrigações.* São Paulo: Revista dos Tribunais, 2006, p. 193.

da vítima de ser integralmente ressarcida"[178]. No mesmo sentido, também no capítulo dedicado às diferenças entre lucros cessantes e danos emergentes, refere o art. 564 (2) do Código Civil português[179], o qual afasta a relevância de o dano ainda não se ter verificado, podendo-se contentar com a previsibilidade da sua verificação futura do dano[180]. Ainda naquele trecho, a autora afirma que "a previsibilidade dos danos futuros, por não ser baseada em fatos presentes e absolutamente certos — deve ser aferida — recomenda a doutrina — segundo regras de verossimilhança ou probabilidade, de acordo com aquilo que designa como o curso normal, previsível e típico das coisas"[181]. Aproxima, pois, a ideia de curso normal, presente na razoabilidade, à ideia de previsibilidade.

Essa díade também foi referida por inúmeros autores — como Agostinho Alvim, Couto e Silva e Pontes de Miranda — ao abordarem os lucros cessantes[182]. Trata-se de forma de raciocinar muito próxima à compreensão de que em *Hadley v. Baxendale* há duas regras: ambas que ao fim e ao cabo justificam a previsibilidade dos danos. Na investigação do que normalmente acontece, o intérprete deverá considerar a experiência pretérita do lesado, ou realizar uma comparação com o mercado. A experiência pretérita é "o critério mais seguro para se chegar a uma estimativa próxima do prejuízo real sofrido", mas há casos em que a comparação de mercado se apresenta como único critério[183]. O exame aqui acaba por não ficar muito distante do exame do nexo causal[184].

---

178 GUEDES, Gisela Sampaio da Cruz. *Lucros Cessantes*: Do bom-senso ao postulado normativo da razoabilidade. São Paulo, Revista dos Tribunais, 2011, p. 81.

179 É o texto do art. 564 (2) do Código Civil Português: "Na fixação da indemnização pode o Tribunal atender aos danos futuros, desde que sejam previsíveis; se não forem determináveis, a fixação da indemnização correspondente será remetida para decisão ulterior".

180 Como já se aludiu acima, no Capítulo 2.1.1.

181 GUEDES, Gisela Sampaio da Cruz. *Lucros Cessantes*: Do bom-senso ao postulado normativo da razoabilidade. São Paulo, Revista dos Tribunais, 2011, p. 61.

182 O primeiro referido no Capítulo 2.2.2.2., o segundo no Capítulo 2.2.2.3.

183 GUEDES, Gisela Sampaio da Cruz. *Lucros Cessantes*: Do bom-senso ao postulado normativo da razoabilidade. São Paulo, Revista dos Tribunais, 2011, p. 177-182.

184 Cf. se aprofundará a seguir no Capítulo 2.3.1.3.

Essa mesma ordem de ideias chancela uma das propostas centrais e as menções explícitas à previsibilidade em outra obra de Gisela Sampaio, *O Problema do Nexo Causal na Responsabilidade Civil*. Em capítulo ao exame da "causalidade e imputação objetiva", o argumento então defendido é de ordem quase filosófica, com referência a autores alemães e ao Direito Penal para embasar aquela como uma das teorias aptas a explicitar o nexo de causalidade desde uma perspectiva jurídica. Não sendo o caso de reproduzi-lo, nem de avançar nos voos teóricos, cabe apenas destacar que a ideia de previsibilidade é trazida como critério de imputação. A previsibilidade não serve subjetivamente, mas as consequências objetivamente previsíveis são atribuíveis à pessoa, enquanto ser racional[185].

Em suma, a opinião expressada pela autora não considera com ênfase a previsibilidade como critério autônomo. Ademais, a rejeita sob o viés subjetivo: ou seja, há negativa da importância do ponto de vista do lesante. Porém, as referências incidentais à previsibilidade na obra de Gisela Sampaio servem para ilustrar que há espaço para a admiti-la, objetivamente.

Essa conclusão parcial não indica a completa irrelevância da subjetividade do lesante para apuração das perdas e danos. Ainda é necessário tratar do parágrafo único do art. 944 do Código Civil.

2.2.3.2. A subjetividade do lesante (artigo 944, parágrafo único)

O Código Civil de 2002 estabelece no *caput* do art. 944 o princípio da reparação integral, a iluminar as linhas deste livro. O foco na reparação das perdas e danos está na extensão do dano, revelada pelas consequências negativas do ilícito no patrimônio do credor lesado pelo descumprimento. Contudo, o respectivo parágrafo único do artigo 944 confere poder ao julgador para, ao apreciar o caso concreto, reduzir a indenização caso haja desproporção excessiva entre a gravidade da culpa e o dano. É o texto legal: "Se houver excessiva desproporção entre a gravidade da culpa e o

185 CRUZ, Gisela Sampaio da. *O Problema do Nexo Causal na Responsabilidade Civil*. Rio de Janeiro: Renovar, 2005, p. 111-122.

dano, poderá o juiz reduzir, eqüitativamente, a indenização". Ou seja, o texto legal considera elemento de ordem subjetiva do lesante para reduzir a indenização.

Em virtude de excepcionar o princípio da reparação integral, o texto do art. 944, parágrafo único, "deve ser interpretado restritivamente", como restou explicitado no Enunciado 46 da I Jornada de Direito Civil do Conselho de Justiça Federal[186]. Somente é cabível a redução "quando a amplitude do dano extrapolar os efeitos razoavelmente imputáveis à conduta", conforme reiterado pelo Enunciado 457 da V Jornada de Direito Civil do mesmo Conselho de Justiça Federal[187].

Houve uma opção legislativa de ordem lógica pela irrelevância da culpa na determinação do dever de indenizar: "ou bem se determinava a indenização de todo o dano, e o grau da culpa não poderia ser levado em consideração, ou bem se media a conduta, permitindo a indenização menor do que seria necessário à reparação, em caso de culpa mais leve"[188]. Argumenta Gisela Sampaio a esse respeito, no sentido de que leva em consideração a culpabilidade, "tratando-se de lucro cessante, não faz o menor sentido"[189].

---

186 Enunciado 46 da I Jornada de Direito Civil, com a redação alterada pelo Enunciado 380 da IV Jornada de Direito Civil, *in verbis:* "A possibilidade de redução do montante da indenização em face do grau de culpa do agente, estabelecida no parágrafo único do art. 944 do novo Código Civil, deve ser interpretada restritivamente, por representar uma exceção ao princípio da reparação integral do dano".

187 Enunciado 457, ao art. 944 do Código Civil, V Jornada de Direito Civil do Conselho de Justiça Federal. "A redução equitativa da indenização tem caráter excepcional e somente será realizada quando a amplitude do dano extrapolar os efeitos razoavelmente imputáveis à conduta do agente".

188 BODIN DE MORAES, Maria Celina. *Danos à Pessoa Humana.* Uma leitura Civil-Constitucional dos Danos Morais. 2ª ed. Rio de Janeiro: Processo, 2017, p. 297 (embora a obra centre nos danos morais, os quais não constituem objeto desta investigação, o trecho parece se referir às escolhas de política legislativa num plano em que não considera a distinção entre danos morais e patrimoniais). GUEDES, Gisela Sampaio da Cruz. *Lucros Cessantes*: Do bom-senso ao postulado normativo da razoabilidade. São Paulo: Revista dos Tribunais, 2011, p. 318-321.

189 GUEDES, Gisela Sampaio da Cruz. *Lucros Cessantes*: Do bom-senso ao postulado normativo da razoabilidade. São Paulo: Revista dos Tribunais, 2011, p. 321.

Logo, a regra é verificar quanto do patrimônio da vítima foi afetado, e apenas excepcionalmente a culpabilidade do agente deve ser levada em consideração[190]. Há dois momentos lógicos distintos e sucessivos: primeiro se deve enxergar "até onde o dano chegou". Depois, na quantificação, em análise de cunho valorativo, se pode reduzi-lo[191].

Para o que ora concerne, em que medida o grau de culpa implica algum reconhecimento da ideia de previsibilidade na fixação da indenização? Esta deve ser apurada conforme aquilo que o lesante sabia ou deveria saber? Se é de relevo analisar a culpabilidade do lesante (e, de algum modo, a subjetividade sobre o ato praticado), quando esse exame deve ser feito?

Inicie-se respondendo a última questão para, a seguir, enfrentar as primeiras. A resposta passa por definir o âmbito de aplicação da solução legal. Doutrina defende a aplicação do artigo a ambas as espécies de responsabilidade: contratual e extracontratual[192]. Destaca-se, porém, a

---

190 MELO, Diogo Leonardo Machado de. Comentários ao art. 944. In: NANNI, Giovanni. (Coord.) *Comentários ao Código Civil.* São Paulo: Saraiva, 2019, p. 1306. Aquele autor faz referência a anotações de Miguel Reale sobre o texto legal. "Se a *culpa é leve* e o dano *muito vultoso*, poderá o juiz reduzir *moderadamente* a indenização". Esse era o texto do art. 673 do Anteprojeto do Livro de Obrigações, de lavra de Agostinho Alvim, com as anotações de Miguel Reale. Entre as alterações que levaram ao texto final pela caneta de Miguel Reale, percebe-se que o advérbio "moderadamente" foi substituído por "equitativamente". E são as anotações do Presidente da Comissão Elaboradora, que seguem no verso da página: "O dolo não deve aumentar a indenização além do devido. Haveria enriquecimento. E não cabe ao direito civil punir (Ripert). Porém, a culpa leve, uma distração que é uma constante na vida do homem, não deve empobrecer uma pessoa, em benefício de outra, porventura mais rica. O juiz deve intervir, equidade individualizadora. Por isso, consagramos a regra suíça: Cod. Federal das Obrig. art. 44, 2ª. parte. Este texto suíço não constava do primitivo Código de 1881". Os manuscritos foram localizados no Instituto de Estudos Culturalistas, em Canela, Rio Grande do Sul. A última consulta foi realizada em 29 de abril de 2022. (REALE, Miguel. *J. Agostinho Alvim. Anteprojeto do Livro das OBRIGAÇÕES.* Com as minhas emendas e acréscimos, p. 100 e verso).

191 FERREIRA DA SILVA, Jorge Cesa. *Inadimplemento das obrigações.* São Paulo: Revista dos Tribunais, 2006, p. 207-208.

192 MENEZES DIREITO, Carlos Alberto; CAVALIERI FILHO, Sérgio. *Comentários ao Novo Código Civil.* Da Responsabilidade Civil. 3ª ed. Rio de Janeiro: Forense, 2011, p. 374; SANSEVERINO, Paulo de Tarso Vieira. *Princípio da reparação integral.* Indenização no Código Civil. São Paulo: Saraiva, 2010, p. 105-106; TEPEDINO, Gustavo; BARBOZA, Heloiza Helena; BODIN DE MORAES, Maria Celina. *Código Civil Interpretado.* Conforme a Constituição da República. Volume II. Rio de Janeiro: Renovar, 2006, p. 860 (implicitamente, ao aludir a exemplo de médico que ministra medicamento a paciente que vem a óbito em virtude de síndrome alérgica raríssima); BODIN DE MORAES, Maria Celina. *Danos à Pessoa Humana.* Uma leitura Civil-Constitucional dos Danos Morais. 2ª ed. Rio de Janeiro: Processo, 2017, p. 297; GUEDES, Gisela Sampaio da Cruz. *Lucros Cessantes*: Do bom-senso

dificuldade de aplicação na responsabilidade contratual, pois é "extremamente difícil aferir o grau de culpa do agente no inadimplemento de uma obrigação contratual", sendo exemplo a necessidade "de o agente provar alguma excludente do nexo causal, não já a ausência de culpa, para que se exima de responsabilidade"[193].

Ainda enquanto o Código Civil de 2002 era um projeto a tramitar no Poder Legislativo, Silvio Rodrigues opinou pela aplicação do artigo de lei em caso concreto a envolver inadimplemento de contrato de compra e venda de imóvel na planta[194]. Relembre-se rapidamente o argumento defendido a esse respeito: a culpa da construtora foi considerada leve, porque o elemento factual que levara ao inadimplemento fora a revogação de um alvará do Poder Público, o qual fora concedido a título precário. Sendo "manifesta a boa-fé" da construtora, a sua culpa seria leve, o que colaboraria à negativa do pedido indenizatório. Ou seja, os fatos considerados dizem respeito à negligência apurada *in executivis*. Na aplicação da redução do *quantum* indenizatório pela desproporção entre o grau de culpa e o dano causado, o grau de culpa do lesante deve ser medido no momento da prática do ilícito, e não conforme aquilo que previa ou poderia prever quando contratou[195].

Esses elementos rechaçam que o parágrafo único do art. 944 tenha implicado recrudescimento do parágrafo único do art. 1.059 do Código Civil de 1916. Contudo, dado ter o STJ aplicado o dispositivo do Código atual para reduzir a indenização e, ao assim fazê-lo, também ter utilizado

ao postulado normativo da razoabilidade. São Paulo: Revista dos Tribunais, 2011, p. 318-325 (sem se posicionar especificamente a respeito).

193 BANDEIRA, Paula Greco. A Evolução do Conceito de Culpa e o Artigo 944 do Código Civil. *Revista da EMERJ*, Rio de Janeiro, n. 42, p. 227-249, 2008, p. 248.

194 O parecer foi analisado no Capítulo 2.2.3, *supra*.

195 Embora, em argumento analiticamente distinto, aquele autor tenha defendido também a restrição à extensão da indenização pelo manejo da exceção de imprevisibilidade.

a palavra "previsibilidade", os casos da *Falência do Banco Santos (Brasil, 2018)*[196] merecem atenção.

A aplicação do art. 944, parágrafo único, deu-se para limitar o dever de indenizar. A massa falida do *Banco Santos* voltava-se contra produtores rurais e contra corretora de valores mobiliários. A atuação dos produtores rurais e da corretora, em fraude juntamente a administradores da entidade bancária, levara o *Banco* à falência. Para o que ora concerne, embora haja referência à previsibilidade para a aferição do grau de culpa, esta foi feita apenas de modo abstrato, não relevando ao resultado ao qual se chegou com o julgamento do caso.

Os fatos atinentes ao esquema fraudulento envolvem uma "cadeia fraudatória complexa"[197]. A fraude foi praticada em várias etapas. Com o esforço de síntese sobre o principal, é possível depreender que produtores rurais emitiam cédulas de produtos rurais para lastrearem empréstimos que, na prática, não ocorriam. Os títulos foram emitidos exclusivamente para "a mobilização de recursos no mercado financeiro", com desvios dos recursos do *Banco Santos*. A fraude restou conhecida como "aluguel de cédulas" (ou "aluguel de assinaturas"), por meio da qual o produtor recebia em torno de 0,5 a 1% do valor formalmente declarado do empréstimo.

196 STJ. REsp 1685453/SP. Terceira Turma. Relator Min. Moura Ribeiro. Julgado em 24 de outubro de 2017; STJ. REsp 1569088/SP. Terceira Turma. Relator para acórdão Min. Moura Ribeiro. Julgado em 10 de abril de 2018.

197 REsp 1569088/SP. Terceira Turma. Relator para acórdão Min. Moura Ribeiro. Julgado em 10 de abril de 2018. Voto da Min. Nancy Andrighi As informações disponíveis no acórdão permitem sumarizar a cadeia complexa em cinco passos: (*i*) aos produtores rurais era apresentada a oportunidade de auferirem recursos financeiros imediatos, ou, ainda, vantagens em outras operações junto ao Banco Santos, como renovação de linhas de crédito; (*ii*) o produtor rural emitia uma cédula de produto rural, declarando ser devedor em valor milionário, como se recebesse empréstimo para financiamento agrícola de uma empresa interposta, ligada "à alta cúpula do Banco Santos"; (*iii*) no mesmo momento, com a intermediação da corretora, o produtor firmava um "contrato de gaveta", ou recebia uma carta de conforto, segundo os quais o valor da dívida jamais seria cobrado pela empresa titular do crédito; (*iv*) o produtor recebia 0,5% do valor atinente à cédula, em dinheiro; (*v*) a empresa endossava o título ao Banco Santos, recebendo, em contrapartida, a integralidade dos milionários valores de face dos títulos.

Em decorrência da realização "sistemática e deliberada de vultosas operações prejudiciais ao Banco", a instituição veio a entrar em processo de falência: na data da intervenção, mantinha como ativo R$ 472 milhões em cédulas de produtos rurais, sendo que destes apenas R$ 10 milhões correspondiam a cédulas sem vício. Então, a massa falida ajuizou múltiplas ações indenizatórias em face das corretoras que haviam estruturado as operações fraudulentas e também em face dos produtores rurais emitentes dos títulos para se ver ressarcida nos valores de cada uma das cédulas. A discussão sobre o parágrafo único do art. 944 do Código Civil diz respeito à atuação específica dos produtores rurais.

Nas instâncias inferiores, houve oscilação no entendimento jurisprudencial a respeito da responsabilidade solidária dos produtores, até que duas das ações indenizatórias chegaram ao Superior Tribunal de Justiça. As opiniões seguiram divididas: desde a total ausência de responsabilidade dos produtores em virtude da falta de prova de que tivessem agido de má-fé e participado conscientemente de conluios que desviaram os recursos do *Banco Santos*, até a manutenção de decisões de segundo grau que lhes impunham o dever de indenizar o valor integral dos títulos emitidos junto à massa falida[198]. Diante da divergência, o entendimento prevalecente foi o "voto médio", a imputar a responsabilidade aos produtores pelos valores dos quais haviam se beneficiado a participar do esquema. Ou seja, diante da sua culpa leve e do enorme dano (correspondente ao valor dos títulos), as indenizações foram reduzidas aos montantes auferidos com a emissão dos títulos.

198 Os ministros da Terceira Turma do Superior Tribunal de Justiça se dividiram na decisão. No primeiro acórdão, a decisão se deu pelo voto médio, pois no entendimento da Min. Nancy Andrighi, acompanhada pelo Min. Marco Aurélio Bellizze, não seria cabível o revolvimento probatório do caso, chancelando o entendimento do Tribunal de origem no sentido de ser "inconcebível que o recorrente, ao emitir a CPR com estipulações indevidas, ignorasse o desvirtuamento de sua finalidade". Já no entendimento do Min. Ricardo Villas Bôas Cueva, acompanhado pelo Min. Paulo de Tarso Sanseverino, "não havendo provas concretas de que IBOTY BROCHMANN IOSCHPE teria agido de má-fé ao emitir a CPR e participado conscientemente de qualquer conluio que desviou recursos do Banco Santos, não há como responsabilizá-lo por prejuízos surgidos após a emissão da cártula que não estava mais em seu poder, ou seja, de ato ilícito oriundo de negócio praticado por outrem ao alienar o título no mercado por meio de endosso". STJ. REsp 1685453/SP. Terceira Turma. Relator para acórdão Min. Moura Ribeiro. Julgado em 24 de outubro de 2017.

Na fundamentação, destacou-se que o parágrafo único do artigo 944 não tem correspondência no Código Civil de 1916. A julgar como escorreita a afirmação, corrobora-se que a supressão do parágrafo único do art. 1.059 do Código Civil de 1916 não encontra correspondente no acréscimo do parágrafo único do art. 944 ao texto do Código atual. A inserção deste representou:

> [...] verdadeira inovação ao possibilitar, em caráter excepcional, a gradação da culpa como fator de aferição do montante da condenação, [aduzindo-se, ainda], que a nova norma possibilitou reduzir o valor da indenização em virtude de uma conduta havida com grau mínimo de culpa, todavia desproporcional ao prejuízo por ela provocado. Cumpridos tais pressupostos, é obrigatória a redução equitativa da condenação[199].

Considerado o caráter excepcional da regra, um *parêntesis* é de rigor: o exame da culpa implica análise da subjetividade do lesante, daquele que descumpre dever jurídico. Toma-se em conta a reprovabilidade da adoção de determinada conduta humana. Tanto maior essa reprovabilidade quanto os elementos concretos demonstrarem que o agente podia e devia ser diligente: em sentido lato, culpa consiste no juízo de censurabilidade, de reprovabilidade sobre a conduta humana, quando negligente, imprudente ou imperita ou até mesmo apurando-se a intenção de causar o dano[200]. Essa nota talvez sirva de elucidação à ausência de identidade entre a

---

199 STJ. REsp 1685453/SP. Terceira Turma. Relator para acórdão Min. Moura Ribeiro. Julgado em 24 de outubro de 2017; STJ. REsp 1569088/SP. Terceira Turma. Relator para acórdão Min. Moura Ribeiro. Julgado em 10 de abril de 2018. Seria de se refletir a respeito o caráter obrigatório, o qual induz à cogência, embora o texto da Lei estabeleça que "poderá o juiz" diminuir o *quantum* indenizatório.

200 MARTINS-COSTA, Judith; PARGENDLER, Mariana. Usos e abusos da função punitiva (punitive damages e o Direito brasileiro). *Revista CEJ*, Brasília, n. 28, p. 15-32, jan./mar. 2005, p. 24; MARTINS-COSTA, Judith; GIANNOTTI, Luca. A culpa no Direito das Obrigações: notas para uma história de conceitos jurídicos fundamentais. In: PIRES, Fernanda Ivo. (Org). *Da Estrutura à Função da Responsabilidade Civil.* São Paulo: Foco, 2021, p. 174. E arrematam: "a culpa é, portanto, violação de dever preexistente que o agente devia e podia observar", o ato culposo é aquele no qual "passou o limite em que a sua atividade ou omissão seriam sem defeito", com alusão ao ensinamento de Pontes de Miranda em PONTES DE MIRANDA, Francisco Cavalcanti. *Tratado de Direito Privado.* Tomo XXIII. São Paulo: Revista dos Tribunais, 2012 § 2.789, 1.

previsibilidade e a culpa, pois na análise desta os elementos objetivos entram em questão[201].

Retornando ao caso concreto, o voto prevalecente aduziu que a falta da prova da intenção maliciosa "afasta a caracterização do dolo, não da culpa". E segue:

> Na culpa não há intenção de causar o dano, *mas há previsibilidade*. Para a análise da gravidade da culpa deve-se aquilatar a maior ou menor *previsibilidade* do resultado e a maior ou menor falta de cuidado objetivo por parte do causador do dano[202].

Ou seja, segundo o voto, ao invés da intenção do lesante, o exame da culpa deve levar em consideração a previsibilidade do resultado decorrente da conduta como um dos critérios para apuração da sua gravidade. Mesmo que não haja dolo, fator de imputação mais grave, havendo a possibilidade de o lesante prever os resultados da sua ação, a sua conduta é reprovável. Quanto maior a previsibilidade do resultado, mais grave é a culpa; quanto menor, menos grave.

Figura ao lado da previsibilidade o aferimento da "falta de cuidado objetivo por parte do causador do dano". Parecem entrelaçadas a falta de cuidado objetivo e a previsibilidade do resultado. Considerada a união desses pressupostos para a medida da culpa, é possível deduzir que quanto mais o agente prevê, ou pode prever, e quanto mais deixa de tomar cuidado para

201 FERREIRA DA SILVA, Jorge Cesa. *Inadimplemento das obrigações*. São Paulo: Revista dos Tribunais, 2006, p. 193 (o critério objetivo da previsibilidade, segundo 'observador experiente', "assemelha-se à culpa, mas não se deve ver nele qualquer espécie de identidade com a culpa, pois os elementos subjetivos não entram em questão").

202 STJ. REsp 1685453/SP. Terceira Turma. Relator para acórdão Min. Moura Ribeiro. Julgado em 24 de outubro de 2017. STJ. REsp 1569088/SP. Terceira Turma. Relator para acórdão Min. Moura Ribeiro. Julgado em 10 de abril de 2018. Grifou-se. O mesmo trecho está em MENEZES DIREITO, Carlos Alberto; CAVALIERI FILHO, Sérgio. *Comentários ao Novo Código Civil*. Da Responsabilidade Civil. 3ª ed. Rio de Janeiro: Forense, 2011, p. 378 ("A gravidade da culpa, portanto, estaria na maior ou menor previsibilidade do resultado e na maior ou menor falta de cuidado objetivo por parte do causador do dano"). É também reproduzido por SANSEVERINO, Paulo de Tarso Vieira. *Princípio da reparação integral*. Indenização no Código Civil. São Paulo: Saraiva, 2010, p. 101 (Anote-se: fora da transcrição, o autor não menciona a previsibilidade como elemento a explicar a gravidade da culpa, cf. p. 99-126).

não descumprir a obrigação, mais grave é a sua culpa. Se chega a agir dolosamente para que o resultado se verifique, tem-se o grau de culpa máximo: o dolo. Diante daquele caso concreto, poder-se-ia elucubrar que a culpa dos produtores rurais foi leve, porque não poderiam prever que o aluguel de cédula, individualmente praticado, levaria à falência do *Banco*. Mas se poderia também facilmente elucubrar que, ao emitirem as cártulas, tinham a intenção de obter ilicitamente a vantagem que aquela atitude lhes permitiria.

Analisados os argumentos postos, a desproporção manifesta foi considerada em termos numéricos e objetivos. Embora a previsibilidade do resultado da conduta ilícita tenha sido elencada como critério para aferição da gravidade da culpa dos produtores rurais, o argumento decisivo foi a desproporção entre os ganhos, resultados da sua atuação culposa, e o dano gerado ao *Banco*. Especificamente quanto ao dano relevante para a análise da desproporção manifesta, embora por diversas vezes se refira ao fato de o *Banco* ter sido levado à bancarrota como resultado da cadeia complexa e reiterada de fraudes, esteve cingido ao valor de face da cártula individualmente emitida. Ou seja, para aferir a grave desproporção, não importou o resultado final no patrimônio do *Banco Santos*, lesado, mas o resultado específico das condutas tomadas por cada produtor rural em cada um dos casos em que emitiram cártulas.

Entendeu-se que o aluguel de assinatura do produtor rural, ao emitir a cédula e ao perceber 0,5% do valor do título, reflete participação mínima se comparada ao da corretora que foi “a responsável pela transferência de inúmeros títulos para a instituição bancária e pelo recebimento dos respectivos valores, posteriormente desviados para diferentes contas bancárias”. E restou assinalado: “[a] culpa da empresa agrícola configura-se como leve ou levíssima, apta a receber o abrandamento da condenação prevista em lei”. Também se registrou: “considerando a pouca gravidade da conduta [...] e existindo a desproporção excessiva entre a culpa mínima e o dano causado, deve ela ser responsabilizada pelo equivalente a 1% do valor dos títulos em virtude da aplicação do art. 944, parágrafo único, do

CC"[203]. Concluiu-se pela "desproporção excessiva entre a culpa mínima e o dano causado", sendo de rigor a redução do *quantum* indenizatório de responsabilidade do produtor rural. A desproporção foi manifesta tomado o referencial comparativo do valor da cártula, muitíssimo superior ao percentual percebido por cada produtor rural, de até 1% do respectivo valor.

Em suma, embora a previsibilidade tenha sido referida naqueles acórdãos do Superior Tribunal de Justiça a respeito do parágrafo único do art. 944 como um dos fatores a compor a culpa, no exemplo concreto parece ter sido diluída. Pouco importou aquilo que o devedor poderia prever como consequência da sua infração a deveres alheios. Parece ter sido levado em consideração uma concepção que lê na expressão "gravidade da culpa" a "relevância da causa"[204]: não importou a reprovabilidade da conduta dos produtores, mas o grau do impacto daquelas condutas individualmente considerados foi valorado como baixo, daí porque haveria a desproporção entre o ganho que auferiram, individualmente, com a fraude, e os prejuízos que estariam sujeitos a indenizar.

A julgar pelas razões expressas no acórdão, o parágrafo único do art. 944 não promove, propriamente, recrudescimento da previsibilidade, não se situando no mesmo plano em relação ao art. 1.059, parágrafo único, do Código Civil de 1916. A única semelhança entre os dois dispositivos legais é funcional, servindo ambos à limitação das perdas e danos.

No Código Civil revogado, o texto da lei exigia que os *lucros cessantes* fossem ou pudessem ser previstos *na data da obrigação*. Era necessário averiguar o grau de probabilidade da extensão dos lucros cessantes, objetivamente. Essa aferição deveria ser feita "na data da obrigação", não tendo doutrina e jurisprudência referidas ao longo do Capítulo 2.2.2 chegado a

---

203 STJ. REsp 1569088/SP. Terceira Turma. Relator para acórdão Min. Moura Ribeiro. Julgado em 10 de abril de 2018. Voto do Min. Ricardo Villas Bôas Cueva.

204 SANSEVERINO, Paulo de Tarso Vieira. *Princípio da reparação integral*. Indenização no Código Civil. São Paulo: Saraiva, 2010, p. 126; GUEDES, Gisela Sampaio da Cruz. *Lucros Cessantes*: Do bom-senso ao postulado normativo da razoabilidade. São Paulo: Revista dos Tribunais, 2011, p. 324.

conclusão uniforme a esse respeito: a data da obrigação poderia significar a data da contratação, ou a data do respectivo descumprimento.

Já no texto do Código atual, sugerem os julgados analisados acima, o texto excepcionalmente exige o exame da subjetividade do lesante para medir quanto poderia, no momento do descumprimento do dever, prever a respeito das consequências de seu ato. E, ainda, será imprescindível a comparação com a extensão do dano causado, permitindo-se a diminuição apenas no caso de desproporção excessiva entre a culpa e o dano.

Traçado esse panorama sobre como o Direito brasileiro lida com a previsibilidade na apuração das perdas e danos, pode-se retornar ao objetivo central do livro, qual seja, a compreensão do espaço reservado aos *consequential damages* no Direito brasileiro.

2.2.4. CONCLUSÕES PARCIAIS: *CONSEQUENTIAL DAMAGES* NEM SEMPRE SÃO DANOS IMPREVISÍVEIS, NEM DEVEM SER TRADUZIDOS COMO DANOS ESPECIAIS

Viu-se na Primeira Parte deste livro ser imprecisa a generalização de que *consequential damages* são equivalentes a *unforeseeable damages*. Não se pode confundir o requisito da previsibilidade, como regra a limitar a *full compensation*, com a classificação de um *damage* como *consequential*. Essa distinção afasta a tradução de *consequential damages* como danos imprevisíveis. Não é a qualificação de dano como *consequential* que responde à sua indenizabilidade. Se os *consequential damages* forem imprevisíveis não serão indenizáveis. *Consequential damages* podem ser indenizáveis, se forem previstos ou serem previsíveis concretamente; mas podem não ser indenizáveis, por serem imprevisíveis.

Qual, então, seria o elemento a definir os *consequential damages*? Nuclearmente, como sinônimos de *special damages*, os *consequential damages* excepcionam o curso normal dos acontecimentos. A construção da ideia em alternativa ao curso normal dos acontecimentos consiste no elemento definidor central desse sentido.

Na *common law*, danos ordinários são indenizáveis; extraordinários podem ser. Tida como sinônimo de anormalidade, a extraordinariedade é o índice que caracteriza a acepção de *consequential damages* como *special damages*, contrapostos aos *general damages*. Fundamentalmente, considera-se as consequências especiais, excepcionando o que geralmente acontece.

Contudo, se já em 1927 era impossível "pela complexidade da vida moderna" determinar onde o ordinário terminava e o extraordinário começava, o problema hoje apenas se agravou. A conclusão do caso *Kerr Steamship Co v. Radio Corp (EUA, 1927)* não pode ser mais atual. O caso põe em evidência que a distinção entre o que é *ordinário* e *extraordinário* depende de cada espécie contratual: não se pode falar em *general damages* para negócios indeterminados. Ou seja, na detecção do ordinário, cabe verificar qual é o tipo contratual que se está a analisar como índice de determinação daquilo que normalmente acontece.

Ou seja, o tipo contratual pode definir os *general damages*. O tipo de contrato é um índice a respeito da contemplação comum das partes. O que é ordinário, por ser frequente, é, automaticamente, considerado previsível. Para o dano ser *general*, deve ocorrer conforme o curso ordinário, normal, geral, das coisas, sendo, justamente por essa normalidade, previsível e, portanto, indenizável.

Porém, o contrário não é juridicamente preciso: se o regime jurídico do tipo não estabelecer as consequências do inadimplemento, a indenização não é imediatamente negada. Oposto aos *general damages*, um *consequential damage* — tido como *special damage* — pode ser indenizável ou não. A ordinariedade e previsibilidade se sobrepõem apenas parcialmente: o que é ordinário é previsível, mas nem tudo o que é previsível é ordinário.

Posta a previsibilidade no centro da atribuição de responsabilidade, os *consequential damages* dividem-se em previsíveis e imprevisíveis. Na *common law*, além do tipo, será necessário avaliar concretamente se os danos se originaram em circunstâncias que eram conhecidas ou cognoscíveis ao inadimplente quando contratara. Com o perdão do truísmo, o pressuposto se encontra preenchido sempre que os danos tenham sido previstos no contrato. Se não o forem, caberá perquirir a previsibilidade desde uma perspectiva subjetiva e retroativa: se as consequências advierem de circunstâncias informadas pelo lesante e se o inadimplente as conhecia, ou deveria conhecê-la, no momento da contratação. A falta de transmissão da informação e a falta de conhecimento do inadimplente a respeito das consequências do seu descumprimento tornarão aquele dano extraordinário, especial, também imprevisível. E então, depois de definido se o dano é *consequential*, se tem um critério para definir a sua indenizabilidade: nas situações em que imprevisíveis, não só por fugirem àquilo que normalmente acontece, mas analisadas as circunstâncias concretas, por não serem previsíveis pelo inadimplente quando contratou, não devem ser indenizados.

Uma conclusão intermediária se pode alcançar: entendidos como *special damages*, uma solução para a sua compreensão à luz do Direito brasileiro seria traduzi-los como "danos especiais". A criação de um neologismo se justificaria, porque não há propriamente um critério classificatório na dogmática brasileira a abarcar a idiossincrasia de ser um dano *peculiar* em relação àquilo que normalmente acontece.

O problema dessa conclusão seria a premissa: se nem mesmo na *common law* os *consequential damages* são sempre tidos como *special damages*, será mesmo que nenhuma outra classificação já conhecida da tradição brasileira serviria para explicar os *consequential damages*?

Dando um passo atrás, o recurso à previsibilidade se mostrou imprescindível. Embora nem todo *special damage* seja previsível, todo *general damage* o é. Em termos de teoria geral e sem adentrar em especificidades dos tipos, seria, então, de se questionar: enfocado o Direito brasileiro, há critério semelhante à previsibilidade na determinação das perdas e danos, tal qual apurada na *common law*?

A resposta não é simples, nem intuitiva. Há imensos obstáculos a superar. Embora o Código Civil de 2002 não contenha dispositivo de caráter geral limitando a indenização do dano imprevisível, o que levaria à resposta negativa, quando se dedica atenção à doutrina e jurisprudência que cuidam da delimitação do dever de indenizar há inúmeras referências à previsibilidade como critério. O ponto não parece bem resolvido no Direito brasileiro.

As complicações se agravam ao encarar-se o Código Civil de 1916 e a verdadeira algaravia interpretativa em torno do art. 1.059, parágrafo único — ora abandonado no Código Civil de 2002. A retirada deu voz ao princípio da reparação integral, ou nada alterou? O que, aliás, se quer dizer com previsibilidade? Quando a previsibilidade deve ser aferida? Importa o fator de atribuição de responsabilidade para que a regra tenha eficácia? Importa a gravidade do inadimplemento — se relativo ou absoluto? A resposta complica-se exponencialmente quando a pergunta se põe em termos de mudança legislativa: ainda que se conclua que a previsibilidade era um critério na Codificação anterior, o critério se mantém na legislação atual, a despeito de não estar *previsto* no Código?

O histórico da previsibilidade demonstra haver poucos pontos consensuais em resposta a essas perguntas. A ideia de previsibilidade é introduzida na doutrina brasileira anterior à Codificação por meio dos ensinamentos de Pothier, curiosamente, a mesma fonte a inspirar a decisão em *Hadley v. Baxendale.* Revisitado o autor francês, é notável a defesa da previsibilidade como critério central para a atribuição de responsabilidade contratual. Resta muito claro da leitura daquela obra que os danos previstos ou previsíveis devem ser indenizados, porque assim o são. Está no fulcro da ideia o consenso como elemento a legitimar a indenização dos danos previstos ou previsíveis. E, só porque o fundamento é o consenso, a limitação não tem lugar em caso de dolo.

A ideia de previsibilidade era presente na doutrina anterior à Codificação como critério autônomo. Porém, muito provavelmente por sutilezas do processo legislativo e por desatenção doutrinária, a previsibilidade acabou por adquirir uma conotação diferente daquela que tinha na sua origem francesa. Primeiro, não se trata de contradição explícita, mas de valorização e ênfase muito maior, sob o aspecto subjetivo, na ideia da exceção em caso de dolo, do que numa justificativa sobre o conteúdo da regra. Ou seja, prevaleceu a discussão sobre a exceção da exceção, em primeiro plano, em detrimento do significado da regra. Segundo, pelas mesmas razões legislativas e doutrinárias, a previsibilidade acabou majoritariamente adstrita, como critério autônomo, ao exame dos lucros cessantes, sem que as razões para essa inovação fossem aprofundadas. As dificuldades foram tamanhas que a interpretação literal e gramatical chega ao ponto de reduzir o âmbito de aplicação da lei a casos de mora, em outro evidente descompasso com a orientação doutrinária antecedente.

Essas idiossincráticas discussões se distanciam, em muito, dos testes para aferição da previsibilidade na *common law*. A estes testes importa centrar o foco na esfera jurídica do inadimplente: há um juízo retrospectivo sobre a sua subjetividade, no momento da contratação, que deverá ser feito para se chegar à conclusão a respeito da indenizabilidade dos danos. Mesmo que o inadimplente faça prova que não foi informado, ou que não conhecia a possibilidade de os danos decorrerem do seu descumprimento, haverá o dever de indenizar se deveria, segundo as circunstâncias concretas, conhecer aquelas circunstâncias especiais que se materializaram em danos.

Volte-se rapidamente a dois casos que sustentaram a aplicação do teste da previsibilidade razoável. Em *Victoria Laundry (Reino Unido, 1949)*[205] e em *Hector Martinez v. Southern Pacific Transport (EUA, 1979)*[206], os casos

---

205 Reino Unido. Court of Appeal. King's Bench Division. *Victoria Laundry (Windsor) LD. V. Newman Industries LD.* Julgado em 12 de abril de 1949. Em síntese, tratava-se de um contrato de compra e venda de um aquecedor de água, o qual seria empregado na prestação de serviços por empresa de lavanderia e tinturaria. Houve atraso na entrega e a empresa de lavanderia pleiteou lucros cessantes calculados conforme o que teria auferido junto a seus clientes entre a entrega inicialmente aprazada e a data em que o aquecedor foi finalmente entregue.

206 Estados Unidos da América. United States Court of Appeals. Fifth Circuit. *Hector Martinez Co. v. Southern Pacific Transport.* Julgado em 20 de dezembro de 1979. Em síntese, o caso envolveu contrato de transporte marítimo de escavadeira que foi inadimplido pela transportadora, tanto porque uma das partes da escavadeira demorou mais do que deveria, quanto porque teve que ser remetida para

versavam sobre inadimplemento relativo; ambos envolveram pedido de *lost profits*: no primeiro, os lucros frustrados por uma lavanderia que não pode oferecer serviços durante o atraso, no segundo, a perda na produção por atraso no transporte de escavadeira a qual não foi empregada em processo produtivo. Se os casos fossem julgados segundo o Direito brasileiro da época na qual os respectivos fatos ocorreram, ou seja, o Código Civil de 1916, considerando-se, portanto, o parágrafo único do artigo 1.059 do Código Civil de 1916, qual teria sido a solução?

A resposta é muito difícil, em vista da multiplicidade de modos de compreendê-lo. Muito embora sem uniformidade, do recurso feito à jurisprudência, se pode constatar, em termos amplos, que a previsibilidade não deixou de ser referida como critério na fixação das perdas e danos indenizáveis, a despeito da mudança legislativa.

Ora com aplicação do parágrafo único do art. 1.059, ora com fundamento normativo em outros dispositivos legais — sobretudo o *caput* do art. 1.059 e o art. 1.060 —, a ideia de previsibilidade figurou em julgados dos tribunais superiores brasileiros. O que se pode colher de uniforme são dois critérios: a defesa que o limite seria aplicável apenas a lucros cessantes (categoria que não abrange a totalidade dos *consequential damages*, conforme se viu nos Capítulos 1.1 e 2.1); e a prevalência uma visão objetiva da previsibilidade: significa o que é possível de esperar-se, desde um olhar objetivo e não atado à perspectiva do inadimplente, quando contratou.

Ou seja, a razoabilidade dos lucros cessantes não demanda avaliação sobre a subjetividade do inadimplente. É irrelevante se este conhecia ou não a possibilidade de o dano vir a ocorrer para que este se torne indenizável. Entendida como análise da subjetividade, no momento da contratação, daquele que vem a ser tornar inadimplente, não há a limitação como

conserto, o que ensejou pedidos de indenização de lucros cessantes calculados (*i*) no período de atraso e (*ii*) conforme o período subsequente de conserto. A reflexão proposta neste Capítulo conclusivo diz respeito aos lucros atinentes ao período de atraso. Os lucros cessantes atinentes ao período de conserto foram negados — o que ora é posto de lado para fins de análise à luz do Direito brasileiro, remetendo-se a respeito ao Capítulo 2.3, *infra*, os quais também levariam a solução semelhante à alcançada alhures.

fundamento autônomo, sendo dispensável um exame retroativo pautado pelo conhecimento do futuro inadimplente, quando contratou. Talvez por tanto se discutir a respeito do dolo, elemento que lhe retiraria a eficácia, talvez pela diluição conceitual, pode-se dizer que doutrina e jurisprudência brasileira são contrários a uma adoção subjetiva da previsibilidade.

Sendo irrelevante a previsibilidade desde uma perspectiva subjetiva, e enfatizado este critério, poder-se-ia afirmar que a solução de ambos os casos de *common law* seria a mesma segundo o Código Civil de 1916. É de se assumir, porém, que essa conclusão não indica identidade de fundamentos, nem ausência de dificuldades.

As dificuldades que se põe para a comparação são agravadas pela falta de entendimento unívoco sobre o papel da previsibilidade. Sem uma pauta para determinar, substantivamente, o que é previsível, é impossível comparar.

Extraindo-se as generalizações possíveis, a pergunta a respeito dos "lucros, que foram ou podiam ser previstos na data da obrigação" seria no Brasil tendencialmente respondida desde uma perspectiva objetiva. Dever-se-ia considerar o grau de probabilidade da ocorrência do dano concreta e objetivamente. É dizer, não interessa se aquele fabricante de aquecedores conhecia ou deveria conhecer a destinação do bem negociado no processo produtivo, não interessa se aquele transportador conhecia ou deveria presumir que seria empregada a escavadeira no processo produtivo. Devem indenizar se os danos forem objetivamente prováveis, com base nos elementos concretos.

No Direito brasileiro, a previsibilidade se aproxima da probabilidade. Essa consideração deve ser feita desde um prisma objetivo: sendo previsíveis, no sentido de prováveis, os lucros cessantes pela falta do aquecedor à lavanderia, e sendo também prováveis os lucros cessantes pela falta da entrega da escavadeira atempadamente, devem ser indenizados. Bastaria que, a lavanderia e a dona da escavadeira, partes que sofreram os respectivos inadimplementos, provassem o lucro frustrado por sua experiência pretérita, ou por uma comparação de mercado, para que os lucros cessantes fossem razoáveis e, portanto, indenizáveis, à luz do art. 1.059, *caput*.

Relembre-se, aliás, que a suficiência da probabilidade já estava em *Hadley v. Baxendale* e é critério central na discussão sobre a indenização dos lucros cessantes no caso *The Heron II (Reino Unido, 1967)*. A sutileza está em que, neste caso, importou destacar a perspectiva do transportador inadimplente: ele é quem deveria supor ser razoavelmente provável que os três mil kg de açúcar seriam vendidos no Porto de Baçorá tão logo chegassem. É dizer: não bastaria a prova dos lucros cessantes segundo a experiência pretérita, ou a comparação de mercado — que, aliás, é levada em consideração, justamente porque houve baixa da cotação do produto quando finalmente chegou ao porto —, mas é imprescindível considerar outro elemento: que um transportador de açúcar nas mesmas condições deveria considerar a ocorrência da flutuação como a potencialmente gerar os danos.

Mas ainda resta uma pergunta: essa prova deveria ser feita com referência ao momento da contratação, ou ao momento do inadimplemento?

Embora esse aspecto pareça configurar questão não resolvida no Direito brasileiro[207], é difícil superar que a letra do Código Civil revogado ao referir a "data da obrigação" refere-se a outro momento que não o da contratação. O ponto torna-se problemático sobretudo em contratos de duração, nos quais, ao longo da execução do vínculo, a troca de informações entre as partes intensifica-se: conquanto um prejuízo possa não ser previsível quando do início da relação, com a passagem do tempo pode ter se tornado. De toda maneira, nos casos ora enfrentados, nos quais a prestação seria pontualmente executada (o aquecedor seria entregue, a escavadeira seria transportada), não se configurando contratos de duração, fosse a previsibilidade analisada no momento da contratação ou no do inadimplemento dificilmente a resposta seria distinta.

Em síntese, ainda que por diferentes fundamentos, admitir uma resposta positiva à indenização dos lucros cessantes indica uma tendência à possibilidade de os *consequential damages* serem indenizáveis segundo

207 Prova disso é a conclusão em STJ. REsp 846455/MS. Terceira Turma. Relator para Acórdão Min. Sidnei Beneti. Julgado em 10 de março de 2009, a qual põe em relevo a previsibilidade na data do inadimplemento da obrigação pelo devedor.

o Direito brasileiro. Essa resposta é dada como exercício comparativo, ilustrado em exemplos, com a concreção possível da análise dos textos das decisões, ressalvadas as diferenças entre as acepções de previsibilidade.

O Direito brasileiro tem outros limites para a indenizabilidade dos danos que não passam apenas por colocar no centro da discussão a previsibilidade, ou por deduzi-la da razoabilidade dos lucros cessantes. Para a sequência da investigação, apresenta-se imprescindível o enfrentamento do significado das perdas e danos que sejam efeito "direto e imediato" do inadimplemento contratual. O tema exige enfrentar o coração da causalidade para, só então, responder se faria sentido optar pela tradução de *consequential damages* a partir do neologismo de "danos especiais".

CAPÍTULO 2.3

CAUSALIDADE: DANOS EXTRÍNSECOS

Juridicamente apreciada, a relação de causalidade é imprescindível à atribuição de responsabilidade. Expressa o elemento de ligação entre a ação humana e o dano[1]. A importância do nexo causal é dupla: a sua verificação permite a conclusão de haver imputação de responsabilidade ao agente, e permite também perceber o alcance do *quantum* indenizatório[2]. As perdas e danos não se estendem ao que está fora da relação de causalidade[3]. O dano só é indenizável quando for possível estabelecer uma relação entre a inexecução da obrigação e o prejuízo[4].

No Código Civil vigente, o ponto de partida para a análise da causalidade é a letra do art. 403. O preceito estabelece: "Ainda que a inexecução resulte de dolo do devedor, as perdas e danos só incluem os prejuízos efetivos e os lucros cessantes por efeito dela direto e imediato, sem prejuízo do disposto na lei processual". Trata-se de regra limitativa a prejuízos: mesmo verificados no mundo fático, os danos emergentes e lucros cessantes que não resultarem por efeito direto e imediato na inexecução não serão indenizáveis.

---

1 COUTO E SILVA, Clóvis. *Principes fondamentaux de la responsabilité civile:* Cours fait dans l'Université de Paris XII. Paris: Universidade de Paris XII, 1988, p. 64,77. MARTINS-COSTA, Judith. A linguagem da responsabilidade civil. In: BIANCHI, José Flávio; PINHEIRO, Rodrigo Gomes de Mendonça; ALVIM, Teresa Arruda. (Orgs.). *Jurisdição e Direito Privado.* Estudos em homenagem aos 20 anos da Ministra Nancy Andrighi no STJ. São Paulo: Revista dos Tribunais, 2020, p. 389-418.

2 MARTINS-COSTA, Judith. A linguagem da responsabilidade civil. In: BIANCHI, José Flávio; PINHEIRO, Rodrigo Gomes de Mendonça; ALVIM, Teresa Arruda. (Orgs.). *Jurisdição e Direito Privado.* Estudos em homenagem aos 20 anos da Ministra Nancy Andrighi no STJ. São Paulo: Revista dos Tribunais, 2020, p. 410; CRUZ, Gisela Sampaio da. *O Problema do Nexo Causal na Responsabilidade Civil.* Rio de Janeiro: Renovar, 2005, p. 347; SANSEVERINO, Paulo de Tarso Vieira. *Princípio da reparação integral.* Indenização no Código Civil. São Paulo: Saraiva, 2010, p. 153.

3 PONTES DE MIRANDA, Francisco Cavalcanti. *Tratado de Direito Privado.* Tomo XXII. Rio de Janeiro: Borsoi, 1958, § 2.717, 3-4, p. 185; § 2.722, 1, p. 206-207.

4 ALVIM, Agostinho. *Da Inexecução das Obrigações e suas Conseqüências.* 5ª ed. São Paulo: Saraiva, 1980, § 211, p. 340.

Uma dificuldade inicial está na delimitação do que se configura consequência "direta e imediata" da inexecução. A *littera* do comando normativo fixa que somente serão indenizáveis danos "por efeito dela direto e imediato". Contudo, esta locução é uma das mais imprecisas fórmulas do Código Civil: a sua interpretação literal desde o início de todo processo hermenêutico não é operativa, pois por vezes se entende por efeito direto e imediato efeitos não classificáveis como diretos ou imediatos, considerado o sentido comum dessas palavras[5].

Determinar os danos que são os efeitos diretos e imediatos indicará a extensão e os limites da indenização cabível. Não serão todos os prejuízos verificados no mundo fático, mesmo que provados, mas apenas aqueles que forem efeitos diretos e imediatos da inexecução. De modo que evitar inaceitável contradição sistemática, os danos direta e imediatamente decorrentes da inexecução devem corresponder à "extensão do dano", nos termos do art. 944 e do princípio da reparação integral que lhe é subjacente. Ou seja, a reparação será integral se os danos direta e imediatamente decorrentes da inexecução forem indenizados.

Não se verifica muito aprofundamento a respeito do que consiste outro elemento do suporte fático do art. 403, quando a hipótese é de responsabilidade contratual: a "inexecução". As teorias sobre o nexo de causalidade como critério a determinar os danos indenizáveis parecem ser formuladas sem um discrime específico nesse particular entre responsabilidade contratual ou extracontratual. Por exemplo, Agostinho Alvim sinaliza que seu exame está restrito à responsabilidade contratual, porém recorre a exemplos doutrinários de situações nas quais não há contrato[6].

---

5 FERREIRA DA SILVA, Jorge Cesa. *Inadimplemento das obrigações*. São Paulo: Revista dos Tribunais, 2006, p. 180; NORONHA, Fernando. *Direito das obrigações*. 4ª ed. São Paulo: Saraiva, 2013, p. 621. Essa mesma linha é criticada também em outros países de tradição civilista. *E.g.* sobre o Código Italiano FERRARI, Mariangela. *La compensatio lucri cum damno come utile strumento di équa reparazione del danno*. Milano: Giuffrè, 2008, p. 67-76.

6 ALVIM, Agostinho. *Da Inexecução das Obrigações e suas Conseqüências*. 5ª ed. São Paulo: Saraiva, 1980, § 210-228, p. 339-374.

Além disso, de acordo com visão corrente, o artigo 403 serve tanto para a responsabilidade contratual, quanto para a extracontratual[7].

A distinção entre responsabilidade contratual e delitual pode ter importantes consequências práticas[8]. Embora estruturalmente os fenômenos possam estar aproximados a partir da figura do contato social, não se confunde a violação a direitos absolutos e a inexecução contratual em termos de regime jurídico. Existem diferenças já assinaladas no Direito brasileiro a respeito dos regimes, sendo central entre as quais o prazo de prescrição[9], a capacidade das partes, o ônus da prova, o *dies a quo* para a fixação do ressarcimento[10]. Refere-se, no particular, a uma destas: a re-

7 Entre outros, MARTINS-COSTA, Judith. *Comentários ao Novo Código Civil.* Do Inadimplemento das Obrigações. 2ª ed. Volume V. Tomo II. Rio de Janeiro: Forense, 2009, p. 496-547; CRUZ, Gisela Sampaio da. *O Problema do Nexo Causal na Responsabilidade Civil.* Rio de Janeiro: Renovar, 2005, p. 21; FERREIRA DA SILVA, Jorge Cesa. *Inadimplemento das obrigações.* São Paulo: Revista dos Tribunais, 2006, p. 177-178; SANSEVERINO, Paulo de Tarso Vieira. *Princípio da reparação integral.* Indenização no Código Civil. São Paulo: Saraiva, 2010, p. 174-178; SAN MARTÍN, Lílian. *La Carga del Perjudicado de Evitar o Mitigar el Daño.* Estudio Histórico-Comparado. Bogotá: Universidad Externado de Colombia, 2012, p. 268 (enfatizando que hoje em dia a expressão "direto e imediato" se refere ao nexo de causalidade em geral, aplicando-se a responsabilidade contratual e extracontratual, sendo mais lógico que estivesse localizada no Código de maneira distinta, acompanhando, assim, a visão crítica de Gisela Sampaio e Ferreira da Silva, *in verbis:* "Asimismo se repitió cai exactamente la disposición relativa al carácter inmediato y directo del daño resarcible (Cc. Br. Art. 403), aunque esta elección es objeto de críticas por parte de la doctrina, porque se dice que tal disposición es obscura, insuficiente y mal colocada, pues debería haber sido incluida en el título relativo a la responsabilidad civil. Estimamos que la autora de esta crítica tiene razón, en cuanto lac conservación de la expresión "daños inmediactos y directos" hace que se prolonguen al nuevo código todas las discusiones relativas al verdadero sentido de la expresión y, además, *visto que hoy en día es plenamente aceptado que ella se refiere al nexo de causalidade en general,* es decir, se aplica tanto *an* como al *quantum* de la responsabilidad contractual y responsabilidad extracontractual, lo más lógico sería que tuviera una colocación acorde con este rol. Sin embargo, ante la falta de una fórmula que ilustre de mejor manera el sentido de la norma, debemos aceptar que fue la mejor decisión, cuando menos así se evitó el surgimiento de nuevos conflictos". Grifei). REIS, Iuri. *Danos Patrimoniais.* Uma perspectiva Pragmática. Rio de Janeiro: Lumen Juris Direito, 2017, p. 97-126; TEPEDINO, Gustavo; TERRA, Aline de Miranda Valverde; GUEDES, Gisela Sampaio da Cruz. *Fundamentos de Direito Civil.* Responsabilidade Civil. Volume 4. Rio de Janeiro: Gen-Forense, 2020, p. 89.

8 COUTO E SILVA, Clóvis. *Principes fondamentaux de la responsabilité civile:* Cours fait dans l'Université de Paris XII. Paris: Universidade de Paris XII, 1988, p. 34.

9 MARTINS-COSTA, Judith; ZANETTI, Cristiano. Responsabilidade Contratual: prazo prescricional de 10 anos. São Paulo, *Revista dos Tribunais*, ano 106, vol. 979, p. 215-241, mai./2017, p. 240-241; STJ. EREsp 1.281.594. Corte Especial. Relator para acórdão Min. Felix Fischer. Julgado em 15 de maio de 2019.

10 MARTINS-COSTA, Judith; ZANETTI, Cristiano. Responsabilidade Contratual: prazo prescricional de 10 anos. São Paulo, *Revista dos Tribunais*, ano 106, vol. 979, p. 215-241, mai./2017, p.

paração dos danos contratuais exige uma etapa metodológica inescapável: a interpretação do contrato.

Os contratantes podem disciplinar os riscos sobre acontecimentos futuros, não podendo o intérprete simplesmente fazer tábula rasa do pactuado. Podem os contratantes, por exemplo, prefixar o dano e limitar ou excluir a responsabilidade. A existência do momento prévio em que disciplinam os riscos ocorre somente na responsabilidade contratual[11]. No plano teórico, a partir da distinção entre causalidade e imputação, a primeira compreendida como a relação entre o dano e a sua causa, e a segunda como a atribuição do dever de indenizar, constata-se que na responsabilidade negocial "muitas vezes o negócio jurídico que estabelece a base para imputação"[12].

Partindo do texto do art. 403, é evidente que sendo aplicável à responsabilidade contratual, "a inexecução" será sinônimo de inadimplemento contratual. Assumindo-se que o contrato é a figura por excelência da distribuição de riscos, ato de *previsão* em relação a riscos e eventos futuros, a compreensão da causalidade a envolver relações contratuais somente poderá ser feita se seguido um passo prévio: será imprescindível extrair da realidade a existência e os contornos do acordo de vontades. A interpretação do contrato é um *prius* lógico, inafastável. Antes de analisar se a consequência era previsível, o reconhecimento do poder autorregulador das partes implica compreender o que foi previsto. Não é a extirpação do polêmico parágrafo único do art. 1.059 do Código Civil de 1916 que torna irrelevante aquilo que foi previsto pelas partes.

233-234; MARTINS-COSTA, Judith. *Comentários ao Novo Código Civil.* Do Inadimplemento das Obrigações. 2ª ed. Volume V. Tomo II. Rio de Janeiro: Forense, 2009, p. 157-160.

11 MARTINS-COSTA, Judith; ZANETTI, Cristiano. Responsabilidade Contratual: prazo prescricional de 10 anos. São Paulo, *Revista dos Tribunais*, ano 106, vol. 979, p. 215-241, mai./2017, p. 235; SAN MARTÍN, Lílian. La previsibilidad como límite al ressarcimento del daño por incumplimiento contractual. In: TURNER, Susan; VARAS, Juan Andres. (Orgs). *Estudios de Derecho Civil IX.* Santiago: Thomson Reuters, 2013, p. 666-667.

12 FERREIRA DA SILVA, Jorge Cesa. *Inadimplemento das obrigações.* São Paulo: Revista dos Tribunais, 2006, p. 178.

Quando os contratos são formalizados em documentos escritos, cumpre compreender qual o plano de distribuição de riscos querido. A compreensão da letra do instrumento será o ponto de partida na tarefa de interpretação[13]. O plano de distribuição de riscos, porém, não está restrito à letra do contrato, tampouco o instrumento escrito tem a virtualidade de criar um sistema desgarrado da ordem jurídica. As regras jurídicas podem incidir de duas formas: vedando o poder autorregulador, impedindo que determinada escolha seja adotada, porque violadora de valores cogentes, ou suplementando a ausência de escolha das partes, quando forem dispositivas — e, por isso, também referidas como supletivas[14].

O que se viu no Capítulo 2.2 é a inexistência de uma regra supletiva, ao menos de modo claro e contundente, no Direito brasileiro, de limitação da indenização àquilo que o futuro inadimplente poderia prever no momento da contratação. Tomada a acepção de *consequential damages* como *special damages*, simplesmente provadas estas circunstâncias especiais, danos verificados a partir destas seriam indenizáveis. Assim o foi no caso *Só Máquinas Comércio de Equipamentos Industriais v. Serviço de Guinchos Caxiense LTDA (Brasil, 2007)*[15]: provada a pré-existência de contrato de aluguel da máquina transportada, e em virtude desta ter sofrido avaria que lhe inutilizou durante o transporte, o transportador foi tido como responsável pelos lucros cessantes calculados durante todo o período do contrato de aluguel.

---

13 MARINO, Francisco Paulo De Crescenzo. *Interpretação do Negócio Jurídico*. São Paulo: Saraiva, 2011, p. 163-175.

14 REALE, Miguel. *Lições Preliminares de Direito*. 27. edição. São Paulo: Saraiva, 2013, p. 134; PONTES DE MIRANDA, Francisco Cavalcanti. *Tratado de Direito Privado*. Tomo I. Atualizado por Judith Martins-Costa, Gustavo Haical e Jorge Cesa Ferreira da Silva. São Paulo: Revista dos Tribunais, 2012, § 18, 1-2, p. 119-123.

15 TJRS. Ap. Cív. n. 70017845173. Décima Primeira Câmara Cível. Relator Des. Bayard Ney de Freitas Barcellos. Julgado em 13 de junho de 2007.

Ora, a existência de contrato de aluguel da máquina que estava sendo transportada era uma circunstância especial em relação à prestação que cabia ao transportador (o transporte de máquinas). A perquirição sobre a informação especial ser de conhecimento do transportador, quando contratou, foi absolutamente desconsiderada no julgamento da questão. Os danos, que muito bem poderiam ser classificados, em retrocomparação, como *consequential damages*, foram indenizados, sequer sendo questionada a sua previsibilidade no momento da contratação.

A solução jurídica se mostra correta? Supondo, por exemplo, que o contrato de aluguel não fosse de um ano, mas de dois ou dez anos: seria correto entender que o transportador deveria ser responsabilizado por todos os lucros que o aluguel da máquina seria capaz de produzir no período seguinte?

Situação semelhante foi julgada pela *House of Lords* britânica no caso *The Achilleas (Reino Unido, 2008)*[16]. Os fatos são semelhantes, mas a solução final foi radicalmente oposta ao julgado brasileiro. Rememore-se brevemente que naquele caso estava em pauta uma locação de navio comercial cuja restituição atrasou. Em virtude do atraso, o proprietário do navio foi obrigado a renegociar, por um preço menor, o valor da locação para o período subsequente de dois anos, com o que teve redução da margem de lucro neste novo contrato, pois a renegociação, para os dois anos seguintes, lhe foi prejudicial. A decisão judicial não considerou a redução da margem de lucros (os *consequential damages*) indenizáveis. Admitindo-se a decisão no caso *Só Máquinas Comércio de Equipamentos Industriais v. Serviço de Guinchos Caxiense LTDA (Brasil, 2007)* como conforme ao Direito Brasileiro, seriam tão radicalmente diversas as soluções da *common law* e as do Direito brasileiro?

16 Reino Unido. United Kingdom House of Lords Decision. *Transfield Shipping Inc. v Mercator Shipping Inc.* Julgado em 9 de julho de 2008. *The Achilleas.* Analisado, *supra*, item 1.3.1.1.

Dadas essas linhas gerais, cumpre analisar os danos diretos na responsabilidade contratual levando-se em consideração a aproximação dos *consequential damages* com a noção de *indirect damages*. Trata-se de outra visão a respeito dos *consequential damages*, que não os entende como a figurar na "segunda regra de *Hadley*". De acordo com essa visão, há "um único princípio" naquele caso seminal.

O exame é dividido em quatro partes. Para tanto, em primeiro lugar, verifica-se as diferentes acepções de dano indireto conforme o Direito brasileiro (*Capítulo 2.3.1*), admitindo-se uma delas para propor a tradução de *consequential damages* em termos jurídicos brasileiros: dano extrínseco (*Capítulo 2.3.2*). Como reflexo da Primeira Parte, a discussão acaba por avançar além deste que era o objetivo inicial da investigação. Ora à luz da causalidade normativa — e não da previsibilidade no sentido subjetivo —, enfoca-se a definição do conteúdo contratual como passo prévio à determinação da causalidade da inexecução na responsabilidade contratual (*Capítulo 2.3.3*). Por fim, analisa-se a evitabilidade, rechaçando-se a tradução de *consequential damages* como prejuízos consequentes (*Capítulo 2.3.4*).

2.3.1. DANO INDIRETO (OU MEDIATO), ACEPÇÕES

Os *consequential damages* por vezes são referidos como *indirect damages*. A tradução literal de *indirect damage* é evidente: "dano indireto". Nos termos do art. 403 do Código Civil, o dano indireto não deve ser indenizado. A letra expressa do Código assim indica. Logo, traduzindo-se *consequential damages* como danos indiretos, nunca seriam indenizáveis.

A partir desse raciocínio, surge prontamente uma pergunta: o silogismo é correto?

A resposta é negativa. Por ao menos duas razões, a tradução simples de *consequential damages* como "dano indireto" revela-se insuficiente. Em primeiro lugar, é imprescindível assinalar, com maior vagar, o que se entende como "dano indireto" no Direito brasileiro para poder comparar, pois há evidente polissemia no emprego da expressão. Muitas vezes admite-se a indenizabilidade de "danos indiretos". Em segundo lugar, à medida que os debates doutrinários se centram em "teorias para explicar o nexo de causalidade", acabam, por vezes, por deixar de lado a compreensão e explicitação da ligação destas teorias com o texto legal.

Com efeito, diversas teorias foram formuladas para explicar a relação de causalidade. Não se adentrará em detalhes sobre a linha histórica de desenvolvimento de uma e de outra, já traçada pela doutrina brasileira[17], ou em análise estatística a respeito da jurisprudência atual, para assinalar qual teoria tem prevalecido nos tribunais pátrios. Se é verdade que "ninguém até hoje, nem entre nós, nem nos sistemas jurídicos com idêntico preceito, conseguiu explicar em termos satisfatórios, juridicamente razoáveis, quais serão esses danos que devem ser considerados 'efeito direto e imediato"[18], não se tem a ousada pretensão de responder de maneira definitiva à questão neste estudo comparativo. Como se viu ao analisar o caso *The Wagon Mound I (Reino Unido, 1961)*, o problema também se faz presente na *common law*[19].

Inicie-se por equiparar os sentidos normativos das expressões. *Direto* pode ser tido como sinônimo de *imediato*, ou seja, a dicotomia entre direto e indireto é a mesma entre imediato e mediato[20]. Pode-se fazer referência

---

17 ALVIM, Agostinho. *Da Inexecução das Obrigações e suas Conseqüências*. 5ª ed. São Paulo: Saraiva, 1980, § 215-222, p. 342-356 (embora adjetive como "fastidioso" o percurso teórico sobre tais teorias, § 215, p. 342); CRUZ, Gisela Sampaio da. *O Problema do Nexo Causal na Responsabilidade Civil*. Rio de Janeiro: Renovar, 2005, p. 33-122. MARTINS-COSTA, Judith. *Comentários ao Novo Código Civil*. Do Inadimplemento das Obrigações. 2ª ed. Volume V. Tomo II. Rio de Janeiro: Forense, 2009, p. 199-215; SANSEVERINO, Paulo de Tarso Vieira. *Princípio da reparação integral*. Indenização no Código Civil. São Paulo: Saraiva, 2010, p. 153-164.

18 NORONHA, Fernando. *Direito das Obrigações*. 4ª ed. São Paulo: Saraiva, 2013, p. 619-620; CRUZ, Gisela Sampaio da. *O Problema do Nexo Causal na Responsabilidade Civil*. Rio de Janeiro: Renovar, 2005, p. 152; REIS, Iuri. *Danos Patrimoniais*. Uma perspectiva Pragmática. Rio de Janeiro: Lumen Juris Direito, 2017, p. 97.

19 Reino Unido. Privy Council. *Overseas Tankship (U.K.) Limited. V. Morts Dock & Engineering Company Limited*. Julgado em 18 de janeiro de 1961. "*The Wagon Mound I*".

20 ALVIM, Agostinho. *Da Inexecução das Obrigações e suas Conseqüências*. 5ª ed. São Paulo: Saraiva, 1980, § 222, p. 356-360.

a, pelo menos, quatro sentidos da dicotomia, com o que se tem quatro acepções de dano indireto (ou mediato)[21].

Em primeiro lugar, indireto refere-se a dano que ocorre na esfera jurídica de uma pessoa, mas que atinge também a esfera jurídica de terceiro, pela existência de relação jurídica entre o terceiro e a pessoa inicialmente atingida. Em segundo lugar, indireto qualifica o dano que ocorre muito tempo depois do ilícito, sendo a nota distintiva justamente o elemento temporal. Em terceiro, o adjetivo serve para referir à situação na qual o prejuízo é causado por sequência causal iniciada por fato inicial, mas que só veio a ocorrer em função da ocorrência de um segundo fato, que se interpõe entre o ato lícito e o dano. No quarto sentido, o foco é a *inexecução* da obrigação *contratual em si*. Ou seja, a mera etiquetagem de dano como indireto para fins de rechaçar a sua indenizabilidade pode levar a resultados injustos.

Os dois primeiros sentidos têm como fulcro a adjetivação da palavra "dano". O terceiro, busca explicitar a relação de causalidade. Para melhor delimitar o que se entende como termo "inexecução do contrato em si", reserva-se a esta última acepção item em apartado, a qual tem o condão de permitir a qualificação dos *consequential damages* em termos jurídicos brasileiros (*Capítulo 2.3.2*). Veja-se cada um desses sentidos.

21 Haveria ainda um quinto sentido, a considerar o dano moral como dano mediato e o patrimonial, imediato. Assim está, por exemplo, em ASSIS, Araken de. Liquidação do dano. *Revista dos Tribunais*, vol. 759, jan./1999, p. 11-3, § 2; BAPTISTA, Silvio Neves. *Teoria Geral do Dano*. São Paulo: Atlas, 2003, p. 78; REIS, Iuri. *Danos Patrimoniais*. Uma perspectiva Pragmática. Rio de Janeiro: Lumen Juris Direito, 2017, p. 113. Por esta investigação ter como enfoque o dano patrimonial, ora propõe-se a divisão em quatro acepções.

2.3.1.1. Dano por ricochete

Na primeira acepção, o dano indireto é tratado como sinônimo do "dano por ricochete", ou prejuízo reflexo[22]. Esse significado refere-se a um critério de pluralidade subjetiva. As palavras "indireto" ou "mediato" são utilizadas para referência, no plano fático, à interposição de uma pessoa, primeiramente lesada, entre o ato ilícito e o dano de que se está a tratar. Indireto corresponde à "consequência de um prejuízo direto que lesa uma primeira pessoa, mas vem a atingir uma segunda pessoa, que depende da primeira"[23]. "É aquêle que sofre alguém pelo fato de sofrer algo a pessoa intercalar"[24]. Diz-se *indireto* ou *mediato*, pois o prejuízo ou não ocorre na esfera jurídica daquela que seria a primeira vítima, ou vítima direta, mas também na de outra, que mantém relação jurídica com a vítima direta.

22 COUTO E SILVA, Clóvis do. O conceito de dano no direito brasileiro e comparado. In: FRADERA, Vera (Org.). *O Direito Privado brasileiro na visão de Clóvis do Couto e Silva*. Porto Alegre: Livraria do Advogado, 1997, p. 224-225; COUTO E SILVA, Clóvis do. *Principes fondamentaux de la responsabilité civile:* Cours fait dans l'Université de Paris XII. Paris: Universidade de Paris XII, 1988, p. 54-55; SANSEVERINO, Paulo de Tarso Vieira. *Princípio da reparação integral*. Indenização no Código Civil. São Paulo: Saraiva, 2010, p. 175-178; 206-241; 293-295 (com enfoque no dano-morte); NANNI, Giovanni. A fixação do dano na jurisprudência arbitral. In: *Direito Civil e Arbitragem*. São Paulo: Atlas, 2014, p.68.

23 MARTINS-COSTA, Judith. *Comentários ao Novo Código Civil*. Do Inadimplemento das Obrigações. 2ª ed. Volume V. Tomo II. Rio de Janeiro: Forense, 2009, p. 208, p. 214, p. 530 (também assinalando tratar-se de "dano reflexo" ou "prejuízo indireto"); PONTES DE MIRANDA, Francisco Cavalcanti. *Tratado de Direito Privado*. Tomo XXII. Rio de Janeiro: Borsoi, 1958, § 2.722, 1, p. 206, *in verbis:* "De regra, o dano, que se há de indenizar, é o *dano imediatamente sofrido*, e não o dano causado a terceiros (dano mediatamente sofrido). Mas há exceções. Por exemplo: no caso de homicídio, a indenização abrange o luto da família e a prestação de alimentos às pessoas a quem o defunto os devida (Código Civil, arts. 1.537, II, 1.545 e 1.546)". Ainda o tratadista, mais adiante no tratado, trata como "diretos" os danos sofridos por ricochete: "Cumpre que não se confunda com a legitimação do terceiro a legitimação de quem *também* foi ofendido. Assim, se, na ocasião do homicídio de A, B, sua mulher ou sua filha, ou seu filho, sofre depressão nervosa, que lhe cause danos apreciáveis, B também foi ofendido: a lesão foi *direta*". PONTES DE MIRANDA, Francisco Cavalcanti. *Tratado de Direito Privado*. Tomo XXVI. Atualizado por Ruy Rosado de Aguiar Júnior e Nelson Nery Jr. São Paulo: Revista dos Tribunais, 2012, § 3.106, 1, p. 88-89; PETEFFI DA SILVA, Rafael. *Responsabilidade Civil pela Perda de Uma Chance*. 3ª ed. São Paulo: Atlas, 2013, p. 31 (afastando "danos indiretos ou remotos"); FERREIRA DA SILVA, Jorge Cesa. *Inadimplemento das obrigações*. São Paulo: Revista dos Tribunais, 2006, p. 180; 202-203.

24 PONTES DE MIRANDA, Francisco Cavalcanti. *Tratado de Direito Privado*. Tomo LIV. Atualizado por Rui Stoco. São Paulo: Revista dos Tribunais, 2012, § 5.573, 3, p. 409.

O Direito brasileiro admite a indenizabilidade de danos por ricochete em certos casos excepcionais — vide o exemplo positivado no art. 948, II do Código Civil, segundo o qual são previstos alimentos "às pessoas a quem o morto os devia". Não se trata de discussão restrita à responsabilidade extracontratual: entre os exemplos está o de genitor que perde capacidade laborativa em virtude de um acidente de transporte coletivo, os seus filhos menores também sofrendo danos patrimoniais. E, ainda, diante da negativa de plano de saúde em cobrir o tratamento médico hospitalar de cônjuge, o Superior Tribunal de Justiça já reconheceu a titularidade de pretensão indenizatória do cônjuge supérstite que pleiteou indenização, em nome próprio, pelo prejuízo moral reflexo ao falecimento do cônjuge[25].

Em outros casos, o dano por ricochete é rejeitado[26].

Muito se tem discutido sobre a sua indenizabilidade em situações de Direito Societário, sobretudo diante de atos ilícitos praticados sob o comando de administradores de sociedades anônimas, os quais vem a causar diminuição no valor das ações, com isso alegadamente atingindo o patrimônio dos acionistas[27]. Segundo aqueles que defendem a sua ir-

25 STJ. REsp 530602/MA. Relator Min. Castro Filho. Julgado em 29 de outubro de 2003. Referido por MARTINS-COSTA, Judith. *Comentários ao Novo Código Civil.* Do Inadimplemento das Obrigações. 2ª ed. Volume V. Tomo II. Rio de Janeiro: Forense, 2009, p. 531.

26 Exemplo é o do dano reflexo na hipótese de um dos sócios da sociedade ter sido morto, daí decorrendo perdas de receitas para os outros sócios ou mesmo para a sociedade, referido por: COUTO E SILVA, Clóvis do. *Principes fondamentaux de la responsabilité civile:* Cours fait dans l'Université de Paris XII. Paris: Universidade de Paris XII, 1988, p. 55; e por MARTINS-COSTA, Judith. *Comentários ao Novo Código Civil.* Do Inadimplemento das Obrigações. 2ª ed. Volume V. Tomo II. Rio de Janeiro: Forense, 2009, p. 532-533 A relação jurídica que tutelaria o interesse dos demais sócios ou da sociedade na "manutenção da vida" do sócio falecido amparararia, ao menos em tese, a discussão sobre a ressarcibilidade dos prejuízos sofridos pela sociedade. Caso no qual a discussão se pôs dessa forma inadmitiu os lucros cessantes que escritório de advocacia alegou ter sofrido em função de funcionárias e sócias terem falecido no desastre aéreo do aeroporto de Congonhas, ocorrido no ano de 2007. Referido por MARTINS, Fábio Floriano de Melo. *A Interferência Lesiva de Terceiro na Relação Obrigacional.* São Paulo: Almedina, 2017, p. 210-212.

27 Vide, *e.g.* WEBER, Ana. *Responsabilidade Societária.* Danos causados pelos administradores. São Paulo: Quartier Latin, 2021, p. 173-252. Em contraposição, argumentando pela legitimidade do interesse dos acionistas: CARVALHOSA, Modesto; LEÃES, Luis Gastão Paes de Barros; WALD, Arnoldo. *A Responsabilidade Civil da Empresa Perante os Investidores.* Contribuição à Modernização e Moralização do Mercado de Capitais. São Paulo: Quartier Latin, 2018, *passim.*

reparabilidade, o dano é tido como indireto ao acionista pelo argumento de que quem o sofre, na verdade, é a sociedade[28].

Nessa acepção, o dano indireto refere-se a um critério de pluralidade subjetiva: um único fato produz efeitos na esfera jurídica de mais de uma vítima. Para preservar a coerência do Ordenamento e justificar a indenizabilidade de tais danos indiretos, é de se ter em conta que o dano não se resume a lesões a bens ou pessoas (nas acepções físicas, materiais, que essas palavras inegavelmente conotam). Ao se reconhecer interesse jurídico na posição de dependente, na hipótese do art. 948, II, tutela-se essa também como vítima do ato ilícito, ainda que não tenha sido vítima da lesão física.

Ademais, dano "reflexo" também é expressão tautológica: todo dano é *reflexo* de um ato. Se o relevante são "os reflexos do ato no patrimônio, ou nas necessidades espirituais, legitimamente reconhecidas, da vítima"[29], pode-se dizer que o art. 948, II do Código Civil, enseja uma violação a um interesse de uma vítima "direta" e não indireta. Não é o corpo da vítima de uma lesão física, mas a relação, reconhecida e tutelada pelo direito, entre a pessoa ferida e o terceiro, tido por "vítima indireta", que merece tutela. O critério central para delimitar a indenizabilidade do dano nesses casos será a legitimidade do interesse.

Se é verdade que o dano pode ser indireto pela pluralidade de vítimas, também é verdade que a vítima original pode sofrer mais de um tipo de prejuízo. Segundo esse critério classificatório, o dano por ricochete é espécie de *consequential damage*; mas nem todo *consequential damage* é um dano por ricochete. A acepção não exaure os significados de "direto e imediato", por se cingir a aspecto de mudança subjetiva.

---

28 WEBER, Ana. *Responsabilidade Societária.* Danos causados pelos administradores. São Paulo: Quartier Latin, 2021, p. 235-241.

29 FERREIRA DA SILVA, Jorge Cesa. *Inadimplemento das obrigações.* São Paulo: Revista dos Tribunais, 2006, p. 156.

2.3.1.2. Dano temporalmente distante

O segundo sentido de dano indireto tem o tempo como elemento de definição. O dano será indireto ou mediato se verificado muito posteriormente em relação ao ato ilícito que supostamente é sua causa. Nessa acepção, enquanto o dano direto é a consequência imediata, o dano indireto "decorre de circunstâncias ulteriores que agravam o prejuízo diretamente suportado"[30]; "se manifesta no tempo que há de vir, seja porque a lesão é permanente ou repetida — por exemplo, a perda da visão — seja porque sua ocorrência se dará mais adiante"[31].

Essa acepção tem também problemas operativos à luz do art. 403, porque, pelo máximo, sugere uma regra tendencial: não serve como critério jurídico definitivo a respeito da indenizabilidade dos danos. Dito de outra maneira: por vezes se admite a indenizabilidade de danos mediatos no tempo.

Fundamentalmente, a lógica evidencia que o prejuízo é sempre posterior, no tempo, à sua causa[32]. O tempo é um indício — e, fora de dúvidas, um dos melhores — para se determinar a relação entre o descumprimento e os seus efeitos. Quanto mais próximos temporalmente forem verificados os prejuízos, mais provável é a ligação causal com o descumprimento. A probabilidade é mais elevada, porque não se põem outros potenciais cursos causais alternativos para a consumação dos prejuízos. Quanto mais passa o tempo, maior é a chance de outra causa, ou sequência causal, interromper o nexo de causalidade entre o ilícito e o resultado danoso.

---

30 *E.g.* GOMES, Orlando. *Responsabilidade Civil.* 11ª. ed. Atualizado por Edvaldo Brito.Rio de Janeiro: Forense, 2011, § 53, p. 78.

31 ASSIS, Araken de. Liquidação do dano. *Revista dos Tribunais*, vol. 759, jan./1999, p. 11-3, § 2

32 MARTINS-COSTA, Judith. *Comentários ao Novo Código Civil.* Do Inadimplemento das Obrigações. Vol. V. Tomo II. 2. ed. Rio de Janeiro: Forense, 2009, p. 533. Nesse mesmo entendimento: NORONHA, Fernando. *Direito das Obrigações.* 4ª ed. São Paulo: Saraiva, 2013, p. 603-605; GUEDES, Gisela Sampaio da Cruz. *Lucros Cessantes*: do bom-senso ao postulado normativo da razoabilidade. São Paulo: Revista dos Tribunais, 2011, p. 58.

Porém, o efeito "imediato" é aquele *logicamente* imediato[33], entendendo-se por lógico o que se diferencia em relação ao meramente empírico. A existência de circunstância ulterior não afasta *per se* a sequência causal. O dano remoto, no tempo, poderá ser indenizável, desde que o inadimplemento seja a sua causa necessária. Pode haver instantaneidade entre a causa e o efeito. Por mais veloz ou até simultâneo que o prejuízo possa ser, a consequência sempre é futura em relação à causa. Prejuízos que ocorram mesmo muito tempo depois do ato ilícito, se forem necessariamente decorrentes deste, sem a interrupção de outras causas, serão indenizáveis.

Entre os exemplos, no art. 949 do Código Civil estabelece-se que o ofensor indenizará o ofendido das despesas do tratamento e dos lucros cessantes "até o fim da convalescença, além de algum outro prejuízo que o ofendido pode haver sofrido". No caso *Só Máquinas Comércio de Equipamentos Industriais v. Serviço de Guinchos Caxiense LTDA (Brasil, 2007)*, os aluguéis da máquina avariada no transporte foram devidos conforme o período posterior de um ano[34]. Os danos são mediatos, por se produzirem muito depois do ato ilícito, mas foram considerados indenizáveis.

A solução do caso não está isenta a críticas. Anote-se, mudando o exemplo para pôr em evidência um problema: se o cenário fático fosse distinto, sendo o período do contrato de aluguel duas ou até dez vezes maior, não bastaria afirmar que os danos foram gerados pelo inadimplemento. A análise de sua necessariedade passaria pela perquirição concreta sobre o cabimento de terem sido adotadas outras medidas pelos proprietários do equipamento. Seguindo-se essa lógica, aliás, até mesmo o montante atinente aos aluguéis durante o período de um ano subsequente, naquele caso concreto, seria passível de ser questionado.

---

33 ALVIM, Agostinho. *Da Inexecução das Obrigações e suas Conseqüências*. 5ª ed. São Paulo: Saraiva, 1980, p. 380-381; COUTO E SILVA, Clóvis do. Dever de Indenizar. In: FRADERA, Véra. (Org.). *O Direito Privado brasileiro na visão de Clóvis do Couto e Silva*. 2ª ed. Porto Alegre: Livraria do Advogado, 2014, p. 186; PETEFFI DA SILVA, Rafael. *Responsabilidade Civil pela Perda de Uma Chance*. 3ª ed. São Paulo: Atlas, 2013, p. 24 e 40; CRUZ, Gisela Sampaio da. *O Problema do Nexo Causal na Responsabilidade Civil*. Rio de Janeiro: Renovar, 2005, p. 103, A mesma autora também em: *Lucros Cessantes*: Do bom-senso ao postulado normativo da razoabilidade. São Paulo: Revista dos Tribunais, 2011, p. 82.

34 TJRS. Ap. Cív. n. 70017845173. Décima Primeira Câmara Cível. Relator Des. Bayard Ney de Freitas Barcellos. Julgado em 13 de junho de 2007.

Para o que ora concerne, como o "mediato" nem sempre é instantâneo, por vezes o dano que ocorre muito depois do inadimplemento ainda assim pode ser indenizável. Essas considerações abrem caminho para uma terceira clivagem, a partir da qual danos diretos são indenizáveis e indiretos não o são.

2.3.1.3. Dano não necessário

Danos podem ser necessários ou não necessários, sendo diretos ou indiretos. Nesse sentido, os qualificativos diretos ou imediatos não dizem respeito propriamente ao prejuízo. A ideia subjacente é a de indicar uma relação de necessariedade entre a causa e o dano. Se "[a] causa direta e imediata nem sempre é a mais próxima do dano, mas, sim, aquela que necessariamente o ensejou"[35], remanesce a questão: como determinar qual é *a causa necessária*?

No Direito brasileiro, o dano será necessariamente decorrente de uma causa se esta for a sua "causa exclusiva, dispensadas outras causas"[36]. O dano é direto se for consequência exclusiva da causa. Por oposição, indireto diz respeito à interposição de outro fato ou conduta no espaço lógico-temporal entre a conduta ilícita tida como causadora e o prejuízo. Esse outro fato ou conduta pode implicar concorrência de causa para a geração do prejuízo. O ponto fundamental será entender se o novo fato ou conduta interrompe o nexo causal ou se há concorrência de causas, como se verá a seguir.

Antes de analisar essa relação, porém, para apurar a relação causal, o primeiro passo parece ser identificar um prejuízo em concreto, assim recomendando Agostinho Alvim. Falar em "os danos emergentes" ou "os lucros cessantes" é excessivamente abstrato. Trata-se de categorias

---

35 CRUZ, Gisela Sampaio da. *O Problema do Nexo Causal na Responsabilidade Civil.* Rio de Janeiro: Renovar, 2005, p. 103.

36 ALVIM, Agostinho. *Da Inexecução das Obrigações e suas Conseqüências.* 5ª ed. São Paulo: Saraiva, 1980, p. 347.

que não carregam, sozinhas, o critério de serem ou não indenizáveis. É imprescindível analisar o prejuízo individualmente, cindindo-se a análise. Exemplo eloquente é a divisão em *Hector Martinez v. Southern Pacific Transport (EUA, 1979)*[37] a respeito dos lucros cessantes durante o período de atraso da máquina, de um lado, e os lucros cessantes durante o período de conserto da máquina entregue com defeitos, de outro. Assim também a clivagem entre os custos com a compra, instalação e comissionamento do sistema regenerador térmico de ar, de um lado, e os custos com dispêndio extra de energia em função do equipamento não funcionar, de outro, do caso *Environmental v. Peerless (Australia, 2008)*[38]. O exame da causalidade há de ser feito para cada rubrica concretamente considerada.

Por óbvio, se a identificação é imprescindível em relação a parcelas de perdas e danos reconhecidas como categorias no Direito brasileiro ("os danos emergentes", "os lucros cessantes"), tanto mais se faz imprescindível a identificação de um prejuízo qualificável como *consequential damage*, no singular. Para fins de precisão de método, cumpre falar em prejuízo direto, no singular, e não em prejuízos diretos.

Individualizado o dano, cabe individualizar, também, a causa. O dano decorrerá direta e imediatamente daquela causa quando for sua "causa exclusiva, dispensadas outras causas", porque dela necessariamente decorreu, *sem a interrupção de outras causas*, como a célebre proposta de Agostinho Alvim.

Individualizados prejuízo e causa, e ainda tomando em consideração apenas a potencial causa — o inadimplemento, na responsabilidade contratual — há de se perquirir se é adequada a produzir o dano. Por sua vez, esse exame é feito em duas etapas.

---

37 Estados Unidos da América. United States Court of Appeals. Fifth Circuit. *Hector Martinez Co. v. Southern Pacific Transport.* Julgado em 20 de dezembro de 1979.

38 Austrália. Supreme Court of Victoria. Court of Appeal. *Environmental Systems Pty Ltd v Peerless Holdings Pty Ltd.* Julgado em 26 de fevereiro de 2008.

Na primeira, *in abstracto*, averigua-se se o descumprimento teria idoneidade para causar os danos segundo um raciocínio baseado na probabilidade. Também dita como "adequação geral", remete a juízo de normalidade. "O curso normal das coisas" é o critério a ser levado em consideração nessa primeira etapa.

Tomando o *id quod plerumque accidit*, o observador deve mentalmente eliminar o descumprimento como causa do dano sofrido pela parte lesada. Desaparecendo o dano, este poderá ter sido a causa, mas se persistir, não o será. O exame da idoneidade é estatístico e não naturalístico, pois a causação entre fato e dano é probabilística, não se exigindo determinismo absoluto[39]. Considera-se adequado o fato que "em geral e não em circunstâncias especiosas, totalmente inverossímeis e que no curso normal das coisas não devem ser consideradas, tenha sido adequado ao surgimento de determinado efeito"[40]. Há causação entre fato e dano "quando este fosse consequência normalmente previsível daquele, de acordo com o *id quod plerumque accidit*, isto é, conforme as regras da experiência comum"[41].

---

39 PONTES DE MIRANDA, Francisco Cavalcanti. *Tratado de Direito Privado.* Tomo XXII. Rio de Janeiro: Borsoi, 1958, § 2.717, 4, p. 184. ALVIM, Agostinho. *Da Inexecução das Obrigações e suas conseqüências.* 5a. ed. São Paulo: Saraiva, 1980, § 213, p. 341.

40 COUTO E SILVA, Clóvis do. Dever de Indenizar. In: FRADERA, Véra. (Org.). *O Direito Privado brasileiro na visão de Clóvis do Couto e Silva.* 2ª ed. Porto Alegre: Livraria do Advogado, 2014, p. 186 (fazendo referência à doutrina alemã).

41 NORONHA, Fernando. *Direito das Obrigações.* 4. ed. São Paulo: Saraiva, 2013, p. 609-610, p. 636. Em sentido semelhante, MARINO, Francisco Paulo De Crescenzo. Perdas e Danos. In: LOTUFO, Renan; NANNI, Giovanni Ettore (Coord.). *Obrigações.* São Paulo: Atlas, 2011, p. 683. (aludindo ao temo imprevisível em exemplo tópico e concluindo haver "duas vertentes principais da teoria da causalidade adequada. Para a primeira, dita restritiva ou positiva, haverá nexo de causalidade adequada entre fato e dano sempre que este for uma 'consequência normal ou típica do fato'". Para a segunda vertente, dita ampla ou negativa, devida a Enneccerus-Lehman, "'o dano não pode ser considerado, em sentido jurídico, consequência do fato em questão, quando este, dada a sua natureza geral, for totalmente indiferente para o nascimento de semelhante dano, tendo chegado a ser condição do dano somente por consequência de outras circunstâncias extraordinárias, ou seja, se era inadequado para produzir o dano'")

Ultrapassada essa adequação geral, move-se à segunda fase. Nesta, promove-se o juízo de *prognose póstuma*[42], não em abstrato, mas voltado a determinar a idoneidade concreta da causa. O juízo será feito em retrospectiva, com marco temporal fixado no momento da prática do ilícito. Analisam-se elementos concretos para a definição sobre a adequação específica[43]. Toma-se em consideração o grau de probabilidade de que o evento futuro semelhante venha a ocorrer[44]. A causa será necessária se, tomados os elementos concretos, foi apta a produzir aquele dano. A segunda fase requer ilustração e aprofundamento, sobretudo à luz da causalidade sucessiva (em sua feição negativa, a interrupção do nexo).

O caso *Sotto Mayor v. BNB, (Brasil, 2016)*[45] é exemplo eloquente da necessidade de análise da idoneidade concreta da causa. Naquele caso, o julgado de segundo grau havia definido que os lucros cessantes pela negativação indevida de empresa que foi à bancarrota deveriam ser pagos até a data do efetivo pagamento da indenização — o que significaria lucros cessantes durante 25 anos. Com base em atento exame às peculiaridades do caso concreto, o termo *ad quem* dos lucros cessantes foi limitado a quatro anos. Ou seja, desde a negativação, até a data da derrocada da empresa. Havendo outras causas a colaborar ao encerramento das atividades da empresa e não havendo probabilidade suficiente de que a empresa seria lucrativa durante os 25 anos que se seguiram à negativação indevida, foi, em atenção à prova produzida, limitada a indenização.

---

42 MARTINS-COSTA, Judith. *Comentários ao Novo Código Civil.* Do Inadimplemento das Obrigações. 2ª ed. Volume V. Tomo II. Rio de Janeiro: Forense, 2009, p. 499; CARVALHO, Ana Mafalda Soares de. *O Dano Consequencial.* A questão da causalidade. Faculdade de Direito da Universidade Católica Portuguesa. Escola do Porto. Dissertação de Mestrado, 2017, p. 3- 4.

43 COUTO E SILVA, Clóvis do. Dever de Indenizar. In: FRADERA, Véra. (Org.). *O Direito Privado brasileiro na visão de Clóvis do Couto e Silva.* 2ª ed. Porto Alegre: Livraria do Advogado, 2014 p. 187.

44 CARPES, Arthur Thompsen. *A prova do nexo de causalidade na responsabilidade civil.* São Paulo: Revista dos tribunais, 2016, p. 172.

45 STJ. REsp 1553790/PE. Terceira Turma. Relator Min. Ricardo Villas Bôas Cueva. Julgado em 25 de outubro de 2016. Analisado *supra*, Capítulo 2.2.2.4.2.

É bem verdade que vários eventos podem contribuir para a produção de determinado dano, cabendo a realização de um teste para a averiguação de qual — ou quais — foi a causa *mais adequada*[46], de acordo com todas as circunstâncias concretas. Partindo do inadimplemento como supostamente causador do dano analisado, o olhar não se centra apenas neste.

É comum cogitar-se a ocorrência de dano indireto quando o fato inicial não gera o prejuízo, constatando-se a ocorrência, no mundo empírico, de outro fato, ou da ausência de conduta, e, só então, do prejuízo[47]. Por uma apreciação que não se pode dizer jurídica, mas naturalística, chegar-se-ia à conclusão de que o dano indireto nunca é indenizável. Se não foi o inadimplemento que gerou o dano, mas outro fato ocorrido após o inadimplemento e antes do dano, não há nexo de causalidade.

Entretanto, a existência no plano fenomênico de outro fato ou conduta nesse espaço entre ilícito e prejuízo não justifica que aquele dano, então classificado como indireto, deixe de ser indenizável. O nexo causal se deve apreciar em termos jurídicos — assim o é no Brasil e na *common law*[48]. Trata-se de noção jurídica, não factual. Individualiza-se uma causa, em oposição à generalização que o raciocínio da *conditio sine qua non* acarre-

46 MARTINS-COSTA, Judith. *Comentários ao Novo Código Civil.* Do Inadimplemento das Obrigações. 2ª ed. Volume V. Tomo II. Rio de Janeiro: Forense, 2009, p. 527.

47 PEREIRA COELHO, Francisco Manuel. *O Problema da Causa Virtual na Responsabilidade Civil.* Coimbra: Almedina, 1998, p. 31, citado por CRUZ, Gisela Sampaio da. *O Problema do Nexo Causal na Responsabilidade Civil.* Rio de Janeiro: Renovar, 2005, p. 155-165. Vide também MARTINS-COSTA, Judith. *Comentários ao Novo Código Civil.* Do Inadimplemento das Obrigações. 2ª ed. Volume V. Tomo II. Rio de Janeiro: Forense, 2009, p. 511-512.

48 *E.g.* Estados Unidos da América. Court of Appeals of the State of New York. *Kerr Steamship Co. v. Radio Corporation.* Julgado em 31 de maio de 1927; Reino Unido. Privy Council. *Overseas Tankship (U.K.) Limited. V. Morts Dock & Engineering Company Limited.* Julgado em 18 de janeiro de 1961. "*The Wagon Mound*" (debastadas as críticas de que o exame sobre a causa envolveria entrar em seara filosófica); Reino Unido. House of Lords. *Koufos v. C. Czarnikow, Ltd.* Julgado em 1967 *The Heron II.*; Reino Unido. United Kingdom House of Lords Decision. *Transfield Shipping Inc. v Mercator Shipping Inc.* Julgado em 9 de julho de 2008. *The Achilleas*; Reino Unido. Royal Courts of Justice. Court of Appeal (Civil Division). *Supershield Limited* v. *Siemens Building Technologies Fe. Limited.* Julgado em 20 de janeiro de 2010.

ta[49]. A clivagem fundamental estará em se reconhecer se há concorrência causal, ou interrupção do nexo[50].

O tema comporta discernir entre intrincados caminhos doutrinários. Há ao menos cinco grandes grupos de casos de concausação ou causalidade concorrente[51]. Uma dessas hipóteses diz respeito à sucessividade

---

49 À Teoria da Causalidade Adequada é atribuído o valor de tornar normativo o exame da causalidade, em reação à Teoria da Equivalência das Condições. Assim está em: COUTO E SILVA, Clóvis do. Dever de indenizar. In: FRADERA, Véra. (Org.). *O Direito Privado brasileiro na visão de Clóvis do Couto e Silva*. 2ª ed. Porto Alegre: Livraria do Advogado, 2014, p. 186. Assim defendido, por exemplo, em MARTINS-COSTA, Judith. *Comentários ao Novo Código Civil*. Do Inadimplemento das Obrigações. 2ª ed. Volume V. Tomo II. Rio de Janeiro: Forense, 2009, p. 210-216; FERREIRA DA SILVA, Jorge Cesa. *Inadimplemento das obrigações*. São Paulo: Revista dos Tribunais, 2007, p. 183-187 (afirmando, ainda, que há complementariedade entre as teorias, expressa por metáfora de círculos concêntricos, com raios distintos); PETEFFI DA SILVA, Rafael. *Responsabilidade Civil pela Perda de Uma Chance*. 3ª ed. São Paulo: Atlas, 2013, p. 40-46. Esta seria uma teoria "generalizadora" por equiparar todos os antecedentes no mundo fenomênico — as condições — como causas. (CRUZ, Gisela Sampaio da. *O Problema do Nexo Causal na Responsabilidade Civil*. Rio de Janeiro: Renovar, 2005, p. 34-52). Segundo as teorias generalizadoras, todas as condições assumiriam indistintamente o papel de causa. Considerar essas formulações teóricas faria com que todas as causas fossem aptas a gerar um sem número de prejuízos, gerando potencial de que a indenização em muito ultrapassasse os prejuízos que tenham relação com o ilícito: far-se-iam não só regressões infinitas em relação às condições que levaram aos danos, como se poderia pensar também em progressões infindáveis em relação aos prejuízos gerados pelo ilícito. Enfurnar-se-ia em "uma espiral infinita, onde entre tudo há um liame e, portanto, responsabilidade" STF. RE 130.764-1. Primeira Turma. Relator Min. Moreira Alves. Julgado em 12 de maio de 1992, Parecer do Ministério Público, p. 366. Por isso, a determinação da causa adequada é normativa, e não naturalística ou "popular" será causalmente adequada a causa que for juridicamente adequada. A causa adequada revela que a causalidade jurídica não se constitui em simples raciocínio fático de considerar a *conditio sine qua non*, dispensados demais critério valorativo. Trata-se de um juízo que visa a atribuir peso, destacar a relevância de uma causa entre as condições fáticas pretéritas da ocorrência do dano. Como todas as condições pretéritas não podem se equivaler para o cometimento do ato ilícito, é imprescindível que seja feita uma escolha entre as circunstâncias. Em síntese, o primeiro avanço é: a relação de causalidade não se expressa como fenômeno empírico, mas por juízo normativo-valorativo. COUTO E SILVA, Clóvis do. Dever de Indenizar. In: FRADERA, Véra. (Org.). *O Direito Privado brasileiro na visão de Clóvis do Couto e Silva*. 2ª ed. Porto Alegre: Livraria do Advogado, 2014, p. 186; MARTINS-COSTA, Judith. *Comentários ao Novo Código Civil*. Do Inadimplemento das Obrigações. 2ª ed. Volume V. Tomo II. Rio de Janeiro: Forense, 2009, p. 196, 197, 527. Feito esse recorte em relação a qual a causa é determinante entre as condições, tem-se o recorte a respeito dos prejuízos que dela forem resultantes. Os que forem decorrentes de meras condições, que não se classificarem como causa adequada, não o serão.

50 PEREIRA COELHO, Francisco Manuel. *O Problema da Causa Virtual na Responsabilidade Civil*. Coimbra: Almedina, 1998, p. 23-34 e p. 4 (destacando a diferença entre as hipóteses para melhor explicitar o seu objeto de estudo: uma situação específica de interrupção do nexo, na qual a causa originária geraria o efeito, não fosse a causa superveniente, mas acabou não o gerando, justamente em função da interrupção. Para esses tipos de casos caberia falar-se em causalidade virtual ou hipotética, de um lado, e causa real, do outro. Na síntese, como regra geral, entende que, o autor da causa real do dano não pode invocar a causa hipotética para liberar-se da obrigação de indenizar).

51 MARTINS-COSTA, Judith. *Comentários ao Novo Código Civil*. Do Inadimplemento das Obrigações. 2ª ed. Volume V. Tomo II. Rio de Janeiro: Forense, 2009, p. 504.

de causas. O problema que se põe é: a constatação da existência de um segundo fato, causado pelo primeiro, torna o dano que resulta do segundo fato não necessário, indireto, e, portanto, não indenizável?

A constatação da existência de um segundo fato ou conduta não exclui, automaticamente, a relevância jurídica do primeiro na causação do efeito. É admissível que haja uma cadeia causal, ou uma sucessividade de causas, sem que haja interrupção do nexo. O inadimplemento pode causar outro fato, também tido como causa, configurando-se, assim, hipótese de causalidade sucessiva[52].

Na perquirição das múltiplas causas, "a grande dificuldade se apresenta quando elas são sucessivas", assinala Agostinho Alvim[53], hipótese que interessa no exame dos danos indiretos. Cabe averiguar se o primeiro fato (no tempo) é efetivamente *causa* no sentido jurídico, isto é, se não chegou a romper o nexo causal, pois esse será o fator determinante. Só então se passa a cogitar de causalidade sucessiva, com o que o dano indireto poderá ser decorrência necessária da causa original, ou de interrupção do nexo causal, hipótese na qual o art. 403 exclui a sua indenizabilidade.

Se não houve rompimento do nexo causal o prejuízo é indenizável. Significa dizer, portanto, que o liame causal, necessário, direto e imediato, há de ter *relevo próprio*, nascendo e não sendo interrompido, em seu percurso, pela intervenção de outro fato que seja, *per se*, gerador do efeito danoso[54]. Já o rompimento (ou interrupção) do nexo causal pode

52 Hipótese na qual o exame da causalidade sucessiva se põe como imprescindível são os contratos de seguros *all risks* nos quais se prevê a cláusula de *ensuing loss*, analisados em: A Cláusula de *Ensuing Loss* nos Seguros *All Risks*. In: TZIRULNIK, Ernesto et al. (Org.). *Direito do Seguro Contemporâneo*: Edição Comemorativa dos 20 anos do IBDS. Vol. 2. São Paulo: Roncarati-Contracorrente, 2021, p. 13-44.

53 ALVIM, Agostinho. *Da Inexecução das Obrigações e suas Conseqüências*. 5ª ed. São Paulo: Saraiva, 1980, § 215, p. 347.

54 MARTINS-COSTA, Judith. *Comentários ao Novo Código Civil*. Do Inadimplemento das Obrigações. Vol. V. Tomo II. 2a ed. Rio de Janeiro: Forense, 2009, p. 513. No mesmo sentido: FERREIRA DA SILVA, Jorge Cesa. *Inadimplemento das Obrigações*. São Paulo: Revista dos Tribunais, 2006, p. 184.

se dar em três situações: por (*i*) fato exclusivo da vítima; por (*ii*) fato de terceiro; e por (*iii*) caso fortuito ou força maior[55].

Se não se chegou a romper o nexo causal na sequência de eventos, a causa estará no primeiro fato. A mera ocorrência dos fatos posteriores não interromperá o processo. Há de se estabelecer a adequação a partir de um cotejo entre os fatos posteriores e a causa tida como necessária. Os fatos subsequentes devem ser ponderados e cotejado-os com a potencial causa, para se estabelecer se interromperam, ou não, o processo causal. Se os fatos posteriores são consequências necessárias da causa inicial, ou seja, se não teriam ocorrido não fosse esta — aplicado o teste bifásico aludido *supra* —, deve-se entender que representam uma fase, ou termo, do curso causal. Se não houve outro curso causal com relevo próprio apto a interromper o processo causal em curso, as causas necessárias estarão no fluxo de acontecimentos. O dano será necessário.

Ou seja, a identificação da interrupção do nexo leva a um teste negativo: se não houve o surgimento de diverso curso causal, será então necessário, sendo indenizável. Assim está em Agostinho Alvim: "todo dano que se filia a uma causa, ainda que remota, desde que ela lhe seja causa necessária, por não existir outra que explique o mesmo dano"[56].

Sob viés positivo, pode-se levar em conta o significado de *fato necessário* definido pelo Código Civil. Além da referência à palavra "necessário" 67 vezes, em múltiplos sentidos, segundo o art. 393, parágrafo único, constante da mesma seção do art. 403, necessário é "o fato cujos efeitos não era possível evitar ou impedir". A formulação era praticamente idêntica ainda no parágrafo único do art. 1.058 do Código de 1916[57], dispositivo

---

55 MARTINS-COSTA, Judith. *Comentários ao Novo Código Civil.* Do Inadimplemento das Obrigações. Vol. V. Tomo II. 2. ed. Rio de Janeiro: Forense, 2009, p. 511-515. CRUZ, Gisela Sampaio da. *O Problema do Nexo Causal na Responsabilidade Civil.* Rio de Janeiro: Renovar, 2005, p. 165-206.

56 ALVIM, Agostinho. *Da Inexecução das Obrigações e suas conseqüências.* 5. ed. São Paulo: Saraiva, 1980, § 222, p. 356.

57 Código Civil de 1916, art. 1.058, *in verbis:* "Parágrafo único. O caso fortuito, ou de força maior, verifica-se no fato necessário, cujos efeitos não era possível evitar, ou impedir".

estruturalmente próximo aos artigos atinentes ao dever de indenizar perdas e danos na lei abrogada (artigos 1.059 e 1.060), já muitas vezes referidos.

Se "direto e imediato" significa "necessário"; e necessário significa aquele fato "cujos efeitos não era possível evitar ou impedir", há uma indicação no próprio texto da Lei a respeito do delineamento do conteúdo de "diretos e imediatos". São efeitos necessários aqueles que decorrem de fatos impossíveis de serem evitados ou impedidos pelo inadimplente. Estão fora da esfera de controle do lesante.

Não se quer com essa aproximação afirmar a hipótese de força maior ou o caso fortuito como hipótese exclusiva de interrupção do nexo causal, tampouco afirmar que a força maior afaste de pronto a responsabilidade. Quanto à primeira, a suposta vítima pode ser, na verdade, inadimplente em relação aos deveres que lhe eram atribuíveis pelo contrato, ou não ter se desincumbido de encargo que lhe caberia, como se verá a seguir (*Capítulo 2.3.4.1*). Sendo-lhe imputável o descumprimento em função de seus atos (ou omissões), tem-se hipótese de fato da vítima a interromper o nexo. O que se busca enfatizar é a interpretação intersistemática de aspecto muito pontual: o art. 403 pode ser compreendido a partir do 393, parágrafo único. Se a expressão "necessário", já oferecida pelo legislador, é idêntica a "direto e imediato", como afirmado pela doutrina, este serve de pauta de compreensão daquele. Para identificar se houve interrupção do nexo, será cabível analisar se a segunda causa (ou as sucessivas) foram necessárias em relação às antecedentes: havendo uma cadeia causal — na qual se pode elucubrar haver inúmeros fatos — o dano, ainda que "indireto", será necessário e, portanto, indenizável à luz do texto legal.

O teste bifásico para exame do nexo de causalidade toca em importantes aspectos atinentes à indenizabilidade dos danos conforme apreciados na *common law*. A díade "o que normalmente acontece" e as circunstâncias específicas do caso concreto, constante de *Hadley v. Baxendale* (*Reino Unido, 1854*), é ideia análoga àquela utilizada no teste bifásico. Contudo, a clivagem entre danos necessários e não necessários não serve a explicar a diferença entre um *direct* e um *consequential damage*. Se servisse, não se poderia admitir a indenizabilidade dos *consequential damages*.

No quarto sentido possível para explicar a distinção entre dano direto e indireto figura outro critério distintivo. Enquanto um dano ao objeto da prestação é um dano direto, ou intrínseco, quando o dano extrapola o objeto da prestação, será indireto, ou extrínseco. Eis a distinção que mais parece se coadunar com *consequential damages*, entendida a expressão como sinônima de *indirect damage*.

2.3.2. *CONSEQUENTIAL DAMAGES* SÃO PERDAS E DANOS EXTRÍNSECOS AO INADIMPLEMENTO "EM SI"

Dano indireto pode ser compreendido como dano extrínseco, ou seja, dano causado a elemento externo ao objeto da prestação. É discutível se a última acepção de dano indireto, ora destacada, é matéria de causalidade, previsibilidade ou de hermenêutica.

Como se teve ocasião de indicar no Capítulo 2.2.2.1, doutrina brasileira anterior ao Código refere a distinção entre danos intrínsecos e extrínsecos[58], aludindo também a Pothier. Na obra do autor francês, a distinção entre danos intrínsecos e extrínsecos aparece em várias oportunidades e exemplos, nos mesmos parágrafos em que aquele autor alude à previsibilidade como limite à indenização dos danos contratuais[59].

58 CARVALHO DE MENDONÇA, Manuel Ignacio. *Doutrina e Pratica das Obrigações*. Volume II. 2ª ed. Rio de Janeiro: Francisco Alves, 1911, p. 51; LACERDA DE ALMEIDA, Francisco de Paula. *Obrigações*. 2ª. ed. Rio de Janeiro: Revista dos Tribunaes, 1916, p. 174; LACERDA DE ALMEIDA, Francisco de Paula. *Dos Effeitos das Obrigações*. Rio de Janeiro: Livraria Freitas Bastos, 1934, p. 352. Mais recentemente PEREIRA, Déborah. *Indenização e Resolução Contratual*. São Paulo: Almedina/IDiP, 2022, p.270 (também alude à distinção entre danos intrínsecos e extrínsecos, com base em Pothier. Defende a indenizabilidade dos danos extrínsecos, "ao menos como regra").

59 Assim também refere SAN MARTÍN, Lílian. La previsibilidad como límite al ressarcimiento del daño por incumplimiento contractual. In: TURNER, Susan; VARAS, Juan Andres. (Orgs). *Estudios de Derecho Civil IX*. Santiago: Thomson Reuters, 2013, p. 654-655, *in verbis:* ("Más tarde, una vez desaparecida la vigencia de la Constitución [de Justiniano], Pothier, retomando una antigua distinción medieval, afirma que el deudor es responsable sólo por los daños *intrínsecos*, pero en algunos casos se obliga también a los daños *extrínsecos*, esto ocurre cuando tales daños han sido *previstos* en

Retorne-se àqueles casos para dissecar os exemplos, seguindo-se a linha argumentativa lá exposta.

Primeiro exemplo de dano intrínseco é aquele sofrido pelo comprador de cavalo que não o recebe do vendedor, e, mais tarde, cavalos vem a ter uma valorização no mercado. Quem vendeu o cavalo e não entregou, deverá indenizar a diferença no valor de mercado dos cavalos em relação ao preço. Essa diferença configura prejuízo intrínseco indenizável, "pois é um prejuízo que sofrera *propter ipsam rem non habitam*, que só se relaciona à coisa que foi o objeto do contrato, e que eu poderia prever que ele sofreria, estando como está o preço dos cavalos sujeito a variações, como o das demais coisas"[60]. Ou seja, põe-se em destaque que o dano

el contracto y da una serie de ejemplos para explicar sus dichos. Del Tratado de las Obligaciones la regla pasó íntegramente al *Code Civil* y de ahí al Código Civil chileno, entre otros"); ("La información en sede de negociaciones será la forma en que el deudor llegará a conocimiento de aquellos riesgos excepcionales que afecten al acreedor, que no puedan desprenderse de otros elementos interpretativos del contrato (aquello que Pothier llamaba los *daños extrínsecos*, de los que se responde sólo en virtud de un pacto entre las partes), pero esa no es la única vía para llegar a determinar los riesgos asumidos por el deudor"). Também há referência ao termo no estudo comparado formulado por Nuno Manuel Pinto Oliveira, a respeito do "Princípio da não reparação do dano contratual imprevisível", a constar de estudo comparativo: PINTO OLIVEIRA, Nuno Manuel. Causalidade Adequada e Previsibilidade: Comentário ao artigo 7.4.4 dos Princípios UNIDROIT e ao artigo 9:503 dos Princípios de Direito Europeu dos Contratos. In: *Estudos sobre o Não Cumprimento das Obrigações*. 2ª ed. Coimbra: Almedina, 2009, p. 105, *in verbis* : "[...] os 'danos intrínsecos' são sempre ou quase sempre danos previsíveis; os 'danos extrínsecos' não são sempre danos imprevisíveis". Em curiosa alusões dois casos julgados na África do Sul fazem referência a "extrinsic damages". Assim em: África do Sul. Supreme Court of South Africa. *Beller Cellular v. MTN Service Provider*. Case n. 936/2013. Julgado em 13 de novembro de 2014; África do Sul. High Court of South Africa. Gauteng Local Division, Johannesburg. Cirano Investments 307 (PTY) LTD v. Execujet Aviation (PTY) LTD. Julgado em 22 de março de 2014, este último aludindo a Pothier, especificamente aos parágrafos 161 e 162. Interessante anotar ainda a referência feita a *extrinsic damages* por GORDLEY, James. The Myth of 'Expectation Interest". *University of the Pacific Law Review*. Vol. 52, issue 1, article 21, p. 78-124, 2020, p.87-89, (remetendo às inspirações de Pothier, com ênfase na origem da distinção pelos glosadores medievais e anotando que a distinção entre *circam rem* e *extra rem* foi tomada de empréstimo da *civil law* pela *common law*).

60 No original: «Car c'est un dommage qu'il a souffert, *propter rem ipsam non habitam*, qui n'a rapport qu'à la chose qui a fait l'objet du contrat, que j'ai pu prévoir qu'il pourrait souffrir : le prix des chevaux comme de toutes les autres marchandises étant sujet à varier». POTHIER, Robert Joseph. *Traité des Obligations*. Paris/Orleáns: Debure pere/veuve Rouzeau-Montaut, 1777, § 161, p. 140. A tradução considerada no texto está em: POTHIER, Robert J. *Tratado das Obrigações*. Tradução de Adrian Sotero De Witt Batista e Douglas Dias Ferreira. Campinas: Servanda, 2001, § 161, p. 140-141. Alude ainda ao exemplo de contrato de aluguel que, passados 10 anos, o locatário vem a perder a posse do imóvel. O locador que, de boa-fé, achava que a propriedade seria sua, está obrigado ao pagamento dos gastos com mudança, como também "dos que resultarem dos aumentos de aluguel que ocorrerem no período restante da vigência do contrato, porque antes de nosso convênio terminar ele se viu obrigado a alugar uma casa de maior preço, isso porque essas perdas e danos têm uma estreita relação com o desfrute

aconteceu ao objeto do contrato (mais adiante o mesmo autor referindo à coisa objeto da obrigação). A esse respeito, o autor refere que os danos intrínsecos estão sujeitos ao dobro do valor da coisa, como limite, embora este limite quantitativo seja inaplicável a danos extrínsecos[61].

Já o exemplo de dano extrínseco é o do valor dos vinhos perdidos em virtude de terem sido armazenados em tonéis, objeto de compra e venda, defeituosos. O vinho que pereceu por falta de armazenamento adequado é um dano extrínseco: não se confunde fisicamente com o tonel defeituoso. O dano deve ser indenizado pelo vendedor, mesmo que o seu *quantum* possa "montar em mais que o décuplo do valor dos tonéis; isso porque, ao vender-me os tonéis e por sua profissão de toneleiro, tornou-se responsável pela sua boa qualidade e, tacitamente, encarregou-se do risco pela perda do vinho que foi depositado neles, cujo valor pode ultrapassar em 10 ou 20 vezes

---

da casa, o qual era o objeto da minha obrigação, tendo o inquilino que sofrê-los *propter ipsam rem non habitam.* Tivesse o inquilino estabelecido um comércio na casa, o locador não estaria responsável 'visto que esses prejuízos seriam estranhos à nossa convenção, por não estarem previstos no contrato'". O exemplo da locação, no original, é: «Pareillement, si j'ai donné à loyer, pour dix-hut ans, une maison que je croyais de bonne foi m'appartenir, et qu'après dix ou douze ans mon locataire en ait été évincé par le propriétaire; je serai tenu des dommages et intérêts de mon locataire, résultant des frais qu'il aura été obligé de faire pour son déloyers de maison étant augmenté depuis le bail, il aura été tait à exirer du bait. Car ces dommages et intérêts ont un rapport prochain à la jouissance de la maison qui a fait l'objet de mon obligation, et sont soufferts par le locataire, *propter ipsmam rem non habitam*». Também naquela obra, a expressão também aparece nos § 165 («*propter ipsam rem non habitam et in casu certo*»), referido na nota a seguir, e 166 (*propter rem ipsam*).

61 POTHIER, Robert Joseph. *Traité des Obligations.* Paris/Orleáns: Debure pere/veuve Rouzeau--Montaut, 1777, § 164, p. 146. Em português: POTHIER, Robert J. *Tratado das Obrigações.* Tradução de Adrian Sotero De Witt Batista e Douglas Dias Ferreira. Campinas: Servanda, 2001, § 164, p. 145. Refere, neste particular, exemplo de preceito oriundo da Constituição de Justiniano, explicado por Doumoulin, atinente a compra e venda de uma terra na qual localizada uma vinícola pelo preço de 4000 libras. Se depois da aquisição, por ato do rei, as terras se valorizam e passam a valer 16000 libras, e o adquirente é despejado, o vendedor de boa-fé não pode ser obrigado ao pagamento de mais do que o dobro do valor da coisa, isto é, 8000 libras. O princípio por detrás seria que "as obrigações que nascem dos contratos não podem originar-se senão do consentimento e da vontade das partes" (« (...) les obligations qui naissent des contrats ne peuvent se former que par le consentement et la volonté des parties»). O limite seria aplicável às perdas e danos que "se referem somente à coisa que foi objeto da obrigação, não pod[endo] ser taxados além do dobro do valor dessa coisa, já compreendendo o seu valor". No original: «(...) lorsqu'ils ne se rapportent qu'à la chose qui a fait l'objet de l'obligation, ne puissent être taxés au-delà du double de la valeur de cette chose, icelle valeur comprise». O autor entende que a limitação *precisamente* ao dobro do valor da coisa é arbitrária, não tendo autoridade. Também no original: «Cette loi de Justinien en tant qu'elle borne la modération des dommages et intérêts excessifs, *précisément* au double e la valeur de la chose, est en cela une loi arbitraire qui n'a pas autorité de loi dans nos Provinces».

o valor dos tonéis". Já que essa espécie de dano não concerne aos tonéis, mas aos vinhos neles colocados, não deve ser regulada pelo preço dos tonéis[62].

No Brasil, em meio às críticas ao peculiar art. 1.059, parágrafo único do Código Civil de 1916, Agostinho Alvim remete a exemplos tratados por Pothier e alude por vezes aos signos intrínseco e extrínseco[63]. Relembre-se também que Carvalho Santos recomenda, frente à necessidade de se socorrer ao "arbítrio do juiz, diante das circunstâncias" para decidir quais lucros que podiam ser previstos na data da convenção", uma espécie de sugestão ao intérprete, devendo este perquirir "quais os lucros que podiam ser previstos intrínsecos, isto é, os relativos à própria coisa, excluídos os extrínsecos, vale dizer — aqueles que o credor poderia obter com outros

62 Os trechos entre aspas estão em POTHIER, Robert Joseph. *Traité des Obligations*. Paris/Orleáns: Debure pere/veuve Rouzeau-Montaut, 1777, § 165, p. 148-149 («(...) peuvent monter à plus que le décuple de la valeur des tonneaux; car en me vendant en sa qualité de Tonnelier les tonneaux, il s'est rendu responsable de leur bonté, et il s'est tacitement chargé du risque de la perte du vin, qui peu monter à dix ou vingt fois plus que le prix des tonneaux : cette espèce de dommage ne concernant pas les tonneaux, mais le vin qu'on mettra dedans, ne doit pas se réfler sur le prix des tonneaux. Molin., *ibid.*, n.49»). Em português: POTHIER, Robert J. *Tratado das Obrigações*. Tradução de Adrian Sotero De Witt Batista e Douglas Dias Ferreira. Campinas: Servanda, 2001, § 165, p. 146-147. E vem ainda a referir ao limite da previsibilidade a respeito dos danos extrínsecos, devendo empregar-se "moderação quando se encontrem excessivos, e não se deve condenar o devedor a um valor acima do valor máximo que, nesse caso, racionalmente ele pudesse imaginar que atingiria" («[...] on doit user de modération, lorqu'ils se trouvent excessifs, et l'on ne doit pas condamner le débiteur au-delà de la somme à laquelle il a pu penser qu'ils pourraient monter au plus haut»), seguindo no exemplo dos tonéis se neles fossem colocados "um vinho importado ou um licor caríssimo" («un vin étranger ou une autre liqueur d'um prix immense»). Nesse caso, o vendedor de tonéis só deveria ser condenado "até a concorrência do preço do melhor vinho do país, pois ao vender-me os tonéis não entendeu encarregar-se por outro risco, por não poder prever que eu iria colocar neles um vinho ou um licor tão caro" («(...) jusqu'a concorrurence du prix d'um tonneu de vin du meilleur du pays. Car en me vendant le tonneau, il n'a pas entendu se charger d'autre risque, n'ayant pu prévoir que j'y mettrais une liqueur d'un prix plus considerable. Molin., *ibid*, n.60»).

63 ALVIM, Agostinho. *Da Inexecução das Obrigações e suas Consequências*. 5ª ed. São Paulo: Saraiva, 1980, § 218.

bens"[64]. E o *distinguo* é reproduzido em outras obras[65], tendo sido expresso também pelo STJ, no caso *Unimed v. Nobre Seguradora* (*Brasil, 2015)*[66].

Trata-se de critério distintivo que surge arraigado à noção de dano físico, até mesmo por basear-se em bens materiais. Se o dano é *à vaca* ou *ao virabrequim*, a perda da vaca, do virabrequim (por hipótese) e dos tonéis são danos diretos, intrínsecos. Já a perda do rebanho acometido pela peste da vaca, o lucro cessante decorrente da falta do virabrequim no moinho, ou o vinho perdido pelo mau armazenamento nos tonéis são danos indiretos, no sentido de extrínsecos. Fundamental é notar que a comparação entre o julgamento de *Hadley v. Baxendale* e o resultado do caso das vacas pestilentas, o lucro cessante pela falta de produtividade do moinho, no caso da *common law*, é extrínseco e não indenizável, enquanto o valor equivalente do rebanho atingido pela peste, também é extrínseco, mas deve ser indenizado (segundo a inteligência, lógica e imaginação de Pothier).

---

64 Os trechos entre aspas estão em: CARVALHO SANTOS, José Manuel de. *Código Civil Brasileiro Interpretado.* Principalmente do ponto de vista prático. Volume XIV. 7ª ed. Rio de Janeiro: Livraria Freitas Bastos, 1958, 266-267. Seguido, em referência a edição anterior, por PEREIRA, Osny Duarte. *Lucros cessantes.* In: CARVALHO SANTOS, José Manuel; AGUIAR DIAS, José de. (Orgs.). *Repertório Enciclopédico do Direito Brasileiro.* Volume XXII. Rio de Janeiro: Borsoi, 1947, p. 212.

65 ANTUNES VARELA, João de Matos *Direito das Obrigações.* Volume 2. Rio de Janeiro: Forense, 1978, p. 129 "Se o tratador de uma parelha de cavalos de alta escola provocar a inutilização de um deles, terá não só que indenizar o dano resultante da perda do cavalo inutilizado (*dano direto*), mas também o dano proveniente da desvalorização do segundo cavalo (*dano indireto*)"; SERPA LOPES, Miguel Maria. *Curso de Direito Civil.* Das Obrigações em Geral. Volume II. 2ª ed. Rio de Janeiro, Freitas Bastos, 1957 § 351, p. 478 (aludindo à fonte romana "*utilitas, quae circa ipsam rem consistir L. 21, § 3m D. de actio emti)*"); PEREIRA, Osny Duarte. *Lucros cessantes.* In: CARVALHO SANTOS, José Manuel; AGUIAR DIAS, José de. (Orgs.). *Repertório Enciclopédico do Direito Brasileiro.* Volume XXII. Rio de Janeiro: Borsoi, 1947, p. 207-212; NEVES, Iêdo Batista. *Vocabulário Prático de Tecnologia Jurídica e de Brocardos Latinos.* 4ª. ed. Rio de Janeiro: Fase, 1991, s.n. "Dano 'circa rem'. Diz-se do dano direto, imediato"; enquanto "Dano extra rem — Diz-se daquele indireto; do dano remoto". "Dano Extrínseco. Diz-se daquele que atinge outros bens do credor da obrigação, além dos que consistiam no objeto da prestação"; "Dano Intrínseco — Diz-se do que incide sobre o objeto da prestação".

66 STJ. REsp 1420711/SP. Terceira Turma. Relator Min. Moura Ribeiro. Julgado em 24 de novembro de 2015.

Na *common law*, chegou-se a traçar uma distinção entre danos físicos e econômicos, tendo sido rechaçada pela maioria de votos em exemplo referido no Capítulo 1.3.1[67]. Com efeito, perspectivada aos olhos brasileiros e nos dias atuais, a noção de prestação não está restrita apenas à prestação como entrega de coisa física. As prestações são mais bem identificadas pela noção de atividade voltada à satisfação do interesse do credor. O objeto da prestação não é "a vaca pestilenta", "o virabrequim". "[A] palavra *prestação*", dizem Martins-Costa e Costa e Silva, "corresponde a uma atividade (isto é: conjunto de atos coligados) do devedor em vista de uma finalidade ou resultado, qual seja, a satisfação do interesse do credor"[68].

A distinção entre perdas e danos extrínsecas e intrínsecas pode ser funcionalmente aproximada à dicotomia entre um dano como *consequential* ou *direct*.

Essa dicotomia não resolve, por si, a indenizabilidade do prejuízo. Lembre-se que em casos de *common law*, a indenizabilidade de *consequential damages* não é afastada como regra supletiva — o que as pode afastar é a falta de previsibilidade do prejuízo, ou eventual cláusula de limitação do dever de indenizar. Mesmo presente a cláusula, não se afasta a necessidade de interpretar o contrato para definir quais riscos haviam sido atribuídos ao inadimplente.

A esse respeito, importa destacar as distinções entre conteúdo contratual e objeto contratual, especificamente, entre objeto contratual e objeto da prestação.

O conteúdo contratual consiste no conjunto de regras aplicáveis à situação fática, oriundas de declarações negociais e de regras supletivas ou cogentes, "não se formando apenas pelo que o acordo das partes estipula, mas à autonomia se somam elementos de fontes heterônomas, alguns se

67 Reino Unido. England and Wales Court of Appeal (Civil Division). *H. Parsons (Livestock) Limited. v. Uttley Ingham and Company LTD.* Julgado em 18 de maio de 1977.

68 MARTINS-COSTA, Judith; COSTA E SILVA, Paula. *Crise e Perturbações no Cumprimento da Prestação.* São Paulo Quartier Latin, 2020, § 7, p. 59.

agregando mesmo sem a intenção específica das partes, outros passando pelo filtro da intenção comum"[69]. Trata-se de um "quebra-cabeça, um encaixe entre autonomia privada e heteronomia"[70].

Já o objeto do contrato consiste nas prestações pactuadas entre as partes, o "feixe de prestações conjuntamente consideradas"[71]. O objeto é "critério de desvelamento da intenção comum das partes"[72]. São "distintos o *conteúdo* e o *objeto* do negócio jurídico, uma vez que o primeiro é o regulamento negocial [...] e o segundo é a soma das prestações (o fazer, o não fazer, o dar, o pagar) que plasma, assim, a operação sobre o que incide e para que se dirige a disciplina contratual"[73]. Pode-se compreender o conteúdo como "conjunto de preceitos ou regras instituídas pela parte ou pelas partes do negócio jurídico, destinado a disciplinar as suas relações" e, em sentido amplo, referir-se ao conteúdo da regulação objetiva[74].

Diferencia-se também o objeto do contrato do objeto das prestações. Enquanto o objeto do contrato configura *a soma* das prestações, o objeto da prestação se define no singular (dar, fazer ou não fazer). A prestação, como atividade desenvolvida pelo devedor para a satisfação do interesse jurídico do credor, cabe ao devedor. O conjunto das prestações, de parte a parte, auxilia a identificar o objeto do contrato que, por sua vez, auxiliará na identificação do tipo contratual. Por exemplo, havendo duas partes, e

---

69 NITSCHKE, Guilherme Carneiro Monteiro. *Lacunas Contratuais e Interpretação*. História, Conceito e Método. São Paulo: Quartier Latin, 2018, p. 254.

70 NITSCHKE, Guilherme Carneiro Monteiro. *Lacunas Contratuais e Interpretação*. História, Conceito e Método. São Paulo: Quartier Latin, 2018, p. 236.

71 NITSCHKE, Guilherme Carneiro Monteiro. *Lacunas Contratuais e Interpretação*. História, Conceito e Método. São Paulo: Quartier Latin, 2018, p. 231.

72 NITSCHKE, Guilherme Carneiro Monteiro. *Lacunas Contratuais e Interpretação*. História, Conceito e Método. São Paulo: Quartier Latin, 2018, p. 235.

73 NITSCHKE, Guilherme Carneiro Monteiro. *Lacunas Contratuais e Interpretação*. História, Conceito e Método. São Paulo: Quartier Latin, 2018, p. 233.

74 MARINO, Francisco Paulo De Crescenzo. *Interpretação do Negócio Jurídico*. São Paulo: Saraiva, 2011, p. 41-43 (o autor exclui do conteúdo do negócio jurídico "aquilo que não é referível às partes" (p. 44), chamando atenção para a ideia de conteúdo da regulação objetiva como a compreender tanto as manifestações de vontade, quanto os efeitos imputados ao negócio por força do sistema jurídico [p. 46-48]).

duas prestações, uma configurada com a transferência do domínio sobre coisa, a outra o pagamento de quantia por esta coisa, tem-se um contrato de compra a venda. De um lado, o objeto do contrato é uma compra e venda, já o objeto da prestação principal do vendedor é a transferência do domínio sobre coisa, e o objeto da prestação do comprador, o pagamento do preço, de outro.

Essas distinções não resolvem o problema da indenizabilidade das perdas e danos extrínsecos. Tome-se como exemplo ser evidente que no caso *Só Máquinas Comércio de Equipamentos Industriais v. Serviço de Guinchos Caxiense LTDA (Brasil, 2007)*[75] os lucros cessantes seriam considerados extrínsecos — pois não se relacionavam ao objeto do transporte, mas com a exploração, durante um ano, mediante o contrato de aluguel da máquina transportada —, mas foram indenizados, enquanto no *caso do complexo agroindustrial* (*Brasil, 2009*)[76], embora pudessem estar muito próximos ao objeto da prestação do banco, em virtude do plano de negócios ter sido aprovado pelo banco que concedeu o financiamento[77], não o foram. Classificar um dano como intrínseco ou extrínseco não define *per se* se o dano é ou não indenizável: apenas considera o que foi atingido pelo ilícito e dizia respeito ao objeto da prestação, de um lado, e o que não tinha fonte no objeto da prestação, de outro, embora possa ter sido também afetado pelo inadimplemento.

Assim o é em relação à categoria *consequential damages*. Repita-se que a qualificação de um dano como *consequential* na *common law* não tem o condão de afirmar a sua indenizabilidade ou negá-la. Há casos em que a condenação de danos tidos como *consequential* foi deferida, como *Perini*

---

75 TJRS. Ap. Cív. n. 70017845173. Décima Primeira Câmara Cível. Relator Des. Bayard Ney de Freitas Barcellos. Julgado em 13 de junho de 2007.

76 STJ. RESp 846855/MS. Terceira Turma. Relator para acórdão Min. Sidnei Beneti. Julgado em 10 de março de 2009.

77 O que se afirma apenas para fins exemplificativos, em vista do que figurou na fundamentação. O caso está relatado no Capítulo 2.3.3.2, *infra*.

Corp. v. Greate Bay Hotel Casino (EUA, 1992)[78]. Em segundo lugar, admitir o contrário seria como entender que as partes escrevem nos contratos: "o dano não indenizável não deve ser indenizado". Afirmar-se-ia a inutilidade completa de cláusulas de afastamento do dever de indenizar *consequential damages*, na *common law*. Por qual razão estariam as partes a afastar dano que já não seria indenizável?

Para testar a equiparação, relembre-se dois grupos de casos abordados anteriormente nos quais os *consequential damages,* tidos como *indirect damages*, podem ser equiparados a perdas e danos extrínsecos, a partir da distinção entre perdas e danos intrínsecas e extrínsecas, conhecida pela doutrina brasileira.

Em primeiro lugar, no Capítulo 1.1, restou claro que diante do afastamento contratual dos *consequential damages* por cláusula de limitação, cada rubrica indenizatória é avaliada individualmente para saber se figuravam ou não no escopo do contrato. Ao comporem o escopo, serão *direct*, indenizáveis por não estarem afastados como *consequential* e *indirect damages*. Mesmo o afastamento de *lost profits*, como exemplo de *consequential damages,* por cláusula de limitação do dever de indenizar, não afasta por completo que lucros cessantes possam ser indenizáveis. Se da interpretação contratual como um todo, não apenas da cláusula de limitação, considerar-se que o surgimento dos prejuízos se dá com base em circunstância que compunha o escopo, estes serão *direct.*

Relembre-se que nesses casos nos quais há cláusula de afastamento de *consequential damages* não raramente há o envolvimento de terceiros. Tendencialmente, essa existência poderá indicar que os danos serão *consequential*, não estando abarcados nos riscos da prestação. Porém, trata-se apenas de uma tendência, pois o envolvimento de terceiros pode dizer respeito ao conteúdo contratual. Somente a atenção às circunstâncias particulares do caso concreto é que poderá fornecer resposta definitiva.

---

78 Estados Unidos da América. Supreme Court of New Jersey. *Perini Corp. v. Greate Bay Hotel Casino, Inc.* Julgado em 6 de agosto de 1992.

Por exemplo, em *DaimlerChrysler v. Manuel (2007)*[79], os lucros cessantes atinentes a vendas junto a terceiros, sofridos por um distribuidor atingido pelo inadimplemento do fornecedor não foram considerados *consequential*, mas *direct damages*. Argumentou-se que talvez fossem o único tipo de dano no escopo daquele contrato de distribuição.

Em segundo lugar, o cotejo formulado no Capítulo 1.3.1, revela o mesmo critério de identificação dos *consequential damages*: serão externos ao contrato quando não compuserem o seu escopo. A despeito das diferenças entre os países, o exercício hermenêutico para a identificação dos *consequential damages* tem certa uniformidade. O critério que os unifica é a análise individualizada de cada rubrica indenizatória a partir do escopo contratual. A pergunta central colocada em cada um dos casos, nem sempre feita de maneira explícita, é a de entender se os danos ligados a circunstâncias especiais são externos ou abarcados pelo escopo contratual.

Nos casos em que a indenização do dano tido como *consequential* é negada, a justificativa está (*i*) ou em considerar a perda como não ordinária, não sendo sequer mensurável no momento da contratação, como está em *The Achilleas (Reino Unido, 2007)*[80], e, de certa forma, em *Environmental v. Peerlees (Australia, 2008)*[81], com a sugestão de um teste de "normalidade", (*ii*) ou porque requer-se a necessidade de manifestação de vontade para a assunção do risco. Nessa última justificativa, o argumento flerta com um

79 Estados Unidos da América. Court of Appeals of Texas, Fort Worth. *DaimlerChrysler Motors Co. v. Manuel.* Julgado em 24 de fevereiro de 2012. Caso citado em: GOLDBERG, Victor P. *Rethinking the Law of Contract Damages*. Cheltenham, UK/Northampton, MA, US: Edward Elgar Publishing, 2019, p. 186-187; WEST, Glenn. Consequential Damages Redux: An Updated Study of the Ubiquitous and Problematic 'Excluded Losses' Provision in Private Company Acquisition Agreements. *The Business Lawyer*, Vol. 70, Fall 2015, 971-1006, p. 977, 992-994.

80 Reino Unido. United Kingdom House of Lords Decision. *Transfield Shipping Inc. v Mercator Shipping Inc.* Julgado em 9 de julho de 2008. *The Achilleas.* Votos de *Lord Hoffmann*, *Lord Hope of Craighead* e *Lord Walker of Gestinthorpe*.

81 Austrália. Supreme Court of Victoria. Court of Appeal. *Environmental Systems Pty Ltd v Peerless Holdings Pty Ltd.* Julgado em 26 de fevereiro de 2008.

retorno ao teste do acordo tácito, como também está em *The Achilleas*[82]. Esse flerte chega ao extremo no caso *Star Polaris (Reino Unido, 2016)*, pois a compreensão jurídica subjacente é a de que as partes teriam um poder ilimitado de determinação não só do objeto contratual, mas do seu conteúdo: como se ao definirem *consequential damages* como tudo o que não está escrito no contrato, pudessem aprisionar a compreensão dentro dos seus quatro cantos com um "código exclusivo de remédios"[83].

Essa compreensão é estranha ao Direito brasileiro, pois na interpretação dos negócios jurídicos, embora o objeto da contratação normalmente seja identificável mediante a compreensão do texto escrito, esse exame não se cinge àquilo que está enformado no texto contratual. A escolha de determinada estrutura contratual está complementada por normas supletivas, e poderá estar sujeita ao escrutínio indicado por normas cogentes. Também a escolha de determinado tipo implica uma escolha a respeito da distribuição dos riscos. Embora, à partida, as partes sejam livres para estabelecer as prestações e também combinarem regras atinentes ao conteúdo do negócio, o Direito brasileiro impede, por exemplo, a eficácia do afastamento do dever de indenizar no caso de dolo[84].

Nos casos de *common law* nos quais a indenização dos *consequential damages* é avalizada, afirma-se positivamente que as circunstâncias a lhe ensejarem estavam na zona de risco que a parte contratante assumia no momento da contratação. Ou seja, trata-se de matéria, inicialmente, de interpretação, situada no tempo. A título ilustrativo, considerou-se contraditório prever-se a o afastamento de *consequential damages* juntamente

---

82 Reino Unido. United Kingdom House of Lords Decision. *Transfield Shipping Inc. v Mercator Shipping Inc.* Julgado em 9 de julho de 2008. *The Achilleas*. Votos de *Lord Rodger of Earlsferry* e *Baroness Hale of Richmond*.

83 Inglaterra e País de Gales. England and Wales High Court (Commercial Court). *Star Polaris LLC v. HHIC-PHIL INC.* Julgado em 17 de novembro de 2016.

84 Como referem, *e.g.*, AGUIAR DIAS, José de. *Cláusula de não-indenizar*: chamada cláusula de irresponsabilidade. Rio de Janeiro: Forense, 1955, p. 101-107; AZEVEDO, Junqueira. Cláusula cruzada de não-indenizar (*cross-waiver of liability*), ou cláusula de não-indenizar com eficácia para ambos os contratantes. Renúncia ao direito de indenização. Promessa de fato de terceiro. Estipulação em favor de terceiro. In: *Estudos e Pareceres de Direito Privado.* São Paulo: Saraiva, 2004, p. 201.

com o fornecimento de informações sobre circunstâncias especiais com a finalidade de atribuir à contraparte a responsabilidade pelas mesmas circunstâncias que se definiam como não indenizáveis, como afirmado em *Environmental v. Peerless (Austrália, 2008)*.

Ou seja, o afastamento de *consequential damages* não afasta a responsabilidade pelos riscos ligados à prestação, como está em *Regional Power Corp. v. Pacific Hydro (Australia, 2013)*[85], no qual o fornecimento de energia alternativa à população — logrado de forma substitutiva, como foi arranjado pela parte credora, arrendante da usina que não funcionava — configuravam custos atinentes à essência da prestação contratada. O argumento aparece no caso *Latham Land v. TGI Friday's (EUA, 2012)*[86], no qual o núcleo da prestação contratual conforme o tipo *Triplo Net Lease* se baseava na valorização do imóvel, a qual fora obstada pelo inadimplemento[87].

À luz do Direito brasileiro, o afastamento de *consequential damages*, tidos como perdas e danos extrínsecos à prestação, logicamente não têm a eficácia de afastar a indenizabilidade de danos ligados ao objeto da prestação. Para traçar os danos indenizáveis, será preciso avaliar *in concreto* quais eram os riscos a recair sobre a parte inadimplente, seja (*i*) por expressamente ter havido referência a um risco, seja (*ii*) porque esse risco normalmente é imputável ao inadimplente em situações análogas, tendo em vista a incidência de regras supletivas, como aquelas constantes do tipo contratual contratado, das práticas, dos usos e dos costumes, seja, ainda, (*iii*) porque há circunstâncias concretas a justificar a imputação

85 Austrália. Supreme Court of Western Australia in Civil. *Regional Power Corporation v. Pacific Hydro Group Two Pty Ltd (No 2)*. Julgado em 26 de setembro de 2013.

86 Estados Unidos da América. Appellate Division of the Supreme Court of the State of New York. *Latham Land I LLC v. TGI Friday's Inc.* Julgado em 8 de janeiro de 2015.

87 Analisados à luz do contato social como categoria sistematizadora (MARTINS-COSTA, Judith. *A Boa-Fé no Direito Privado*. Critérios para a sua aplicação. São Paulo: Saraiva, 2019, § 22, 3, p. 263-265), em *Regional Power Corp v. Pacific Hydro* a imputação se daria em virtude da essencialidade do objeto daquela relação; enquanto no caso *Latham Land v. TGI Fridays*, a imputação parece mais próxima à voluntariedade do ato, com o destaque ao tipo de contrato celebrado.

desse risco àquela parte, caso viesse, futuramente, a inadimplir, posto que fosse um risco ligado a circunstância especial cuja materialização fosse muito improvável se considerado apenas o *id quod plerumque accidit*.

Trata-se de matéria sujeita à interpretação contratual e à causalidade. Antes de enfrentar a relação direta entre inexecução do contrato e dano, expressiva da cadeia de causalidade, no Direito brasileiro, faz-se metodologicamente imprescindível entender o contrato e o seu conteúdo como ponto de relevo para a atribuição da responsabilidade.

2.3.3. A "INEXECUÇÃO", SOB O PRISMA DA PROBABILIDADE OBJETIVA E DO RISCO

Na Parte I deste livro, os subcapítulos atinentes ao momento da contratação e à probabilidade do resultado decorrer do inadimplemento figuram no Capítulo sobre *foreseeability* (*Capítulo 1.2*). Ora o tema é abordado no Capítulo dedicado à causalidade (*Capítulo 2.3*). Objetivando-se coerência, a estrutura da Parte II foi elaborada de modo que espelhar a Parte I, mas se entendeu relevante marcar exceção à escolha estrutural. A exceção justifica-se na falta de consenso sobre o papel da previsibilidade na determinação do dano no Direito brasileiro. Conquanto não haja unanimidade a respeito da previsibilidade, ninguém nega que a causalidade é fundamental à atribuição do dever de indenizar.

Assim, recortou-se a dimensão temporal como relevante à determinação da causalidade, enfatizando-se o momento da contratação (*Capítulo 2.3.3.1*). Essa ideia também foi antecipada em relação à análise da probabilidade de a consequência decorrer da inexecução, enfatizando-se, pois, a diferença que a causalidade pode ter na responsabilidade contratual e na responsabilidade extracontratual (*Capítulo 2.3.3.2*).

2.3.3.1. Momento da contratação

Sejam quais forem as regras ou princípios deduzidos de *Hadley v. Baxendale,* é incontestável que naquele caso o momento da contratação serve como marco temporal. Assim demonstra a grande maioria dos casos citados na Parte I. Por exemplo, relembre-se que em *The Heron II (Reino Unido, 1967)*, o transportador de açúcar, como comerciante, deveria saber, quando contratou, que três mil toneladas de açúcar seriam vendidas tão logo chegassem a seu destino, um porto comercial. O dano ocorreria na grande maioria dos casos de descumprimento de contratos análogos, não se podendo descartar a sua probabilidade, aos olhos do transportador, no momento da contratação.

Consta da fundamentação daquele caso que o teste da previsibilidade razoável não serve para a imputação de responsabilidade, pois mesmo eventos extremamente improváveis podem ser considerados "razoavelmente previsíveis". O entendimento da maioria foi: a adoção do teste da previsibilidade razoável levaria a uma confusão entre os regimes da responsabilidade contratual e extracontratual, pois na primeira é imprescindível avaliar a suficiência da probabilidade de a perda vir a ocorrer, no momento da contratação. Embora o menor valor de mercado em período futuro em relação ao momento do inadimplemento sequer fosse cognoscível a qualquer das partes nem quando contrataram, nem quando do inadimplemento, o Direito imputa ao transportador, que estava a realizar o transporte de uma grande quantidade de mercadoria a um porto comercial, o conhecimento a respeito da suficiência da probabilidade dos danos que poderiam decorrer do atraso, quando contratou[88]. E essa imputação de conhecimento leva à imputação dos riscos pelo descumprimento.

Naquele caso, foi sinalizada a diferença entre os regimes da responsabilidade extracontratual, seara na qual releva a previsibilidade, e da contratual, na qual importa a "contemplação comum das partes". Como

88 Reino Unido. House of Lords. *Koufos v. C. Czarnikow, Ltd.* Julgado em 1967. *The Heron II.*

referido no Capítulo 1.2.4.2, nos *torts* há uma unidade entre o momento em que surge o vínculo jurídico e a responsabilidade, enquanto, nos contratos, há um momento antecedente àquele do descumprimento para a análise a respeito do curso normal das coisas, das circunstâncias especiais, do conhecimento do lesante e da probabilidade de as consequências virem a decorrer do futuro e eventual ato ilícito relativo. A previsibilidade e a probabilidade nos *torts* são concomitantes, enquanto nos contratos há um descolamento entre o momento de aferição da *contemplation of both parties*, o da contratação, e o momento em que o dever de indenizar passa a existir. Por isso, argumentou-se, naquele caso, descaber um regime idêntico para *torts* e *contracts*, dado que em contratos as partes deliberam se comprometer com deveres mútuos, têm a oportunidade de definir a respeito do que serão e do que não serão responsabilizadas, e o momento que assim o fazem é aquele no qual resolvem se vincular. Se, nos contratos, a parte quiser se proteger contrariamente a um risco — ainda que esse risco seja especial, não usual ou extraordinário — poderá fazê-lo[89].

O mesmo se pode dizer em relação ao Direito brasileiro. Na apuração das perdas e danos por responsabilidade extracontratual não é possível realizar juízo retrospectivo ao momento da contratação com a finalidade de se verificar se os danos seriam previsíveis para que, só assim, sejam considerados indenizáveis. É logicamente impossível recorrer a momento anterior que não o da violação, pois a responsabilidade se origina juntamente a partir da violação à esfera jurídica alheia.

De acordo com visão corrente, o dispositivo legal que fundamenta a causalidade aplica-se à responsabilidade contratual e à extracontratual. Essa premissa não é ora questionada, apenas colocada em evidência: o art. 403 do Código Civil, e o seu correspondente no Código Civil de 1916, art. 1.060, referem-se a ambos os regimes. Se a Lei concentra no mesmo dispositivo legal soluções para uma e outra situações diversas, tem a potencialidade de incentivar a indistinção a respeito da matéria.

89 Reino Unido. House of Lords. *Koufos v. C. Czarnikow, Ltd.* Julgado em 1967. *The Heron II*

Embora teoricamente seja possível aglutinar a responsabilidade civil como um fenômeno sob a categoria do contato social, esse modelo doutrinário não leva a unicidade de regimes jurídicos.

Em sentido amplo, a responsabilidade é sanção: explica a imputação da consequência de dever pré-existente, tanto na responsabilidade contratual, quanto na extracontratual, pois mesmo naquela, o fundamento reside, de regra, em fato ilícito, no sentido amplo. A tese unitária proposta pela figura do contato social serve para descrever o fenômeno do ponto de vista estrutural.

O contato social é categoria apta a apreender diferentes graus de proximidade e distância entre as partes da relação jurídica obrigacional. Segundo esse modelo doutrinário, as relações obrigacionais devem ser analisadas em graus de proximidade e distância entre as partes, a partir de um espectro, e não a partir de uma dicotomia cerrada entre contratos e violação do princípio *neminem laedere*. A categoria tem diversos níveis de concretização: pode-se pensar nos graus de proximidade e distância dos contatos sociais[90].

No contrato, há uma aproximação voluntária que tem prolegômenos até a formação do vínculo jurídico, de regra, salvo no caso dos contratos instantâneos e dos atos existenciais. Considerando-se a figura explicativa exposta por Martins-Costa, a presença do poder jurisgênico da autonomia privada e do elemento volitivo colocam o contrato numa ponta do espectro, com grau máximo de aproximação e vinculação voluntária. Na outra ponta, está a imputação objetiva de responsabilidade às atividades produtoras de risco social, e, muito próxima desta ponta, a categoria do ilícito extracontratual. Na responsabilidade extracontratual, a aproximação entre as partes se dá de maneira abrupta[91], pontual. Surge de circunstância não resultante de escopo compartilhado pelos sujeitos envolvidos no

---

90 COUTO E SILVA, Clóvis. *Principes fondamentaux de la responsabilité civile:* Cours fait dans l'Université de Paris XII. Paris: Universidade de Paris XII, 1988, p. 9-18; MARTINS-COSTA, Judith. *A Boa-Fé no Direito Privado.* Critérios para a sua aplicação. São Paulo: Saraiva, 2019, § 22, 3-4, p. 262-265.

91 MARTINS-COSTA, Judith. *A Boa-Fé no Direito Privado.* Critérios para a sua aplicação. São Paulo: Saraiva, 2019, § 22, 3, p. 265.

regramento de interesse patrimoniais mútuos: "o contato entre ofensor e ofendido tende a ser efêmero"[92]. O lesante é um "estranho completo", como se aludiu no julgamento de *The Heron II (Reino Unido, 1967)*[93].

O art. 403 do Código Civil tem a inexecução entre os elementos de seu suporte fático. Evidentemente, a inexecução se dá na fase obrigacional do adimplemento. Além de analisar se determinada consequência decorreu "direta e imediatamente" da inexecução, será também imprescindível responder: inexecução do quê?

Na responsabilidade contratual, a inexecução é de obrigação irradiada de contrato. Só se pode inadimplir contrato pré-existente. Se o dano decorre da inexecução do contrato, passo prévio para conhecer o dano e o correspondente dever de indenizar será compreender o contrato e a sua respectiva disciplina de riscos. Em homenagem à autonomia privada e à respectiva força jurígena dos negócios jurídicos, é imprescindível tomar em consideração o que foi *previsto*. Reconhecer o poder das partes estipularem os seus deveres, e, com isso, determinarem o conteúdo da sua relação é reconhecer a força jurígena da autonomia privada, ilustrada pela possibilidade de autorregulamentação dos interesses por meio de contratos.

O Direito brasileiro reconhece a força jurígena da autonomia privada. Afirma Zanetti que "[o] reconhecimento de que cada cidadão pode disciplinar os próprios interesses caracteriza a sociedade de direito privado. No direito brasileiro a livre iniciativa é tida em alta conta, a ponto de seu valor figurar como um dos fundamentos da República, conforme preceitua o art. 1º. IV, da Constituição"[94]. E ainda complementa: "[o] contrato é um instrumento privilegiado da autonomia privada. Trata-se provavelmente da

92 MARTINS-COSTA, Judith; ZANETTI, Cristiano. Responsabilidade Contratual: prazo prescricional de 10 anos. São Paulo, *Revista dos Tribunais*, ano 106, vol. 979, p. 215-241, mai./2017, p. 231.

93 Reino Unido. House of Lords. *Koufos v. C. Czarnikow, Ltd.* Julgado em 1967. *The Heron II.* Voto de *Lord Up John*. Referido no Capítulo 1.2.4.2, *supra*.

94 ZANETTI, Cristiano de Sousa. O Risco Contratual. In: LOPEZ, Teresa Ancona; LEMOS, Patrícia Faga Iglecias; RODRIGUES JÚNIOR, Otávio Luiz. (Coords.). *Sociedade de Risco e Direito Privado.* Desafios normativos, consumeristas e ambientais. São Paulo: Atlas, 2013, p. 455.

mais importante espécie de negócio jurídico. Por seu intermédio, as partes podem criar, modificar e extinguir relações jurídicas obrigacionais"[95].

Na responsabilidade contratual, as partes são responsáveis pelo que eram obrigadas. Incumprida determinada obrigação, o inadimplente será responsável pelo dano. Débito e responsabilidade configuram as duas facetas das obrigações, vistas sob o ponto de vista técnico[96]. São "coisas distintas" excluir a obrigação contratual e afastar a responsabilidade dela resultante[97].

Como já se afirmou exaustivamente, a medida do dano se dá conforme o princípio da reparação integral, nos termos do art. 944 do Código Civil. Na responsabilidade contratual, voltando-se a colocar o lesado, tanto quanto possível, na situação em que estaria caso o descumprimento não tivesse ocorrido, a indenização medir-se-á segundo o interesse positivo, de regra[98]. Para entender a situação hipotética de cumprimento, imprescindível será compreender o que foi pactuado. E para cumprir tal mister, cabe levar em conta o que quiseram os contraentes: "[a] delimitação do conteúdo do negócio fica essencialmente a cargo dos contraentes. Para o direito privado, todos são livres para assumir os riscos julgados apropriados"[99].

---

95 ZANETTI, Cristiano de Sousa. O Risco Contratual. In: LOPEZ, Teresa Ancona; LEMOS, Patrícia Faga Iglecias; RODRIGUES JÚNIOR, Otávio Luiz. (Coords.). *Sociedade de Risco e Direito Privado.* Desafios normativos, consumeristas e ambientais. São Paulo: Atlas, 2013, p. 455-456.

96 MARTINS-COSTA, Judith. *A Boa-Fé no Direito Privado.* 2ª ed. São Paulo: Saraiva, 2018, § 18, 6, p. 223-227.

97 AGUIAR DIAS, José de. *Da Responsabilidade Civil.* 11ª ed. Rio de Janeiro: Renovar, 2006, § 91, p. 217.

98 A respeito, STEINER, Renata. *Reparação de Danos*: interesse positivo e interesse negativo. São Paulo: Quartier Latin, 2018, *passim.*

99 ZANETTI, Cristiano de Sousa. O Risco Contratual. In: LOPEZ, Teresa Ancona; LEMOS, Patrícia Faga Iglecias; RODRIGUES JÚNIOR, Otávio Luiz. (Coords.). *Sociedade de Risco e Direito Privado.* Desafios normativos, consumeristas e ambientais. São Paulo: Atlas, 2013, p. 456.

A finalidade ulterior da interpretação do contrato é desvendar a comum intenção das partes[100]. O conteúdo do negócio é o resultado de sua interpretação[101]. A compreensão do conteúdo do contrato passa pela compreensão da sua finalidade concreta.

Comandam a interpretação contratual os cânones previstos nos artigos 112 e 113 do Código Civil. É a partir da interpretação que se confere sentido e alcance dos deveres e riscos assumidos. Ou seja, a interpretação do negócio jurídico é pressuposto para a determinação da responsabilidade contratual. A interpretação revelará o conjunto de deveres, partindo-se do que as partes *previram*.

Se o contrato for típico, as regras cogentes previstas no Ordenamento para o tipo serão aplicáveis, podendo também as dispositivas, pois se o contrato "é típico, ele será regido pelas normas legais se as partes não fizerem estipulação em contrário — e, em alguns casos, ainda que o façam"[102]. A incidência das regras cogentes e dispositivas servirá para o amoldamento dos deveres principais de prestação, ou para a verificação sobre a existência de deveres secundários de prestação e deveres de proteção, decorrentes, por exemplo, do princípio da boa-fé objetiva[103], com o que se pode alcançar conclusão sobre quais são as zonas de riscos atribuíveis a cada um dos contratantes. A existência de regras de Direito se extrai da lei, da análise do comportamento das partes, das práticas, e dos usos.

100 NITSCHKE, Guilherme Carneiro Monteiro. *Lacunas Contratuais e Interpretação*. História, Conceito e Método. São Paulo: Quartier Latin, 2018, p. 448.

101 MARINO, Francisco Paulo De Crescenzo. *Interpretação do Negócio Jurídico*. São Paulo: Saraiva, 2011, p. 48.

102 PARGENDLER, Mariana. Desenho contratual em perspectiva comparada: reflexões sobre a relação entre tipificação legal e inovação contratual. *Revista da Faculdade de Direito — UFPR*, Curitiba, vol. 61, n. 1, p. 219-245, jan./abr., 2016, p. 224; 233-237. Da mesma autora: O direito contratual comparado em nova perspectiva: revisitando as diferenças entre os sistemas romano-germânico e de *common law*. *Revista Direito* GV, vol. 13, n. 3, p. 796-826, set-dez 2017, p. 802-804, e, ainda, em versão em inglês deste último, mais aprofundada The Role of the State in Contract Law. The Common-Civil Law Divide. *The Yale Journal of International Law*. Vol. 43, p. 143-189, 2018, p. 153-160; (alerta nesses textos, ainda, para o papel das *normas dispositivas* que, a despeito de sua aplicação estar aparentemente restrita à ausência da vontade das partes, vem a ser aplicadas por serem "aderentes" — *sticky*).

103 MARTINS-COSTA, Judith. *A Boa-fé no Direito Privado*: critérios para a sua aplicação. 2ª ed. São Paulo: Saraiva, 2018, § 20, p. 239-247; § 59-65, p. 561-624.

O mesmo princípio que faculta às partes pactuarem sobre os deveres de prestação, também lhes franqueia a possibilidade de combinarem regras sobre a responsabilidade, atinentes a deveres de prestação secundários com prestação autônoma[104]. Ou seja, o mesmo poder que permite as partes pactuarem sobre o dever principal de cada parte, também lhes franqueia a possibilidade de combinarem regras sobre o dever de indenizar. Por exemplo, podem as partes incluir cláusula de não indenizar — "que, no fundo, se constitui numa transação sobre riscos"[105], sendo um "fator de equilíbrio, corretor da descompensação produzida pela agravação dos riscos"[106]. Igualmente, pode uma parte se responsabilizar inclusive por prejuízos independentemente de qualquer conduta que seja lhe exigível e que, inobservada, viesse a causar diretamente os prejuízos, ao se disciplinar uma obrigação de garantia de cobertura de prejuízos decorrentes da força maior, nos termos do art. 393, *caput*, do Código Civil de 2002, *a contrario*[107]. Se assim o for, e a força maior vier a se verificar no curso da execução do contrato, o devedor será responsabilizado pela garantia que conferiu no momento da contratação, e não por ter descumprido aquilo que prometera. É a interpretação contratual que permitirá a identificação do conteúdo, no qual poderá estar a fonte exclusiva da atribuição de responsabilidade. Como o momento da contratação é fundamental nessa análise, não pode simplesmente ser ignorado.

104 MARTINS-COSTA, Judith. *A Boa-fé no Direito Privado*: critérios para a sua aplicação. 2ª ed. São Paulo: Saraiva, 2018, § 20, 2, 3, p. 239-240.

105 AZEVEDO, Junqueira. Cláusula cruzada de não-indenizar (*cross-waiver of liability*), ou cláusula de não-indenizar com eficácia para ambos os contratantes. Renúncia ao direito de indenização. Promessa de fato de terceiro. Estipulação em favor de terceiro. In: *Estudos e Pareceres de Direito Privado*. São Paulo: Saraiva, 2004, p. 201.

106 AGUIAR DIAS, José de. *Cláusula de não-indenizar*: chamada cláusula de irresponsabilidade. Rio de Janeiro: Forense, 1955, p. 223.

107 MARTINS-COSTA, Judith; GIANNOTTI, Luca. A culpa no Direito das Obrigações: notas para uma história de conceitos jurídicos fundamentais. In: PIRES, Fernanda Ivo. (Org.). *Da Estrutura à Função da Responsabilidade Civil*. São Paulo: Foco, 2021, p. 173. Com efeito, na obrigação de garantia ganha força o momento da contratação para averiguar se a garantia contempla o risco verificado. Não por isso que o momento da inexecução e a causalidade deixarão de ser importantes. Exemplo claro é a evitabilidade, que será vista a seguir (*Capítulo 2.3.4*), como potencial tentativa do garantidor de imputar condutas ao garantido como limite do dever de indenizar.

Em síntese, reconhecer que o momento da contratação importa para a seleção das perdas e danos indenizáveis é reconhecer que os contratantes podem manejar o risco de eventos futuros. Essa escolha orientará o exame sobre a causalidade. Ou seja, é reconhecer a força jurígena da autonomia privada, com o que o papel da interpretação do contrato se justifica como etapa metodológica inescapável na determinação dos danos decorrentes do inadimplemento do contrato. Como afirma Aguiar Dias: "[a] responsabilidade contratual é problema de interpretação de vontade"[108].

Na interpretação contratual, deve-se considerar o momento da contratação, de início. A extração do sentido das declarações negociais é feita conforme aquilo que é previsto pelas partes quando contrataram. O momento da contratação é de relevo nessa análise, o que não significa dizer que prolegômenos contratuais não tenham impacto na sua compreensão[109], ou mesmo fatos e atos ocorridos em momentos posteriores à contratação, mas anteriores ao inadimplemento, mormente em contratos de duração. O Código Civil conta com a expressa menção à relevância das "informações disponíveis no momento de sua celebração", no art. 113, § 1º, V. Desbastadas as justas críticas ao preceito, trata-se de uma referência legal ao "*contexto*, por debaixo do que era ou deveria ser conhecido pelas partes, enquanto índice do que seria uma 'razoável negociação', ao tempo da composição da disciplina contratual"[110].

---

108 AGUIAR DIAS, José de. *Da Responsabilidade Civil.* 11ª ed. Rio de Janeiro: Renovar, 2006, § 91, p. 217.

109 MARTINS-COSTA, Judith. *A Boa-Fé no Direito Privado.* 2ª ed. São Paulo: Saraiva, 2018; § 39 a 46, p. 417-471.

110 NITSCHKE, Guilherme Carneiro Monteiro. In: MARTINS-COSTA, Judith; NITSCHKE, Guilherme Carneiro Monteiro (Coords.). *Direito Privado na Lei da Liberdade Econômica*: Comentários. São Paulo: Almedina/IDiP, 2022, p. 413. Grifo original. (aludindo ainda, a seguir, às vicissitudes dos contratos duradouros e à insuficiência do Código nesse particular, pois "nem sempre a disciplina negocial é estática, e, assim, nem sempre importará o momento originário em que celebrado o contrato"). A crítica tem pertinência, especialmente diante da dificuldade de se fixar momento à previsibilidade, como retrata a jurisprudência vista no Capítulo 2.2.4.2, *supra.*

Nesse sentido, não cabe exatamente tratar da previsibilidade como elemento subjetivo do futuro inadimplente para a determinação de até quando cabe a responsabilização pelo inadimplemento contratual, mas de tratar da compreensão do que foi previsto pelas partes, objetivamente, para na sequência, extrair da declaração negocial a extensão dos riscos assumidos de parte a parte. As regras atinentes à extensão do dano e à consequente extensão do dever de indenizar podem figurar na declaração negocial, mas nem sempre. Quando as partes contratam, visam ao cumprimento, o descumprimento, e as suas consequências, são relegados a um segundo plano.

É nesse segundo plano que se deve avaliar a probabilidade de o prejuízo ser decorrência do descumprimento do contrato, para que se possa justificar a sua imputabilidade ao devedor inadimplente. Ao focar no momento da contratação, o intérprete analisa o conteúdo contratual querido e as normas incidentes, para, destacada a pretensão indenizatória individualmente considerada, perquirir se esta estaria na zona de riscos a cargo do inadimplente.

2.3.3.2. Probabilidade de a consequência decorrer da inexecução

Como danos extrínsecos, os *consequential damages* não são aqueles "atinentes à segunda regra de *Hadley*". Não importa destacar a suficiência do conhecimento do futuro inadimplente no momento da contratação, pois as duas regras de *Hadley* cedem a um único princípio, qual seja, o grau da probabilidade de a consequência decorrer do inadimplemento, medido com base nas circunstâncias concretas.

No Direito brasileiro, o sentido subjetivo de previsibilidade não tem o condão de ser um critério autônomo para justificar a indenizabilidade dos danos, como se viu no Capítulo 2.2. A noção de risco, porém, aglutina previsibilidade e probabilidade, para explicar a causalidade na responsabilidade contratual. Na síntese, a previsibilidade assume um sentido objetivo, ligado à probabilidade.

O risco é "*a probabilidade de um dano futuro*", sugerindo uma ameaça abstrata, isto é, uma potencialidade ou uma eventualidade de causação de um dano, isto é, da lesão a um interesse juridicamente protegido, segundo Martins-Costa[111]. A autora acrescenta:

> [...] o elemento futuridade não retira, de todo, a previsibilidade do risco. Nenhum risco é "certo", mas grande parte dos riscos pode ser objeto de um juízo de probabilidade, que é um acontecimento esperado com certo grau de certeza. Podem ser prováveis "danos" (probabilidades de perdas) e vantagens (probabilidades de ganhos). É pelo juízo de probabilidade que se pode alcançar as noções de previsibilidade/imprevisibilidade do risco e a distinção entre acontecimentos certos previsíveis e acontecimentos incertos imprevisíveis[112].

À partida, sendo a verificação dos riscos "conforme a fisiologia do contrato, a materialização dos riscos contratuais não dá margem para que o Poder Judiciário intervenha naquilo que foi convencionalmente definido pelas partes"[113]. Há ao menos cinco balizas interpretativas auxiliares à precisão da extensão do risco contratual: natureza do contrato, conjuntura de mercado, qualificação das partes, extensão temporal, e especificidade dos fatos supervenientes[114].

---

111 MARTINS-COSTA, Judith. O Risco Contratual (e os significados do risco). In: TERRA, Aline Miranda; PIRES, Catarina Monteiro; NANNI, Giovanni. (Org.), p. 7. *No prelo.*

112 MARTINS-COSTA, Judith. O Risco Contratual (e os significados do risco). In: TERRA, Aline Miranda; PIRES, Catarina Monteiro; NANNI, Giovanni. (Org.), p. 8. *No prelo.*

113 ZANETTI, Cristiano de Sousa. O risco contratual. In: LOPEZ, Teresa Ancona; LEMOS, Patrícia Fraga Iglecias; RODRIGUES JÚNIOR, Otavio Luiz. (Org.). *Sociedade de Risco e Direito Privado*: desafios normativos, consumeristas e ambientais. São Paulo: Atlas, 2013, p. 457 e 459.

114 ZANETTI, Cristiano de Sousa. O risco contratual. In: LOPEZ, Teresa Ancona; LEMOS, Patrícia Fraga Iglecias; RODRIGUES JÚNIOR, Otavio Luiz. (Org.). *Sociedade de Risco e Direito Privado*: desafios normativos, consumeristas e ambientais. São Paulo: Atlas, 2013, p. 461-466; SAN MARTÍN, Lílian. La previsibilidad como límite al ressarcimiento del daño por incumplimiento contractual. In: TURNER, Susan; VARAS, Juan Andres. (Orgs). *Estudios de Derecho Civil IX*. Santiago: Thomson Reuters, 2013, p. 661-666 (defendendo como pautas interpretativas à determinação do dano previsível: (*i*) a natureza da obrigação; (*ii*) a profissão do devedor, em especial o seu nível de *expertise*; (*iii*) o benefício obtido pelo inadimplente; (*iv*) a informação trocada pelas partes sobre o destino da prestação).

Somente a partir da identificação do conteúdo contratual é que se poderá começar a estabelecer o nexo de causação entre o prejuízo sofrido pelo credor em virtude do inadimplemento cujo risco se pode atribuir ao inadimplente. A atenção à finalidade da regra contratual será necessária à identificação de quais danos derivam diretamente da *inexecução* da obrigação. A interpretação é passo prévio à avaliação das consequências que derivam do descumprimento do contrato. A necessidade de interpretação remete à perquirição da "intenção consubstanciada na declaração", conforme o art. 112 do Código Civil[115]. Consequentemente, conquanto inexista enunciado normativo no Código Civil a estabelecer a prever regra sobre a previsibilidade, aferida no momento da contratação, como limite à indenização, não significa dizer que está descartada uma análise retrospectiva a esse momento para verificar se os riscos seriam atribuíveis ao inadimplente, como prováveis consequências da sua inexecução.

Depois de interpretado o contrato é que se pode passar a analisar a sua inexecução. Ao inadimplemento pode suceder uma miríade de danos: caberá ao Direito indicar quais danos são imputáveis ao inadimplente. Essa imputação deve passar pela atribuição de responsabilidade pelo risco e pelos limites que a causalidade indicará.

115 SAN MARTÍN, Lílian. La previsibilidad como límite al ressarcimento del daño por incumplimiento contractual. In: TURNER, Susan; VARAS, Juan Andres. (Orgs). *Estudios de Derecho Civil IX*. Santiago: Thomson Reuters, 2013, p. 661-668 (refere a previsibilidade como critério a determinar a indenizabilidade dos danos contratuais, situando-a como problema de interpretação contratual à luz dos artigos 1.560 ("*Conocida claramente la intención de los contratantes, debe estarse a ella más que a lo literal de las palabras*") e seguintes do Código Civil Chileno, e não apenas do art. 1.558, cujo teor é semelhante ao revogado parágrafo único do art. 1.059 do Código Civil de 1916, em tradução livre: "Se não se pode imputar dolo ao devedor, somente é responsável pelos prejuízos previstos ou que poderiam ser previstos no tempo do contrato; mas se há dolo, é responsável por todos os prejuízos que foram uma consequência imediata ou direta de não ter cumprido a obrigação ou de ter demorado para o cumprimento". O texto original do é: "Art. 1558. Si no se puede imputar dolo al deudor, sólo es responsable de los perjuicios que se previeron o pudieron preverse al tiempo del contrato; pero si hay dolo, es responsable de todos los perjuicios que fueron una consecuencia inmediata o directa de no haberse cumplido la obligación o de haberse demorado su cumplimiento").

A necessidade de interpretação das normas dá-se em vista de responder à questão: até que ponto está a cargo do suposto responsável todos os danos que se encontram em certa "zona de riscos"[116]? A atenção à finalidade do contrato é ponto logicamente prévio de apreciação para a aplicação da causalidade na responsabilidade contratual, por ser dessa finalidade que se dessume o elemento de escolha sobre fatos que serão relevantes à produção do dano[117]. É imprescindível extrair a finalidade das regras incidentes — contratuais e legais — para se estabelecer qual a zona de risco que estaria a cargo do suposto responsável. Requer-se a determinação dos interesses concretamente visados, seja se esses interesses estiverem especificados por dispositivo legal infringido, seja por contrato que venha a traçá-los[118]. Trata-se de tarefa imprescindível ao "exercício da discricionaridade dos juízes", ou de "cobertura" à sua *finesse*[119].

O que era previsível deve ser compreendido objetivamente, conforme a suficiência da probabilidade de a consequência vir a decorrer do descumprimento. Na análise da previsibilidade e da causalidade, "há que se questionar *para quem* o efeito deve ser previsível, qual o *critério* de previsibilidade e, também, qual o *momento* dessa avaliação"[120].

116 CRUZ, Gisela Sampaio da. *O Problema do Nexo Causal na Responsabilidade Civil.* Rio de Janeiro: Renovar, 2005, p. 8.

117 COUTO E SILVA, Clóvis. *Principes fondamentaux de la responsabilité civile:* Cours fait dans l'Université de Paris XII. Paris: Universidade de Paris XII, 1988, p. 70.

118 CRUZ, Gisela Sampaio da. *O Problema do Nexo Causal na Responsabilidade Civil.* Rio de Janeiro: Renovar, 2005, p. 90.

119 COUTO E SILVA, Clóvis. *Principes fondamentaux de la responsabilité civile:* Cours fait dans l'Université de Paris XII. Paris: Universidade de Paris XII, 1988, p. 70.

120 FERREIRA DA SILVA, Jorge Cesa. *Inadimplemento das obrigações.* São Paulo: Revista dos Tribunais, 2006, p. 193.

A aproximação entre previsibilidade, probabilidade e causalidade, encontra voz em doutrina e jurisprudência brasileiras[121]. Essa relação aponta a uma objetivação da previsibilidade: não interessa a visão do causador do prejuízo[122]. A pergunta a ser feita é se o dano seria suficientemente provável como consequência do inadimplemento da obrigação desde um prisma objetivo.

Visto sob esta perspectiva, a insuficiência da probabilidade foi o critério elencado para afastar a responsabilidade no caso do *complexo agroindustrial (Brasil, 2009)*[123]. Naquele caso, o voto prevalecente concluiu que o momento do descumprimento do dever seria o de relevo para a apreciação sobre a probabilidade. Ou seja, a probabilidade de a circunstância decorrer do inadimplemento não foi aferida na data da contratação, mas no momento do descumprimento do dever.

Volte-se aos fatos para aprofundar o exame. O caso envolveu dois contratos de empréstimo. Como mutuária em ambos, estava *CIPAMS*, sociedade voltada à indústria de produtos alimentícios, a qual empregaria os recursos monetários na construção e montagem de complexo agroindustrial para a produção de grãos. O *Banco do Brasil* figurou no polo passivo por uma dupla posição: a de agente financeiro a repassar do primeiro empréstimo e a de mutuante, no segundo.

121 Cf. se referiu no Capítulo 2.2.2.3, *supra*. Diferenciando substancialmente a previsibilidade atinente à causalidade, e a previsibilidade como critério autônomo de limitação dos danos indenizáveis: SAN MARTÍN, Lílian. La previsibilidad como límite al ressarcimento del daño por incumplimiento contractual. In: TURNER, Susan; VARAS, Juan Andres. (Orgs). *Estudios de Derecho Civil IX*. Santiago: Thomson Reuters, 2013, p. 667 ("La previsibilidad de la causalidad se refiere a un juicio de 'normalidad' conforme a aquello que el sujeto podía estimar. En cambio, la previsibilidad como límite se relaciona *con los riesgos expresa o tácitamente asumidos por el deudor al tiempo de contratar* [...]") Itálico original.

122 FERREIRA DA SILVA, Jorge Cesa. *Inadimplemento das obrigações*. São Paulo: Revista dos Tribunais, 2006, p. 193 (a menos que o resultado fosse previsível apenas para o causador "por ser ele um *expert* no assunto").

123 STJ. REsp 846455/MS. Terceira Turma. Relator para Acórdão Min. Sidnei Beneti. Julgado em 10 de março de 2009. O nome ao caso foi dado por ZANETTI, Cristiano de Sousa. A perda da chance na arbitragem: em busca do enquadramento devido. In: CARMONA, Carlos Alberto; LEMES, Selma Maria Ferreira; MARTINS, Pedro Batista (Orgs.). *20 anos da Lei de Arbitragem*: homenagem a Petrônio R. Muniz. São Paulo: Atlas, 2017, p. 723-728; GUEDES, Gisela Sampaio da Cruz. *Lucros Cessantes*: Do bom-senso ao postulado normativo da razoabilidade. São Paulo: Revista dos Tribunais, 2011, p. 277-278 (transcrevendo a ementa e sinalizando ao entendimento de que o STJ normalmente tende a negar a indenização de lucros cessantes em negócios ainda não iniciados).

O primeiro financiamento tinha fundamento em programa de incentivo junto a entidades governamentais (o *BNDES*, Banco Nacional para o Desenvolvimento Econômico e Social, e o *FCO*, Fundo Constitucional do Centro-Oeste). Cabia ao *Banco do Brasil*, segundo esse acordo, o repasse dos recursos, como agente financeiro. Ocorre que logo após a assinatura dos contratos, *CIPAMS* iniciou a construção e montagem do complexo com recursos próprios, mas passados 90 dias sem que os repasses tivessem sido realizados, *CIPAMS* se viu compelida a realizar o segundo financiamento, junto ao *Banco do Brasil*.

O plano de investimento, aprovado pelo *Banco do Brasil*, estabelecia que os valores obtidos junto ao *BNDES* e *FCO* serviriam para custeio da montagem do complexo. O segundo financiamento, de emergência, seria quitado progressivamente, à medida que o complexo passasse a ser lucrativo. Como dado fático de relevo, os juros e encargos do segundo financiamento eram superiores ao avençado junto às entidades governamentais. Porém, quando finalmente foi ocasião de o *Banco do Brasil* realizar os repasses atinentes ao primeiro empréstimo, na posição de agente repassador, negou-se a fazê-lo. A justificativa para a retenção dos valores foi a de cobrir o saldo devedor do segundo empréstimo, cujos encargos eram superiores.

Pela falta de recursos, restou inviabilizada a continuidade do projeto. Então, *CIPAMS* ajuizou ação indenizatória voltando-se a ser indenizada por danos decorrentes da retenção indevida e do desvio dos recursos promovido pelo *Banco do Brasil*. Entre as pretensões indenizatórias, buscou ser indenizada por dano emergente, consistente no valor retido, lucro cessante, calculado sob a expectativa de rentabilidade do projeto, e danos morais, pelo ferimento à imagem.

Em primeiro grau e em segundo grau, reconheceu-se a ilicitude da conduta do *Banco* ao não realizar os repasses. No julgamento do TJMS, o *Banco do Brasil* restou condenado ao pagamento de danos emergentes, lucros cessantes, calculados estes conforme o que *CIPAMS* auferiria com o complexo, e danos morais. Ao chegar ao STJ, porém, a decisão veio a ser revertida, por maioria de votos e por decisão de segundo voto intermediário. O entendimento prevalecente foi o de que os lucros cessantes não deveriam ser indenizados, ponto que ora merece atenção[124]. De unânime, apenas a consideração de que o caso demandava análise jurídica, cabendo o exame pelo STJ, sem que fosse revolvida a prova ou desafiada a Súmula 7 daquele Tribunal.

Entre os fundamentos para a negativa da indenizabilidade dos lucros cessantes esteve o descabimento da condenação em projetos que não apresentavam rentabilidade passada. Em virtude de o complexo ainda não ter sido implementado, os lucros foram tidos como "incertos" e "imaginários", não sendo escorreito os presumir. E, junto às transcrições do já tantas vezes referido parágrafo único do art. 1.059 e do art. 1.060 do Código Civil de 1916, aduziu-se:

> A condenação em lucros cessantes pressupõe a existência de previsão objetiva de ganhos *na data do inadimplemento da obrigação pelo devedor.* Vale dizer: é preciso que, *na data do inadimplemento,* o credor já tivesse previsão razoável e objetiva de lucro. Para tanto, haveria de partir de parâmetro anterior e concreto capaz de servir como termo de comparação na avaliação do lucro potencial.
>
> Os lucros cessantes só compõem as perdas e danos quando resultarem direta e imediatamente do inadimplemento. Por isso, não se consideram lucros cessantes ganhos imaginários resultantes de atividade empresarial abortada. A falta de tais ganhos não seria efeito direto e imediato do adimplemento da obrigação do devedor. Por isso, as perdas e danos restringem-se ao dano emergente[125].

---

124 STJ. REsp 846455/MS. Terceira Turma. Relator para Acórdão Min. Sidnei Beneti. Julgado em 10 de março de 2009. Voto do Min. Humberto Gomes de Barros. O entendimento prevalecente considerou uma solução intermediária entre dois outros entendimentos, perspectivado o caso na sua integralidade. Quanto ao indeferimento do pleito atinente aos lucros cessantes, ora em análise e em destaque, o voto intermediário, adotado pelos Min. Sidnei Beneti e Humberto Gomes de Barros, aproxima-se do voto da Min. Nancy Andrighi, com convergência de fundamentos. Nesse aspecto, restou vencido o Min. Castro Filho, que, ao se perfilhar ao entendimento de segundo grau, concluiu serem os lucros cessantes devidos, em virtude de que o próprio Banco do Brasil concluíra pela viabilidade do êxito do projeto ao aprovar o segundo financiamento, com o que se provou a probabilidade objetiva de ganhos a resultar do curso normal das coisas e das circunstâncias do caso concreto. "Entendimento majoritário", portanto, tem aqui o sentido da soma do voto intermediário e do voto da Min. Nancy Andrighi.

125 STJ. REsp 846455/MS. Terceira Turma. Relator para Acórdão Min. Sidnei Beneti. Julgado em 10 de março de 2009. Voto dos Min. Humberto Gomes de Barros e Sidnei Beneti. Grifou-se.

É curioso que o caso foi julgado à luz do Código Civil de 1916, quando vigente o requisito da previsibilidade "na data da obrigação". No caso, a expressão foi compreendida como "data do inadimplemento da obrigação pelo devedor". A "previsão objetiva de ganhos" não foi auferida no momento em que o segundo financiamento foi contratado, mas no momento em que o *Banco* deixou de realizar os repasses.

Em voto convergente a respeito da negativa dos lucros cessantes, entendeu-se que tivesse a instituição financeira emprestado dinheiro a *CIPAMS* e não tivesse retido, consequentemente, parte do financiamento para pagamento da dívida, "ainda assim a obra não teria sido concluída". Acrescentou-se que o sócio de *CIPAMS* "que encabeçou toda a negociação, é empresário bem sucedido em suas atividades comerciais, com vasta experiência, além de ter sido assessorado por terceiros, de maneira que tinha pleno conhecimento dos riscos assumidos, não apenas por ocasião das obras, como também ao decidir pela tomada de empréstimo junto ao banco"[126]. E aduziu-se:

> [...] quando se aprecia a existência de lucros cessantes, a análise deve ser feita com base em um juízo de probabilidade, levando-se em consideração o curso normal dos acontecimentos, de sorte que a indenização somente seja deferida se houver um grau razoável de probabilidade de que os ganhos se concretizassem. Vale dizer, se a possibilidade frustrada é vaga ou meramente hipotética, não estará caracterizado qualquer dano[127].

Mesmo considerando o fato de *BNDES*, *FCO* e *Banco do Brasil* "terem aprovado o projeto" de *CIPAMS*, essa aprovação "em nada aumenta as supostas chances de êxito do negócio. Houve tão-somente a concordância em assumir o risco, com base nas projeções apresentadas, que certamente poderiam vir a se mostrar equivocadas"[128].

126 STJ. REsp 846455/MS. Terceira Turma. Relator para Acórdão Min. Sidnei Beneti. Julgado em 10 de março de 2009. Voto da Min. Nancy Andrighi.

127 STJ. REsp 846455/MS. Terceira Turma. Relator para Acórdão Min. Sidnei Beneti. Julgado em 10 de março de 2009. Voto da Min. Nancy Andrighi.

128 STJ. REsp 846455/MS. Terceira Turma. Relator para Acórdão Min. Sidnei Beneti. Julgado em 10 de março de 2009. Voto da Min. Nancy Andrighi.

A esse respeito, o voto pode soar obscuro, pois se o *Banco do Brasil* "assumiu o risco", significa que, contratualmente, poderia ter assumido, então, a responsabilidade também pelo empreendimento. Se o *Banco* só concedeu o empréstimo porque tinha uma expectativa de que os valores lhe seriam restituídos conforme o planejado, avaliou como provável a possibilidade de receber o dinheiro de volta. Poderia ser o caso, então, de lhe imputar o risco da inexecução desse planejamento.

De toda maneira, embora não tenha restado explicitamente claro qual o risco assumido, o restante do voto parece indicar que a assunção do risco diz respeito ao risco na restituição dos valores emprestados, e não ao risco da atividade empresarial que seria desenvolvida por *CIPAMS*. Essa assunção do risco teria ocorrido no momento da contratação; embora, ao voto prevalecente, coubesse aferir se o risco seria previsível no momento do inadimplemento, como se vem de referir. Há nítida dissintonia em relação aos momentos de apuração da probabilidade.

O que também importa ora destacar é que a indenização dos lucros cessantes foi negada, pois "as perspectivas de ganho da recorrida com o empreendimento" não tinham "bases concretas suficientes para autorizar a condenação da instituição financeira por lucros cessantes"[129]. Não foi considerada suficiente a probabilidade, objetivamente aferida, de sua ocorrência.

Embora tivesse o *Banco* aprovado o projeto e "assumido o risco" do financiamento, não seria suficientemente provável que o projeto seria lucrativo, nem quando foi concedido o empréstimo, nem quando o repasse passou a ser negado. Ou seja, a ausência de probabilidade justificou a negativa daquele pedido indenizatório. Os supostos lucros cessantes não eram objetivamente prováveis, não sendo, pois, decorrentes da inexecução do *Banco*.

Em suma, a previsibilidade não importa por si só, mas é elemento para explicar a relação de causalidade entre inadimplemento e dano indenizável, visto sob um prisma jurídico. Vista subjetivamente na con-

129 STJ. REsp 846455/MS. Terceira Turma. Relator para Acórdão Min. Sidnei Beneti. Julgado em 10 de março de 2009. Voto da Min. Nancy Andrighi.

tratação, como limite autônomo, era uma das "últimas homenagens ao papel da vontade"[130], sendo de duvidosa eficácia nos casos de contratos duradouros[131], justamente pelo descolamento temporal entre a formação do vínculo e as perturbações na execução da obrigação. É corriqueiro que haja modificações no conteúdo desses contratos ao longo do tempo, com o que a interpretação também deverá acompanhar a vida do contrato[132]. A probabilidade de a consequência decorrer do descumprimento serve para explicar se foi o inadimplemento apto a gerar um prejuízo: seja este intrínseco, ou extrínseco.

2.3.4. DANOS EVITÁVEIS

Como se viu no Capítulo 1.3.2, uma leitura possível de *Hadley v. Baxendale* é a de que o lucro cessante não foi indenizado, porque não decorreu do inadimplemento contratual, mas porque foi gerado por uma ausência de conduta dos donos do moinho, os quais não tinham um virabrequim substituto para operá-lo durante o momento em que era transportado. Apesar de o atraso no transporte, havia uma conduta exigível do contratante a cortar pela raiz o nexo de causalidade entre o inadimplemento e o dano. Outra maneira de perceber *Hadley v. Baxendale* seria concluir ter sido a ausência de uma peça sobressalente durante o período do transporte do eixo em atraso a causa adequada dos danos alegados. Essa ausência de peça substitutiva é atribuível a *Hadley*, não se relacionando à falta na conduta contratual devida pelos transportadores.

---

130 COUTO E SILVA, Clóvis. O conceito de dano no direito brasileiro e comparado. In: FRADERA, Vera (Org.). *O Direito Privado brasileiro na visão de Clóvis do Couto e Silva*. Porto Alegre: Livraria do Advogado, 1997, p. 223. COUTO E SILVA, Clóvis. *Principes fondamentaux de la responsabilité civile:* Cours fait dans l'Université de Paris XII. Paris: Universidade de Paris XII, 1988, p. 54.

131 FERREIRA DA SILVA, Jorge Cesa. *Inadimplemento das obrigações*. São Paulo: Revista dos Tribunais, 2006, p. 166.

132 NITSCHKE, Guilherme Carneiro Monteiro. *Lacunas Contratuais e Interpretação*. História, Conceito e Método. São Paulo: Quartier Latin, 2018, p. 542.

O foco passa a ser na conduta da parte lesada, não mais na do inadimplente. A noção de culpa concorrente teria lugar em *Hadley v. Baxendale*, sendo intercambiável entre *contracts* e *torts*.

A evitabilidade tem um duplo aspecto: um negativo, afastando a indenizabilidade de danos evitáveis; e um positivo, justificando a ressarcibilidade de danos decorrentes de despesas empregadas para evitar o agravamento dos prejuízos. Cumpre analisar a evitabilidade como um limite à indenização, com o que se alude ao ônus de mitigar o prejuízo em sua faceta negativa (Capítulo *2.3.4.1*). O credor contratual tem também o direito ao reembolso das despesas incorridas para diminuir o prejuízo[133] — faceta positiva da evitabilidade —, com particular feição em contratos de seguro, nos quais a Lei deixa claro que atos positivos do próprio segurado podem ensejar danos indenizáveis (Capítulo *2.3.4.2*).

2.3.4.1. A evitabilidade como limite

Argumentando-se que o dano era evitável pelos donos do moinho em *Hadley v. Baxendale (Reino Unido, 1854)*, por analogia também foram afastados em *Evra Corp. v. Swiss Bank Corp (EUA,1982)*[134]. A evitabilidade como limite à indenização cabível se deu a partir de dupla dimensão temporal: cumpre à parte lesada adotar medidas acautelatórias e medidas posteriores ao descumprimento para evitar o prejuízo. Do contrário, ainda que os prejuízos sejam faticamente demonstráveis, a responsabilidade não poderá ser atribuída ao lesante. É dizer, se o dano era evitável pelo credor, não será indenizável. Ao intérprete cabe realizar exame rigoroso das circunstâncias concretas, não sendo escorreito apenas tachar determinada parte a partir de suas características, como, naquele caso, "um banco internacional".

---

133 FRADERA, Véra. Proposta de Enunciado ao art. 422 do CC/2002. In: Aguiar Júnior, Ruy Rosado de (Org.). *III Jornada de Direito Civil do Conselho da Justiça Federal Brasília*. CJF, 2005, p. 176-177.

134 Estados Unidos da América. United States Court of Appeals, Seventh Circuit. *Evra Corp. v. Swiss Bank Corp*. Julgado em 19 de março de 1982.

No Direito brasileiro, também se pode analisar a evitabilidade como limite a partir de dois conjuntos de regras. Se as medidas a evitar o dano deveriam ter sido tomadas antes do ilícito, tratar-se-á de hipótese de concorrência causal. Nesse caso, o artigo 945 do Código Civil indica que "[s]e a vítima tiver concorrido culposamente para o evento danoso, a sua indenização será fixada tendo-se em conta a gravidade de sua culpa em confronto com a do autor do dano".

Críticas ao viés subjetivo do texto legal foram formuladas, tendo sido a regra explicada pelo Enunciado 630 da VIII Jornada de Direito Civil do Conselho de Justiça Federal, segundo o qual se deve adotar uma concepção focada no nexo de causalidade. É o texto do Enunciado:

> Culpas não se compensam. Para os efeitos do art. 945 do Código Civil, cabe observar os seguintes critérios: (i) há diminuição do *quantum* da reparação do dano causado quando, ao lado da conduta do lesante, verifica-se ação ou omissão do próprio lesado da qual resulta o dano, ou o seu agravamento, desde que (ii) reportadas ambas as condutas a um mesmo fato, ou ao mesmo fundamento de imputação, conquanto possam ser simultâneas ou sucessivas, devendo-se considerar o percentual causal do agir de cada um[135].

Na justificativa do Enunciado, consta explicação a respeito da necessidade de foco na eficácia causal dos comportamentos adotados e não em juízo subjetivo sobre a reprovabilidade das condutas. O inadimplemento pode ter sido culposo, e a falta de conduta do lesado gravemente reprovável, mas essas conclusões não prevalecem. A concorrência de culpas deve ser tida como concorrência de causas reportadas a um fato ou fundamento de imputação. Trata-se de *amálgama de causas* a provocar um determinado resultado[136]. O ônus de suportar as consequências negativas deverá ser repartido entre as partes conforme a contribuição causal de cada um.

135 Enunciado 630. VIII Jornada de Direito Civil do Conselho de Justiça Federal. Brasília: Conselho de Justiça Federal, 2018. Disponível em https://www.cjf.jus.br/enunciados/enunciado/1204.

136 Justificativa ao Enunciado 630. VIII Jornada de Direito Civil do Conselho de Justiça Federal. Brasília: Conselho de Justiça Federal, 2018, disponível em https://www.cjf.jus.br/enunciados/enunciado/1204, *in verbis:* "Resultante de sólida tradição histórico-cultural, o dispositivo traduz princípio

Para além das medidas acautelatórias, podem ser exigíveis do lesado condutas posteriores ao descumprimento para que o ilícito não produza agravamento negativo em seu patrimônio. O tema tem recebido detida atenção da doutrina brasileira, a qual controverte sobre a natureza da posição jurídica que recai sob o credor nesses casos. Antes de brevemente descrevê-la, cumpre retornar novamente aos escritos de Pothier, e ao famoso exemplo da compra e venda da vaca pestilenta. O exemplo é universal — é citado por muitos autores brasileiros[137] e da tradição da *civil law*[138], havendo igualmente notícias de que tenha influenciado o

---

geral de repartição do dano. Não é cogitável a 'ponderação' se os atos culposos de um e de outro *não estiverem reportados a um mesmo fato* ou não estiverem ligados por mesma e única relação, conquanto possam ser simultâneos ou sucessivos. O que se mede, no confronto entre a conduta do lesante e a da vítima, é em que medida o comportamento de um e de outro gerou eficácia causal. A responsabilidade do lesante é reduzida proporcionalmente ao *percentual causal* do seu agir. Conquanto alguns aludam à 'compensação de culpas', a regra do Código Civil afasta essa ideia, pois culpas não são compensáveis como o podem ser dívidas líquidas da mesma natureza (VAZ SERRA, Adriano. O dever de indemnizar e o interesse de terceiro. Conculpabilidade do prejudicado, 1959; PONTES DE MIRANDA, Francisco. *Tratado de Direito Privado.* Tomo XXII. 1958). A enganosa expressão não deveria ser utilizada. Uma culpa leve (*e.g.*, desatenção no trânsito, parando o motorista repentinamente em farol) pode ter relevo causal imenso, enquanto ato doloso (*e.g.*, dirigir embriagado) pode não ter consequência, ao menos no plano civil, caso não haja a produção de dano". A proposição encontra amparo também em MARTINS-COSTA, Judith. *Comentários ao Novo Código Civil.* Do Inadimplemento das Obrigações. 2ª ed. Volume V. Tomo II. Rio de Janeiro: Forense, 2009, p. 508; MARTINS-COSTA, Judith; ZANETTI, Cristiano. Responsabilidade Contratual: prazo prescricional de 10 anos. São Paulo, *Revista dos Tribunais*, ano 106, vol. 979, p. 215-241, mai./2017, p. 234; MARTINS-COSTA, Judith. GIANNOTTI, Luca. A culpa no Direito das Obrigações: notas para uma história de conceitos jurídicos fundamentais. In: PIRES, Fernanda Ivo. (Org). *Da Estrutura à Função da Responsabilidade Civil.* São Paulo: Foco, 2021, p. 176-178; CRUZ, Gisela Sampaio da. *O Problema do Nexo Causal na Responsabilidade Civil.* Rio de Janeiro: Renovar, 2005, p. 341-344.

137 Apenas a título de exemplo, ALVIM, Agostinho. *Da Inexecução das Obrigações e suas Conseqüências.* 5ª ed. São Paulo: Saraiva, 1980, p. 360-363; NORONHA, Fernando. *Direito das obrigações.* 4ª ed. São Paulo: Saraiva, 2013, p. 620-621; CRUZ, Gisela Sampaio da. *O Problema do Nexo Causal na Responsabilidade Civil.* Rio de Janeiro: Renovar, 2005, p. 100; GIRÃO, Eduardo. Danos diretos e indiretos no ato ilícito. *Revista da Faculdade de Direito do Ceará*, Fortaleza, Universidade Federal do Ceará, v.2, 2ª fase, 1947, p. 19-25. p. 20 (aludindo que se o fundamento da ação do lesado fosse a culpa aquiliana, a vítima teria o prejuízo relativo à cultura das terras integralmente indenizado, em virtude do dolo); FERREIRA DA SILVA, Jorge Cesa. *Inadimplemento das Obrigações.* São Paulo: Revista dos Tribunais, 2006, p. 181; MARINO, Francisco Paulo De Crescenzo. Perdas e Danos. In: LOTUFO, Renan; NANNI, Giovanni Ettore (Coord.). *Obrigações.* São Paulo: Atlas, 2011, p. 680-681; REIS, Iuri. *Danos Patrimoniais.* Uma perspectiva Pragmática. Rio de Janeiro: Lumen Juris Direito, 2017, p110-115; DIAS, Daniel. *Mitigação de danos na responsabilidade civil.* São Paulo: Revista dos Tribunais/ FGV Direito Rio, 2020, p. 67-69.

138 *E.g.* ZIMMERMANN, Reinhard. Limitation of Liability for Damages. *The Edinburgh Law Review.* 18.2., p. 193-224, 2014, p. 201-202; SAN MARTÍN, Lílian. La previsibilidad como límite al

modo de pensar na *common law* na Inglaterra, Escócia, Estados Unidos, África do Sul e China[139].

Naquele caso, o vendedor vendeu ao comprador uma vaca pestilenta, enganando-o, e fazendo com que todo o rebanho tenha perecido. Pergunta-se: o vendedor é responsável pelo dano? A resposta é positiva, não há dúvidas. Mas qual a extensão do dano e, consequentemente, da indenização cabível?

Relembre-se que Pothier distingue as rubricas indenizatórias individualmente, o que é pressuposto de método inescapável. No plano fático, são ao menos quatro danos patrimoniais verificados: (*i*) a perda da vaca; (*ii*) a perda do rebanho infectado pela vaca; (*iii*) a falta de cultivo na terra que deixou de ser arada, já que as vacas eram essenciais ao arado; e (*iv*) a perda dos demais bens, negociados a preço vil em virtude da constrição judicial levada a efeito pela falta de pagamento de dívidas do credor junto a terceiros.

Pothier considera indenizáveis (*i*) o valor da vaca, e (*ii*) a perda do rebanho contagiado por ela. Não considera indenizável a (*iv*) perda dos bens negociados a preço vil, porque "este resultado é só uma conseqüência distante de seu dolo e não uma relação necessária, porque, mesmo que a perda de meu gado, causada por seu dolo, tenha influenciado no desequilíbrio de meus bens, esse desequilíbrio pode ter outras causas". Porém, pelo valor que deixou de auferir pela (*iii*) falta de cultivo da terra, aquele autor pondera, à luz da ideia de evitabilidade, *in verbis:*

---

ressarcimento del daño por incumplimiento contractual. In: TURNER, Susan; VARAS, Juan Andres. (Orgs). *Estudios de Derecho Civil IX.* Santiago: Thomson Reuters, 2013, p. 654-658.

139 HERBOTS, Jacques. Why It is Ill-Advised to Translate Consequential Damage By Dommage Indirect. *European Review of Private Law,* 6, 2011, p. 939; TREITEL, Sir Guinther. *The Law of Contract.* 11th ed. London: Sweet & Maxwell, 2003, p. 944; SEDGWICK, Theodor. *Treatise on the Measure of Damages.* Or an inquiry into the principles which govern the amount of pecuniary compensation awarded by courts and justice. 8ª ed, 1891. Acesso pela Plataforma HeinOnline, § 117, p. 167-168 (embora na 9ª. edição tenha sido abandonada a referência, com a reescritura do capítulo sobre *consequential damages:* SEDGWICK, Theodor. *Treatise on the Measure of Damages.* Or an inquiry into the principles which govern the amount of pecuniary compensation awarded by courts and justice. Revisado por Arthur Sedgwick e Joseph Beale. Baker, Voorhis and Company, 1912, Chapter VII. Acesso pela Plataforma HeinOnline).

> A perda que eu sofri por falta de cultivo de minhas terras, parece ser uma consequência mais distante do dolo do negociante. Entretanto, penso que por ela não deveria ser reputado responsável, ou, ao menos, que não há de indenizá-la por inteiro. Essa falta de cultivo não é uma consequência absolutamente necessária da perda de meu gado, causada pelo dolo desse negociante; eu poderia, apesar disso, evitar essa falta de cultivo comprando outros animais para cultivar minhas terras, ou, caso não dispusesse deste meio, alugando ou mesmo subarrendando minhas terras, se não tivesse meio de fazê-las produzir por mim mesmo. Contudo, como por mais que eu tenha recorrido a tais expedientes, não pude retirar de minhas terras tanto proveito como se eu mesmo as tivesse cultivado com os bois que perdi por causa do dolo do negociante, isso pode, de algum modo, fazer parte das perdas e danos que me são devidos[140].

Sendo o dano pela falta de cultivo das terras ao menos parcialmente imputável à falta de adoção de medidas possíveis a serem tomadas pelo dono da terra para evitar a perda, não é indenizável. Entre as medidas alternativas possíveis estariam a tomada de empréstimo de animais para cultivo das terras, ou o aluguel das terras a terceiros, caso o cultivo não fosse possível. Malgrado inadimplente e, portanto, responsável pelas consequências negativas do inadimplemento, o vendedor não deve ser responsabilizado integralmente por todos os prejuízos gerados ao patrimônio do comprador lesado. Aquele prejuízo que o comprador poderia mitigar, mas não o faz, não será exigível do devedor inadimplente. Se no exemplo hipotético o credor adota essas medidas e mesmo assim não retira todo o proveito que teria, a fatia da perda por essa diferença, sim, seria atribuível ao inadimplente.

---

140 No original: « La perte que j'ai soufferte par le défaut de culture de mes terres parît être une suite moins éloignée du dol de ce marchand; néanmoins je pense qu'il n'en doit pas être tenu, ou du moins qu'il n'en doit pas être tenu en entier. Ce défaut de culture n'est pas une suite absolument nécessaire de la perte de mes bestiaux que m'a causée le dol de ce marchand; je pouvais, nonobstant cetter perte de mes bestiaux, obvier à ce defaut de culture en faisant cultiver mes terres par d'autres bestiaux que j'aurais achetés; ou, si ne je n'avais pas le moyen, que j'aurais loués; ou en affermant mes terres, si je n'avais pas le moyen de les faire valir par moi-même. Néanmoins, comme en ayant recours à ces expédient, je n'aurais pas retiré autant de profit de mes terres, que si je les avais fait valoir par moi-même, par mes bœufs que j'ai perdus par le dol de ce marchand; cela peut entrer pour qualquer chose dans les dommages et inteérêts dont il est tenu ». POTHIER, Robert Joseph. *Traité des Obligations.* Paris/ Orleáns: Debure pere/veuve Rouzeau-Montaut, 1777, § 167, p. 152. A tradução reproduzida no texto acima está em: POTHIER, Robert J. *Tratado das Obrigações.* Tradução de Adrian Sotero De Witt Batista e Douglas Dias Ferreira. Campinas: Servanda, 2001, § 167, p. 149.

O "dever" de mitigar não tem previsão legal expressa no âmbito dos contratos em geral[141], sendo deduzido doutrinariamente, ou como concreção do princípio da boa-fé objetiva, no art. 422, ou como concreção da limitação dos prejuízos àqueles causalmente decorrentes da inexecução, nos termos do art. 403 do Código Civil. O Enunciado 169 da III Jornada de Direito Civil estabelece: "O princípio da boa-fé objetiva deve levar o credor a evitar o agravamento do próprio prejuízo". Na justificativa, de lavra de Fradera, há referência à influência que o art. 77 da Convenção de Viena para a Compra e Venda Internacional de Mercadorias exerce sobre a figura[142] e à possibilidade de o Direito Privado nacional recepcionar o conceito do *duty to mitigate the loss* em matéria contratual à luz do art. 422 do Código Civil. Percebe-se também a recomendação de que o tema recebesse maior atenção, sendo aquela uma apreciação a voo de pássaro — o que efetivamente veio a ser seguido pela doutrina[143].

141 SAN MARTÍN, Lílian. *La Carga del Perjudicado de Evitar o Mitigar el Daño.* Estudio Histórico-Comparado. Bogotá: Universidad Externado de Colombia, 2012, p. 270 (após transcrever o art. 945 do Código Civil e indicá-lo como excelente ponto de partida para a aceitação da culpa *do* lesado em relação ao *quantum respondeatur,* assinala: "(...) debemos admitir que el legislador brasileño del 2002, al igual que el de 1916, no dispuso expresamente respecto del daño evitable o susceptible de aminorar por el perjudicado").

142 Traduzido como: "A parte que invoca a quebra do contrato deve tomar as medidas razoáveis, levando em consideração as circunstâncias, para limitar a perda, nela compreendido o prejuízo resultante da quebra. Se ela negligencia em tomar tais medidas, a parte faltosa pode pedir a redução das perdas e danos, em proporção igual ao montante da perda que poderia ter sido diminuída"

143 Proposta de interpretação do art. 422 foi aprovada como Enunciado 169 na III Jornada de Direito Civil do Conselho de Justiça Federal. A justificativa consta de FRADERA, Véra. Proposta de Enunciado ao art. 422 do CC/2002. In: Aguiar Júnior, Ruy Rosado de (Org.). *III Jornada de Direito Civil do Conselho da Justiça Federal Brasília.* CJF, 2005, p. 168-178. Texto a embasar a sugestão fora produzido pela mesma autora, FRADERA, Vera. Pode o Credor ser Instado a Diminuir o Próprio Prejuízo? *Revista Trimestral de Direito Civil,* Rio de Janeiro, Padma, vol. 19, jul./set. 2004, p. 109-119. Seguem também a boa-fé objetiva como fundamento, *e.g.*: MARTINS-COSTA, Judith. *A Boa-Fé no Direito Privado.* 2ª ed. São Paulo: Saraiva, 2018; § 65, p. 606-624; ZANETTI, Cristiano de Sousa. A Mitigação do Dano e a Alocação da Responsabilidade. *Revista Brasileira de Arbitragem,* vol. 35, jul./ago. 2012, p. 29; LOPES, Christian Sahb Batista. *Mitigação dos Prejuízos no Direito Contratual.* São Paulo: Saraiva, 2013, p. 137-192, 202; KULESZA, Gustavo Santos. *Princípio da Mitigação de Danos.* Evolução no Direito Contratual. Curitiba: Juruá, 2015, p. 195-200, 208-223. Defende o art. 403 do Código Civil como fundamento legal: DIAS, Daniel. *Mitigação de danos na responsabilidade civil.* São Paulo: Revista dos Tribunais/FGV Direito Rio, 2020, p. 181-183.

Além da divergência sobre a base legal — que não leva a uma divergência de ideias —, a doutrina também tem discutido a respeito da natureza da posição jurídica que ampara a necessidade de mitigação[144]. Independentemente de ser considerado dever, ônus, encargo de direito material ou incumbência, o foco está em avaliar a conduta do credor diante do inadimplemento.

À partida, o devedor é responsável por todas as consequências a que a sua mora der causa, nos termos do art. 395, *caput* do Código Civil. São analiticamente discerníveis o inadimplemento e o dano — o dano-evento e o dano-prejuízo. Nem sempre, as consequências negativas do descumprimento contratual ocorrerão simultaneamente ao inadimplemento, ou seja, nem sempre o dano-prejuízo é simultâneo ao dano-evento.

Comumente se apresenta ao credor lesado pelo descumprimento a possibilidade de adoção de condutas a evitar, minorar ou conter os impactos negativos do descumprimento contratual no seu patrimônio. Se tem condições de agir — o que só será determinável *in concreto* —, mas não o faz, e sendo possível analiticamente discernir as consequências que decorrem de sua inércia, e só da sua inércia, dispensadas outras causas, entende-se que o credor não desincumbiu o ônus de mitigar. Nessa hipótese, o montante indenizatório a exigir do devedor inadimplente será minorado.

Já se tendo concluído que a classificação de *consequential damages* não indica um critério de indenizabilidade dos prejuízos, qual seria a relevância de referir, no escopo deste livro, à evitabilidade como limite?

Duas justificativas amparam esse breve arrazoado formulado até então e o capítulo subsequente. Em primeiro lugar, a lógica da evitabilidade é uma possível leitura de *Hadley v. Baxendale* e do *Tratado das Obrigações* de Pothier. Em segundo lugar, no âmbito dos contratos de seguros, a

---

144 MARTINS-COSTA, Judith. *A Boa-Fé no Direito Privado.* 2ª ed. São Paulo: Saraiva, 2018; § 65, 2, p. 607-610; LOPES, Christian Sahb Batista. *Mitigação dos Prejuízos no Direito Contratual.* São Paulo: Saraiva, 2013, p. 203; KULESZA, Gustavo Santos. *Princípio da Mitigação de Danos.* Evolução no Direito Contratual. Curitiba: Juruá, 2015, 218-222; DIAS, Daniel. *Mitigação de danos na responsabilidade civil.* São Paulo: Revista dos Tribunais/FGV Direito Rio, 2020, p. 257-259.

lógica de evitabilidade se impõe, a respeito da conduta do segurado. O exemplo é interessante, porque afasta, mais uma vez, a pertinência de uma tradução literal de *consequential damages* como *danos consequentes*, chancelando a interpretação de que a concepção do termo da *common law* é mais bem vertida em termos jurídicos nacionais como *dano extrínseco*.

2.3.4.2. *Consequential damages* não são prejuízos consequentes (artigo 779 do Código Civil)

A evitabilidade também se apresenta com uma faceta positiva: os gastos incorridos para evitar a majoração do dano são indenizáveis[145]. Se é verdade que o Código Civil não tem um dispositivo expresso no âmbito da regulação geral dos contratos a respeito do dano evitável ou suscetível de mitigação, sendo o mandamento deduzido dos artigos 422 e 403 do Código Civil, também é verdade que a regulação legal do contrato de seguro de danos do Código Civil traz exemplo pertinente.

O Código Civil prevê a locução "prejuízos resultantes ou consequentes" no artigo 779. O dispositivo é reprodução do artigo art. 1.461 do Código Civil de 1916. Inicialmente, o texto do Projeto Original do Código Civil de 1916 previa a expressão "directa e imediatamente", a qual foi substituída por "consequente" durante o processo legislativo[146]. É curiosa a substituição, pois "direta e imediatamente" foram preteridos por consequente. Duplamente curioso é que o inverso também ocorreu. No artigo correspondente ao art. 403, a redação original estabelecia "danos

145 Anotada a diferença entre "dano", indenizável, e despesa, reembolsável, como está em MARTINS-COSTA, Judith. O que teriam em comum *danos consequentes* e os *consequential damages*? (ou: nota brevíssima sobre as armadilhas da linguagem jurídica na responsabilidade civil). In: STEINER, Renata; GUEDES, Gisela Sampaio da Cruz. TERRA, Aline Miranda Valverde. *AGIRE*, Newsletter, Publicada em 21 de fevereiro de 2022. Disponível em: https://agiredireitoprivado.substack.com/p/o-que-teriam-em-comum-danos-consequentes?s=r., ora alude-se à indenizabilidade das despesas.

146 Acta da 32ª. Reunião da Comissão Revisora Nomeada pelo Governo em 1900", realizada em 2 de julho de 1900. In: CÓDIGO CIVIL BRASILEIRO. *Trabalhos Relativos á sua Elaboração*. Volume I. Rio de Janeiro: Imprensa Nacional, 1917. O então Projeto já era um substitutivo à redação inicial de Beviláqua e fora tomado de empréstimo, quanto à regulação dos seguros, do Projeto de Coelho Rodrigues (Acta da 40ª Reunião, p. 550-556).

consequentes", tendo sido substituídos por danos "por efeito dela *direto e imediato*"[147]. Ou seja, no primeiro caso direta e imediatamente cedeu à consequente; no segundo, "consequente" cedeu à direta e imediatamente.

O Código Comercial de 1850 também referia às "perdas e danos conseqüêntes" na regulação dos riscos atinentes à evicção. Em seu art. 215, ao disciplinar a compra e venda mercantil, atribuía a responsabilidade ao vendedor ao estabelecer que a defesa da validade da venda correria "à sua custa". Caso o vendedor restasse evicto, deveria restituir o preço e custas do processo, além da "composição das perdas e danos consequentes e até às penas criminais, quais no caso couberem"[148].

Seria o caso de adotar a expressão "prejuízo consequente" ou "perdas e danos consequentes" para *consequential damages*?

Essa seria uma alternativa tentadora, em virtude da similaridade etimológica. Ocorre, porém, que, na legislação em vigor, os prejuízos "consequentes" são ligados especificamente ao contrato de seguro, compondo a regra cogente que atribui a responsabilidade ao segurador.

O que deflagra o dever de indenizar, de modo amplo, no contrato de seguro e nos contratos em geral são eventos distintos. Nos seguros, o dever de indenizar exige a verificação de sinistro, a atentar contra interesse jurídico segurado, nos termos do art. 757 do Código Civil. Nos contratos em geral, é o inadimplemento que deflagra o dever de indenizar, conforme o art. 389. A noção técnica de sinistro não se confunde com a de inadim-

147 Acta da 32ª. Reunião da Comissão Revisora Nomeada pelo Governo em 1900", realizada em 2 de julho de 1900. In: CÓDIGO CIVIL BRASILEIRO. *Trabalhos Relativos á sua Elaboração*. Volume I. Rio de Janeiro: Imprensa Nacional, 1917, p. 495.

148 Código Comercial de 1850, revogado. Art. 215, *in verbis:* "Se o comprador for inquietado sobre a posse ou domínio da coisa comprada, o vendedor é obrigado à evicção em juízo, defendendo à sua custa a validade da venda; e se for vencido, não só restituirá o preço com os juros e custas do processo, mas poderá ser condenado à composição das perdas e danos consequentes, e até às penas criminais, quais no caso couberem. A restituição do preço tem lugar, posto que a coisa vendida se ache depreciada na quantidade ou na qualidade ao tempo da evicção por culpa do comprador ou força maior. Se, porém, o comprador auferir proveito da depreciação por ele causada, o vendedor tem direito para reter a parte do preço que for estimada por arbitradores".

plemento, pois sendo devedora de uma obrigação de garantia contra riscos que não guardam relação com sua conduta, a seguradora não inadimple o contrato de seguro quando o risco se verifica. Somente será inadimplente quando recusar a cobertura sobre prejuízos que deveria garantir.

Adotada a classificação de *consequential damages* como danos extrínsecos, seria de se sopesar que os prejuízos consequentes são indenizáveis[149], assim determinando a lei. Sempre compõem "o risco do seguro" — isto é, a responsabilidade da seguradora[150] — até o limite do valor da apólice, como está no art. 771, parágrafo único[151]. Fazem parte do objeto da obrigação de garantia, e, por isso, sua indenizabilidade não poderia ser afastada. O objeto da prestação da seguradora necessariamente envolve, por via legal, a imputação dos prejuízos consequentes que venham a se produzir no patrimônio do segurado.

Outra modificação do texto legislativo deixou claro o caráter imperativo do art. 779. Enquanto o análogo art. 1.461 do Código Civil de 1916 estabelecia a expressão "salvo expressa restrição na apólice", o texto do art. 779 eliminou-a[152]. A regra do art. 779 é cogente: ou seja, apesar de

149 O termo "intrínseco" também consta no art. 784 do Código Civil. O artigo afasta legalmente a garantia sobre o vício que seja intrínseco, entendendo-se este como "o defeito próprio da coisa, que não se encontra normalmente em outras da mesma espécie", o qual não tenha sido informado pelo segurado. É o texto do Código: "Art. 784. Não se inclui na garantia o sinistro provocado por vício intrínseco da coisa segurada, não declarado pelo segurado. Parágrafo único. Entende-se por vício intrínseco o defeito próprio da coisa, que se não encontra normalmente em outras da mesma espécie". Anota-se que o critério a definir o vício como *intrínseco* é excepcionar-se ao que normalmente acontece.

150 TZIRULNIK, Ernesto. O ônus de salvamento no direito vigente e em prospectiva. In: GOLDBERG, Ilan, JUNQUEIRA, Thiago. *Temas Atuais de Direito de Seguros*. Tomo I. São Paulo: Revista dos Tribunais, 2021, p. 749.

151 *In verbis:* "Parágrafo único. Correm à conta do segurador, até o limite fixado no contrato, as despesas de salvamento conseqüente ao sinistro".

152 O limite das despesas de salvamento seria o valor da apólice, e não o limite específico previsto para gastos de salvamento. Assim defende a doutrina ora mencionada, pois, do contrário, a supressão verificada da comparação entre o art. 779, do Código atual, e o art. 1.461 seria inócua, deixando a regra de adquirir caráter cogente. Em relação à cumulabilidade das despesas de salvamento com os demais danos decorrentes do sinistro, argumenta Humberto Theodoro Junior que o interesse segurado será, no total, o dobro do valor da apólice. Assim está em THEODORO JR., Humberto. Seguro de Danos — Despesas de Salvamento e Despesas de Contenção. Regime Jurídico. In: *VI Fórum de Direito dos Seguros José Sollero Filho*. São Paulo: IBDS/Roncarati, 2015, p. 176.

eventual afastamento na apólice, os prejuízos resultantes ou consequentes voltados a evitar o sinistro, minorar o dano, ou salvar a coisa, expressões intercambiáveis entre si, compõem a esfera de riscos da seguradora. É a Lei que atribui de modo cogente esse risco ao segurador[153].

Assim, se a tradução de *consequential damages* fosse feita como *prejuízos consequentes*, correr-se-ia o risco de tratar como indenizáveis prejuízos que podem ou não sê-lo, na *common law*. São distintos, portanto, os *consequential damages* dos prejuízos consequentes[154].

De toda maneira, colocadas de lado as peculiaridades etimológicas que o termo assume no âmbito do contrato de seguros, o problema da evitabilidade do prejuízo se apresenta de maneira análoga quando analisado o campo de condutas cabíveis ao segurado, ou ao credor, quando se verifica o sinistro, ou o inadimplemento. Verificado o evento passível de deflagrar dever de indenizar, cabe ao credor evitar o prejuízo. Podendo razoavelmente agir, e não o fazendo, a inércia do segurado lhe é reprovável e minora o *quantum* indenizatório, como se viu no Capítulo 2.3.4.1, *supra*. Ao mesmo tempo, ao agir, pode o próprio segurado ou credor causar "estragos" é dizer, da sua conduta podem surgir diminuições patrimoniais. Havendo a possibilidade de adoção de condutas pelo segurado a evitar, minorar, conter ou impedir os impactos negativos da verificação do risco na sua esfera jurídica, e este vem a adotá-las, os "estragos" ou despesas nos quais incorrer ao assim proceder ensejam danos indenizáveis. O segurado

153 THEODORO JR., Humberto. Seguro de Danos — Despesas de Salvamento e Despesas de Contenção. Regime Jurídico. In: *VI Fórum de Direito dos Seguros José Sollero Filho*. São Paulo: IBDS/Roncarati, 2015, p. 168-170; TZIRULNIK, Ernesto. O ônus de salvamento no direito vigente e em prospectiva. In: GOLDBERG, Ilan; JUNQUEIRA, Thiago (Coords.). *Temas Atuais de Direito de Seguros*. Tomo I. São Paulo: Revista dos Tribunais, 2021, p. 750;; TEPEDINO, Gustavo; BARBOZA, Heloisa Helena; BODIN DE MORAES, Maria Celina. *Código Civil interpretado conforme a Constituição da República*. Vol. II. 3. ed. Rio de Janeiro: Renovar, 2015, p. 589; FIGUEIRÊDO ALVES, Jones. In: TAVARES DA SILVA, Regina Beatriz (Coord.). *Código Civil Comentado*. 8ª ed. São Paulo: Saraiva, 2021, Comentário ao art. 779.

154 MARTINS-COSTA, Judith. O que teriam em comum *danos consequentes* e os *consequential damages?* (ou: nota brevíssima sobre as armadilhas da linguagem jurídica na responsabilidade civil). In: STEINER, Renata; GUEDES, Gisela Sampaio da Cruz. TERRA, Aline Miranda Valverde. *AGIRE*, Newsletter, Publicada em 21 de fevereiro de 2022. Disponível em: <https://agiredireitoprivado.substack.com/p/o-que-teriam-em-comum-danos-consequentes?s=r>.

"tem de fazer o que lhe fôr possível para evitar e diminuir o dano" e "[s]e faz despesas, tem o segurador de reembolsá-lo delas"[155].

A finalidade da Lei é estimular o segurado a adotar as medidas que estejam ao seu alcance, pois conquanto tais condutas gerem, faticamente, prejuízos, os danos delas advindos deverão ser indenizados por evitarem um mal maior. Em interpretação sistemática[156], é possível afirmar que ao assim agir, a rigor, o segurado está cumprindo dever legal, pois deve tomar as providências imediatas para minorar as consequências do sinistro. Se dolosamente as deixar de adotar, perderá o direito à indenização, como está no art. 771, *caput* c/c art. 768. Ao mesmo tempo em que a Lei reforça a indenizabilidade de valores que o segurado tenha gastado para conter o agravamento, também o penaliza, cominando a perda do direito à indenização em virtude da sua inércia.

O escopo legal é o mesmo, qual seja, orientar que o segurado pratique condutas de mitigação das consequências do sinistro. Quer no art. 779, quer no parágrafo único do art. 771, a Lei reforça a ressarcibilidade de valores que o segurado tenha gastado para conter o agravamento, ou lhe minorar as consequências, desde que se trate de *despesas necessárias* para aquela evitação, contenção ou minimização de um dano decorrente de um evento (causa) lesivo.

Em suma, o Código Civil imputa o risco de um dano decorrer da própria conduta do segurado à seguradora, desde que os dispêndios tenham sido voltados para "evitar o sinistro, minorar o dano, ou salvar a coisa", nos termos do art. 779 do Código Civil, segunda parte. Nesses casos, o risco do seguro compreenderá os prejuízos consequentes, que são intrínsecos ao contrato de segurado, não se confundindo, portanto, com os *consequential damages*.

---

155 PONTES DE MIRANDA. *Tratado de Direito Privado*. Tomo XLV. Atualizado por Bruno Miragem. São Paulo: Revista dos Tribunais, 2013, § 4.927, p. 502.

156 TZIRULNIK, Ernesto. O ônus de salvamento no direito vigente e em prospectiva. In: GOLDBERG, Ilan, JUNQUEIRA, Thiago. *Temas Atuais de Direito de Seguros*. Tomo I. São Paulo: Revista dos Tribunais, 2021, p. 749. Na mesma obra: TERRA DE MORAES, Bruno. O dever de mitigar nos contratos de seguro: notas sobre a aplicação do art. 771 do Código Civil, p. 735-738.

CAPÍTULO 2.4

CONCLUSÕES

A busca do significado de *consequential damages* como consequência do inadimplemento contratual moveu a investigação ora empreendida. A conclusão principal é a de que a melhor tradução para a expressão é a de danos extrínsecos.

Três virtudes se apresentam nessa tradução.

A primeira, a de expressar uma ideia abrangente a respeito da miríade de significados que o termo tem na própria tradição de *common law*. *Consequential damage* não é compreensível apenas a partir da noção de *lost profits*, de *foreseeability*, de *contemplation of both parties*, de *causation* ou de *remoteness*: em verdade, cada uma dessas categorias, figuras, e critérios jurídicos oferece pistas para a compreensão do seu sentido.

Muitas vezes a noção de *consequential damage* é aproximada a de *lost profits*, seja porque em *Hadley v. Baxendale* tratava-se de *lost profits*, seja porque os exemplos mais frequentes envolvem *lost profits*. Viu-se, porém, que os *consequential damages* podem se referir a prejuízos que não consistem em privação de um ganho, pois dizem respeito a despesas que foram realizadas em decorrência do inadimplemento.

Já a ideia de *foreseeability* ou de *contemplation of both parties* diz respeito a um critério de indenizabilidade de danos na *common law*. Nas relações contratuais, o dano será indenizável se a circunstância que lhe originar for prevista ou tiver sido prevista pelo inadimplente no momento no qual contratara. Será necessário perquirir a previsibilidade.

A ideia de contemplação comum das partes remete à compreensão de haver duas partes em *Hadley v. Baxendale*, lidas a partir de uma dicotomia que não revela, por si, se o dano é ou não indenizável. De um lado, há *general damages*, de outro, *consequential damages*.

Os *general damages*, atinentes à primeira regra de *Hadley*, presumem-se na contemplação comum das partes, sendo, por isso, indenizáveis. Ou seja, se o atraso em contrato de transporte de virabrequim normalmente gerasse lucros cessantes à fábrica contratante, esses lucros cessantes estariam na contemplação comum das partes; seriam um *general damage*, enquadrado na primeira regra, e seriam, portanto, indenizáveis.

Evidentemente, não é possível afirmar que esses lucros cessantes são ordinários em contratos de transporte, e, portanto, previsíveis no comum dos casos. Porém, a falta de previsibilidade em geral não leva à negativa automática da indenizabilidade: pois os danos podem estar na *contemplation of both parties* a partir da segunda regra. Dadas as circunstâncias especiais do caso concreto (*special circumstances*), pode-se estar diante de danos peculiares, a configurar *special damages*, sinônimos de *consequential damages*: ou seja, não acontecem no comum dos casos análogos, mas que foram previstos, ou poderiam ter sido previstos pelo inadimplente no caso concreto. Essa é a hipótese da segunda regra de *Hadley v. Baxendale*. Os *consequential damages* não serão indenizáveis se não tiverem sido concretamente previstos.

Ou seja, nem todo o *consequential damage* é imprevisível. Chega-se a uma tríplice possibilidade em relação aos *consequential damages*: poderiam ter sido previstos, serem previsíveis (*foreseeable*) ou serem imprevisíveis (*unforeseeable*). Se tiverem sido ou pudessem ter sido previstos pelo inadimplente, os *consequential damages* serão indenizáveis. Apenas se forem imprevisíveis não serão indenizáveis. Há uma clara cisão entre o critério de considerar o dano como *consequential* ou *general* e o critério a definir a sua indenizabilidade, é dizer, considerar o dano como imprevisível ou previsível.

Aí está a segunda virtude na tradução de *consequential damages* como danos extrínsecos: reproduzindo o que se verifica na *common law*, trata-se de critério de classificação das consequências negativas do inadimplemento que não se confunde com a sua indenizabilidade. Classificar um dano como extrínseco refere-se a uma consequência negativa no patrimônio do credor cuja nota está em ser externa ao objeto da prestação. Não revela, *per se*, um critério para definir se o dano será ou não indenizável. Admite-se que o dano intrínseco é indenizável, de regra, mas se o dano for extrínseco, ainda assim poderá ser indenizável.

Entre os inúmeros exemplos, está o valor do rebanho atingido, no hipotético caso da venda vaca pestilenta: o bem danificado era a vaca, mas não se questiona que, em virtude do perecimento do rebanho, o prejuízo correspondente deveria ser indenizado. Também essa foi a solução no caso *H. Parsons v. Uttley (Inglaterra e País de Gales, 1977)*, no qual o contrato versou sobre a compra e venda e instalação de um comedouro que veio a ser mal instalado pelo fabricante: o valor da manada foi indenizado, sendo esta ilustração eloquente. Em *Hadley v. Baxendale (Reino Unido, 1854)*, no qual o objeto do contrato era o transporte do virabrequim, os lucros cessantes do moinho eram claramente extrínsecos: não foram indenizados, porque não eram previsíveis pelo transportador, nem em abstrato, nem em concreto.

E assim também casos julgados no Brasil, como *Só Máquinas Comércio de Equipamentos Industriais v. Serviço de Guinchos Caxiense LTDA (Brasil, 2007)*, no qual o contrato discutido em juízo era de transporte, mas houve a condenação pelo pagamento de lucros cessantes pela inutilização da máquina que estava a ser transportada. E, ainda, o caso *Sotto Mayor v. BNB (Brasil, 2015)* levou à condenação de danos extrínsecos: o contrato era de empréstimo, mas os lucros cessantes (cujo *quantum* foi limitado pela previsibilidade), foram devidos pela negativação indevida do beneficiário em cadastro de inadimplentes.

A segunda virtude poderia também levar à conclusão de que *consequential damages*, sinônimos de *special damages*, deveriam ser traduzidos como danos especiais. Essa opção foi seriamente considerada, mas acabou por ser evitada, pois a adoção de um neologismo negaria a tradição local. Não se entendeu necessário "criar" uma nova categoria, cuja ênfase de identificação estivesse na previsibilidade como um critério autônomo. Portanto, a terceira virtude na tradução de *consequential damages* como dano extrínseco é a de retomar uma distinção já feita pela doutrina brasileira.

Essa é a conclusão central deste estudo, a lhe servir de fecho.

Algumas outras conclusões são também passíveis de destaque, por terem sido verificadas ao longo do percurso que se voltou a verter o termo *consequential damages* na linguagem jurídica nacional. Podem ser divididas em dois grupos: conclusões terminológicas negativas e apontamentos atinentes aos limites do dever de indenizar na responsabilidade contratual, segundo o Direito brasileiro.

Entre as conclusões terminológicas negativas, rechaçou-se a tradução de *consequential damages* como "lucros cessantes", como "danos consequenciais", como "danos especiais", como "danos imprevisíveis", como "dano indireto" e como "dano consequente".

Os *lost profits* não se confundem com os *consequential damages*. Havendo impropriedade na equivalência dos termos em inglês, tanto maior se revela a impropriedade de traduzir *consequential damages* como lucros cessantes.

"Danos consequenciais" poderia ser uma tradução. Contudo, afirmar a existência de *dano* já denota o significado de consequência. O óbice a adotar essa tradução seria afirmar um pleonasmo, talvez inútil, em relação à noção de dano, que é sempre consequência.

Danos especiais se apresentaria como uma melhor opção, pois põe em relevo o atributo de que os *consequential damages* dizem respeito a circunstâncias especiais, a excepcionar o que normalmente acontece.

Essa tradução, porém, centra-se em entendimento discutível, pela própria experiência de *common law*, de que em *Hadley v. Baxendale* haveria duas regras a justificar a indenizabilidade dos danos: danos que normalmente acontecem e derivam do inadimplemento em si, de um lado, e, pela alternativa, danos especiais que estavam na contemplação das partes no momento da contratação, de outro[1]. A crítica à existência de duas regras centra-se na possibilidade de unificação de critério, pois na aplicação de ambas as regras, os danos só serão indenizáveis se forem previsíveis, segundo viés subjetivo e retroativo ao momento da contratação. A pergunta central, portanto, é sempre a mesma: o dano era previsível, ao inadimplente, quando celebrou o contrato?

A tradução como dano especial igualmente teria como inconveniente a ênfase na previsibilidade como critério autônomo. Embora na doutrina anterior à Codificação brasileira este critério fosse considerado como assente, não vicejou no Brasil da mesma maneira que na *common law*, sobretudo pela algaravia de posições a respeito do polêmico parágrafo único do art. 1.059 do Código Civil de 1916, texto que veio a ser suprimido no Código Civil de 2002. No Brasil, o que se pode recolher como uniforme é o entendimento de que a previsibilidade apenas pautaria a indenização de lucros cessantes, e se aproximaria da noção de probabilidade, entendida desde uma perspectiva objetiva.

Nas opções "danos consequenciais" e "danos especiais", ter-se-iam neologismos. O neologismo parece se justificar nas hipóteses nas quais não há termo apto a apreender o significado do termo a ser traduzido

1 É o texto das "duas regras" (ou do princípio) de *Hadley v. Baxendale (Reino Unido, 1854)*: "Where two parties have made a contract, which one of them has broken, the damages which the other party ought to receive in respect of such breach of contract should be such as may fairly and reasonably be considered either arising naturally to the usual course of things, from such breach of contract itself or such as may reasonably to have been in the contemplation of both parties at the time they made the contract as the probable result of the breach of it". E, também, o seu complemento explicativo: "Now, if the special circumstances under which the contract was actually made were communicated by the plaintiffs to the defendants, and thus known to both parties, the damages resulting from the breach of such a contract, which they would reasonably contemplate, would be the amount of injury which would ordinarily follow from a breach of contract under these special circumstances so known and communicated".

no sistema de comparação. Essa escolha poderia fazer crer que o Direito brasileiro necessariamente precisaria de um termo novo para lidar com o conceito provindo da *common law*. Não se quis aqui defender a existência de uma nova categoria de danos. Essa escolha teria como implícita a negativa da tradição, potencialmente amparada na desconsideração a respeito do que se produziu até então na doutrina brasileira.

A opção dano indireto se revelava como tentadora à luz do emprego equivalente entre *consequential damages* e *indirect damages*. Para verter em termos jurídicos brasileiros, porém, essa tradução seria problemática. O primeiro óbice estaria na Lei: à partida, o dano indireto não é indenizável, nos termos do art. 403 do Código Civil. O segundo, estaria na falta de uniformidade a respeito do que se entende por dano indireto no Direito brasileiro. Há, pelo menos, quatro significados. Considerando as críticas doutrinárias de que a fórmula "dano direto e imediato" não é operativa, e tendo o adjetivo indireto diferentes significados, inclusive em situações nas quais os danos podem ser indenizáveis (algumas espécies de dano por ricochete, dano temporalmente distante, dano necessário em casos de causalidade sucessiva), a opção foi rechaçada.

Foi, porém, no estudo da previsibilidade e das suas intersecções com o "dano indireto" que se pôde identificar a acepção de dano extrínseco com maior clareza. Diferentemente da *common law*, a previsibilidade não assume um sentido ligado à subjetividade do inadimplente, em exame retroativo à data da contratação, mas à suficiência de probabilidade. Essa suficiência justifica a razoabilidade dos lucros cessantes e é também ligada à causalidade na responsabilidade contratual. Há sobreposição conceitual: os danos necessariamente decorrentes do descumprimento devem ser suficientemente prováveis. A causalidade estará presente, ou porque no curso normal das coisas é assim que ocorre, ou porque as circunstâncias especiais do caso concreto assim justificam.

Consequential damages são, portanto, perdas e danos extrínsecos. Essa identificação é detectável mediante a interpretação do contrato, concretamente considerado. Não compõem o objeto da prestação. Serão indenizáveis se forem necessariamente decorrentes do inadimplemento. Para se chegar a essa conclusão não basta que sejam consequências negativas posteriores ao inadimplemento, verificadas no patrimônio do credor. Em virtude da existência do contrato e do seu descumprimento, devem estar na zona de riscos atribuíveis ao inadimplente. Os *consequential damages* atingem interesses diversos do objeto da prestação. Podem, porém, compor o conteúdo da relação contratual, à medida que tenham origem em risco atribuível à parte inadimplente e decorram, necessariamente, do descumprimento.

Se os danos não compuserem risco atribuível ao inadimplente e se ausente a relação de causalidade necessária, não serão indenizáveis. O critério de indenizabilidade, segundo o Direito brasileiro é o da causalidade: para o dano ser indenizável pelo inadimplente, deve decorrer por relação necessária do inadimplemento. Como premissa, para se compreender como se deu a inexecução, na responsabilidade contratual, deve-se compreender o que é o contrato. A consequência danosa, intrínseca ou extrínseca, está submetida ao crivo da causalidade jurídica para que seja ou não atribuível ao inadimplente.

Iniciou-se o estudo sobre *consequential damages* e desembocou-se em estudo sobre a indenizabilidade dos danos contratuais. Como considerações finais, e em esforço de síntese, ousa-se a opinar a respeito do conteúdo e dos limites do dano indenizável no Direito brasileiro.

A indenização na responsabilidade contratual deve pautar-se por um juízo a ser feito em três etapas: a primeira, de interpretação contratual, e a segunda e a terceira, de determinação da causalidade. Sobrejacente às etapas está o princípio da reparação integral, segundo o qual a indenização deve medir-se segundo o dano (Código Civil, art. 944), revelado pela comparação entre a situação real e a situação hipotética na qual estaria a parte lesada não fosse o inadimplemento (interesse positivo).

Na primeira etapa, o ponto de partida será o contrato. O momento de relevo é o da contratação, podendo-se recorrer a momentos em que, no curso da execução, as partes tenham modificado a transferência de riscos inicialmente entabulada, como sói ocorrer em contratos duradouros. A rigor, também nesses casos as partes têm mais espaço para modificar consensualmente a relação ao longo do tempo, sendo escorreito falar em momentos intermediários da contratação, os quais não se confundem com o início da relação jurídica contratual. Cumpre ao intérprete compreender o que foi previsto pelas partes, assim privilegiando a liberdade à conformação do conteúdo contratual. Com essa compreensão, o intérprete delimitará o conteúdo querido.

Ao extrair esse significado, é possível que a escolha das partes esbarre em normas cogentes ou demande a suplementação de normas dispositivas. Importará ao intérprete atenção aos cânones de interpretação, traçados nos artigos 112 e 113 do Código Civil, bem como às regras legais, compreensivas daquelas atinentes ao regime do tipo contratual escolhido. As regras contratuais podem ser oriundas do consensuado pelas partes, das práticas, dos usos, do princípio da boa-fé objetiva, da lei, com o que se afere o conteúdo do contrato. Compreendido o conteúdo, para que seja indenizável, o risco da verificação da consequência negativa deve ser atribuível ao inadimplente: seja intrínseca à prestação ou extrínseca, isto é, se o dano é ou não *consequential*. Por um lado, mesmo que a consequência seja extrínseca ao que as partes definiram em contrato como seus deveres de prestar, o risco extrínseco pode ter sido transferido no momento da contratação, ou em razão de modificação do pactuado levada a efeito no curso da execução. O risco pode ser extrínseco à prestação, mas ser atribuível ao inadimplente. Por outro lado, mesmo que um prejuízo diga respeito a um contrato com terceiro, pode ser intrínseco, pois a própria prestação pode ser composta, por exemplo, de um resultado ou garantia que envolva outras relações jurídicas.

Na segunda etapa, o momento do inadimplemento servirá como baliza. A atenção deve voltar-se ao Título IV — Do Inadimplemento das Obrigações, com especial ênfase ao Capítulo III — Das Perdas e Danos, e aos respectivos artigos 402 e 403 do Código Civil. Será necessário investigar individualmente cada consequência arguida pelo lesado para se definir se aquele dano é ou não indenizável a partir da causalidade: se o dano é ou não decorrência da inexecução. Ou seja, cada pretensão indenizatória, individualmente considerada, está sujeita a essa avaliação. Nessa aferição, importa investigar o que normalmente acontece e as circunstâncias particulares do caso concreto para verificar se está provada a suficiência da probabilidade de terem decorrido da inexecução no caso concreto. Sendo o risco atinente àquele dano atribuível ao inadimplente, a sua imputação está condicionada à inexecução do contrato. Deve ter havido inadimplemento, faticamente comprovado, para atribuir a responsabilidade ao inadimplente, não podendo haver interrupção por um fato ou conduta que se sobreponha, interrompendo o curso causal, entre o inadimplemento e o dano, como atos do lesado, com o que se pode concluir pela concausalidade entre inadimplemento e fato da vítima, a ser avaliada à luz do art. 945.

No limite, a circunstância fática pode envolver atos da própria vítima e ainda assim ser atribuível ao contratante, como no exemplo específico dos prejuízos consequentes no contrato de seguro (art. 779 do Código Civil). Essa, aliás, seria uma possível tradução para *consequential damages*, mas foi descartada, porque compõe o conteúdo de regra cogente: os prejuízos consequentes referidos no art. 779 são indenizáveis — o que não ocorre na *common law*.

Na terceira etapa, avalia-se se o prejuízo que se busca ver indenizado poderia ter sido evitado pelo credor, por medidas de mitigação posteriores ao descumprimento, balizadas pelos artigos 422 e 403 do Código Civil. Nessa última hipótese, pode-se estar falando em um dano que não seja indenizável, ao menos parcialmente, porque, embora sucessivo ao inadimplemento, teria sido razoavelmente evitado por conduta do credor.

Ao fim e ao cabo, não importa o elemento subjetivo do inadimplente. Contudo, se o dano for desproporcional em relação à sua culpa, caberá excepcionalmente a redução equitativa, nos termos do art. 944, parágrafo único do Código Civil.

***

Em comum a todos os termos e as ideias que estão por detrás do singelo caso do virabrequim, estão o conteúdo e os limites do dever de indenizar pela parte inadimplente. Retornando ao voto de *Lord Morris of Borth-Y-Gest* em *The Heron II (Reino Unido, 1967)*, ao interpretar *Hadley v. Baxendale*, esta investigação começou por buscar entender o significado da linguagem empregada naquele caso, mas se revelou mais ampla, voltada ao pensamento e reflexão sobre os limites do dever de indenizar na responsabilidade contratual, tema que desafia os estudiosos do direito há mais tempo do que se pode contar.

REFERÊNCIAS

Bibliografia

AGUIAR DIAS, José de. *Cláusula de não-indenizar*: chamada cláusula de irresponsabilidade. Rio de Janeiro: Forense, 1955.

AGUIAR DIAS, José de. *Da Responsabilidade Civil.* 11ª ed. Rio de Janeiro: Renovar, 2006.

ALDEN, Scot. HINTON, Philippa. *Consequential loss*: it's all in the definition. DLA Piper, 2014.

ALVES, João Luiz. *Código Civil da República dos Estados Unidos do Brasil.* Volume 4. 3ª ed. Rio de Janeiro: Borsoi, 1958.

ALVIM, Agostinho. *Da Inexecução das Obrigações e suas Conseqüências.* 5ª ed. São Paulo: Saraiva, 1980.

ANTUNES VARELA, João de Matos. *Direito das Obrigações.* Volume 2. Rio de Janeiro: Forense, 1978.

ANTUNES, Ana Filipa Morais. As Cláusulas de *No Consequential Damages* – Problema e Desafios. *Momentum.* Publicado em 17 de julho de 2017. Disponível em: <https://www.servulo.com/pt/investigacao-e-conhecimento/As-clausulas-de-no--consequential-damages-problema-e-desafios/5842/>. Último acesso em 10 de setembro de 2020.

ASSIS, Araken de. Liquidação do dano. *Revista dos Tribunais*, vol. 759, jan./1999, p. 11-23.

ÁVILA, Humberto. *Teoria dos Princípios.* Da definição à aplicação dos princípios jurídicos. 19ª ed. São Paulo: Malheiros, 2019.

BANDEIRA, Paula Greco. A Evolução do Conceito de Culpa e o Artigo 944 do Código Civil. *Revista da EMERJ*, Rio de Janeiro, n. 42, p. 227-249, 2008.

BAPTISTA, Silvio Neves. *Teoria Geral do Dano.* São Paulo: Atlas, 2003.

BARBOSA, Rui. Parecer sôbre a redação do Código Civil. In: *Obras Completas de Rui Barbosa.* Vol. XXIX. Tomo I, 1902. Rio de Janeiro: Ministério da Educação e Saúde, 1949.

BARNES, Wayne. Hadley v. Baxendale and Other Common Law Borrowings from the Civil Law. *Texas Wesleyan Law Review.* Volume 11, p. 627-648, 2005.

BENETTI, Giovana. *Dolo no Direito Civil.* Uma análise da omissão de informações. São Paulo: Quartier Latin, 2019.

BEVILAQUA, Clóvis. *Código Civil dos Estados Unidos do Brasil.* Vol. IV. 5ª. ed. Rio de Janeiro: Francisco Alves, 1938.

BEVILAQUA, Clóvis. *Direito das Obrigações.* 9ª ed. Revista e Atualizada por Achilles Bevilaqua a Isaìas Bevilaqua. Rio de Janeiro: Livraria Francisco Alves, 1957.

BODIN DE MORAES, Maria Celina. *Danos à Pessoa Humana.* Uma leitura Civil--Constitucional dos Danos Morais. 2ª ed. Rio de Janeiro: Processo, 2017.

CALAMARI, John D.; PERILLO, Joseph M. *Contracts.* 5ª ed. Saint Paul: West, 2010.

CARPES, Artur Thompsen. *A prova do nexo de causalidade na responsabilidade civil.* São Paulo: Revista dos tribunais, 2016.

CARVALHO DE MENDONÇA, José Xavier. *Tratado de Direito Comercial Brasileiro.* 6ª. ed. Atualizada por Roberto Carvalho de Mendonça. Volume VI. Livro IV. Rio de Janeiro: Livraria Freitas Bastos, 1960.

CARVALHO DE MENDONÇA, Manuel Ignacio. *Doutrina e Pratica das Obrigações.* 2ª ed. Rio de Janeiro: Francisco Alves, 1911.

CARVALHO SANTOS, José Manuel de. *Código Civil Brasileiro Interpretado.* Principalmente do ponto de vista prático. Volume XIV. 7ª ed. Rio de Janeiro: Livraria Freitas Bastos, 1958.

CARVALHO, Ana Mafalda Soares de. *O Dano Consequencial.* A questão da causalidade. Faculdade de Direito da Universidade Católica Portuguesa. Escolo do Porto. Dissertação de Mestrado, 2017.

CARVALHOSA, Modesto; LEÃES, Luis Gastão Paes de Barros; WALD, Arnoldo. *A Responsabilidade Civil da Empresa Perante os Investidores.* Contribuição à Modernização e Moralização do Mercado de Capitais. São Paulo: Quartier Latin, 2018.

CAVALIERI FILHO, Sérgio. *Programa de Responsabilidade Civil.* 9ª ed. São Paulo: Atlas, 2010.

CHIRELSTEIN, Marvin. *Concepts and Case Analysis in the Law of Contracts.* 7ª. ed. St Paul: Foundation Press, 2013.

CÓDIGO CIVIL BRASILEIRO. *Trabalhos Relativos á sua Elaboração.* Volume I. Rio de Janeiro: Imprensa Nacional, 1917.

COELHO RODRIGUES, Antonio. *Projecto de Código Civil.* Precedido da Historia documentada do mesmo e dos anteriores. Rio de Janeiro: Typographia do Jornal do Commercio, 1897.

COUTO E SILVA, Clóvis do. *A obrigação como processo.* Rio de Janeiro: FGV Editora, 2006.

COUTO E SILVA, Clóvis do. Dever de indenizar. In: FRADERA, Véra. (Org.). *O Direito Privado brasileiro na visão de Clóvis do Couto e Silva*. Porto Alegre: Livraria do Advogado, 1997.

COUTO E SILVA, Clóvis do. O conceito de dano no direito brasileiro e comparado. In: FRADERA, Vera (Org.). *O Direito Privado brasileiro na visão de Clóvis do Couto e Silva*. Porto Alegre: Livraria do Advogado, 1997, p. 219-223.

COUTO E SILVA, Clóvis do. *Principes fondamentaux de la responsabilité civile:* Cours fait dans l'Université de Paris XII. Paris: Universidade de Paris XII, 1988, também referido na edição em português: *Princípios Fundamentais da Responsabilidade Civil em Direito Brasileiro e Comparado*. Curso ministrado na Faculdade de Direito e Ciência Política de Saint Maur (Universidade de Paris XII, 1988). Tradutora Fernanda Escobar Bins. Porto Alegre: Sergio Antonio Fabris Editor, 2022.

CRUZ, Gisela Sampaio. *O problema do Nexo Causal na Responsabilidade Civil*. Rio de Janeiro: Renovar, 2005.

DAVID, René; JAUFFRET-SPINOSI, Camille; GORÉ, Marie. *Les grands systèmes du droit contemporains*. 12ª ed. Paris: Dalloz, 2016; Também na edição traduzida para o português: DAVID, René. *Os grandes sistemas do direito contemporâneo*. Tradução de Hermínio A. Carvalho. Lisboa: Meridiano, 1978.

DE CASTRO, Eryx. *Repertório de Jurisprudência do Código Civil*. Direito das Obrigações. Vol. I. Arts. 865 a 1.078. São Paulo: Max Limonad, 1957.

DELAMUTA, Maria Beatriz Rizzo Cortiñas. *Resolução do contrato de compra e venda de mercadorias por inadimplemento*: uma análise comparativa entre a Convenção de Viena e o direito brasileiro. Dissertação. Orientador: Professor Cristiano de Sousa Zanetti. Faculdade de Direito, Universidade de São Paulo, 2017. Também consultado como livro: DELAMUTA, Maria Beatriz Rizzo. *Convenção de Viena e Resolução contratual*. São Paulo: Almedina/IDiP, 2022.

DIAS, Daniel. *Mitigação de danos na responsabilidade civil*. São Paulo: Revista dos Tribunais/FGV Direito Rio, 2020.

EISENBERG, Melvin Aron. The Principle of Hadley v. Baxendale. *California Law Review*, vol. 80, p. 563-613, 1992.

ESPÍNOLA, Eduardo. *Systema do Direito Civil Brasileiro*. Theoria Geral das Relações Jurídicas de Obrigação. Volume II, Tomo I. Rio de Janeiro: Livraria Francisco Alves, 1912.

FARNSWORTH, Allan. A Common Lawyer's View of His Civilian Colleagues. *Lousiana Law Review*, vol. 57, n.1, p. 227-237, Fall, 1996.

FARNSWORTH, Allan. *An Introduction to the Legal System of the United States*. 3a ed. New York: Oceana Publications Inc, 1996.

FARNSWORTH, Allan. *Contracts.* 4ª ed. New York: Aspen Publishers, 2004.

FERRARI, Franco. Comparative Ruminations on the Foreseeability of Damages in Contract Law. *Louisiana Law Review,* v. 53, n. 4, Mar./1993, p. 1257-1270.

FERRARI, Mariangela. *La compensatio lucri cum damno come utile strumento di équa reparazione del danno.* Milano: Giuffrè, 2008.

FERREIRA DA SILVA, Jorge Cesa. *Antidiscriminação & Contrato.* A Integração entre Proteção e Autonomia. São Paulo: Revista dos Tribunais, 2020.

FERREIRA DA SILVA, Jorge Cesa. *Inadimplemento das Obrigações.* São Paulo: Revista dos Tribunais, 2006.

FERREIRA, Aurélio Buarque de Holanda. *Novo Dicionário Aurélio da Língua Portuguesa.* 3ª ed. Curitiba: Positivo, 2004.

FISCHER, Hans Albrecht. *A reparação dos danos no direito civil.* São Paulo: Saraiva, 1938.

FONSECA, Arnoldo Medeiros da. *Caso Fortuito e Teoria da Imprevisão.* 3ª ed. Rio de Janeiro: Revista Forense, 1958.

FLUMIGNAN, Silvano José Gomes. *Dano-Evento e Dano Prejuízo.* Dissertação de Mestrado. Faculdade de Direito da Universidade de São Paulo. Orientador Professor Titular Antonio Junqueira de Azevedo, 2009.

FULLER, L.L; PERDUE, William R. Reliance Interest in Contract Damages: 2. *The Yale Law Journal,* Volume 46, n. 3, p. 374-420, January, 1937.

FRADERA, Véra Maria Jacob de. *Reflexões sobre a Contribuição do Direito Comparado para a elaboração do Direito Comunitário.* Belo Horizonte. Del Rey, 2010.

FRADERA, Véra Maria Jacob de. René David et le droit bresilién. In : Association Henri Capitant des amis de la culture juridique française. *Hommage a René David.* Paris: Dalloz, 2012, p.43-54.

FRADERA, Véra. Pode o credor ser instado a diminuir o próprio prejuízo? *Revista Trimestral de Direito Civil,* Rio de Janeiro, Padma, vol. 19, 2004.

FRADERA, Véra. Proposta de Enunciado ao art. 422 do CC/2002. In: Aguiar Júnior, Ruy Rosado de (Org.). *III Jornada de Direito Civil do Conselho da Justiça Federal Brasília*: CJF, 2005.

GARNER, Bryan (Ed). *Black's Law Dictionary.* 9ª ed. St. Paul: West, 2009.

GARVIN, Larry. T. Gloval Refining Co. V. Landa Cotton Oil Co. and the Dark Side of Reputation. *Nevada Law Journal,* vol. 12, n. 3, 2012, p. 659-690.

GIRÃO, Eduardo. Danos diretos e indiretos no ato ilícito. *Revista da Faculdade de Direito do Ceará,* Fortaleza, Universidade Federal do Ceará, v. 2, 2ª fase, 1947, p. 19-25.

GOMES, Orlando. *Contratos.* 26ª ed. Atualizado por: Antônio Junqueira de Azevedo e Francisco Paulo De Crescenzo Marino. Rio de Janeiro: Forense, 2007.

GOMES, Orlando. *Responsabilidade Civil.* 11ª. ed. Atualizado por Edvaldo Brito.Rio de Janeiro: Forense, 2011.

GORDLEY, James. *The Philosophical Origins of Modern Contract Doctrine.* Oxford: Clarendon Press, 1991.

GORDLEY, James. The Myth of 'Expectation Interest". *University of the Pacific Law Review.* Vol. 52, issue 1, article 21, p. 78-124.

GORESCU, Carla Pavesi. *Delimitação da Indenização em Operações de Fusões e Aquisições no Brasil.* São Paulo: Almedina, 2020.

GUEDES, Gisela Sampaio da Cruz. *Lucros Cessantes*: Do bom-senso ao postulado normativo da razoabilidade. São Paulo, Revista dos Tribunais, 2011.

HAICAL, Gustavo. *A Autorização no Direito Privado.* São Paulo: Revista dos Tribunais, 2020.

HAICAL, Gustavo. O inadimplemento pelo descumprimento exclusivo de dever lateral advindo da boa-fé objetiva. *Revista dos Tribunais.* Volume 900, p. 45-84, out./2010.

HART, Herbert; HONORÉ, Tony. *Causation in the Law.* Oxford: Oxford University Press, 1959.

HERBOTS, Jacques. Why It is Ill-Advised to Translate Consequential Damage By Dommage Indirect. *European Review of Private Law,* 6, 2011, p. 913-948.

JUNQUEIRA DE AZEVEDO, Antônio. *Negócio jurídico*: existência, validade e eficácia. 4ª ed. São Paulo: Saraiva, 2002.

JUNQUEIRA DE AZEVEDO, Antonio. *Estudos e Pareceres de Direito Privado.* São Paulo, Saraiva, 2004.

JUNQUEIRA DE AZEVEDO, Antonio Junqueira. O direito como sistema complexo e de segunda ordem; sua autonomia. Ato nulo e ato ilícito. Diferença de espírito entre responsabilidade civil e penal. Necessidade de prejuízo para haver direito de indenização na responsabilidade civil. *Civilistica.com.* Rio de Janeiro, a. 2, n. 3, jul.-set./2013 Disponível em: <https://civilistica.emnuvens.com.br/redc/article/view/109/79>.

KULESZA, Gustavo Santos. *Princípio da Mitigação de Danos.* Evolução no Direito Contratual. Curitiba: Juruá, 2015.

LACERDA DE ALMEIDA, Francisco de Paula. *Dos Effeitos das Obrigações.* Rio de Janeiro: Livraria Freitas Bastos, 1934.

LACERDA DE ALMEIDA, Francisco de Paula. *Obrigações.* 2ª. ed. Rio de Janeiro: Revista dos Tribunaes, 1916.

LEGRAND, Pierre. *Le Droit Comparé.* 3ª ed. Paris: Puf, 2009.

LEME, Lino de Morais. *Direito Civil Comparado.* São Paulo: Revista dos Tribunais, 1962.

LENZ, Carlos Eduardo. Considerações sobre a indenização dos lucros cessantes. *Revista da Procuradoria-Geral da República*, São Paulo, Revista dos Tribunais, n. 4, p. 86-89, 1993.

LOBÃO, Manuel De Almeida e Sousa de. *Tratado Pratico das Avaliações e dos Damnos*. Lisboa: Imprensa Nacional, 1869.

LOOKOFSKY, Joseph M. *Consequential Damages in Comparative Context*. From Breach of Promise to Monetary Remedy in the American, Scandinavian and International Law of Contracts and Sales. Reimpressão. Copenhagen: Jurist-og Økonomforbundets Forlag, 1996.

LOPES, Christian Sahb Batista. *Mitigação dos Prejuízos no Direito Contratual*. São Paulo: Saraiva, 2013.

LOTUFO, Renan. *Código Civil Comentado*. São Paulo: Saraiva, 2003.

SCAVONE JÚNIOR, Luiz Antônio. *Comentários ao Código Civil Brasileiro*. Vol. IV. Do Direito das Obrigações. Forense: Rio de Janeiro. 2006.

MAGADAN, Gabriel. *Responsabilidade Civil Extracontratual*. Causalidade Jurídica. São Paulo: Editora dos Editores, 2019.

MARINO, Francisco Paulo De Crescenzo. *Interpretação do Negócio Jurídico*. São Paulo: Saraiva, 2011.

MARINO, Francisco Paulo De Crescenzo. Perdas e Danos. In: LOTUFO, Renan; NANNI, Giovanni Ettore (Coord.). *Obrigações*. São Paulo: Atlas, 2011, p. 653-685.

MARINONI, Luiz Guilherme. *Tutela Inibitória e Tutela de Remoção do Ilícito*. 7ª ed. São Paulo: Revista dos Tribunais, 2019.

MARKESINIS, Sir Basil. La Politique Jurisprudentielle et la réparation du préjudice économique en Angleterre : une approche comparative. *Revue Internationale de droit comparé*. Vol. 35, n. 1, p. 31-50.

MARMITT, Arnaldo. *Perdas e Danos*. Porto Alegre: Livraria do Advogado, 2005.

MARTINS, Fábio Floriano de Melo. *A Interferência Lesiva de Terceiro na Relação Obrigacional*. São Paulo: Almedina, 2017.

MARTINS-COSTA, Judith. *A Boa-fé no Direito Privado*: critérios para a sua aplicação. 2ª ed. São Paulo: Saraiva, 2018.

MARTINS-COSTA, Judith. *A Boa-Fé no Direito Privado:* sistema e tópica no processo obrigacional. São Paulo: Revista dos Tribunais, 1999.

MARTINS-COSTA, Judith. A linguagem da responsabilidade civil. In: BIANCHI, José Flávio; PINHEIRO, Rodrigo Gomes de Mendonça; ALVIM, Teresa Arruda. (Orgs.). *Jurisdição e Direito Privado*. Estudos em homenagem aos 20 anos da Ministra Nancy Andrighi no STJ. São Paulo: Revista dos Tribunais, 2020.

MARTINS-COSTA, Judith. Autoridade e utilidade da doutrina: a construção dos modelos doutrinários. In: *Modelos de Direito Privado*. São Paulo: Marcial Pons, 2015, p. 9-40.

MARTINS-COSTA, Judith. *Comentários ao Novo Código Civil*. Do Adimplemento e da Extinção das Obrigações. Volume V. Tomo I. 2ª ed. Rio de Janeiro: Forense, 2005.

MARTINS-COSTA, Judith. *Comentários ao Novo Código Civil*. Do Inadimplemento das Obrigações. Volume V. Tomo II. 2ª ed. Rio de Janeiro: Forense, 2009. Também referida a primeira edição: MARTINS-COSTA, Judith. *Comentários ao Novo Código Civil*. Do Inadimplemento das Obrigações. Volume V. Tomo II. Rio de Janeiro: Forense, 2003.

MARTINS-COSTA, Judith. O árbitro e o cálculo do montante da indenização. In: CARMONA, Carlos Alberto; LEMES, Selma Maria Ferreira; MARTINS, Pedro Batista (Orgs.). *20 anos da Lei de Arbitragem*: homenagem a Petrônio R. Muniz. São Paulo: Atlas, 2017, p. 609-638.

MARTINS-COSTA, Judith. O Método da Concreção e a Interpretação dos Contratos: primeiras notas de uma leitura suscitada pelo Código Civil. *In:* NANNI, Giovanni Ettore. *Temas Relevantes no Direito Civil Contemporâneo*. São Paulo: Atlas/IDP, 2008.

MARTINS-COSTA, Judith. O que teriam em comum *danos consequentes* e os *consequential damages?* (ou: nota brevíssima sobre as armadilhas da linguagem jurídica na responsabilidade civil). In: STEINER, Renata; GUEDES, Gisela Sampaio da Cruz. TERRA, Aline Miranda Valverde. *AGIRE, Newsletter*, Publicada em 21 de fevereiro de 2022. Disponível em: https://agiredireitoprivado.substack.com/p/o-que-teriam-em-comum-danos-consequentes?s=r.

MARTINS-COSTA, Judith. Os campos normativos da boa-fé objetiva: as três perspectivas do Direito privado brasileiro. In: JUNQUEIRA DE AZEVEDO, Antonio; TÔRRES, Heleno Taveira; CARBONE, Paolo. (Org.). *Princípios do Novo Código Civil Brasileiro e Outros Temas*: homenagem a Tullio Ascarelli. São Paulo: Quartier Latin, 2008, p. 387-421.

MARTINS-COSTA, Judith; COSTA E SILVA, Paula. *Crise e Perturbações no Cumprimento da Prestação*. São Paulo Quartier Latin, 2020.

MARTINS-COSTA, Judith; GIANNOTTI, Luca. A culpa no Direito das Obrigações: notas para uma história de conceitos jurídicos fundamentais. In: PIRES, Fernanda Ivo. (Org). *Da Estrutura à Função da Responsabilidade Civil*. São Paulo: Foco, 2021.

MARTINS-COSTA, Judith; NITSCHKE, Guilherme Carneiro Monteiro (Coords.). *Direito Privado na Lei da Liberdade Econômica*: Comentários. São Paulo: Almedina/IDiP, 2022.

MARTINS-COSTA, Judith; PARGENDLER, Mariana. Usos e abusos da função punitiva (punitive damages e o Direito brasileiro). *Revista CEJ*, Brasília, n. 28, p. 15-32, jan./mar. 2005.

MARTINS-COSTA, Judith; XAVIER, Rafael Branco. A Cláusula de *Ensuing Loss* nos Seguros *All Risks*. In: TZIRULNIK, Ernesto et al. (Org.). *Direito do Seguro Contemporâneo*: Edição Comemorativa dos 20 anos do IBDS. Vol. 2. São Paulo: Roncarati-Contracorrente, 2021, p. 13-44.

MARTINS-COSTA; Judith; XAVIER, Rafael Branco. Os fatores ESG e as cláusulas ESG In: COELHO, Fábio Ulhosa; TEPEDINO, Gustavo; LEMES, Selma. (Orgs.). *A Evolução do Direito no Século XXI*. Homenagem a Arnoldo Wald. Volume 2. Direito Privado. São Paulo: IASP, 2022, p. 313-336.

MARTINS-COSTA, Judith; ZANETTI, Cristiano. Responsabilidade Contratual: prazo prescricional de 10 anos. São Paulo, *Revista dos Tribunais*, ano 106, vol. 979, p. 215-241, mai./2017.

MELLO, Marcos Bernardes de. *Teoria do Fato Jurídico*. Plano da Existência. 22ª. ed. São Paulo: Saraiva, 2019.

MELO, Diogo Leonardo Machado de. Comentários ao art. 944. In: NANNI, Giovanni. (Coord.) *Comentários ao Código Civil*. São Paulo: Saraiva, 2019.

MENEZES DIREITO, Carlos Alberto; CAVALIERI FILHO, Sérgio. *Comentários ao Novo Código Civil*. Da Responsabilidade Civil. Vol. XIII. 3ª ed. Rio de Janeiro: Renovar, 2011.

MIRANDA, Darcy Arruda. *Anotações ao Código Civil Brasileiro*. 3º Volume. São Paulo: Saraiva, 1986.

MONTEIRO DE BARROS, Vera Cecília. *Previsibilidade do Dano Contratual no Direito do Comércio Internacional*. São Paulo: Quartier Latin, 2019.

MONTENEGRO, Antonio Lindbergh C. *Ressarcimento de danos*. Pessoais e Materiais. 7ª ed. Rio de Janeiro: Lumen Juris, 2005.

MOTA PINTO, Paulo. *Interesse contratual negativo e interesse contratual positivo*. Volume I e II. Coimbra: Coimbra, 2008.

NADER, Paulo. *Curso de Direito Civil*. Obrigações. Rio de Janeiro: Forense, 2003.

NANNI, Giovanni. A fixação do dano na jurisprudência arbitral. In: *Direito Civil e Arbitragem*. São Paulo: Atlas, 2014.

NEVES, Iêdo Batista. *Vocabulário Prático de Tecnologia Jurídica e de Brocardos Latinos*. 4ª. ed. Rio de Janeiro: Fase, 1991.

NITSCHKE, Guilherme Carneiro Monteiro. *Lacunas Contratuais e Interpretação*. História, Conceito e Método. São Paulo: Quartier Latin, 2018.

NORONHA, Fernando. *Direito das obrigações*. São Paulo: Saraiva, 2003; e também NORONHA, Fernando. *Direito das Obrigações*. 4ª ed. São Paulo: Saraiva, 2013.

PARDOLESI, Roberto. Una postilla sul Terzo Contratto. Disponível em: http://www.law-economics.net/workingpapers/L&E-LAB-FIN-07-2008.pdf.

PARGENDLER, Mariana. Desenho contratual em perspectiva comparada: reflexões sobre a relação entre tipificação legal e inovação contratual. *Revista da Faculdade de Direito – UFPR*, Curitiba, vol. 61, n. 1, p. 219-245, jan./abr., 2016.

PARGENDLER, Mariana. *Evolução do Direito Societário*. Lições do Brasil. São Paulo: Saraiva-Direito GV, 2013; 2ª ed. São Paulo: Almedina, 2021.

PARGENDLER, Mariana. O direito contratual comparado em nova perspectiva: revisitando as diferenças entre os sistemas romano-germânico e de *common law*. *Revista Direito* GV, vol. 13, n. 3, p. 796-826, set-dez 2017.

PARGENDLER, Mariana. Os danos morais e os *punitive damages* no direito norte-americano: caminhos e desvios da jurisprudência brasileira. In: SILVEIRA, Renato de Mello Jorge *et al* (Coord.). *Livro Homenagem a Miguel Reale Júnior*. Rio de Janeiro: GZ Editora, 2014, p.413-429.

PARGENDLER, Mariana. The Role of the State in Contract Law. The Common--Civil Law Divide. *The Yale Journal of International Law*. Vol. 43, p. 143-189, 2018.

PELA, Juliana Krueger. *As Golden Shares no Direito Societário Brasileiro*. São Paulo: Quartier Latin, 2012.

PELA, Juliana Krueger. Risco e Contratos Empresariais. A aplicação da resolução por onerosidade excessiva. In: SZTAJN, Rachel; SALLES, Marcos Paulo de Almeida; TEIXEIRA, Tarcísio. (Coords.). *Direito Empresarial:* Estudos em homenagem ao Professor Haroldo Malheiros Duclerc Verçosa. São Paulo: IASP, 2015, p. 487-498.

PEREIRA COELHO, Francisco Manuel. *O Problema da Causa Virtual na Responsabilidade Civil*. Coimbra: Almedina, 1998.

PEREIRA, Caio Mario da Silva. *Instituições de Direito Civil*. Teoria Geral dos Obrigações. Volume 2. Revista e Atualizada por Guilherme Calmon Nogueira da Gama. Rio de Janeiro: Forense, 2011.

PEREIRA, Caio Mario da Silva. *Obrigações*. 20ª ed. Revista e Atualizada por Luiz Roldão de Freitas Gomes. Rio de Janeiro: Forense, 2004; 24ª ed. Revista e Atualizada por Guilherme Calmon Nogueira da Gama. Rio de Janeiro: Forense, 2011.

PEREIRA, Caio Mário. *Responsabilidade Civil*. 12ª ed. Atualizado por Gustavo Tepedino. Rio de Janeiro: Forense, 2018.

PEREIRA, Déborah. *Indenização e Resolução Contratual*. São Paulo: Almedina/IDiP, 2022.

PEREIRA, Osny Duarte. *Lucros cessantes*. In: CARVALHO SANTOS, José Manuel; AGUIAR DIAS, José de. (Orgs.). *Repertório Enciclopédico do Direito Brasileiro*. Volume XXII. Rio de Janeiro: Borsoi, 1947, p. 207-212.

PERETTI, Luís Alberto Salton. *Dano Emergente Futuro por Descumprimento Contratual.* Dissertação. Orientador: Professor Cristiano de Sousa Zanetti. Faculdade de Direito, Universidade de São Paulo, 2022.

PESSOA JORGE, Fernando Sandy Lopes. *Ensaio sobre os Pressupostos da Responsabilidade Civil.* Coimbra: Almedina, 1999.

PETEFFI DA SILVA, Rafael. *Responsabilidade Civil pela Perda de Uma Chance.* 3ª ed. São Paulo: Atlas, 2013.

PINTO OLIVEIRA, Nuno Manuel. Causalidade Adequada e Previsibilidade: Comentário ao artigo 7.4.4 dos Princípios UNIDROIT e ao artigo 9:503 dos Princípios de Direito Europeu dos Contratos. In: *Estudos sobre o Não Cumprimento das Obrigações.* 2ª ed. Coimbra: Almedina, 2009.

PONTES DE MIRANDA, Francisco Cavalcanti. *Tratado de Direito Privado.* Tomo I. Atualizado por Judith Martins-Costa, Gustavo Haical e Jorge Cesa Ferreira da Silva. São Paulo: Revista dos Tribunais, 2012.

PONTES DE MIRANDA, Francisco Cavalcanti. *Tratado de Direito Privado.* Tomo XXII. Rio de Janeiro: Borsoi, 1958. Também edição atualizada por Nelson Nery Jr. e Rosa Maria de Andrade Nery. São Paulo: Revista dos Tribunais, 2012.

PONTES DE MIRANDA, Francisco Cavalcanti. *Tratado de Direito Privado.* Tomo XXV. Atualizado por Nelson Nery Jr. e Rosa Maria de Andrade Nery. São Paulo: Revista dos Tribunais, 2012.

PONTES DE MIRANDA, Francisco Cavalcanti. *Tratado de Direito Privado.* Tomo XXVI. 3ª ed. Rio de Janeiro: Borsoi, 1971. Também edição atualizada por Ruy Rosado de Aguiar Júnior e Nelson Nery Jr. São Paulo: Revista dos Tribunais, 2012.

PONTES DE MIRANDA. *Tratado de Direito Privado.* Tomo XLV. Atualizado por Bruno Miragem. São Paulo: Revista dos Tribunais, 2013.

PONTES DE MIRANDA, Francisco Cavalcanti. *Tratado de Direito Privado.* Tomo LIII. Atualizado por Rui Stoco. São Paulo: Revista dos Tribunais, 2012.

PONTES DE MIRANDA, Francisco Cavalcanti. *Tratado de Direito Privado.* Tomo LIV. Atualizado por Rui Stoco. São Paulo: Revista dos Tribunais, 2012.

POTHIER, Robert Joseph. *Traité des Obligations.* Paris/Orleáns: Debure pere/veuve Rouzeau-Montaut, 1777. As referências traduzidas foram extraídas de: POTHIER, Robert J. *Tratado das Obrigações.* Tradução de Adrian Sotero De Witt Batista e Douglas Dias Ferreira. Campinas: Servanda, 2001.

REALE, Miguel. *Fontes e Modelos do Direito*: para um novo paradigma hermenêutico. São Paulo: Saraiva, 1994.

REALE, Miguel. *J. Agostinho Alvim. Anteprojeto do Livro das OBRIGAÇÕES.* Com as minhas emendas e acréscimos. Sem data.

REALE, Miguel. *Lições Preliminares de Direito.* 27ª edição. São Paulo: Saraiva, 2013.

REALE, Miguel. Vida e morte dos modelos jurídicos. *Estudos de filosofia e ciência do direito.* São Paulo: Saraiva, 1978.

REIS, Iuri. *Danos Patrimoniais.* Uma perspectiva Pragmática. Rio de Janeiro: Lumen Juris Direito, 2017.

Restatement (Second) of Contracts. March 2018 Update.

RIBAS, Antonio Joaquim. *Curso de Direito Civil Brasileiro.* Volume II. Rio de Janeiro: Garnier, 1880.

ROCHA, Arthur. *Da Intervenção do Estado nos Contractos Concluidos.* (A revisão nos negócios privados e o Código Civil). Lesão Imprevista. A sorte da moeda nas obrigações. Rio de Janeiro: Irmãos Pongetti, 1932.

RODRIGUES, Silvio. *Direito Civil.* Parte Geral das Obrigações. Volume 2. 30ª ed. São Paulo: Saraiva, 2002.

RODRIGUES, Silvio. Lucros cessantes. Sua fixação, nas consequências diretas e imediatas do inadimplemento e na previsibilidade do ganho. Sentido do advérbio 'razoavelmente', no art. 1.05[9] do Código Civil. In: *Direito Civil Aplicado.* São Paulo: Saraiva, 1987, p. 63-73.

ROPPO, Vincenzo. Ancora su contratto asimmetrico e terzo contratto. Le coordinate del dibattito, con qualche elemento di novità. In: ALPA, Guido; ROPPO, Vincenzo (Orgs.). *La vocazione civile del giurista.* 6ª ed. Roma: Laterza, 2018, 178-195.

SACCO, Rodolfo. *Introdução ao Direito Comparado.* Tradução de Véra Maria Jacob de Fradera. São Paulo: Revista dos Tribunais, 2001.

SACCO, Rodolfo. *La Comparaison Juridique au Service de la Connaisance du droit.* Paris: Economica, 1991.

SACCO, Rodolfo. Legal Formants. (Installment I of II). *The American Journal of Comparative Law.* Vol. 39, Oxford University Press, 1991, p. 2-34.

SAN MARTÍN, Lílian. La previsibilidad como límite al ressarcimento del daño por incumplimiento contractual. In: TURNER, Susan; VARAS, Juan Andres. (Orgs). *Estudios de Derecho Civil IX.* Santiago: Thomson Reuters, 2013, p.649-667.

SAN MARTÍN, Lílian. *La Carga del Perjudicado de Evitar o* Mitigar el Daño. Estudio Histórico-Comparado. Bogotá: Universidad Externado de Colombia, 2012.

SANSEVERINO, Paulo de Tarso Vieira. *Princípio da reparação integral.* Indenização no Código Civil. São Paulo: Saraiva, 2010.

SCHLESINGER, Rudolph. The Past and Future of Comparative Law. *American Journal of Compartive Law.* Summer, 1995, p. 477-481.

SEDGWICK, Theodor. *Treatise on the Measure of Damages.* Or an inquiry into the principles which govern the amount of pecuniary compensation awarded by courts and justice. 8ª. ed. 1891. Acesso pela Plataforma HeinOnline.

SEDGWICK, Theodor. *Treatise on the Measure of Damages.* Or an inquiry into the principles which govern the amount of pecuniary compensation awarded by courts and justice. Revisado por Arthur Sedgwick e Joseph Beale. Baker, Voorhis and Company, 1912. Acesso pela Plataforma HeinOnline.

SERPA LOPES, Miguel Maria. *Curso de Direito Civil.* Das Obrigações em Geral. Volume II. 2ª ed. Rio de Janeiro, Freitas Bastos, 1957.

SILVEIRA, Luiz Felipe. *Danos Indiretos e Culpa Grave em Contrato de Construção.* São Paulo: Almedina, 2022.

STEINER, Renata. *Reparação de Danos*: interesse positivo e interesse negativo. São Paulo: Quartier Latin, 2018.

STEMPEL, Jeffrey W. The Worst Supreme Court Case Ever? Identifying, Assessing, and Exploring Low Moments of the Higher Court. Nevada Law Journal, vol. 12, n.3, p. 516-524, 2012.

TAVARES DA SILVA, Regina Beatriz (Coord.). *Código Civil Comentado.* 8ª ed. São Paulo: Saraiva, 2021.

TEIXEIRA DE FREITAS, Augusto. *Esbôço.* 1860. Ministério da Justiça e Negócios Interiores, 1952.

TEPEDINO, Gustavo; BARBOZA, Heloíza Helena; BODIN DE MORAES, Maria Celina (Orgs.) *Código Civil Interpretado Conforme a Constituição da República* Vol. I (Parte Geral e Obrigações). Rio de Janeiro: Renovar, 2004.

TEPEDINO, Gustavo; BARBOZA, Heloiza Helena; BODIN DE MORAES, Maria Celina. *Código Civil Interpretado.* Conforme a Constituição da República. Volume II. Rio de Janeiro: Renovar, 2006.

TEPEDINO, Gustavo. Notas sobre o Nexo de Causalidade. *Revista Trimestral de Direito Civil*, ano 2, vol. 6, p. 3-19, abr./jun. 2001.

TEPEDINO, Gustavo; SCHREIBER, Anderson. *Fundamentos do Direito Civil.* Volume 2. Obrigações. Rio de Janeiro: Forense, 2020.

TEPEDINO, Gustavo; TERRA, Aline de Miranda Valverde; GUEDES, Gisela Sampaio da Cruz. *Fundamentos de Direito Civil.* Responsabilidade Civil. Volume 4. Rio de Janeiro: Gen-Forense, 2020.

TERRA DE MORAES, Bruno. O dever de mitigar nos contratos de seguro: notas sobre a aplicação do art. 771 do Código Civil. In: GOLDBERG, Ilan, JUNQUEIRA, Thiago. *Temas Atuais de Direito de Seguros.* Tomo I. São Paulo: Revista dos Tribunais, 2021, p. 720-745.

THEODORO JR., Humberto. Seguro de Danos – Despesas de Salvamento e Despesas de Contenção. Regime Jurídico. In: *VI Fórum de Direito dos Seguros José Sollero Filho*. São Paulo: IBDS/Roncarati, 2015.

TREITEL, Sir Guinther. *The Law of Contract*. 11th ed. London: Sweet & Maxwell, 2003.

TZIRULNIK, Ernesto. O ônus de salvamento no direito vigente e em prospectiva. In: GOLDBERG, Ilan, JUNQUEIRA, Thiago. *Temas Atuais de Direito de Seguros*. Tomo I. São Paulo: Revista dos Tribunais, 2021, p. 745-759.

WEBER, Ana. *Responsabilidade Societária*. Danos causados pelos administradores. São Paulo: Quartier Latin, 2021.

WEST, Glenn. Are Consequential Damages Recoverable for Breach of a Contractual Obligation to Pay a Sum of Money? *Global Private Equity Watch*. Datado de 24 de Janeiro de 2022. Disponível em: https://privateequity.weil.com/glenn-west-musings/are-consequential-damages-recoverable-for-breach-of-a-contractual-obligation-to--pay-a-sum-of-money/.

WEST, Glenn. *Consequential Damages Redux:* An Updated Study of the Ubiquitous and Problematic 'Excluded Losses' Provision in Private Company Acquisition Agreements. The Business Lawyer, Vol. 70, Fall 2015, 971-1006.

WEST, Glenn. Do You Really Know What "Consequential Damages" Means? *Global Private Equity Watch*. Datado de 18 de maio de 2020. Disponível em: https://privateequity.weil.com/features/do-you-really-know-what-consequential-damages-means/.

WEST, Glenn. Excluded provisions and the Danger of Contractually Slaying Mythical Dragons. *Global Private Equity Watch*, Datado de 13 de dezembro de 2021. Disponível em: https://privateequity.weil.com/glenn-west-musings/excluded-loss-provisions--and-the-danger-of-contractually-slaying-mythical-dragons/.

WEST, Glenn. "Excluded Losses" Provisions and the "Butterfly Effect" – the Continued Failure of Predictability Regarding Consequential Damages Waivers in M&A Agreements. Datado de 7 de novembro de 2016. *Global Private Equity Watch*. Disponível em: https://privateequity.weil.com/features/excluded-losses-provisions-and-the-butterfly-effect/.

WEST, Glenn. Lessons from a Consequential Case Concerning the Consequences of Consequential Damages Waivers. *Global Private Equity Watch*. Datado de 14 de dezembro de 2015. Disponível em: https://privateequity.weil.com/insights/lessons-from-a-consequential-case-concerning-the-consequences-of-consequential-damages-waivers/.

WEST, Glenn; DURAN, Sara. Reassessing the 'Consequences' of Consequential Damages Waivers in Acquisition Agreements. *The Business Lawyer*, vol. 63, 2008.

WILLISTON, Samuel. *A Treatise on the Law of Contracts*. Volume V. New York: Baker, Voorhis & Co, 1937.

ZANETTI, Cristiano de Sousa. A Mitigação do Dano e Alocação da Responsabilidade. *Revista Brasileira de Arbitragem*, Curitiba, vol. 35, 2013, p. 28-36.

ZANETTI, Cristiano de Sousa. A perda da chance na arbitragem: em busca do enquadramento devido. In: CARMONA, Carlos Alberto; LEMES, Selma Maria Ferreira; MARTINS, Pedro Batista (Orgs.). *20 anos da Lei de Arbitragem*: homenagem a Petrônio R. Muniz. São Paulo: Atlas, 2017, p. 717-734.

ZANETTI, Cristiano. Comentários ao art.425. NANNI, Giovanni Ettore. (Coord.). *Comentários ao Código Civil.* Direito Privado Contemporâneo. São Paulo: Saraiva, 2019.

ZANETTI, Cristiano de Sousa. *Direito Contratual Contemporâneo.* A liberdade contratual e sua fragmentação. São Paulo: Método, 2008.

ZANETTI, Cristiano de Sousa. O risco contratual. In: LOPEZ, Teresa Ancona; LEMOS, Patrícia Fraga Iglecias; RODRIGUES JÚNIOR, Otavio Luiz. (Org.). *Sociedade de Risco e Direito Privado: desafios normativos, consumeristas e ambientais,* São Paulo: Atlas, 2013.

ZANETTI, Cristiano de Sousa. *Responsabilidade pela ruptura das negociações.* São Paulo: Juarez de Oliveira, 2005.

ZIMMERMANN, Reinhard. Limitation of Liability for Damages. *The Edinburgh Law Review.* 18.2., p. 193-224, 2014

ZWEIGERT, Konrad; KÖTZ, Hein. *Introduction to Comparative Law.* 3a ed. Tradução de Tony Weir. Nova Iorque: Oxford, 1998.

ZYLA, Erick M. *Punitive and Consequential Damages, Including Lost Profits, in a Construction Contract Dispute.* Reimpressão. Nova Iorque: Xingya, 2006.

Casos

África do Sul

Supreme Court of South Africa. *Beller Cellular v. MTN Service Provider.* Case n. 936/2013. Julgado em 13 de novembro de 2014.

High Court of South Africa. Gauteng Local Division, Johannesburg. *Cirano Investments 307 (PTY) LTD v. Execujet Aviation (PTY) LTD.* Julgado em 22 de março de 2014.

Austrália

Supreme Court of Victoria. Court of Appeal. *Environmental Systems Pty Ltd v Peerless Holdings Pty Ltd.* Julgado em 26 de fevereiro de 2008. ("*Environmental v. Peerless*").

Supreme Court of Western Australia in Civil. *Regional Power Corporation v. Pacific Hydro Group Two Pty Ltd (No 2).* Julgado em 26 de setembro de 2013.

Brasil

STF. RE 9346/BA. Segunda Turma. Relator Min. Lafayette de Andrada. Julgado em 27 de dezembro de 1946.

STF. RE 16949/DF. Segunda Turma. Relator Min. Orozimbo Nonato. Julgado em 30 de junho de 1953.

STF. RE 130764-1. Primeira Turma. Relator Min. Moreira Alves. Julgado em 12 de maio de 1992.

STF. RE 94188-6/RS. Primeira Turma. Relator Min. Néri da Silveira. Julgado em 12 de novembro de 1985. ("*Olfira v. Expresso*").

STJ. REsp 12039/SP. Segunda Turma. Relator Min. Peçanha Martins. Julgado em 10 de junho de 1992.

STJ. REsp 530602/MA. Relator Min. Castro Filho. Julgado em 29 de outubro de 2003.

STJ. REsp 759651/PA. Relator para acórdão Min. Ari Pargendler. Julgado em 4 de abril de 2006.

STJ. EDcl no REsp 440500/SP. Segunda Turma. Relator Min. João Otávio de Noronha. Julgado em 23 de outubro de 2007.

TRF-1. Ap. Cív. 20013400013932-0/DF. Sexta Turma. Relator Des. Federal Jirair Aram Meguerian. Julgado em 3 de setembro de 2012.

TJRS. Ap. Cív. n. 70017845173. Décima Primeira Câmara Cível. Relator Bayard Ney de Freitas Barcellos. Julgado em 13 de junho de 2007.

STJ Ag. In. 999213/RS. Relator Min. João Otávio de Noronha. Julgado em 7 de agosto de 2008.

STJ. RESp 846855/MS. Terceira Turma. Relator para acórdão Min. Sidnei Beneti. Julgado em 10 de março de 2009. ("Caso *do complexo agroindustrial*").

STJ. REsp 1420711/SP. Terceira Turma. Relator Min. Moura Ribeiro. Julgado em 24 de novembro de 2015. ("*Unimed v. Nobre Seguradora*").

STJ. REsp 1553790/PE. Terceira Turma. Relator Min. Ricardo Villas Bôas Cueva. Julgado em 25 de outubro de 2016.

STJ. REsp 1685453/SP. Terceira Turma. Relator Min. Moura Ribeiro. Julgado em 24 de outubro de 2017. ("*Falência do Banco Santos*").

STJ. REsp 1569088/SP. Terceira Turma. Relator para acórdão Min. Moura Ribeiro. Julgado em 10 de abril de 2018. ("*Falência do Banco Santos*").

STJ. EREsp 1281594/SP. Corte Especial. Relator para acórdão Min. Felix Fischer. Julgado em 15 de maio de 2019.

STF. ARE 1378328/DF. Relator Min. Luiz Fux. Julgado em 28 de abril de 2022.

Estados Unidos

Circuit Court of the United States for the Western District of Texas. *Globe Refining v. Landa Cotton Oil*. Julgado em 1º de junho de 1903.

Supreme Court of Alabama. *Mc. Millain Lumber Co v. First National Bank*. Julgado em 6 de janeiro de 1926.

Court of Appeals of the State of New York. *Kerr Steamship Co. v. Radio Corporation*. Julgado em 31 de maio de 1927.

Estados Unidos da América. Court of Appeals of the State of New York. *Czarnikow--Rionda Co. v. Federal S.R. Co.* Julgado em 18 de novembro de 1930.

Supreme Judicial Court of Massachusetts, Suffolk. *Boylston Housing Corp. v. O'Toole*. Julgado em 3 de julho de 1947.

United States Court of Appeals, Second Circuit. *Petition of Kinsman Transit Company*. Julgado em 29 de outubro de 1964.

Court of Appeals of the State of New York. *Neri v. Retail Marine Corp.* Julgado em 1º de junho de 1972.

Supreme Court of Michigan. *Fera v. Village Plaza, Inc.* Julgado em 3 de junho de 1976.

United States Court of Appeals. Fifth Circuit. *Hector Martinez Co. v. Southern Pacific Transport*. Julgado em 20 de dezembro de 1979.

United States District Court, D. Maine. *Tuner's Farms, Inc. v. Maine Cent. R. Co.* Julgado em 14 de março de 1980.

United States Court of Appeals, Seventh Circuit. *Evra Corp. v. Swiss Bank Corp.* Julgado em 19 de março de 1982.

Supreme Court of New Jersey. *Perini Corp. v. Greate Bay Hotel Casino, Inc.* Julgado em 6 de agosto de 1992.

Superior Court of New Jersey. Appellate Division. *Mitsui O.S.K. Lines v. Consolidated Rail*. Julgado em 19 de janeiro de 2000.

United States Court of Appeal. Seventh Circuit. *Rexnord Corp. v. Dewolff Boberg Assoc. Inc.* Julgado em 16 de abril de 2002.

The Court of Appeals of Washington. Division One. Park Avenue Condominium Owners Ass'n v. Buchan Developments, L.L.C. Julgado em 30 de junho de 2003. ("*Park Avenue*").

Supreme Court of Rhode Island. *Rilley v. Stafford*. Julgado em 24 de abril de 2006.

United States District Court, SD. Indiana, Indianapolis Division. *Viastar Energy, LLC v. Motorola, Inc.* Julgado em 26 de outubro de 2006.

United States Court of Appeals, Tenth Circuit. *Penncro Associates, Inc. v. Sprint Spectrum L.P.* Julgado em 24 de agosto de 2007. (*"Penncro"*).

United States District Court, S.D. New York. *Gusmao v. GMT Group*. Julgado em 1o de agosto de 2008.

United States Bankruptcy Court, S.D. New York. *Global Crossing Telecomms., Inc. v. CCT Commc'ns, Inc.* Julgado em 22 de julho de 2011.

Court of Appeals of Texas, Fort Worth. *DaimlerChrysler Motors Co. v. Manuel.* Julgado em 24 de fevereiro de 2012.

Court of Appeals of New York. *Biotronik A.G. v. Conor Medsystems Ireland, Ltd.* Julgado em 27 de março de 2014. (*"Biotronik"*).

Appellate Court of Illinois Second District. *Westlake Fin. Grp., Inc. v. CDH-Delnor Health Sys.* Julgado em 6 de janeiro de 2015.

Appellate Division of the Supreme Court of the State of New York. *Latham Land I LLC v. TGI Friday's Inc.* Julgado em 8 de janeiro de 2015.

Reino Unido

Exchequer Court. *Hadley v. Baxendale.* Julgado em 23 de fevereiro de 1854. ("*Hadley v. Baxendale*").

Court of Appeal. King's Bench Division. *Victoria Laundry (Windsor) LD. V. Newman Industries LD.* Julgado em 12 de abril de 1949. ("*Victoria Laundry*").

Privy Council.*Overseas Tankship (U.K.) Limited. V. Morts Dock & Engineering Company Limited.* Julgado em 18 de janeiro de 1961. ("*The Wagon Mound I*").

Privy Council. *Overseas Tankship (U.K.) Limited. V. The Miller Steamship Co. Pty Limited and another.* Julgado em 25 de maio de 1966. ("*The Wagon Mound II*").

House of Lords. *Koufos v. C. Czarnikow*, Ltd. Julgado em 1967. ("*The Heron II*").

England and Wales Court of Appeal (Civil Division). *H. Parsons (Livestock) Limited. v. Uttley Ingham and Company LTD.* Julgado em 18 de maio de 1977. ("*H. Parsons v. Uttley*").

United Kingdom House of Lords. *Transfield Shipping Inc. v Mercator Shipping Inc.* Julgado em 9 de julho de 2008. ("*The Achilleas*").

Royal Courts of Justice. Court of Appeal (Civil Division). *Supershield Limited* v. *Siemens Building Technologies Fe. Limited.* Julgado em 20 de janeiro de 2010. ("*SuperShield Limited v. Siemens Builing Technologies*").

England and Wales High Court (Commercial Court). *Star Polaris LLC v. HHIC-PHIL INC.* Julgado em 17 de novembro de 2016. ("*Star Polaris*").